GDA*texte* Nr. 1

Rainer Huke / Christian Lepping

AUSHANGPFLICHTIGE GESETZE 2024

16. Auflage / Stand: Februar 2024

Arbeitgeber
BIBLIOTHEK

Bibliografische Information der Deutschen Nationalbibliothek
Die Deutsche Nationalbibliothek verzeichnet diese Publikation in der Deutschen Nationalbibliografie; detaillierte bibliografische Daten sind im Internet unter http://dnb.ddb.de abrufbar.

Reihe **GDA***texte* Nr. 1
AUSHANGPFLICHTIGE GESETZE 2024
16. Auflage / Stand: Februar 2024

Redaktion: Rainer Huke und Christian Lepping

Herausgegeben von:
BDA | DIE ARBEITGEBER
Bundesvereinigung der Deutschen Arbeitgeberverbände, Berlin

Verlag:
© GDA Gesellschaft für Marketing und Service
der Deutschen Arbeitgeber mbH
Breite Straße 29, 10178 Berlin
www.arbeitgeberbibliothek.de

Gestaltung:
© GDA Gesellschaft für Marketing und Service
der Deutschen Arbeitgeber mbH

Titelfoto: ©NewFabrika | ©Coloures-Pic – stock.adobe.com

Printed in Germany

ISBN 978-3-944997-24-7

VORWORT

Die rechtliche Beziehung zwischen Arbeitgeber und Arbeitnehmer sowie andere mit dem Arbeitsverhältnis zusammenhängende Aspekte werden in zahlreichen Vorschriften des Arbeitsrechts geregelt. Einige der geltenden Arbeitnehmerschutzvorschriften sind dabei vom Arbeitgeber in ihrer aktuellen Fassung auszulegen bzw. auszuhängen und so den Arbeitnehmern zugänglich zu machen. Zum Teil handelt es sich um allgemeine, alle Arbeitsverhältnisse betreffende Vorschriften. Es gibt aber auch eine Reihe von Bestimmungen, die nur für spezielle Arbeitnehmergruppen oder Arbeitsplatzsituationen gelten. Die Arbeitnehmer sollen sich durch diesen Aushang selbst über die zu ihrem Schutz erlassenen Gesetze, Verordnungen sowie sonstige Regelungen informieren und deren Einhaltung prüfen können.

Wie diese Auslegung bzw. dieser Aushang im Einzelnen zu erfolgen hat, ist in den Gesetzen nicht näher geregelt. Entscheidend ist, dass alle Arbeitnehmer Zugang zu den Regelungstexten haben und von diesen Kenntnis nehmen können. Traditionell erfolgt der Aushang an einer Wandtafel („Schwarzes Brett") oder die Vorschriften werden an anderer Stelle im Betrieb ausgelegt (bspw. im „Pausenraum" oder zur Einsichtnahme im Personalbüro). Da inzwischen viele Arbeitsplätze durch moderne Kommunikations- und Informationstechnik geprägt sind, bietet es sich auch an, eine elektronische Plattform – wie das Intranet – zum Aushang zu nutzen. Neben einer erleichterten Kenntnisnahme durch die Arbeitnehmer sind die geringeren Kosten und der einfachere Weg, die Texte zu aktualisieren, Vorteile der Arbeitsschutzgesetze in elektronischer Form gegenüber herkömmlichen Ausgaben.

Die Zulässigkeit des „Aushangs" mittels elektronischer Medien wurde von der Bundesregierung anlässlich einer kleinen Anfrage im Deutschen Bundestag ausdrücklich bestätigt (BT- Dr. 15/3277). Neuere Gesetze regeln ausdrücklich, dass eine elektronische Fassung im Intranet ausreicht, wenn sie damit jederzeit zugänglich ist (vgl. § 26 Abs. 2 Satz 2 MuSchG). Die vorliegende Sammlung wird im Verlag der GDA Gesellschaft für Marketing und Service der Deutschen Arbeitgeber mbH daher auch als elektronisches Dokument angeboten.

Die Sammlung enthält im ersten Teil die allgemeinen Arbeitsschutzgesetze, deren Aushang gesetzlich zwingend ist: Das Allgemeine Gleichbehandlungsgesetz (§ 12 AGG) und § 61b Arbeitsgerichtsgesetz, das Arbeitszeitgesetz (§ 16 ArbZG), das Jugendarbeitsschutzgesetz (§ 47 JArbSchG), die Kinderarbeitsschutzverordnung, das Ladenschlussgesetz, die Verordnung über den Verkauf bestimmter Waren an Sonn- und Feiertagen (§ 21 LadSchlG) sowie das Mutterschutzgesetz (§ 26 MuSchG). Zu beachten ist, dass der Arbeitgeber ggf. zum Aushang weiterer Informationen bzw. Dokumente verpflichtet ist. So sind bspw. gem. § 8 Tarifvertragsgesetz die im Betrieb maßgeblichen Tarifverträge und gem. § 77 Abs. 2 Betriebsverfassungsgesetz die im Betrieb geltenden Betriebsvereinbarungen auszuhängen. Hinzu kommen bspw. die Bekanntgabe der für Beschwerden nach § 13 AGG zuständigen Stelle sowie in Abhängigkeit von der jeweiligen Branche spezielle Unfallverhütungsvorschriften oder bspw. die Strahlenschutzverordnung. Diese Dokumente können wegen der Betriebsbezogenheit nicht Gegenstand der vorliegenden Sammlung sein.

Wegen der thematischen Nähe zu den aushangpflichtigen Gesetzen und auf Wunsch vieler Nutzer enthält der zweite Teil weitere Gesetze, auch wenn diese nicht aushangpflichtig sind. In dieser Ausgabe sind u. a. zusätzlich das Hinweisgeberschutzgesetz, die Unfallverhütungsvorschrift DGUV 1 mit den Grundsätzen der Prävention sowie in Auszügen die Datenschutzgrundverordnung und das Bundesdatenschutzgesetz aufgenommen.

Rainer Huke
Christian Lepping

Februar 2024 | Berlin

INHALTSVERZEICHNIS

I. ZWINGEND AUSHANGPFLICHTIGE ARBEITSSCHUTZGESETZE

Allgemeines Gleichbehandlungsgesetz (AGG)

vom 14. August 2006 (BGBl. I S. 1897, zuletzt geändert durch Art. 14 und Art. 15 des Gesetzes zur Anpassung der Bundesbesoldung und -versorgung für die Jahre 2023 und 2024 sowie zur Änderung weiterer dienstrechtlicher Vorschriften (BBVAnpÄndG 2023/2024 vom 22. Dezember 2023, BGBl. 2023 I Nr. 414)

Abschnitt 1 Allgemeiner Teil

§ 1 Ziel des Gesetzes

Ziel des Gesetzes ist, Benachteiligungen aus Gründen der Rasse oder wegen der ethnischen Herkunft, des Geschlechts, der Religion oder Weltanschauung, einer Behinderung, des Alters oder der sexuellen Identität zu verhindern oder zu beseitigen.

§ 2 Anwendungsbereich

(1) Benachteiligungen aus einem in § 1 genannten Grund sind nach Maßgabe dieses Gesetzes unzulässig in Bezug auf:

1. die Bedingungen, einschließlich Auswahlkriterien und Einstellungsbedingungen, für den Zugang zu unselbstständiger und selbstständiger Erwerbstätigkeit, unabhängig von Tätigkeitsfeld und beruflicher Position, sowie für den beruflichen Aufstieg,
2. die Beschäftigungs- und Arbeitsbedingungen einschließlich Arbeitsentgelt und Entlassungsbedingungen, insbesondere in individual- und kollektivrechtlichen Vereinbarungen und Maßnahmen bei der Durchführung und Beendigung eines Beschäftigungsverhältnisses sowie beim beruflichen Aufstieg,
3. den Zugang zu allen Formen und allen Ebenen der Berufsberatung, der Berufsbildung einschließlich der Berufsausbildung, der beruflichen Weiterbildung und der Umschulung sowie der praktischen Berufserfahrung,
4. die Mitgliedschaft und Mitwirkung in einer Beschäftigten- oder Arbeitgebervereinigung oder einer Vereinigung, deren Mitglieder einer bestimmten Berufsgruppe angehören, einschließlich der Inanspruchnahme der Leistungen solcher Vereinigungen,

5. den Sozialschutz, einschließlich der sozialen Sicherheit und der Gesundheitsdienste,
6. die sozialen Vergünstigungen,
7. die Bildung,
8. den Zugang zu und die Versorgung mit Gütern und Dienstleistungen, die der Öffentlichkeit zur Verfügung stehen, einschließlich von Wohnraum.

(2) Für Leistungen nach dem Sozialgesetzbuch gelten § 33c des Ersten Buches Sozialgesetzbuch und § 19a des Vierten Buches Sozialgesetzbuch. Für die betriebliche Altersvorsorge gilt das Betriebsrentengesetz.

(3) Die Geltung sonstiger Benachteiligungsverbote oder Gebote der Gleichbehandlung wird durch dieses Gesetz nicht berührt. Dies gilt auch für öffentlich-rechtliche Vorschriften, die dem Schutz bestimmter Personengruppen dienen.

(4) Für Kündigungen gelten ausschließlich die Bestimmungen zum allgemeinen und besonderen Kündigungsschutz.

§ 3 Begriffsbestimmungen

(1) Eine unmittelbare Benachteiligung liegt vor, wenn eine Person wegen eines in § 1 genannten Grundes eine weniger günstige Behandlung erfährt, als eine andere Person in einer vergleichbaren Situation erfährt, erfahren hat oder erfahren würde. Eine unmittelbare Benachteiligung wegen des Geschlechts liegt in Bezug auf § 2 Abs. 1 Nr. 1 bis 4 auch im Falle einer ungünstigeren Behandlung einer Frau wegen Schwangerschaft oder Mutterschaft vor.

(2) Eine mittelbare Benachteiligung liegt vor, wenn dem Anschein nach neutrale Vorschriften, Kriterien oder Verfahren Personen wegen eines in § 1 genannten Grundes gegenüber anderen Personen in besonderer Weise benachteiligen können, es sei denn, die betreffenden Vorschriften, Kriterien oder Verfahren sind durch ein rechtmäßiges Ziel sachlich gerechtfertigt und die Mittel sind zur Erreichung dieses Ziels angemessen und erforderlich.

(3) Eine Belästigung ist eine Benachteiligung, wenn unerwünschte Verhaltensweisen, die mit einem in § 1 genannten Grund in Zusammenhang stehen, bezwecken oder bewirken, dass die Würde der betreffenden Person verletzt und ein von Einschüchterungen, Anfeindungen, Erniedrigungen, Entwürdigungen oder Beleidigungen gekennzeichnetes Umfeld geschaffen wird.

(4) Eine sexuelle Belästigung ist eine Benachteiligung in Bezug auf § 2 Abs. 1 Nr. 1 bis 4, wenn ein unerwünschtes, sexuell bestimmtes Verhalten, wozu auch unerwünschte sexuelle Handlungen und Aufforderungen zu diesen, sexuell bestimmte körperliche Berührungen, Bemerkungen sexuellen Inhalts sowie unerwünschtes Zeigen und sichtbares Anbringen von pornographischen Darstellungen gehören, bezweckt oder bewirkt, dass die Würde der betreffenden Person verletzt wird, insbesondere wenn ein von Einschüchterungen, Anfeindungen, Erniedrigungen, Entwürdigungen oder Beleidigungen gekennzeichnetes Umfeld geschaffen wird.

(5) Die Anweisung zur Benachteiligung einer Person aus einem in § 1 genannten Grund gilt als Benachteiligung. Eine solche Anweisung liegt in Bezug auf § 2 Abs. 1 Nr. 1 bis 4 insbesondere vor, wenn jemand eine Person zu einem Verhalten bestimmt, das einen Beschäftigten oder eine Beschäftigte wegen eines in § 1 genannten Grundes benachteiligt oder benachteiligen kann.

§ 4 Unterschiedliche Behandlung wegen mehrerer Gründe

Erfolgt eine unterschiedliche Behandlung wegen mehrerer der in § 1 genannten Gründe, so kann diese unterschiedliche Behandlung nach den §§ 8 bis 10 und 20 nur gerechtfertigt werden, wenn sich die Rechtfertigung auf alle diese Gründe erstreckt, derentwegen die unterschiedliche Behandlung erfolgt.

§ 5 Positive Maßnahmen

Ungeachtet der in den §§ 8 bis 10 sowie in § 20 benannten Gründe ist eine unterschiedliche Behandlung auch zulässig, wenn durch geeignete und angemessene Maßnahmen bestehende Nachteile wegen eines in § 1 genannten Grundes verhindert oder ausgeglichen werden sollen.

Abschnitt 2 Schutz der Beschäftigten vor Benachteiligung

Unterabschnitt 1 Verbot der Benachteiligung

§ 6 Persönlicher Anwendungsbereich

(1) Beschäftigte im Sinne dieses Gesetzes sind

1. Arbeitnehmerinnen und Arbeitnehmer,
2. die zu ihrer Berufsbildung Beschäftigten,

3. Personen, die wegen ihrer wirtschaftlichen Unselbstständigkeit als arbeitnehmerähnliche Personen anzusehen sind; zu diesen gehören auch die in Heimarbeit Beschäftigten und die ihnen Gleichgestellten.

Als Beschäftigte gelten auch die Bewerberinnen und Bewerber für ein Beschäftigungsverhältnis sowie die Personen, deren Beschäftigungsverhältnis beendet ist.

(2) Arbeitgeber (Arbeitgeber und Arbeitgeberinnen) im Sinne dieses Abschnitts sind natürliche und juristische Personen sowie rechtsfähige Personengesellschaften, die Personen nach Absatz 1 beschäftigen. Werden Beschäftigte einem Dritten zur Arbeitsleistung überlassen, so gilt auch dieser als Arbeitgeber im Sinne dieses Abschnitts. Für die in Heimarbeit Beschäftigten und die ihnen Gleichgestellten tritt an die Stelle des Arbeitgebers der Auftraggeber oder Zwischenmeister.

(3) Soweit es die Bedingungen für den Zugang zur Erwerbstätigkeit sowie den beruflichen Aufstieg betrifft, gelten die Vorschriften dieses Abschnitts für Selbstständige und Organmitglieder, insbesondere Geschäftsführer oder Geschäftsführerinnen und Vorstände, entsprechend.

§ 7 Benachteiligungsverbot

(1) Beschäftigte dürfen nicht wegen eines in § 1 genannten Grundes benachteiligt werden; dies gilt auch, wenn die Person, die die Benachteiligung begeht, das Vorliegen eines in § 1 genannten Grundes bei der Benachteiligung nur annimmt.

(2) Bestimmungen in Vereinbarungen, die gegen das Benachteiligungsverbot des Absatzes 1 verstoßen, sind unwirksam.

(3) Eine Benachteiligung nach Absatz 1 durch Arbeitgeber oder Beschäftigte ist eine Verletzung vertraglicher Pflichten.

§ 8 Zulässige unterschiedliche Behandlung wegen beruflicher Anforderungen

(1) Eine unterschiedliche Behandlung wegen eines in § 1 genannten Grundes ist zulässig, wenn dieser Grund wegen der Art der auszuübenden Tätigkeit oder der Bedingungen ihrer Ausübung eine wesentliche und entscheidende berufliche Anforderung darstellt, sofern der Zweck rechtmäßig und die Anforderung angemessen ist.

(2) Die Vereinbarung einer geringeren Vergütung für gleiche oder gleichwertige Arbeit wegen eines in § 1 genannten Grundes

wird nicht dadurch gerechtfertigt, dass wegen eines in § 1 genannten Grundes besondere Schutzvorschriften gelten.

§ 9 Zulässige unterschiedliche Behandlung wegen der Religion oder Weltanschauung

(1) Ungeachtet des § 8 ist eine unterschiedliche Behandlung wegen der Religion oder der Weltanschauung bei der Beschäftigung durch Religionsgemeinschaften, die ihnen zugeordneten Einrichtungen ohne Rücksicht auf ihre Rechtsform oder durch Vereinigungen, die sich die gemeinschaftliche Pflege einer Religion oder Weltanschauung zur Aufgabe machen, auch zulässig, wenn eine bestimmte Religion oder Weltanschauung unter Beachtung des Selbstverständnisses der jeweiligen Religionsgemeinschaft oder Vereinigung im Hinblick auf ihr Selbstbestimmungsrecht oder nach der Art der Tätigkeit eine gerechtfertigte berufliche Anforderung darstellt.

(2) Das Verbot unterschiedlicher Behandlung wegen der Religion oder der Weltanschauung berührt nicht das Recht der in Absatz 1 genannten Religionsgemeinschaften, der ihnen zugeordneten Einrichtungen ohne Rücksicht auf ihre Rechtsform oder der Vereinigungen, die sich die gemeinschaftliche Pflege einer Religion oder Weltanschauung zur Aufgabe machen, von ihren Beschäftigten ein loyales und aufrichtiges Verhalten im Sinne ihres jeweiligen Selbstverständnisses verlangen zu können.

§ 10 Zulässige unterschiedliche Behandlung wegen des Alters

Ungeachtet des § 8 ist eine unterschiedliche Behandlung wegen des Alters auch zulässig, wenn sie objektiv und angemessen und durch ein legitimes Ziel gerechtfertigt ist. Die Mittel zur Erreichung dieses Ziels müssen angemessen und erforderlich sein. Derartige unterschiedliche Behandlungen können insbesondere Folgendes einschließen:

1. die Festlegung besonderer Bedingungen für den Zugang zur Beschäftigung und zur beruflichen Bildung sowie besonderer Beschäftigungs- und Arbeitsbedingungen, einschließlich der Bedingungen für Entlohnung und Beendigung des Beschäftigungsverhältnisses, um die berufliche Eingliederung von Jugendlichen, älteren Beschäftigten und Personen mit Fürsorgepflichten zu fördern oder ihren Schutz sicherzustellen,

2. die Festlegung von Mindestanforderungen an das Alter, die Berufserfahrung oder das Dienstalter für den Zugang zur Beschäftigung oder für bestimmte mit der Beschäftigung verbundene Vorteile,
3. die Festsetzung eines Höchstalters für die Einstellung auf Grund der spezifischen Ausbildungsanforderungen eines bestimmten Arbeitsplatzes oder auf Grund der Notwendigkeit einer angemessenen Beschäftigungszeit vor dem Eintritt in den Ruhestand,
4. die Festsetzung von Altersgrenzen bei den betrieblichen Systemen der sozialen Sicherheit als Voraussetzung für die Mitgliedschaft oder den Bezug von Altersrente oder von Leistungen bei Invalidität einschließlich der Festsetzung unterschiedlicher Altersgrenzen im Rahmen dieser Systeme für bestimmte Beschäftigte oder Gruppen von Beschäftigten und die Verwendung von Alterskriterien im Rahmen dieser Systeme für versicherungsmathematische Berechnungen,
5. eine Vereinbarung, die die Beendigung des Beschäftigungsverhältnisses ohne Kündigung zu einem Zeitpunkt vorsieht, zu dem der oder die Beschäftigte eine Rente wegen Alters beantragen kann; § 41 des Sechsten Buches Sozialgesetzbuch bleibt unberührt,
6. Differenzierungen von Leistungen in Sozialplänen im Sinne des Betriebsverfassungsgesetzes, wenn die Parteien eine nach Alter oder Betriebszugehörigkeit gestaffelte Abfindungsregelung geschaffen haben, in der die wesentlich vom Alter abhängenden Chancen auf dem Arbeitsmarkt durch eine verhältnismäßig starke Betonung des Lebensalters erkennbar berücksichtigt worden sind, oder Beschäftigte von den Leistungen des Sozialplans ausgeschlossen haben, die wirtschaftlich abgesichert sind, weil sie, gegebenenfalls nach Bezug von Arbeitslosengeld, rentenberechtigt sind.

Unterabschnitt 2 Organisationspflichten des Arbeitgebers

§ 11 Ausschreibung

Ein Arbeitsplatz darf nicht unter Verstoß gegen § 7 Abs.1 ausgeschrieben werden.

§ 12 Maßnahmen und Pflichten des Arbeitgebers

(1) Der Arbeitgeber ist verpflichtet, die erforderlichen Maßnahmen zum Schutz vor Benachteiligungen wegen eines in § 1 genannten Grundes zu treffen. Dieser Schutz umfasst auch vorbeugende Maßnahmen.

(2) Der Arbeitgeber soll in geeigneter Art und Weise, insbesondere im Rahmen der beruflichen Aus- und Fortbildung, auf die Unzulässigkeit solcher Benachteiligungen hinweisen und darauf hinwirken, dass diese unterbleiben. Hat der Arbeitgeber seine Beschäftigten in geeigneter Weise zum Zwecke der Verhinderung von Benachteiligung geschult, gilt dies als Erfüllung seiner Pflichten nach Absatz 1.

(3) Verstoßen Beschäftigte gegen das Benachteiligungsverbot des § 7 Abs. 1, so hat der Arbeitgeber die im Einzelfall geeigneten, erforderlichen und angemessenen Maßnahmen zur Unterbindung der Benachteiligung wie Abmahnung, Umsetzung, Versetzung oder Kündigung zu ergreifen.

(4) Werden Beschäftigte bei der Ausübung ihrer Tätigkeit durch Dritte nach § 7 Abs. 1 benachteiligt, so hat der Arbeitgeber die im Einzelfall geeigneten, erforderlichen und angemessenen Maßnahmen zum Schutz der Beschäftigten zu ergreifen.

(5) Dieses Gesetz und § 61b des Arbeitsgerichtsgesetzes sowie Informationen über die für die Behandlung von Beschwerden nach § 13 zuständigen Stellen sind im Betrieb oder in der Dienststelle bekannt zu machen. Die Bekanntmachung kann durch Aushang oder Auslegung an geeigneter Stelle oder den Einsatz der im Betrieb oder der Dienststelle üblichen Informations- und Kommunikationstechnik erfolgen.

Unterabschnitt 3 Rechte der Beschäftigten

§ 13 Beschwerderecht

(1) Die Beschäftigten haben das Recht, sich bei den zuständigen Stellen des Betriebs, des Unternehmens oder der Dienststelle zu beschweren, wenn sie sich im Zusammenhang mit ihrem Beschäftigungsverhältnis vom Arbeitgeber, von Vorgesetzten, anderen Beschäftigten oder Dritten wegen eines in § 1 genannten Grundes benachteiligt fühlen. Die Beschwerde ist zu prüfen und das Ergebnis der oder dem beschwerdeführenden Beschäftigten mitzuteilen.

(2) Die Rechte der Arbeitnehmervertretungen bleiben unberührt.

§ 14 Leistungsverweigerungsrecht

Ergreift der Arbeitgeber keine oder offensichtlich ungeeignete Maßnahmen zur Unterbindung einer Belästigung oder sexuellen Belästigung am Arbeitsplatz, sind die betroffenen Beschäftigten berechtigt, ihre Tätigkeit ohne Verlust des Arbeitsentgelts einzustellen, soweit dies zu ihrem Schutz erforderlich ist. § 273 des Bürgerlichen Gesetzbuchs bleibt unberührt.

§ 15 Entschädigung und Schadensersatz

(1) Bei einem Verstoß gegen das Benachteiligungsverbot ist der Arbeitgeber verpflichtet, den hierdurch entstandenen Schaden zu ersetzen. Dies gilt nicht, wenn der Arbeitgeber die Pflichtverletzung nicht zu vertreten hat.

(2) Wegen eines Schadens, der nicht Vermögensschaden ist, kann der oder die Beschäftigte eine angemessene Entschädigung in Geld verlangen. Die Entschädigung darf bei einer Nichteinstellung drei Monatsgehälter nicht übersteigen, wenn der oder die Beschäftigte auch bei benachteiligungsfreier Auswahl nicht eingestellt worden wäre.

(3) Der Arbeitgeber ist bei der Anwendung kollektivrechtlicher Vereinbarungen nur dann zur Entschädigung verpflichtet, wenn er vorsätzlich oder grob fahrlässig handelt.

(4) Ein Anspruch nach Absatz 1 oder 2 muss innerhalb einer Frist von zwei Monaten schriftlich geltend gemacht werden, es sei denn, die Tarifvertragsparteien haben etwas anderes vereinbart. Die Frist beginnt im Falle einer Bewerbung oder eines beruflichen Aufstiegs mit dem Zugang der Ablehnung und in den sonstigen Fällen einer Benachteiligung zu dem Zeitpunkt, in dem der oder die Beschäftigte von der Benachteiligung Kenntnis erlangt.

(5) Im Übrigen bleiben Ansprüche gegen den Arbeitgeber, die sich aus anderen Rechtsvorschriften ergeben, unberührt.

(6) Ein Verstoß des Arbeitgebers gegen das Benachteiligungsverbot des § 7 Abs. 1 begründet keinen Anspruch auf Begründung eines Beschäftigungsverhältnisses, Berufsausbildungsverhältnisses oder einen beruflichen Aufstieg, es sei denn, ein solcher ergibt sich aus einem anderen Rechtsgrund.

§ 16 Maßregelungsverbot

(1) Der Arbeitgeber darf Beschäftigte nicht wegen der Inanspruchnahme von Rechten nach diesem Abschnitt oder wegen der

Weigerung, eine gegen diesen Abschnitt verstoßende Anweisung auszuführen, benachteiligen. Gleiches gilt für Personen, die den Beschäftigten hierbei unterstützen oder als Zeuginnen oder Zeugen aussagen.

(2) Die Zurückweisung oder Duldung benachteiligender Verhaltensweisen durch betroffene Beschäftigte darf nicht als Grundlage für eine Entscheidung herangezogen werden, die diese Beschäftigten berührt. Absatz 1 Satz 2 gilt entsprechend.

(3) § 22 gilt entsprechend.

Unterabschnitt 4 Ergänzende Vorschriften

§ 17 Soziale Verantwortung der Beteiligten

(1) Tarifvertragsparteien, Arbeitgeber, Beschäftigte und deren Vertretungen sind aufgefordert, im Rahmen ihrer Aufgaben und Handlungsmöglichkeiten an der Verwirklichung des in § 1 genannten Ziels mitzuwirken.

(2) In Betrieben, in denen die Voraussetzungen des § 1 Abs. 1 Satz 1 des Betriebsverfassungsgesetzes vorliegen, können bei einem groben Verstoß des Arbeitgebers gegen Vorschriften aus diesem Abschnitt der Betriebsrat oder eine im Betrieb vertretene Gewerkschaft unter der Voraussetzung des § 23 Abs. 3 Satz 1 des Betriebsverfassungsgesetzes die dort genannten Rechte gerichtlich geltend machen; § 23 Abs. 3 Satz 2 bis 5 des Betriebsverfassungsgesetzes gilt entsprechend. Mit dem Antrag dürfen nicht Ansprüche des Benachteiligten geltend gemacht werden.

§ 18 Mitgliedschaft in Vereinigungen

(1) Die Vorschriften dieses Abschnitts gelten entsprechend für die Mitgliedschaft oder die Mitwirkung in einer

1. Tarifvertragspartei,
2. Vereinigung, deren Mitglieder einer bestimmten Berufsgruppe angehören oder die eine überragende Machtstellung im wirtschaftlichen oder sozialen Bereich innehat, wenn ein grundlegendes Interesse am Erwerb der Mitgliedschaft besteht,

sowie deren jeweiligen Zusammenschlüssen.

(2) Wenn die Ablehnung einen Verstoß gegen das Benachteiligungsverbot des § 7 Abs. 1 darstellt, besteht ein Anspruch auf Mitgliedschaft oder Mitwirkung in den in Absatz 1 genannten Vereinigungen.

Abschnitt 3 Schutz vor Benachteiligung im Zivilrechtsverkehr

§ 19 Zivilrechtliches Benachteiligungsverbot

(1) Eine Benachteiligung aus Gründen der Rasse oder wegen der ethnischen Herkunft, wegen des Geschlechts, der Religion, einer Behinderung, des Alters oder der sexuellen Identität bei der Begründung, Durchführung und Beendigung zivilrechtlicher Schuldverhältnisse, die

1. typischerweise ohne Ansehen der Person zu vergleichbaren Bedingungen in einer Vielzahl von Fällen zustande kommen (Massengeschäfte) oder bei denen das Ansehen der Person nach der Art des Schuldverhältnisses eine nachrangige Bedeutung hat und die zu vergleichbaren Bedingungen in einer Vielzahl von Fällen zustande kommen oder
2. eine privatrechtliche Versicherung zum Gegenstand haben,
3. ist unzulässig.

(2) Eine Benachteiligung aus Gründen der Rasse oder wegen der ethnischen Herkunft ist darüber hinaus auch bei der Begründung, Durchführung und Beendigung sonstiger zivilrechtlicher Schuldverhältnisse im Sinne des § 2 Abs. 1 Nr. 5 bis 8 unzulässig.

(3) Bei der Vermietung von Wohnraum ist eine unterschiedliche Behandlung im Hinblick auf die Schaffung und Erhaltung sozial stabiler Bewohnerstrukturen und ausgewogener Siedlungsstrukturen sowie ausgeglichener wirtschaftlicher, sozialer und kultureller Verhältnisse zulässig.

(4) Die Vorschriften dieses Abschnitts finden keine Anwendung auf familien- und erbrechtliche Schuldverhältnisse.

(5) Die Vorschriften dieses Abschnitts finden keine Anwendung auf zivilrechtliche Schuldverhältnisse, bei denen ein besonderes Nähe- oder Vertrauensverhältnis der Parteien oder ihrer Angehörigen begründet wird. Bei Mietverhältnissen kann dies insbesondere der Fall sein, wenn die Parteien oder ihre Angehörigen Wohnraum auf demselben Grundstück nutzen. Die Vermietung von Wohnraum zum nicht nur vorübergehenden Gebrauch ist in der Regel kein Geschäft im Sinne des Absatzes 1 Nr. 1, wenn der Vermieter insgesamt nicht mehr als 50 Wohnungen vermietet.

§ 20 Zulässige unterschiedliche Behandlung

(1) Eine Verletzung des Benachteiligungsverbots ist nicht gegeben, wenn für eine unterschiedliche Behandlung wegen der Religion, einer Behinderung, des Alters, der sexuellen Identität oder des Geschlechts ein sachlicher Grund vorliegt. Das kann insbesondere der Fall sein, wenn die unterschiedliche Behandlung

1. der Vermeidung von Gefahren, der Verhütung von Schäden oder anderen Zwecken vergleichbarer Art dient,
2. dem Bedürfnis nach Schutz der Intimsphäre oder der persönlichen Sicherheit Rechnung trägt,
3. besondere Vorteile gewährt und ein Interesse an der Durchsetzung der Gleichbehandlung fehlt,
4. an die Religion eines Menschen anknüpft und im Hinblick auf die Ausübung der Religionsfreiheit oder auf das Selbstbestimmungsrecht der Religionsgemeinschaften, der ihnen zugeordneten Einrichtungen ohne Rücksicht auf ihre Rechtsform sowie der Vereinigungen, die sich die gemeinschaftliche Pflege einer Religion zur Aufgabe machen, unter Beachtung des jeweiligen Selbstverständnisses gerechtfertigt ist.

(2) Kosten im Zusammenhang mit Schwangerschaft und Mutterschaft dürfen auf keinen Fall zu unterschiedlichen Prämien oder Leistungen führen. Eine unterschiedliche Behandlung wegen der Religion, einer Behinderung, des Alters oder der sexuellen Identität ist im Falle des § 19 Abs.1 Nr. 2 nur zulässig, wenn diese auf anerkannten Prinzipien risikoadäquater Kalkulation beruht, insbesondere auf einer versicherungsmathematisch ermittelten Risikobewertung unter Heranziehung statistischer Erhebungen.

§ 21 Ansprüche

(1) Der Benachteiligte kann bei einem Verstoß gegen das Benachteiligungsverbot unbeschadet weiterer Ansprüche die Beseitigung der Beeinträchtigung verlangen. Sind weitere Beeinträchtigungen zu besorgen, so kann er auf Unterlassung klagen.

(2) Bei einer Verletzung des Benachteiligungsverbots ist der Benachteiligende verpflichtet, den hierdurch entstandenen Schaden zu ersetzen. Dies gilt nicht, wenn der Benachteiligende die Pflichtverletzung nicht zu vertreten hat. Wegen eines Schadens, der nicht Vermögensschaden ist, kann der Benachteiligte eine angemessene Entschädigung in Geld verlangen.

(3) Ansprüche aus unerlaubter Handlung bleiben unberührt.
(4) Auf eine Vereinbarung, die von dem Benachteiligungsverbot abweicht, kann sich der Benachteiligende nicht berufen.
(5) Ein Anspruch nach den Absätzen 1 und 2 muss innerhalb einer Frist von zwei Monaten geltend gemacht werden. Nach Ablauf der Frist kann der Anspruch nur geltend gemacht werden, wenn der Benachteiligte ohne Verschulden an der Einhaltung der Frist verhindert war.

Abschnitt 4 Rechtsschutz

§ 22 Beweislast

Wenn im Streitfall die eine Partei Indizien beweist, die eine Benachteiligung wegen eines in § 1 genannten Grundes vermuten lassen, trägt die andere Partei die Beweislast dafür, dass kein Verstoß gegen die Bestimmungen zum Schutz vor Benachteiligung vorgelegen hat.

§ 23 Unterstützung durch Antidiskriminierungsverbände

(1) Antidiskriminierungsverbände sind Personenzusammenschlüsse, die nicht gewerbsmäßig und nicht nur vorübergehend entsprechend ihrer Satzung die besonderen Interessen von benachteiligten Personen oder Personengruppen nach Maßgabe von § 1 wahrnehmen. Die Befugnisse nach den Absätzen 2 bis 4 stehen ihnen zu, wenn sie mindestens 75 Mitglieder haben oder einen Zusammenschluss aus mindestens sieben Verbänden bilden.
(2) Antidiskriminierungsverbände sind befugt, im Rahmen ihres Satzungszwecks in gerichtlichen Verfahren als Beistände Benachteiligter in der Verhandlung aufzutreten. Im Übrigen bleiben die Vorschriften der Verfahrensordnungen, insbesondere diejenigen, nach denen Beiständen weiterer Vortrag untersagt werden kann, unberührt.
(3) Antidiskriminierungsverbänden ist im Rahmen ihres Satzungszwecks die Besorgung von Rechtsangelegenheiten Benachteiligter gestattet.
(4) Besondere Klagerechte und Vertretungsbefugnisse von Verbänden zu Gunsten von behinderten Menschen bleiben unberührt.

Abschnitt 5 Sonderregelungen für öffentlich-rechtliche Dienstverhältnisse

§ 24 Sonderregelung für öffentlich-rechtliche Dienstverhältnisse

Die Vorschriften dieses Gesetzes gelten unter Berücksichtigung ihrer besonderen Rechtsstellung entsprechend für

1. Beamtinnen und Beamte des Bundes, der Länder, der Gemeinden, der Gemeindeverbände sowie der sonstigen der Aufsicht des Bundes oder eines Landes unterstehenden Körperschaften, Anstalten und Stiftungen des öffentlichen Rechts,
2. Richterinnen und Richter des Bundes und der Länder,
3. Zivildienstleistende sowie anerkannte Kriegsdienstverweigerer, soweit ihre Heranziehung zum Zivildienst betroffen ist.

Abschnitt 6 Antidiskriminierungsstelle des Bundes und Unabhängige Bundesbeauftragte oder Unabhängiger Bundesbeauftragter für Antidiskriminierung

§ 25 Antidiskriminierungsstelle des Bundes

(1) Beim Bundesministerium für Familie, Senioren, Frauen und Jugend wird unbeschadet der Zuständigkeit der Beauftragten des Deutschen Bundestages oder der Bundesregierung die Stelle des Bundes zum Schutz vor Benachteiligungen wegen eines in § 1 genannten Grundes (Antidiskriminierungsstelle des Bundes) errichtet.

(2) Der Antidiskriminierungsstelle des Bundes ist die für die Erfüllung ihrer Aufgaben notwendige Personal- und Sachausstattung zur Verfügung zu stellen. Sie ist im Einzelplan des Bundesministeriums für Familie, Senioren, Frauen und Jugend in einem eigenen Kapitel auszuweisen.

(3) Die Antidiskriminierungsstelle des Bundes wird von der oder dem Unabhängigen Bundesbeauftragten für Antidiskriminierung geleitet.

§ 26 Wahl der oder des Unabhängigen Bundesbeauftragten für Antidiskriminierung; Anforderungen

(1) Die oder der Unabhängige Bundesbeauftragte für Antidiskriminierung wird auf Vorschlag der Bundesregierung vom Deutschen Bundestag gewählt.

(2) Über den Vorschlag stimmt der Deutsche Bundestag ohne Aussprache ab.

(3) Die vorgeschlagene Person ist gewählt, wenn für sie mehr als die Hälfte der gesetzlichen Zahl der Mitglieder des Deutschen Bundestages gestimmt hat.

(4) Die oder der Unabhängige Bundesbeauftragte für Antidiskriminierung muss zur Erfüllung ihrer oder seiner Aufgaben und zur Ausübung ihrer oder seiner Befugnisse über die erforderliche Qualifikation, Erfahrung und Sachkunde insbesondere im Bereich der Antidiskriminierung verfügen. Insbesondere muss sie oder er über durch einschlägige Berufserfahrung erworbene Kenntnisse des Antidiskriminierungsrechts verfügen und die Befähigung für die Laufbahn des höheren nichttechnischen Verwaltungsdienstes des Bundes haben.

§ 26a Rechtsstellung der oder des Unabhängigen Bundesbeauftragten für Antidiskriminierung

(1) Die oder der Unabhängige Bundesbeauftragte für Antidiskriminierung steht nach Maßgabe dieses Gesetzes in einem öffentlich-rechtlichen Amtsverhältnis zum Bund. Sie oder er ist bei der Ausübung ihres oder seines Amtes unabhängig und nur dem Gesetz unterworfen.

(2) Die oder der Unabhängige Bundesbeauftragte für Antidiskriminierung untersteht der Rechtsaufsicht der Bundesregierung.

§ 26b Amtszeit der oder des Unabhängigen Bundesbeauftragten für Antidiskriminierung

(1) Die Amtszeit der oder des Unabhängigen Bundesbeauftragten für Antidiskriminierung beträgt fünf Jahre.

(2) Eine einmalige Wiederwahl ist zulässig.

(3) Kommt vor Ende des Amtsverhältnisses eine Neuwahl nicht zustande, so führt die oder der bisherige Unabhängige Bundesbeauftragte für Antidiskriminierung auf Ersuchen der Bundespräsidentin oder des Bundespräsidenten die Geschäfte bis zur Neuwahl fort.

§ 26c Beginn und Ende des Amtsverhältnisses der oder des Unabhängigen Bundesbeauftragten für Antidiskriminierung; Amtseid

(1) Die oder der nach § 26 Gewählte ist von der Bundespräsidentin oder dem Bundespräsidenten zu ernennen. Das Amtsverhältnis der oder des Unabhängigen Bundesbeauftragten für

Antidiskriminierung beginnt mit der Aushändigung der Ernennungsurkunde.

(2) Die oder der Unabhängige Bundesbeauftragte für Antidiskriminierung leistet vor der Bundespräsidentin oder dem Bundespräsidenten folgenden Eid: „Ich schwöre, dass ich meine Kraft dem Wohl des deutschen Volkes widmen, seinen Nutzen mehren, Schaden von ihm wenden, das Grundgesetz und die Gesetze des Bundes wahren und verteidigen, meine Pflichten gewissenhaft erfüllen und Gerechtigkeit gegen jedermann üben werde. So wahr mir Gott helfe." Der Eid kann auch ohne religiöse Beteuerung geleistet werden.

(3) Das Amtsverhältnis endet

1. regulär mit dem Ablauf der Amtszeit oder
2. wenn die oder der Unabhängige Bundesbeauftragte für Antidiskriminierung vorzeitig aus dem Amt entlassen wird.

(4) Entlassen wird die oder der Unabhängige Bundesbeauftragte für Antidiskriminierung

1. auf eigenes Verlangen oder
2. auf Vorschlag der Bundesregierung, wenn die oder der Unabhängige Bundesbeauftragte für Antidiskriminierung eine schwere Verfehlung begangen hat oder die Voraussetzungen für die Wahrnehmung ihrer oder seiner Aufgaben nicht mehr erfüllt.

Die Entlassung erfolgt durch die Bundespräsidentin oder den Bundespräsidenten.

(5) Im Fall der Beendigung des Amtsverhältnisses vollzieht die Bundespräsidentin oder der Bundespräsident eine Urkunde. Die Entlassung wird mit der Aushändigung der Urkunde wirksam.

§ 26d Unerlaubte Handlungen und Tätigkeiten der oder des Unabhängigen Bundesbeauftragten für Antidiskriminierung

(1) Die oder der Unabhängige Bundesbeauftragte für Antidiskriminierung darf keine Handlungen vornehmen, die mit den Aufgaben des Amtes nicht zu vereinbaren sind.

(2) Die oder der Unabhängige Bundesbeauftragte für Antidiskriminierung darf während der Amtszeit und während einer anschließenden Geschäftsführung keine anderen Tätigkeiten ausüben, die mit dem Amt nicht zu vereinbaren sind, unabhängig davon, ob es entgeltliche oder unentgeltliche Tätigkeiten sind. Insbesondere darf sie oder er

1. kein besoldetes Amt, kein Gewerbe und keinen Beruf ausüben,
2. nicht dem Vorstand, Aufsichtsrat oder Verwaltungsrat eines auf Erwerb gerichteten Unternehmens, nicht einer Regierung oder einer gesetzgebenden Körperschaft des Bundes oder eines Landes angehören und
3. nicht gegen Entgelt außergerichtliche Gutachten abgeben.

§ 26e Verschwiegenheitspflicht der oder des Unabhängigen Bundesbeauftragten für Antidiskriminierung

(1) Die oder der Unabhängige Bundesbeauftragte für Antidiskriminierung ist verpflichtet, über die Angelegenheiten, die ihr oder ihm im Amt oder während einer anschließenden Geschäftsführung bekannt werden, Verschwiegenheit zu bewahren. Dies gilt nicht für Mitteilungen im dienstlichen Verkehr oder für Tatsachen, die offenkundig sind oder ihrer Bedeutung nach keiner Geheimhaltung bedürfen. Die oder der Unabhängige Bundesbeauftragte für Antidiskriminierung entscheidet nach pflichtgemäßem Ermessen, ob und inwieweit sie oder er über solche Angelegenheiten vor Gericht oder außergerichtlich aussagt oder Erklärungen abgibt.
(2) Die Pflicht zur Verschwiegenheit gilt auch nach Beendigung des Amtsverhältnisses oder nach Beendigung einer anschließenden Geschäftsführung. In Angelegenheiten, für die die Pflicht zur Verschwiegenheit gilt, darf vor Gericht oder außergerichtlich nur ausgesagt werden und dürfen Erklärungen nur abgegeben werden, wenn dies die oder der amtierende Unabhängige Bundesbeauftragte für Antidiskriminierung genehmigt hat.
(3) Unberührt bleibt die Pflicht, bei einer Gefährdung der freiheitlichen demokratischen Grundordnung für deren Erhaltung einzutreten und die gesetzlich begründete Pflicht, Straftaten anzuzeigen.

§ 26f Zeugnisverweigerungsrecht der oder des Unabhängigen Bundesbeauftragten für Antidiskriminierung

(1) Die oder der Unabhängige Bundesbeauftragte für Antidiskriminierung ist berechtigt, über Personen, die ihr oder ihm in ihrer oder seiner Eigenschaft als Leitung der Antidiskriminierungsstelle des Bundes Tatsachen anvertraut haben, sowie über diese Tatsachen selbst das Zeugnis zu verweigern. Soweit das Zeugnisverweigerungsrecht der oder des Unabhängigen Bundesbeauftragten für Antidiskriminierung reicht, darf von ihr oder ihm nicht gefordert

werden, Akten oder andere Dokumente vorzulegen oder herauszugeben.

(2) Das Zeugnisverweigerungsrecht gilt auch für die der oder dem Unabhängigen Bundesbeauftragten für Antidiskriminierung zugewiesenen Beschäftigten mit der Maßgabe, dass über die Ausübung dieses Rechts die oder der Unabhängige Bundesbeauftragte für Antidiskriminierung entscheidet.

§ 26g Anspruch der oder des Unabhängigen Bundesbeauftragten für Antidiskriminierung auf Amtsbezüge, Versorgung und auf andere Leistungen

(1) Die oder der Unabhängige Bundesbeauftragte für Antidiskriminierung erhält Amtsbezüge entsprechend dem Grundgehalt der Besoldungsgruppe B 6 und den Familienzuschlag entsprechend den §§ 39 bis 41 des Bundesbesoldungsgesetzes.

(2) Der Anspruch auf die Amtsbezüge besteht für die Zeit vom ersten Tag des Monats, in dem das Amtsverhältnis beginnt, bis zum letzten Tag des Monats, in dem das Amtsverhältnis endet. Werden die Geschäfte über das Ende des Amtsverhältnisses hinaus noch bis zur Neuwahl weitergeführt, so besteht der Anspruch für die Zeit bis zum letzten Tag des Monats, in dem die Geschäftsführung endet. Bezieht die oder der Unabhängige Bundesbeauftragte für Antidiskriminierung für einen Zeitraum, für den sie oder er Amtsbezüge erhält, ein Einkommen aus einer Verwendung im öffentlichen Dienst, so ruht der Anspruch auf dieses Einkommen bis zur Höhe der Amtsbezüge. Die Amtsbezüge werden monatlich im Voraus gezahlt.

(3) Für Ansprüche auf Beihilfe und Versorgung gelten § 12 Absatz 6, die §§ 13 bis 18 und 20 des Bundesministergesetzes entsprechend mit der Maßgabe, dass an die Stelle der vierjährigen Amtszeit in § 15 Absatz 1 des Bundesministergesetzes eine Amtszeit als Unabhängige Bundesbeauftragte oder Unabhängiger Bundesbeauftragter für Antidiskriminierung von fünf Jahren tritt. Ein Anspruch auf Übergangsgeld besteht längstens bis zum Ablauf des Monats, in dem die für Bundesbeamtinnen und Bundesbeamte geltende Regelaltersgrenze nach § 51 Absatz 1 und 2 des Bundesbeamtengesetzes vollendet wird. Ist § 18 Absatz 2 des Bundesministergesetzes nicht anzuwenden, weil das Beamtenverhältnis einer Bundesbeamtin oder eines Bundesbeamten nach Beendigung des Amtsverhältnisses als Unabhängige Bundesbeauftragte oder

Unabhängiger Bundesbeauftragter für Antidiskriminierung fortgesetzt wird, dann ist die Amtszeit als Unabhängige Bundesbeauftragte oder Unabhängiger Bundesbeauftragter für Antidiskriminierung bei der wegen Eintritt oder Versetzung der Bundesbeamtin oder des Bundesbeamten in den Ruhestand durchzuführenden Festsetzung des Ruhegehalts als ruhegehaltfähige Dienstzeit zu berücksichtigen.

(4) Die oder der Unabhängige Bundesbeauftragte für Antidiskriminierung erhält Reisekostenvergütung und Umzugskostenvergütung entsprechend den für Bundesbeamtinnen und Bundesbeamte geltenden Vorschriften.

(5) Zur Abmilderung der Folgen der gestiegenen Verbraucherpreise werden der oder dem Unabhängigen Bundesbeauftragten für Antidiskriminierung in entsprechender Anwendung des § 14 Absatz 4 bis 8 des Bundesbesoldungsgesetzes die folgenden Sonderzahlungen gewährt:

1. für den Monat Juni 2023 eine einmalige Sonderzahlung in Höhe von 1 240 Euro sowie
2. für die Monate Juli 2023 bis Februar 2024 eine monatliche Sonderzahlung in Höhe von jeweils 220 Euro.[1]

§ 26h Verwendung der Geschenke an die Unabhängige Bundesbeauftragte oder den Unabhängigen Bundesbeauftragten für Antidiskriminierung

(1) Erhält die oder der Unabhängige Bundesbeauftragte für Antidiskriminierung ein Geschenk in Bezug auf das Amt, so muss sie oder er dies der Präsidentin oder dem Präsidenten des Deutschen Bundestages mitteilen.

(2) Die Präsidentin oder der Präsident des Deutschen Bundestages entscheidet über die Verwendung des Geschenks. Sie oder er kann Verfahrensvorschriften erlassen.

§ 26i Berufsbeschränkung

Die oder der Unabhängige Bundesbeauftragte für Antidiskriminierung ist verpflichtet, eine beabsichtigte Erwerbstätigkeit oder sonstige entgeltliche Beschäftigung außerhalb des öffentlichen Dienstes, die innerhalb der ersten 18 Monate nach dem Ende der Amtszeit oder einer anschließenden Geschäftsführung

1 § 26g Absatz 5 wird mit Wirkung zum 01.01.2025 aufgehoben.

aufgenommen werden soll, schriftlich oder elektronisch gegenüber der Präsidentin oder dem Präsidenten des Deutschen Bundestages anzuzeigen. Die Präsidentin oder der Präsident des Deutschen Bundestages kann der oder dem Unabhängigen Bundesbeauftragten für Antidiskriminierung die beabsichtigte Erwerbstätigkeit oder sonstige entgeltliche Beschäftigung untersagen, soweit zu besorgen ist, dass öffentliche Interessen beeinträchtigt werden. Von einer Beeinträchtigung ist insbesondere dann auszugehen, wenn die beabsichtigte Erwerbstätigkeit oder sonstige entgeltliche Beschäftigung in Angelegenheiten oder Bereichen ausgeführt werden soll, in denen die oder der Unabhängige Bundesbeauftragte für Antidiskriminierung während der Amtszeit oder einer anschließenden Geschäftsführung tätig war. Eine Untersagung soll in der Regel die Dauer von einem Jahr nach dem Ende der Amtszeit oder einer anschließenden Geschäftsführung nicht überschreiten. In Fällen der schweren Beeinträchtigung öffentlicher Interessen kann eine Untersagung auch für die Dauer von bis zu 18 Monaten ausgesprochen werden.

§ 27 Aufgaben der Antidiskriminierungsstelle des Bundes

(1) Wer der Ansicht ist, wegen eines in § 1 genannten Grundes benachteiligt worden zu sein, kann sich an die Antidiskriminierungsstelle des Bundes wenden. An die Antidiskriminierungsstelle des Bundes können sich auch Beschäftigte wenden, die der Ansicht sind, benachteiligt worden zu sein auf Grund

1. der Beantragung oder Inanspruchnahme einer Freistellung von der Arbeitsleistung oder der Anpassung der Arbeitszeit als Eltern oder pflegende Angehörige nach dem Bundeselterngeld- und Elternzeitgesetz, dem Pflegezeitgesetz oder dem Familienpflegezeitgesetz,
2. des Fernbleibens von der Arbeit nach § 2 des Pflegezeitgesetzes oder
3. der Verweigerung ihrer persönlich zu erbringen- den Arbeitsleistung aus dringenden familiären Gründen nach § 275 Absatz 3 des Bürgerlichen Gesetzbuchs, wenn eine Erkrankung oder ein Unfall ihre unmittelbare Anwesenheit erforderten.

(2) Die Antidiskriminierungsstelle des Bundes unterstützt auf unabhängige Weise Personen, die sich nach Absatz 1 an sie wenden, bei der Durchsetzung ihrer Rechte zum Schutz vor Benachteiligungen. Hierbei kann sie insbesondere

1. über Ansprüche und die Möglichkeiten des rechtlichen Vorgehens im Rahmen gesetzlicher Regelungen zum Schutz vor Benachteiligungen informieren,
2. Beratung durch andere Stellen vermitteln,
3. eine gütliche Beilegung zwischen den Beteiligten anstreben.

Soweit Beauftragte des Deutschen Bundestages oder der Bundesregierung zuständig sind, leitet die Antidiskriminierungsstelle des Bundes die Anliegen der in Absatz 1 genannten Personen mit deren Einverständnis unverzüglich an diese weiter.

(3) Die Antidiskriminierungsstelle des Bundes nimmt auf unabhängige Weise folgende Aufgaben wahr, soweit nicht die Zuständigkeit der Beauftragten der Bundesregierung oder des Deutschen Bundestages berührt ist:
1. Öffentlichkeitsarbeit,
2. Maßnahmen zur Verhinderung von Benachteiligungen aus den in § 1 genannten Gründen sowie von Benachteiligungen von Beschäftigten gemäß Absatz 1 Satz 2,
3. Durchführung wissenschaftlicher Untersuchungen zu diesen Benachteiligungen.

(4) Die Antidiskriminierungsstelle des Bundes und die in ihrem Zuständigkeitsbereich betroffenen Beauftragten der Bundesregierung und des Deutschen Bundestages legen gemeinsam dem Deutschen Bundestag alle vier Jahre Berichte über Benachteiligungen aus den in § 1 genannten Gründen sowie über Benachteiligungen von Beschäftigten gemäß Absatz 1 Satz 2 vor und geben Empfehlungen zur Beseitigung und Vermeidung dieser Benachteiligungen. Sie können gemeinsam wissenschaftliche Untersuchungen zu Benachteiligungen durchführen.

(5) Die Antidiskriminierungsstelle des Bundes und die in ihrem Zuständigkeitsbereich betroffenen Beauftragten der Bundesregierung und des Deutschen Bundestages sollen bei Benachteiligungen aus mehreren der in § 1 genannten Gründe zusammenarbeiten.

§ 28 Amtsbefugnisse der oder des Unabhängigen Bundesbeauftragten für Antidiskriminierung und Pflicht zur Unterstützung durch Bundesbehörden und öffentliche Stellen des Bundes

(1) Die oder der Unabhängige Bundesbeauftragte für Antidiskriminierung ist bei allen Vorhaben, die ihre oder seine Aufgaben berühren, zu beteiligen. Die Beteiligung soll möglichst frühzeitig

erfolgen. Sie oder er kann der Bundesregierung Vorschläge machen und Stellungnahmen zuleiten.

(2) Die oder der Unabhängige Bundesbeauftragte für Antidiskriminierung informiert die Bundesministerien – vorbehaltlich anderweitiger gesetzlicher Bestimmungen – frühzeitig in Angelegenheiten von grundsätzlicher politischer Bedeutung, soweit Aufgaben der Bundesministerien betroffen sind.

(3) In den Fällen, in denen sich eine Person wegen einer Benachteiligung an die Antidiskriminierungsstelle des Bundes gewandt hat und die Antidiskriminierungsstelle des Bundes die gütliche Beilegung zwischen den Beteiligten anstrebt, kann die oder der Unabhängige Bundesbeauftragte für Antidiskriminierung Beteiligte um Stellungnahmen ersuchen, soweit die Person, die sich an die Antidiskriminierungsstelle des Bundes gewandt hat, hierzu ihr Einverständnis erklärt.

(4) Alle Bundesministerien, sonstigen Bundesbehörden und öffentlichen Stellen im Bereich des Bundes sind verpflichtet, die Unabhängige Bundesbeauftragte oder den Unabhängigen Bundesbeauftragten für Antidiskriminierung bei der Erfüllung der Aufgaben zu unterstützen, insbesondere die erforderlichen Auskünfte zu erteilen.

§ 29 Zusammenarbeit der Antidiskriminierungsstelle des Bundes mit Nichtregierungsorganisationen und anderen Einrichtungen

Die Antidiskriminierungsstelle des Bundes soll bei ihrer Tätigkeit Nichtregierungsorganisationen sowie Einrichtungen, die auf europäischer, Bundes-, Landes- oder regionaler Ebene zum Schutz vor Benachteiligungen wegen eines in § 1 genannten Grundes tätig sind, in geeigneter Form einbeziehen.

§ 30 Beirat der Antidiskriminierungsstelle des Bundes

(1) Zur Förderung des Dialogs mit gesellschaftlichen Gruppen und Organisationen, die sich den Schutz vor Benachteiligungen wegen eines in § 1 genannten Grundes zum Ziel gesetzt haben, wird der Antidiskriminierungsstelle des Bundes ein Beirat beigeordnet. Der Beirat berät die Antidiskriminierungsstelle des Bundes bei der Vorlage von Berichten und Empfehlungen an den Deutschen Bundestag nach § 27 Abs. 4 und kann hierzu sowie zu

wissenschaftlichen Untersuchungen nach § 27 Abs. 3 Nr. 3 eigene Vorschläge unterbreiten.

(2) Das Bundesministerium für Familie, Senioren, Frauen und Jugend beruft im Einvernehmen mit der oder dem Unabhängigen Bundesbeauftragten für Antidiskriminierung sowie den entsprechend zuständigen Beauftragten der Bundesregierung oder des Deutschen Bundestages die Mitglieder dieses Beirats und für jedes Mitglied eine Stellvertretung. In den Beirat sollen Vertreterinnen und Vertreter gesellschaftlicher Gruppen und Organisationen sowie Expertinnen und Experten in Benachteiligungsfragen berufen werden. Die Gesamtzahl der Mitglieder des Beirats soll 16 Personen nicht überschreiten. Der Beirat soll zu gleichen Teilen mit Frauen und Männern besetzt sein.

(3) Der Beirat gibt sich eine Geschäftsordnung, die der Zustimmung des Bundesministeriums für Familie, Senioren, Frauen und Jugend bedarf.

(4) Die Mitglieder des Beirats üben die Tätigkeit nach diesem Gesetz ehrenamtlich aus. Sie haben Anspruch auf Aufwandsentschädigung sowie Reisekostenvergütung, Tagegelder und Übernachtungsgelder. Näheres regelt die Geschäftsordnung.

Abschnitt 7 Schlussvorschriften

§ 31 Unabdingbarkeit

Von den Vorschriften dieses Gesetzes kann nicht zu Ungunsten der geschützten Personen abgewichen werden.

§ 32 Schlussbestimmungen

Soweit in diesem Gesetz nicht Abweichendes bestimmt ist, gelten die allgemeinen Bestimmungen.

§ 33 Übergangsbestimmungen

(1) Bei Benachteiligungen nach den §§ 611a, 611b und 612 Abs. 3 des Bürgerlichen Gesetzbuchs oder sexuellen Belästigungen nach dem Beschäftigtenschutzgesetz ist das vor dem 18. August 2006 maßgebliche Recht anzuwenden.

(2) Bei Benachteiligungen aus Gründen der Rasse oder wegen der ethnischen Herkunft sind die §§ 19 bis 21 nicht auf Schuldverhältnisse anzuwenden, die vor dem 18. August 2006 begründet

worden sind. Satz 1 gilt nicht für spätere Änderungen von Dauerschuldverhältnissen.

(3) Bei Benachteiligungen wegen des Geschlechts, der Religion, einer Behinderung, des Alters oder der sexuellen Identität sind die §§ 19 bis 21 nicht auf Schuldverhältnisse anzuwenden, die vor dem 1. Dezember 2006 begründet worden sind. Satz 1 gilt nicht für spätere Änderungen von Dauerschuldverhältnissen.

(4) Auf Schuldverhältnisse, die eine privatrechtliche Versicherung zum Gegenstand haben, ist § 19 Abs. 1 nicht anzuwenden, wenn diese vor dem 22. Dezember 2007 begründet worden sind. Satz 1 gilt nicht für spätere Änderungen solcher Schuldverhältnisse.

(5) Bei Versicherungsverhältnissen, die vor dem 21. Dezember 2012 begründet werden, ist eine unterschiedliche Behandlung wegen des Geschlechts im Falle des § 19 Absatz 1 Nummer 2 bei den Prämien oder Leistungen nur zulässig, wenn dessen Berücksichtigung bei einer auf relevanten und genauen versicherungsmathematischen und statistischen Daten beruhenden Risikobewertung ein bestimmender Faktor ist. Kosten im Zusammenhang mit Schwangerschaft und Mutterschaft dürfen auf keinen Fall zu unterschiedlichen Prämien oder Leistungen führen.

Arbeitsgerichtsgesetz (ArbGG) – Auszug

in der Fassung der Bekanntmachung vom 2. Juli 1979 (BGBl. I S. 853 und 1036, zuletzt geändert durch Art. 17. des Gesetzes zur Umsetzung der Richtlinie (EU) 2020/1828 über Verbandsklagen zum Schutz der Kollektivinteressen der Verbraucher und zur Aufhebung der Richtlinie 2009/22/EG sowie zur Änderung des Kapitalanleger-Musterverfahrensgesetzes (Verbandsklagenrichtlinienumsetzungsgesetz — VRUG vom 8. Oktober 2023, BGBl. 2023 I Nr. 272)

§ 61b Klage wegen Benachteiligung

(1) Eine Klage auf Entschädigung nach § 15 des Allgemeinen Gleichbehandlungsgesetzes muss innerhalb von drei Monaten, nachdem der Anspruch schriftlich geltend gemacht worden ist, erhoben werden.

(2) Machen mehrere Bewerber wegen Benachteiligung bei der Begründung eines Arbeitsverhältnisses oder beim beruflichen Aufstieg eine Entschädigung nach § 15 des Allgemeinen Gleichbehandlungsgesetzes gerichtlich geltend, so wird auf Antrag des Arbeitgebers das Arbeitsgericht, bei dem die erste Klage erhoben ist, auch für die übrigen Klagen ausschließlich zuständig. Die Rechtsstreitigkeiten sind von Amts wegen an dieses Arbeitsgericht zu verweisen; die Prozesse sind zur gleichzeitigen Verhandlung und Entscheidung zu verbinden.

(3) Auf Antrag des Arbeitgebers findet die mündliche Verhandlung nicht vor Ablauf von sechs Monaten seit Erhebung der ersten Klage statt.

Arbeitszeitgesetz (ArbZG)

vom 6. Juni 1994 (BGBl. I S. 1170, zuletzt geändert durch Art. 6 des Gesetzes zur Verbesserung des Vollzugs im Arbeitsschutz (Arbeitsschutzkontrollgesetz) vom 22. Dezember 2020, BGBl. I S. 3334)

Erster Abschnitt Allgemeine Vorschriften

§ 1 Zweck des Gesetzes

Zweck des Gesetzes ist es,

1. die Sicherheit und den Gesundheitsschutz der Arbeitnehmer in der Bundesrepublik Deutschland und in der ausschließlichen Wirtschaftszone bei der Arbeitszeitgestaltung zu gewährleisten und die Rahmenbedingungen für flexible Arbeitszeiten zu verbessern sowie
2. den Sonntag und die staatlich anerkannten Feiertage als Tage der Arbeitsruhe und der seelischen Erhebung der Arbeitnehmer zu schützen.

§ 2 Begriffsbestimmungen

(1) Arbeitszeit im Sinne dieses Gesetzes ist die Zeit vom Beginn bis zum Ende der Arbeit ohne die Ruhepausen; Arbeitszeiten bei mehreren Arbeitgebern sind zusammenzurechnen. Im Bergbau unter Tage zählen die Ruhepausen zur Arbeitszeit.

(2) Arbeitnehmer im Sinne dieses Gesetzes sind Arbeiter und Angestellte sowie die zu ihrer Berufsbildung Beschäftigten.

(3) Nachtzeit im Sinne dieses Gesetzes ist die Zeit von 23 bis 6 Uhr, in Bäckereien und Konditoreien die Zeit von 22 bis 5 Uhr.

(4) Nachtarbeit im Sinne dieses Gesetzes ist jede Arbeit, die mehr als zwei Stunden der Nachtzeit umfaßt.

(5) Nachtarbeitnehmer im Sinne dieses Gesetzes sind Arbeitnehmer, die

1. auf Grund ihrer Arbeitszeitgestaltung normalerweise Nachtarbeit in Wechselschicht zu leisten haben oder
2. Nachtarbeit an mindestens 48 Tagen im Kalenderjahr leisten.

Zweiter Abschnitt Werktägliche Arbeitszeit und arbeitsfreie Zeiten

§ 3 Arbeitszeit der Arbeitnehmer

Die werktägliche Arbeitszeit der Arbeitnehmer darf acht Stunden nicht überschreiten. Sie kann auf bis zu zehn Stunden nur verlängert werden, wenn innerhalb von sechs Kalendermonaten oder innerhalb von 24 Wochen im Durchschnitt acht Stunden werktäglich nicht überschritten werden.

§ 4 Ruhepausen

Die Arbeit ist durch im voraus feststehende Ruhepausen von mindestens 30 Minuten bei einer Arbeitszeit von mehr als sechs bis zu neun Stunden und 45 Minuten bei einer Arbeitszeit von mehr als neun Stunden insgesamt zu unterbrechen. Die Ruhepausen nach Satz 1 können in Zeitabschnitte von jeweils mindestens 15 Minuten aufgeteilt werden. Länger als sechs Stunden hintereinander dürfen Arbeitnehmer nicht ohne Ruhepause beschäftigt werden.

§ 5 Ruhezeit

(1) Die Arbeitnehmer müssen nach Beendigung der täglichen Arbeitszeit eine ununterbrochene Ruhezeit von mindestens elf Stunden haben.

(2) Die Dauer der Ruhezeit des Absatzes 1 kann in Krankenhäusern und anderen Einrichtungen zur Behandlung, Pflege und Betreuung von Personen, in Gaststätten und anderen Einrichtungen zur Bewirtung und Beherbergung, in Verkehrsbetrieben, beim Rundfunk sowie in der Landwirtschaft und in der Tierhaltung um bis zu eine Stunde verkürzt werden, wenn jede Verkürzung der Ruhezeit innerhalb eines Kalendermonats oder innerhalb von vier Wochen durch Verlängerung einer anderen Ruhezeit auf mindestens zwölf Stunden ausgeglichen wird.

(3) Abweichend von Absatz 1 können in Krankenhäusern und anderen Einrichtungen zur Behandlung, Pflege und Betreuung von Personen Kürzungen der Ruhezeit durch Inanspruchnahmen während der Rufbereitschaft, die nicht mehr als die Hälfte der Ruhezeit betragen, zu anderen Zeiten ausgeglichen werden.

§ 6 Nacht- und Schichtarbeit

(1) Die Arbeitszeit der Nacht- und Schichtarbeitnehmer ist nach den gesicherten arbeitswissenschaftlichen Erkenntnissen über die menschengerechte Gestaltung der Arbeit festzulegen.

(2) Die werktägliche Arbeitszeit der Nachtarbeitnehmer darf acht Stunden nicht überschreiten. Sie kann auf bis zu zehn Stunden nur verlängert werden, wenn abweichend von § 3 innerhalb von einem Kalendermonat oder innerhalb von vier Wochen im Durchschnitt acht Stunden werktäglich nicht überschritten werden. Für Zeiträume, in denen Nachtarbeitnehmer im Sinne des § 2 Abs. 5 Nr. 2 nicht zur Nachtarbeit herangezogen werden, findet § 3 Satz 2 Anwendung.

(3) Nachtarbeitnehmer sind berechtigt, sich vor Beginn der Beschäftigung und danach in regelmäßigen Zeitabständen von nicht weniger als drei Jahren arbeitsmedizinisch untersuchen zu lassen. Nach Vollendung des 50. Lebensjahres steht Nachtarbeitnehmern dieses Recht in Zeitabständen von einem Jahr zu. Die Kosten der Untersuchungen hat der Arbeitgeber zu tragen, sofern er die Untersuchungen den Nachtarbeitnehmern nicht kostenlos durch einen Betriebsarzt oder einen überbetrieblichen Dienst von Betriebsärzten anbietet.

(4) Der Arbeitgeber hat den Nachtarbeitnehmer auf dessen Verlangen auf einen für ihn geeigneten Tagesarbeitsplatz umzusetzen, wenn

a) nach arbeitsmedizinischer Feststellung die weitere Verrichtung von Nachtarbeit den Arbeitnehmer in seiner Gesundheit gefährdet oder
b) im Haushalt des Arbeitnehmers ein Kind unter zwölf Jahren lebt, das nicht von einer anderen im Haushalt lebenden Person betreut werden kann, oder
c) der Arbeitnehmer einen schwerpflegebedürftigen Angehörigen zu versorgen hat, der nicht von einem anderen im Haushalt lebenden Angehörigen versorgt werden kann,

sofern dem nicht dringende betriebliche Erfordernisse entgegenstehen. Stehen der Umsetzung des Nachtarbeitnehmers auf einen für ihn geeigneten Tagesarbeitsplatz nach Auffassung des Arbeitgebers dringende betriebliche Erfordernisse entgegen, so ist der Betriebs- oder Personalrat zu hören. Der Betriebs- oder Personalrat kann dem Arbeitgeber Vorschläge für eine Umsetzung unterbreiten.

(5) Soweit keine tarifvertraglichen Ausgleichsregelungen bestehen, hat der Arbeitgeber dem Nachtarbeitnehmer für die während der Nachtzeit geleisteten Arbeitsstunden eine angemessene Zahl bezahlter freier Tage oder einen angemessenen Zuschlag auf das ihm hierfür zustehende Bruttoarbeitsentgelt zu gewähren.
(6) Es ist sicherzustellen, daß Nachtarbeitnehmer den gleichen Zugang zur betrieblichen Weiterbildung und zu aufstiegsfördernden Maßnahmen haben wie die übrigen Arbeitnehmer.

§ 7 Abweichende Regelungen

(1) In einem Tarifvertrag oder auf Grund eines Tarifvertrags in einer Betriebs- oder Dienstvereinbarung kann zugelassen werden,

1. abweichend von § 3
   a) die Arbeitszeit über zehn Stunden werktäglich zu verlängern, wenn in die Arbeitszeit regelmäßig und in erheblichem Umfang Arbeitsbereitschaft oder Bereitschaftsdienst fällt,
   b) einen anderen Ausgleichszeitraum festzulegen,
2. abweichend von § 4 Satz 2 die Gesamtdauer der Ruhepausen in Schichtbetrieben und Verkehrsbetrieben auf Kurzpausen von angemessener Dauer aufzuteilen,
3. abweichend von § 5 Abs. 1 die Ruhezeit um bis zu zwei Stunden zu kürzen, wenn die Art der Arbeit dies erfordert und die Kürzung der Ruhezeit innerhalb eines festzulegenden Ausgleichszeitraums ausgeglichen wird,
4. abweichend von § 6 Abs. 2
   a) die Arbeitszeit über zehn Stunden werktäglich hinaus zu verlängern, wenn in die Arbeitszeit regelmäßig und in erheblichem Umfang Arbeitsbereitschaft oder Bereitschaftsdienst fällt,
   b) einen anderen Ausgleichszeitraum festzulegen,
5. den Beginn des siebenstündigen Nachtzeitraums des § 2 Abs. 3 auf die Zeit zwischen 22 und 24 Uhr festzulegen.

(2) Sofern der Gesundheitsschutz der Arbeitnehmer durch einen entsprechenden Zeitausgleich gewährleistet wird, kann in einem Tarifvertrag oder auf Grund eines Tarifvertrags in einer Betriebs- oder Dienstvereinbarung ferner zugelassen werden,

1. abweichend von § 5 Abs. 1 die Ruhezeiten bei Rufbereitschaft den Besonderheiten dieses Dienstes anzupassen,

insbesondere Kürzungen der Ruhezeit infolge von Inanspruchnahmen während dieses Dienstes zu anderen Zeiten auszugleichen,
2. die Regelungen der §§ 3, 5 Abs.1 und § 6 Abs. 2 in der Landwirtschaft der Bestellungs- und Erntezeit sowie den Witterungseinflüssen anzupassen,
3. die Regelungen der §§ 3, 4, 5 Abs.1 und § 6 Abs. 2 bei der Behandlung, Pflege und Betreuung von Personen der Eigenart dieser Tätigkeit und dem Wohl dieser Personen entsprechend anzupassen,
4. die Regelungen der §§ 3, 4, 5 Abs.1 und § 6 Abs. 2 bei Verwaltungen und Betrieben des Bundes, der Länder, der Gemeinden und sonstigen Körperschaften, Anstalten und Stiftungen des öffentlichen Rechts sowie bei anderen Arbeitgebern, die der Tarifbindung eines für den öffentlichen Dienst geltenden oder eines im wesentlichen inhaltsgleichen Tarifvertrags unterliegen, der Eigenart der Tätigkeit bei diesen Stellen anzupassen.

(2a) In einem Tarifvertrag oder auf Grund eines Tarifvertrags in einer Betriebs- oder Dienstvereinbarung kann abweichend von den §§ 3, 5 Abs.1 und § 6 Abs. 2 zugelassen werden, die werktägliche Arbeitszeit auch ohne Ausgleich über acht Stunden zu verlängern, wenn in die Arbeitszeit regelmäßig und in erheblichem Umfang Arbeitsbereitschaft oder Bereitschaftsdienst fällt und durch besondere Regelungen sichergestellt wird, dass die Gesundheit der Arbeitnehmer nicht gefährdet wird.

(3) Im Geltungsbereich eines Tarifvertrags nach Absatz 1, 2 oder 2a können abweichende tarifvertragliche Regelungen im Betrieb eines nicht tarifgebundenen Arbeitgebers durch Betriebs- oder Dienstvereinbarung oder, wenn ein Betriebs- oder Personalrat nicht besteht, durch schriftliche Vereinbarung zwischen dem Arbeitgeber und dem Arbeitnehmer übernommen werden. Können auf Grund eines solchen Tarifvertrags abweichende Regelungen in einer Betriebs- oder Dienstvereinbarung getroffen werden, kann auch in Betrieben eines nicht tarifgebundenen Arbeitgebers davon Gebrauch gemacht werden. Eine nach Absatz 2 Nr. 4 getroffene abweichende tarifvertragliche Regelung hat zwischen nicht tarifgebundenen Arbeitgebern und Arbeitnehmern Geltung, wenn zwischen ihnen die Anwendung der für den öffentlichen Dienst geltenden tarifvertraglichen Bestimmungen vereinbart ist und die

Arbeitgeber die Kosten des Betriebs überwiegend mit Zuwendungen im Sinne des Haushaltsrechts decken.
(4) Die Kirchen und die öffentlich-rechtlichen Religionsgesellschaften können die in Absatz 1, 2 oder 2a genannten Abweichungen in ihren Regelungen vorsehen.
(5) In einem Bereich, in dem Regelungen durch Tarifvertrag üblicherweise nicht getroffen werden, können Ausnahmen im Rahmen des Absatzes 1, 2 oder 2a durch die Aufsichtsbehörde bewilligt werden, wenn dies aus betrieblichen Gründen erforderlich ist und die Gesundheit der Arbeitnehmer nicht gefährdet wird.
(6) Die Bundesregierung kann durch Rechtsverordnung mit Zustimmung des Bundesrates Ausnahmen im Rahmen des Absatzes 1 oder 2 zulassen, sofern dies aus betrieblichen Gründen erforderlich ist und die Gesundheit der Arbeitnehmer nicht gefährdet wird.
(7) Auf Grund einer Regelung nach Absatz 2a oder den Absätzen 3 bis 5 jeweils in Verbindung mit Absatz 2a darf die Arbeitszeit nur verlängert werden, wenn der Arbeitnehmer schriftlich eingewilligt hat. Der Arbeitnehmer kann die Einwilligung mit einer Frist von sechs Monaten schriftlich widerrufen. Der Arbeitgeber darf einen Arbeitnehmer nicht benachteiligen, weil dieser die Einwilligung zur Verlängerung der Arbeitszeit nicht erklärt oder die Einwilligung widerrufen hat.
(8) Werden Regelungen nach Absatz 1 Nr. 1 und 4, Absatz 2 Nr. 2 bis 4 oder solche Regelungen auf Grund der Absätze 3 und 4 zugelassen, darf die Arbeitszeit 48 Stunden wöchentlich im Durchschnitt von zwölf Kalendermonaten nicht überschreiten. Erfolgt die Zulassung auf Grund des Absatzes 5, darf die Arbeitszeit 48 Stunden wöchentlich im Durchschnitt von sechs Kalendermonaten oder 24 Wochen nicht überschreiten.
(9) Wird die werktägliche Arbeitszeit über zwölf Stunden hinaus verlängert, muss im unmittelbaren Anschluss an die Beendigung der Arbeitszeit eine Ruhezeit von mindestens elf Stunden gewährt werden.

§ 8 Gefährliche Arbeiten

Die Bundesregierung kann durch Rechtsverordnung mit Zustimmung des Bundesrates für einzelne Beschäftigungsbereiche, für bestimmte Arbeiten oder für bestimmte Arbeitnehmergruppen, bei denen besondere Gefahren für die Gesundheit der Arbeitnehmer zu erwarten sind, die Arbeitszeit über § 3 hinaus beschränken, die Ruhepausen und Ruhezeiten über die §§ 4 und 5 hinaus ausdehnen, die Regelungen zum Schutz der Nacht- und Schichtarbeitnehmer in § 6 erweitern und die Abweichungsmöglichkeiten nach § 7 beschränken, soweit dies zum Schutz der Gesundheit der Arbeitnehmer erforderlich ist. Satz 1 gilt nicht für Beschäftigungsbereiche und Arbeiten in Betrieben, die der Bergaufsicht unterliegen.

Dritter Abschnitt Sonn- und Feiertagsruhe

§ 9 Sonn- und Feiertagsruhe

(1) Arbeitnehmer dürfen an Sonn- und gesetzlichen Feiertagen von 0 bis 24 Uhr nicht beschäftigt werden.

(2) In mehrschichtigen Betrieben mit regelmäßiger Tag- und Nachtschicht kann Beginn oder Ende der Sonn- und Feiertagsruhe um bis zu sechs Stunden vor- oder zurückverlegt werden, wenn für die auf den Beginn der Ruhezeit folgenden 24 Stunden der Betrieb ruht.

(3) Für Kraftfahrer und Beifahrer kann der Beginn der 24stündigen Sonn- und Feiertagsruhe um bis zu zwei Stunden vorverlegt werden.

§ 10 Sonn- und Feiertagsbeschäftigung

(1) Sofern die Arbeiten nicht an Werktagen vorgenommen werden können, dürfen Arbeitnehmer an Sonn- und Feiertagen abweichend von § 9 beschäftigt werden

1. in Not- und Rettungsdiensten sowie bei der Feuerwehr,
2. zur Aufrechterhaltung der öffentlichen Sicherheit und Ordnung sowie der Funktionsfähigkeit von Gerichten und Behörden und für Zwecke der Verteidigung,
3. in Krankenhäusern und anderen Einrichtungen zur Behandlung, Pflege und Betreuung von Personen,
4. in Gaststätten und anderen Einrichtungen zur Bewirtung und Beherbergung sowie im Haushalt,
5. bei Musikaufführungen, Theatervorstellungen, Filmvorführungen, Schaustellungen, Darbietungen und anderen ähnlichen Veranstaltungen,
6. bei nichtgewerblichen Aktionen und Veranstaltungen der Kirchen, Religionsgesellschaften, Verbände, Vereine, Parteien und anderer ähnlicher Vereinigungen,

7. beim Sport und in Freizeit-, Erholungs- und Vergnügungseinrichtungen, beim Fremdenverkehr sowie in Museen und wissenschaftlichen Präsenzbibliotheken,
8. beim Rundfunk, bei der Tages- und Sportpresse, bei Nachrichtenagenturen sowie bei den der Tagesaktualität dienenden Tätigkeiten für andere Presseerzeugnisse einschließlich des Austragens, bei der Herstellung von Satz, Filmen und Druckformen für tagesaktuelle Nachrichten und Bilder, bei tagesaktuellen Aufnahmen auf Ton- und Bildträger sowie beim Transport und Kommissionieren von Presseerzeugnissen, deren Ersterscheinungstag am Montag oder am Tag nach einem Feiertag liegt,
9. bei Messen, Ausstellungen und Märkten im Sinne des Titels IV der Gewerbeordnung sowie bei Volksfesten,
10. in Verkehrsbetrieben sowie beim Transport und Kommissionieren von leichtverderblichen Waren im Sinne des § 30 Abs. 3 Nr. 2 der Straßenverkehrsordnung,
11. in den Energie- und Wasserversorgungsbetrieben sowie in Abfall- und Abwasserentsorgungsbetrieben,
12. in der Landwirtschaft und in der Tierhaltung sowie in Einrichtungen zur Behandlung und Pflege von Tieren,
13. im Bewachungsgewerbe und bei der Bewachung von Betriebsanlagen,
14. bei der Reinigung und Instandhaltung von Betriebseinrichtungen, soweit hierdurch der regelmäßige Fortgang des eigenen oder eines fremden Betriebs bedingt ist, bei der Vorbereitung der Wiederaufnahme des vollen werktägigen Betriebs sowie bei der Aufrechterhaltung der Funktionsfähigkeit von Datennetzen und Rechnersystemen,
15. zur Verhütung des Verderbens von Naturerzeugnissen oder Rohstoffen oder des Mißlingens von Arbeitsergebnissen sowie bei kontinuierlich durchzuführenden Forschungsarbeiten,
16. zur Vermeidung einer Zerstörung oder erheblichen Beschädigung der Produktionseinrichtungen.

(2) Abweichend von § 9 dürfen Arbeitnehmer an Sonn- und Feiertagen mit den Produktionsarbeiten beschäftigt werden, wenn die infolge der Unterbrechung der Produktion nach Absatz 1 Nr. 14 zulässigen Arbeiten den Einsatz von mehr Arbeitnehmern als bei durchgehender Produktion erfordern.

(3) Abweichend von § 9 dürfen Arbeitnehmer an Sonn- und Feiertagen in Bäckereien und Konditoreien für bis zu drei Stunden mit der Herstellung und dem Austragen oder Ausfahren von Konditorwaren und an diesem Tag zum Verkauf kommenden Bäckerwaren beschäftigt werden.
(4) Sofern die Arbeiten nicht an Werktagen vorgenommen werden können, dürfen Arbeitnehmer zur Durchführung des Eil- und Großbetragszahlungsverkehrs und des Geld-, Devisen-, Wertpapier- und Derivatehandels abweichend von § 9 Abs.1 an den auf einen Werktag fallenden Feiertagen beschäftigt werden, die nicht in allen Mitgliedstaaten der Europäischen Union Feiertage sind.

§ 11 Ausgleich für Sonn- und Feiertagsbeschäftigung

(1) Mindestens 15 Sonntage im Jahr müssen beschäftigungsfrei bleiben.
(2) Für die Beschäftigung an Sonn- und Feiertagen gelten die §§ 3 bis 8 entsprechend, jedoch dürfen durch die Arbeitszeit an Sonn- und Feiertagen die in den §§ 3, 6 Abs. 2, §§ 7 und 21a Abs. 4 bestimmten Höchstarbeitszeiten und Ausgleichszeiträume nicht überschritten werden.
(3) Werden Arbeitnehmer an einem Sonntag beschäftigt, müssen sie einen Ersatzruhetag haben, der innerhalb eines den Beschäftigungstag einschließenden Zeitraums von zwei Wochen zu gewähren ist. Werden Arbeitnehmer an einem auf einen Werktag fallenden Feiertag beschäftigt, müssen sie einen Ersatzruhetag haben, der innerhalb eines den Beschäftigungstag einschließenden Zeitraums von acht Wochen zu gewähren ist.
(4) Die Sonn- oder Feiertagsruhe des § 9 oder der Ersatzruhetag des Absatzes 3 ist den Arbeitnehmern unmittelbar in Verbindung mit einer Ruhezeit nach § 5 zu gewähren, soweit dem technische oder arbeitsorganisatorische Gründe nicht entgegenstehen.

§ 12 Abweichende Regelungen

In einem Tarifvertrag oder auf Grund eines Tarifvertrags in einer Betriebs- oder Dienstvereinbarung kann zugelassen werden,

1. abweichend von § 11 Abs.1 die Anzahl der beschäftigungsfreien Sonntage in den Einrichtungen des § 10 Abs.1 Nr. 2, 3, 4 und 10 auf mindestens zehn Sonntage, im Rundfunk, in Theaterbetrieben, Orchestern sowie bei Schaustellungen auf mindestens acht Sonntage, in Filmtheatern und in der Tierhaltung auf mindestens sechs Sonntage im Jahr zu verringern,

2. abweichend von § 11 Abs. 3 den Wegfall von Ersatzruhetagen für auf Werktage fallende Feiertage zu vereinbaren oder Arbeitnehmer innerhalb eines festzulegenden Ausgleichszeitraums beschäftigungsfrei zu stellen,
3. abweichend von § 11 Abs.1 bis 3 in der Seeschiffahrt die den Arbeitnehmern nach diesen Vorschriften zustehenden freien Tage zusammenhängend zu geben,
4. abweichend von § 11 Abs. 2 die Arbeitszeit in vollkontinuierlichen Schichtbetrieben an Sonn- und Feiertagen auf bis zu zwölf Stunden zu verlängern, wenn dadurch zusätzliche freie Schichten an Sonn- und Feiertagen erreicht werden.

§ 7 Abs. 3 bis 6 findet Anwendung.

§ 13 Ermächtigung, Anordnung, Bewilligung

(1) Die Bundesregierung kann durch Rechtsverordnung mit Zustimmung des Bundesrates zur Vermeidung erheblicher Schäden unter Berücksichtigung des Schutzes der Arbeitnehmer und der Sonn- und Feiertagsruhe

1. die Bereiche mit Sonn- und Feiertagsbeschäftigung nach § 10 sowie die dort zugelassenen Arbeiten näher bestimmen,
2. über die Ausnahmen nach § 10 hinaus weitere Ausnahmen abweichend von § 9
   a) für Betriebe, in denen die Beschäftigung von Arbeitnehmern an Sonn- oder Feiertagen zur Befriedigung täglicher oder an diesen Tagen besonders hervortretender Bedürfnisse der Bevölkerung erforderlich ist,
   b) für Betriebe, in denen Arbeiten vorkommen, deren Unterbrechung oder Aufschub
      aa) nach dem Stand der Technik ihrer Art nach nicht oder nur mit erheblichen Schwierigkeiten möglich ist,
      bb) besondere Gefahren für Leben oder Gesundheit der Arbeitnehmer zur Folge hätte,
      cc) zu erheblichen Belastungen der Umwelt oder der Energie- oder Wasserversorgung führen würde,
   c) aus Gründen des Gemeinwohls, insbesondere auch zur Sicherung der Beschäftigung,

zulassen und die zum Schutz der Arbeitnehmer und der Sonn- und Feiertagsruhe notwendigen Bedingungen bestimmen.

(2) Soweit die Bundesregierung von der Ermächtigung des Absatzes 1 Nr. 2 Buchstabe a keinen Gebrauch gemacht hat, können

die Landesregierungen durch Rechtsverordnung entsprechende Bestimmungen erlassen. Die Landesregierungen können diese Ermächtigung durch Rechtsverordnung auf oberste Landesbehörden übertragen.

(3) Die Aufsichtsbehörde kann

1. feststellen, ob eine Beschäftigung nach § 10 zulässig ist,
2. abweichend von § 9 bewilligen, Arbeitnehmer zu beschäftigen
   a) im Handelsgewerbe an bis zu zehn Sonn- und Feiertagen im Jahr, an denen besondere Verhältnisse einen erweiterten Geschäftsverkehr erforderlich machen,
   b) an bis zu fünf Sonn- und Feiertagen im Jahr, wenn besondere Verhältnisse zur Verhütung eines unverhältnismäßigen Schadens dies erfordern,
   c) an einem Sonntag im Jahr zur Durchführung einer gesetzlich vorgeschriebenen Inventur,

und Anordnungen über die Beschäftigungszeit unter Berücksichtigung der für den öffentlichen Gottesdienst bestimmten Zeit treffen.

(4) Die Aufsichtsbehörde soll abweichend von § 9 bewilligen, daß Arbeitnehmer an Sonn- und Feiertagen mit Arbeiten beschäftigt werden, die aus chemischen, biologischen, technischen oder physikalischen Gründen einen ununterbrochenen Fortgang auch an Sonn- und Feiertagen erfordern.

(5) Die Aufsichtsbehörde hat abweichend von § 9 die Beschäftigung von Arbeitnehmern an Sonn- und Feiertagen zu bewilligen, wenn bei einer weitgehenden Ausnutzung der gesetzlich zulässigen wöchentlichen Betriebszeiten und bei längeren Betriebszeiten im Ausland die Konkurrenzfähigkeit unzumutbar beeinträchtigt ist und durch die Genehmigung von Sonn- und Feiertagsarbeit die Beschäftigung gesichert werden kann.

Vierter Abschnitt Ausnahmen in besonderen Fällen

§ 14 Außergewöhnliche Fälle

(1) Von den §§ 3 bis 5, 6 Abs. 2, §§ 7, 9 bis 11 darf abgewichen werden bei vorübergehenden Arbeiten in Notfällen und in außergewöhnlichen Fällen, die unabhängig vom Willen der Betroffenen eintreten und deren Folgen nicht auf andere Weise zu beseitigen sind, besonders wenn Rohstoffe oder Lebensmittel zu verderben oder Arbeitsergebnisse zu mißlingen drohen.

(2) Von den §§ 3 bis 5, 6 Abs. 2, §§ 7, 11 Abs. 1 bis 3 und § 12 darf ferner abgewichen werden,

1. wenn eine verhältnismäßig geringe Zahl von Arbeitnehmern vorübergehend mit Arbeiten beschäftigt wird, deren Nichterledigung das Ergebnis der Arbeiten gefährden oder einen unverhältnismäßigen Schaden zur Folge haben würden,
2. bei Forschung und Lehre, bei unaufschiebbaren Vor- und Abschlußarbeiten sowie bei unaufschiebbaren Arbeiten zur Behandlung, Pflege und Betreuung von Personen oder zur Behandlung und Pflege von Tieren an einzelnen Tagen,

wenn dem Arbeitgeber andere Vorkehrungen nicht zugemutet werden können.

(3) Wird von den Befugnissen nach Absatz 1 oder 2 Gebrauch gemacht, darf die Arbeitszeit 48 Stunden wöchentlich im Durchschnitt von sechs Kalendermonaten oder 24 Wochen nicht überschreiten.

(4) Das Bundesministerium für Arbeit und Soziales kann durch Rechtsverordnung im Einvernehmen mit dem Bundesministerium für Gesundheit ohne Zustimmung des Bundesrates in außergewöhnlichen Notfällen mit bundesweiten Auswirkungen, insbesondere in epidemischen Lagen von nationaler Tragweite nach § 5 Absatz 1 des Infektionsschutzgesetzes, für Tätigkeiten der Arbeitnehmer für einen befristeten Zeitraum Ausnahmen zulassen, die über die in diesem Gesetz und in den auf Grund dieses Gesetzes erlassenen Rechtsverordnungen sowie in Tarifverträgen vorgesehenen Ausnahmen hinausgehen. Diese Tätigkeiten müssen zur Aufrechterhaltung der öffentlichen Sicherheit und Ordnung, des Gesundheitswesens und der pflegerischen Versorgung, der Daseinsvorsorge oder zur Versorgung der Bevölkerung mit existenziellen Gütern notwendig sein. In der Rechtsverordnung sind die notwendigen Bedingungen zum Schutz der in Satz 1 genannten Arbeitnehmer zu bestimmen.

§ 15 Bewilligung, Ermächtigung

(1) Die Aufsichtsbehörde kann

1. eine von den §§ 3, 6 Abs. 2 und § 11 Abs. 2 abweichende längere tägliche Arbeitszeit bewilligen
   a) für kontinuierliche Schichtbetriebe zur Erreichung zusätzlicher Freischichten,
   b) für Bau- und Montagestellen,
2. eine von den §§ 3, 6 Abs. 2 und § 11 Abs. 2 abweichende längere tägliche Arbeitszeit für Saison- und Kampagnebetriebe

für die Zeit der Saison oder Kampagne bewilligen, wenn die Verlängerung der Arbeitszeit über acht Stunden werktäglich durch eine entsprechende Verkürzung der Arbeitszeit zu anderen Zeiten ausgeglichen wird,

3. eine von den §§ 5 und 11 Abs. 2 abweichende Dauer und Lage der Ruhezeit bei Arbeitsbereitschaft, Bereitschaftsdienst und Rufbereitschaft den Besonderheiten dieser Inanspruchnahmen im öffentlichen Dienst entsprechend bewilligen,
4. eine von den §§ 5 und 11 Abs. 2 abweichende Ruhezeit zur Herbeiführung eines regelmäßigen wöchentlichen Schichtwechsels zweimal innerhalb eines Zeitraums von drei Wochen bewilligen.

(2) Die Aufsichtsbehörde kann über die in diesem Gesetz vorgesehenen Ausnahmen hinaus weitergehende Ausnahmen zulassen, soweit sie im öffentlichen Interesse dringend nötig werden.

(2a) Die Bundesregierung kann durch Rechtsverordnung mit Zustimmung des Bundesrates

1. Ausnahmen von den §§ 3,4,5 und 6 Absatz 2 sowie von den §§ 9 und 11 für Arbeitnehmer, die besondere Tätigkeiten zur Errichtung, zur Änderung oder zum Betrieb von Bauwerken, künstlichen Inseln oder sonstigen Anlagen auf See (Offshore-Tätigkeiten) durchführen, zulassen und
2. die zum Schutz der in Nummer 1 genannten Arbeitnehmer sowie der Sonn- und Feiertagsruhe notwendigen Bedingungen bestimmen.

(3) Das Bundesministerium der Verteidigung kann in seinem Geschäftsbereich durch Rechtsverordnung mit Zustimmung des Bundesministeriums für Arbeit und Soziales aus zwingenden Gründen der Verteidigung Arbeitnehmer verpflichten, über die in diesem Gesetz und in den auf Grund dieses Gesetzes erlassenen Rechtsverordnungen und Tarifverträgen festgelegten Arbeitszeitgrenzen und -beschränkungen hinaus Arbeit zu leisten.

(3a) Das Bundesministerium der Verteidigung kann in seinem Geschäftsbereich durch Rechtsverordnung im Einvernehmen mit dem Bundesministerium für Arbeit und Soziales für besondere Tätigkeiten der Arbeitnehmer bei den Streitkräften Abweichungen von in diesem Gesetz sowie von in den auf Grund dieses Gesetzes erlassenen Rechtsverordnungen bestimmten Arbeitszeitgrenzen und -beschränkungen zulassen, soweit die Abweichungen aus zwingenden Gründen erforderlich sind und die größtmögliche

Sicherheit und der bestmögliche Gesundheitsschutz der Arbeitnehmer gewährleistet werden.
(4) Werden Ausnahmen nach Absatz 1 oder 2 zugelassen, darf die Arbeitszeit 48 Stunden wöchentlich im Durchschnitt von sechs Kalendermonaten oder 24 Wochen nicht überschreiten.

Fünfter Abschnitt Durchführung des Gesetzes

§ 16 Aushang und Arbeitszeitnachweise

(1) Der Arbeitgeber ist verpflichtet, einen Abdruck dieses Gesetzes, der auf Grund dieses Gesetzes erlassenen, für den Betrieb geltenden Rechtsverordnungen und der für den Betrieb geltenden Tarifverträge und Betriebs- oder Dienstvereinbarungen im Sinne des § 7 Abs.1 bis 3, §§ 12 und 21a Abs. 6 an geeigneter Stelle im Betrieb zur Einsichtnahme auszulegen oder auszuhängen.
(2) Der Arbeitgeber ist verpflichtet, die über die werktägliche Arbeitszeit des § 3 Satz 1 hinausgehende Arbeitszeit der Arbeitnehmer aufzuzeichnen und ein Verzeichnis der Arbeitnehmer zu führen, die in eine Verlängerung der Arbeitszeit gemäß § 7 Abs. 7 eingewilligt haben. Die Nachweise sind mindestens zwei Jahre aufzubewahren.

§ 17 Aufsichtsbehörde

(1) Die Einhaltung dieses Gesetzes und der auf Grund dieses Gesetzes erlassenen Rechtsverordnungen wird von den nach Landesrecht zuständigen Behörden (Aufsichtsbehörden) überwacht.
(2) Die Aufsichtsbehörde kann die erforderlichen Maßnahmen anordnen, die der Arbeitgeber zur Erfüllung der sich aus diesem Gesetz und den auf Grund dieses Gesetzes erlassenen Rechtsverordnungen ergebenden Pflichten zu treffen hat.
(3) Für den öffentlichen Dienst des Bundes sowie für die bundesunmittelbaren Körperschaften, Anstalten und Stiftungen des öffentlichen Rechts werden die Aufgaben und Befugnisse der Aufsichtsbehörde vom zuständigen Bundesministerium oder den von ihm bestimmten Stellen wahrgenommen; das gleiche gilt für die Befugnisse nach § 15 Abs.1 und 2.
(4) Die Aufsichtsbehörde kann vom Arbeitgeber die für die Durchführung dieses Gesetzes und der auf Grund dieses Gesetzes erlassenen Rechtsverordnungen erforderlichen Auskünfte verlangen. Sie kann ferner vom Arbeitgeber verlangen, die Arbeitszeitnachweise

und Tarifverträge oder Betriebs- oder Dienstvereinbarungen im Sinne des § 7 Abs.1 bis 3, §§ 12 und 21a Abs. 6 sowie andere Arbeitszeitnachweise oder Geschäftsunterlagen, die mittelbar oder unmittelbar Auskunft über die Einhaltung des Arbeitszeitgesetzes geben, vorzulegen oder zur Einsicht einzusenden.

(5) Die Beauftragen der Aufsichtsbehörde sind berechtigt, die Arbeitsstätten während der Betriebs- und Arbeitszeit zu betreten und zu besichtigen; außerhalb dieser Zeit oder wenn sich die Arbeitsstätten in einer Wohnung befinden, dürfen sie ohne Einverständnis des Inhabers nur zur Verhütung von dringenden Gefahren für die öffentliche Sicherheit und Ordnung betreten und besichtigt werden. Der Arbeitgeber hat das Betreten und Besichtigen der Arbeitsstätten zu gestatten. Das Grundrecht der Unverletzlichkeit der Wohnung (Artikel 13 des Grundgesetzes) wird insoweit eingeschränkt.

(6) Der zur Auskunft Verpflichtete kann die Auskunft auf solche Fragen verweigern, deren Beantwortung ihn selbst oder einen der in § 383 Abs.1 Nr.1 bis 3 der Zivilprozeßordnung bezeichneten Angehörigen der Gefahr strafgerichtlicher Verfolgung oder eines Verfahrens nach dem Gesetz über Ordnungswidrigkeiten aussetzen würde.

Sechster Abschnitt Sonderregelungen

§ 18 Nichtanwendung des Gesetzes

(1) Dieses Gesetz ist nicht anzuwenden auf

1. leitende Angestellte im Sinne des § 5 Abs. 3 des Betriebsverfassungsgesetzes sowie Chefärzte,
2. Leiter von öffentlichen Dienststellen und deren Vertreter sowie Arbeitnehmer im öffentlichen Dienst, die zu selbständigen Entscheidungen in Personalangelegenheiten befugt sind,
3. Arbeitnehmer, die in häuslicher Gemeinschaft mit den ihnen anvertrauten Personen zusammenleben und sie eigenverantwortlich erziehen, pflegen oder betreuen,
4. den liturgischen Bereich der Kirchen und der Religionsgemeinschaften.

(2) Für die Beschäftigung von Personen unter 18 Jahren gilt anstelle dieses Gesetzes das Jugendarbeitsschutzgesetz.

(3) Für die Beschäftigung von Arbeitnehmern als Besatzungsmitglieder auf Kauffahrteischiffen im Sinne des § 3 des Seearbeitsgesetzes gilt anstelle dieses Gesetzes das Seearbeitsgesetz.

§ 19 Beschäftigung im öffentlichen Dienst

Bei der Wahrnehmung hoheitlicher Aufgaben im öffentlichen Dienst können, soweit keine tarifvertragliche Regelung besteht, durch die zuständige Dienstbehörde die für Beamte geltenden Bestimmungen über die Arbeitszeit auf die Arbeitnehmer übertragen werden; insoweit finden die §§ 3 bis 13 keine Anwendung.

§ 20 Beschäftigung in der Luftfahrt

Für die Beschäftigung von Arbeitnehmern als Besatzungsmitglieder von Luftfahrzeugen gelten anstelle der Vorschriften dieses Gesetzes über Arbeits- und Ruhezeiten die Vorschriften über Flug-, Flugdienst- und Ruhezeiten der Zweiten Durchführungsverordnung zur Betriebsordnung für Luftfahrtgerät in der jeweils geltenden Fassung.

§ 21 Beschäftigung in der Binnenschiffahrt

(1) Die Bundesregierung kann durch Rechtsverordnung mit Zustimmung des Bundesrates, auch zur Umsetzung zwischenstaatlicher Vereinbarungen oder Rechtsakten der Europäischen Union, abweichend von den Vorschriften dieses Gesetzes die Bedingungen für die Arbeitszeitgestaltung von Arbeitnehmern, die als Mitglied der Besatzung oder des Bordpersonals an Bord eines Fahrzeugs in der Binnenschifffahrt beschäftigt sind, regeln, soweit dies erforderlich ist, um den besonderen Bedingungen an Bord von Binnenschiffen Rechnung zu tragen.Insbesondere können in diesen Rechtsverordnungen die notwendigen Bedingungen für die Sicherheit und den Gesundheitsschutz im Sinne des § 1, einschließlich gesundheitlicher Untersuchungen hinsichtlich der Auswirkungen der Arbeitszeitbedingungen auf einem Schiff in der Binnenschifffahrt, sowie die notwendigen Bedingungen für den Schutz der Sonn- und Feiertagsruhe bestimmt werden. In Rechtsverordnungen nach Satz 1 kann ferner bestimmt werden, dass von den Vorschriften der Rechtsverordnung durch Tarifvertrag abgewichen werden kann.

(2) Soweit die Bundesregierung von der Ermächtigung des Absatzes 1 keinen Gebrauch macht, gelten die Vorschriften dieses Gesetzes für das Fahrpersonal auf Binnenschiffen, es sei denn, binnenschifffahrtsrechtliche Vorschriften über Ruhezeiten stehen dem entgegen. Bei Anwendung des Satzes 1 kann durch Tarifvertrag von den Vorschriften dieses Gesetzes abgewichen werden, um der Eigenart der Binnenschifffahrt Rechnung zu tragen.

§ 21a Beschäftigung im Straßentransport

(1) Für die Beschäftigung von Arbeitnehmern als Fahrer oder Beifahrer bei Straßenverkehrstätigkeiten im Sinne der Verordnung (EG) Nr. 561/2006 des Europäischen Parlaments und des Rates vom 15. März 2006 zur Harmonisierung bestimmter Sozialvorschriften im Straßenverkehr und zur Änderung der Verordnungen (EWG) Nr. 3821/85 und (EG) Nr. 2135/98 des Rates sowie zur Aufhebung der Verordnung (EWG) Nr. 3820/85 des Rates (ABl. EG Nr. L 102 S. 1) oder des Europäischen Übereinkommens über die Arbeit des im internationalen Straßenverkehr beschäftigten Fahrpersonals (AETR) vom 1. Juli 1970 (BGBl. II 1974 S. 1473) in ihren jeweiligen Fassungen gelten die Vorschriften dieses Gesetzes, soweit nicht die folgenden Absätze abweichende Regelungen enthalten. Die Vorschriften der Verordnung (EG) Nr. 561/2006 und des AETR bleiben unberührt.

(2) Eine Woche im Sinne dieser Vorschriften ist der Zeitraum von Montag 0 Uhr bis Sonntag 24 Uhr.

(3) Abweichend von § 2 Abs. 1 ist keine Arbeitszeit:

1. die Zeit, während derer sich ein Arbeitnehmer am Arbeitsplatz bereithalten muss, um seine Tätigkeit aufzunehmen,
2. die Zeit, während derer sich ein Arbeitnehmer bereithalten muss, um seine Tätigkeit auf Anweisung aufnehmen zu können, ohne sich an seinem Arbeitsplatz aufhalten zu müssen;
3. für Arbeitnehmer, die sich beim Fahren abwechseln, die während der Fahrt neben dem Fahrer oder in einer Schlafkabine verbrachte Zeit.

Für die Zeiten nach Satz 1 Nr. 1 und 2 gilt dies nur, wenn der Zeitraum und dessen voraussichtliche Dauer im Voraus, spätestens unmittelbar vor Beginn des betreffenden Zeitraums bekannt ist. Die in Satz 1 genannten Zeiten sind keine Ruhezeiten. Die in Satz 1 Nr. 1 und 2 genannten Zeiten sind keine Ruhepausen.

(4) Die Arbeitszeit darf 48 Stunden wöchentlich nicht überschreiten. Sie kann auf bis zu 60 Stunden verlängert werden, wenn innerhalb von vier Kalendermonaten oder 16 Wochen im Durchschnitt 48 Stunden wöchentlich nicht überschritten werden.

(5) Die Ruhezeiten bestimmen sich nach den Vorschriften der Europäischen Gemeinschaften für Kraftfahrer und Beifahrer sowie nach dem AETR. Dies gilt auch für Auszubildende und Praktikanten.

(6) In einem Tarifvertrag oder auf Grund eines Tarifvertrags in einer Betriebs- oder Dienstvereinbarung kann zugelassen werden,

1. nähere Einzelheiten zu den in Absatz 3 Satz 1 Nr. 1, 2 und Satz 2 genannten Voraussetzungen zu regeln,
2. abweichend von Absatz 4 sowie den §§ 3 und 6 Abs. 2 die Arbeitszeit festzulegen, wenn objektive, technische oder arbeitszeitorganisatorische Gründe vorliegen. Dabei darf die Arbeitszeit 48 Stunden wöchentlich im Durchschnitt von sechs Kalendermonaten nicht überschreiten.

§ 7 Abs. 1 Nr. 2 und Abs. 2a gilt nicht. § 7 Abs. 3 gilt entsprechend.

(7) Der Arbeitgeber ist verpflichtet, die Arbeitszeit der Arbeitnehmer aufzuzeichnen. Die Aufzeichnungen sind mindestens zwei Jahre aufzubewahren. Der Arbeitgeber hat dem Arbeitnehmer auf Verlangen eine Kopie der Aufzeichnungen seiner Arbeitszeit auszuhändigen.

(8) Zur Berechnung der Arbeitszeit fordert der Arbeitgeber den Arbeitnehmer schriftlich auf, ihm eine Aufstellung der bei einem anderen Arbeitgeber geleisteten Arbeitszeit vorzulegen. Der Arbeitnehmer legt diese Angaben schriftlich vor.

Siebter Abschnitt Straf- und Bußgeldvorschriften

§ 22 Bußgeldvorschriften

(1) Ordnungswidrig handelt, wer als Arbeitgeber vorsätzlich oder fahrlässig

1. entgegen §§ 3, 6 Abs. 2 oder § 21a Abs. 4, jeweils auch in Verbindung mit § 11 Abs. 2, einen Arbeitnehmer über die Grenzen der Arbeitszeit hinaus beschäftigt,
2. entgegen § 4 Ruhepausen nicht, nicht mit der vorgeschriebenen Mindestdauer oder nicht rechtzeitig gewährt,
3. entgegen § 5 Abs. 1 die Mindestruhezeit nicht gewährt oder entgegen § 5 Abs. 2 die Verkürzung der Ruhezeit durch Verlängerung einer anderen Ruhezeit nicht oder nicht rechtzeitig ausgleicht,
4. einer Rechtsverordnung nach § 8 Satz 1, § 13 Abs. 1 oder 2, § 15 Absatz 2a Nummer 2, § 21 Absatz 1 oder § 24 zuwiderhandelt, soweit sie für einen bestimmten Tatbestand auf diese Bußgeldvorschrift verweist,
5. entgegen § 9 Abs. 1 einen Arbeitnehmer an Sonn- oder Feiertagen beschäftigt,

6. entgegen § 11 Abs.1 einen Arbeitnehmer an allen Sonntagen beschäftigt oder entgegen § 11 Abs. 3 einen Ersatzruhetag nicht oder nicht rechtzeitig gewährt,
7. einer vollziehbaren Anordnung nach § 13 Abs. 3 Nr. 2 zuwiderhandelt,
8. entgegen § 16 Abs.1 die dort bezeichnete Auslage oder den dort bezeichneten Aushang nicht vornimmt,
9. entgegen § 16 Abs. 2 oder § 21a Abs. 7 Aufzeichnungen nicht oder nicht richtig erstellt oder nicht für die vorgeschriebene Dauer aufbewahrt oder
10. entgegen § 17 Abs. 4 eine Auskunft nicht, nicht richtig oder nicht vollständig erteilt, Unterlagen nicht oder nicht vollständig vorlegt oder nicht einsendet oder entgegen § 17 Abs. 5 Satz 2 eine Maßnahme nicht gestattet.

(2) Die Ordnungswidrigkeit kann in den Fällen des Absatzes 1 Nr.1 bis 7, 9 und 10 mit einer Geldbuße bis zu dreißigtausend Euro, in den Fällen des Absatzes 1 Nr. 8 mit einer Geldbuße bis zu fünftausend Euro geahndet werden.

§ 23 Strafvorschriften

(1) Wer eine der in § 22 Abs.1 Nr.1 bis 3, 5 bis 7 bezeichneten Handlungen
1. vorsätzlich begeht und dadurch Gesundheit oder Arbeitskraft eines Arbeitnehmers gefährdet oder
2. beharrlich wiederholt,

wird mit Freiheitsstrafe bis zu einem Jahr oder mit Geldstrafe bestraft.

(2) Wer in den Fällen des Absatzes 1 Nr.1 die Gefahr fahrlässig verursacht, wird mit Freiheitsstrafe bis zu sechs Monaten oder mit Geldstrafe bis zu 180 Tagessätzen bestraft.

Achter Abschnitt Schlußvorschriften

§ 24 Umsetzung von zwischenstaatlichen Vereinbarungen und Rechtsakten der EG

Die Bundesregierung kann mit Zustimmung des Bundesrates zur Erfüllung von Verpflichtungen aus zwischenstaatlichen Vereinbarungen oder zur Umsetzung von Rechtsakten des Rates oder der Kommission der Europäischen Gemeinschaften, die Sachbereiche dieses Gesetzes betreffen, Rechtsverordnungen nach diesem Gesetz erlassen.

§ 25 Übergangsregelung für Tarifverträge

Enthält ein am 1. Januar 2004 bestehender oder nachwirkender Tarifvertrag abweichende Regelungen nach § 7 Abs. 1 oder 2 oder § 12 Satz 1, die den in diesen Vorschriften festgelegten Höchstrahmen überschreiten, bleiben diese tarifvertraglichen Bestimmungen bis zum 31. Dezember 2006 unberührt. Tarifverträgen nach Satz 1 stehen durch Tarifvertrag zugelassene Betriebsvereinbarungen sowie Regelungen nach § 7 Abs. 4 gleich.

Gesetz zum Schutze von Müttern bei der Arbeit, in der Ausbildung und im Studium (Mutterschutzgesetz – MuSchG)

in der Fassung der Bekanntmachung vom 23. Mai 2017 (BGBl. I S. 1228, zuletzt geändert durch Art. 57 Abs. 8 des Gesetzes zur Regelung des Sozialen Entschädigungsrechts vom 12. Dezember 2019, BGBl. I S. 2652)

Abschnitt 1 Allgemeine Vorschriften

§ 1 Anwendungsbereich, Ziel des Mutterschutzes

(1) Dieses Gesetz schützt die Gesundheit der Frau und ihres Kindes am Arbeits-, Ausbildungs- und Studienplatz während der Schwangerschaft, nach der Entbindung und in der Stillzeit. Das Gesetz ermöglicht es der Frau, ihre Beschäftigung oder sonstige Tätigkeit in dieser Zeit ohne Gefährdung ihrer Gesundheit oder der ihres Kindes fortzusetzen und wirkt Benachteiligungen während der Schwangerschaft, nach der Entbindung und in der Stillzeit entgegen. Regelungen in anderen Arbeitsschutzgesetzen bleiben unberührt.

(2) Dieses Gesetz gilt für Frauen in einer Beschäftigung im Sinne von § 7 Absatz 1 des Vierten Buches Sozialgesetzbuch. Unabhängig davon, ob ein solches Beschäftigungsverhältnis vorliegt, gilt dieses Gesetz auch für

1. Frauen in betrieblicher Berufsbildung und Praktikantinnen im Sinne von § 26 des Berufsbildungsgesetzes,
2. Frauen mit Behinderung, die in einer Werkstatt für behinderte Menschen beschäftigt sind,
3. Frauen, die als Entwicklungshelferinnen im Sinne des Entwicklungshelfer-Gesetzes tätig sind, jedoch mit der Maßgabe, dass die §§ 18 bis 22 auf sie nicht anzuwenden sind,
4. Frauen, die als Freiwillige im Sinne des Jugendfreiwilligendienstegesetzes oder des Bundesfreiwilligendienstgesetzes tätig sind,
5. Frauen, die als Mitglieder einer geistlichen Genossenschaft, Diakonissen oder Angehörige einer ähnlichen Gemeinschaft auf einer Planstelle oder aufgrund eines Gestellungsvertrages für diese tätig werden, auch während der Zeit ihrer dortigen außerschulischen Ausbildung,

6. Frauen, die in Heimarbeit beschäftigt sind, und ihnen Gleichgestellte im Sinne von § 1 Absatz 1 und 2 des Heimarbeitsgesetzes, soweit sie am Stück mitarbeiten, jedoch mit der Maßgabe, dass die §§ 10 und 14 auf sie nicht anzuwenden sind und § 9 Absatz 1 bis 5 auf sie entsprechend anzuwenden ist,
7. Frauen, die wegen ihrer wirtschaftlichen Unselbstständigkeit als arbeitnehmerähnliche Person anzusehen sind, jedoch mit der Maßgabe, dass die §§ 18, 19 Absatz 2 und § 20 auf sie nicht anzuwenden sind, und
8. Schülerinnen und Studentinnen, soweit die Ausbildungsstelle Ort, Zeit und Ablauf der Ausbildungsveranstaltung verpflichtend vorgibt oder die ein im Rahmen der schulischen oder hochschulischen Ausbildung verpflichtend vorgegebenes Praktikum ableisten, jedoch mit der Maßgabe, dass die §§ 17 bis 24 auf sie nicht anzuwenden sind.

(3) Das Gesetz gilt nicht für Beamtinnen und Richterinnen. Das Gesetz gilt ebenso nicht für Soldatinnen, auch soweit die Voraussetzungen des Absatzes 2 erfüllt sind, es sei denn, sie werden aufgrund dienstlicher Anordnung oder Gestattung außerhalb des Geschäftsbereiches des Bundesministeriums der Verteidigung tätig.

(4) Dieses Gesetz gilt für jede Person, die schwanger ist, ein Kind geboren hat oder stillt. Die Absätze 2 und 3 gelten entsprechend.

§ 2 Begriffsbestimmungen

(1) Arbeitgeber im Sinne dieses Gesetzes ist die natürliche oder juristische Person oder die rechtsfähige Personengesellschaft, die Personen nach § 1 Absatz 2 Satz 1 beschäftigt. Dem Arbeitgeber stehen gleich:

1. die natürliche oder juristische Person oder die rechtsfähige Personengesellschaft, die Frauen im Fall von § 1 Absatz 2 Satz 2 Nummer 1 ausbildet oder für die Praktikantinnen im Fall von § 1 Absatz 2 Satz 2 Nummer 1 tätig sind,
2. der Träger der Werkstatt für behinderte Menschen im Fall von § 1 Absatz 2 Satz 2 Nummer 2,
3. der Träger des Entwicklungsdienstes im Fall von § 1 Absatz 2 Satz 2 Nummer 3,
4. die Einrichtung, in der der Freiwilligendienst nach dem Jugendfreiwilligendienstegesetz oder nach dem Bundesfreiwilligendienstgesetz im Fall von § 1 Absatz 2 Satz 2 Nummer 4 geleistet wird,

5. die geistliche Genossenschaft und ähnliche Gemeinschaft im Fall von § 1 Absatz 2 Satz 2 Nummer 5,
6. der Auftraggeber und der Zwischenmeister von Frauen im Fall von § 1 Absatz 2 Satz 2 Nummer 6,
7. die natürliche oder juristische Person oder die rechtsfähige Personengesellschaft, für die Frauen im Sinne von § 1 Absatz 2 Satz 2 Nummer 7 tätig sind, und
8. die natürliche oder juristische Person oder die rechtsfähige Personengesellschaft, mit der das Ausbildungs- oder Praktikumsverhältnis im Fall von § 1 Absatz 2 Satz 2 Nummer 8 besteht (Ausbildungsstelle).

(2) Eine Beschäftigung im Sinne der nachfolgenden Vorschriften erfasst jede Form der Betätigung, die eine Frau im Rahmen eines Beschäftigungsverhältnisses nach § 1 Absatz 2 Satz 1 oder die eine Frau im Sinne von § 1 Absatz 2 Satz 2 im Rahmen ihres Rechtsverhältnisses zu ihrem Arbeitgeber nach § 2 Absatz 1 Satz 2 ausübt.

(3) Ein Beschäftigungsverbot im Sinne dieses Gesetzes ist nur ein Beschäftigungsverbot nach den §§ 3 bis 6, 10 Absatz 3, § 13 Absatz 1 Nummer 3 und § 16. Für eine in Heimarbeit beschäftigte Frau und eine ihr Gleichgestellte tritt an die Stelle des Beschäftigungsverbots das Verbot der Ausgabe von Heimarbeit nach den §§ 3, 8, 13 Absatz 2 und § 16. Für eine Frau, die wegen ihrer wirtschaftlichen Unselbstständigkeit als arbeitnehmerähnliche Person anzusehen ist, tritt an die Stelle des Beschäftigungsverbots nach Satz 1 die Befreiung von der vertraglich vereinbarten Leistungspflicht; die Frau kann sich jedoch gegenüber der dem Arbeitgeber gleichgestellten Person oder Gesellschaft im Sinne von Absatz 1 Satz 2 Nummer 7 dazu bereit erklären, die vertraglich vereinbarte Leistung zu erbringen.

(4) Alleinarbeit im Sinne dieses Gesetzes liegt vor, wenn der Arbeitgeber eine Frau an einem Arbeitsplatz in seinem räumlichen Verantwortungsbereich beschäftigt, ohne dass gewährleistet ist, dass sie jederzeit den Arbeitsplatz verlassen oder Hilfe erreichen kann.

(5) Arbeitsentgelt im Sinne dieses Gesetzes ist das Arbeitsentgelt, das nach § 14 des Vierten Buches Sozialgesetzbuch in Verbindung mit einer aufgrund des § 17 des Vierten Buches Sozialgesetzbuch erlassenen Verordnung bestimmt wird. Für Frauen im Sinne von § 1 Absatz 2 Satz 2 gilt als Arbeitsentgelt ihre jeweilige Vergütung.

Abschnitt 2 Gesundheitsschutz

Unterabschnitt 1 Arbeitszeitlicher Gesundheitsschutz

§ 3 Schutzfristen vor und nach der Entbindung

(1) Der Arbeitgeber darf eine schwangere Frau in den letzten sechs Wochen vor der Entbindung nicht beschäftigen (Schutzfrist vor der Entbindung), soweit sie sich nicht zur Arbeitsleistung ausdrücklich bereit erklärt. Sie kann die Erklärung nach Satz 1 jederzeit mit Wirkung für die Zukunft widerrufen. Für die Berechnung der Schutzfrist vor der Entbindung ist der voraussichtliche Tag der Entbindung maßgeblich, wie er sich aus dem ärztlichen Zeugnis oder dem Zeugnis einer Hebamme oder eines Entbindungspflegers ergibt. Entbindet eine Frau nicht am voraussichtlichen Termin, verkürzt oder verlängert sich die Schutzfrist vor der Entbindung entsprechend.

(2) Der Arbeitgeber darf eine Frau bis zum Ablauf von acht Wochen nach der Entbindung nicht beschäftigen (Schutzfrist nach der Entbindung). Die Schutzfrist nach der Entbindung verlängert sich auf zwölf Wochen

1. bei Frühgeburten,
2. bei Mehrlingsgeburten und,
3. wenn vor Ablauf von acht Wochen nach der Entbindung bei dem Kind eine Behinderung im Sinne von § 2 Absatz 1 Satz 1 des Neunten Buches Sozialgesetzbuch ärztlich festgestellt wird.

Bei vorzeitiger Entbindung verlängert sich die Schutzfrist nach der Entbindung nach Satz 1 oder nach Satz 2 um den Zeitraum der Verkürzung der Schutzfrist vor der Entbindung nach Absatz 1 Satz 4. Nach Satz 2 Nummer 3 verlängert sich die Schutzfrist nach der Entbindung nur, wenn die Frau dies beantragt.

(3) Die Ausbildungsstelle darf eine Frau im Sinne von § 1 Absatz 2 Satz 2 Nummer 8 bereits in der Schutzfrist nach der Entbindung im Rahmen der schulischen oder hochschulischen Ausbildung tätig werden lassen, wenn die Frau dies ausdrücklich gegenüber ihrer Ausbildungsstelle verlangt. Die Frau kann ihre Erklärung jederzeit mit Wirkung für die Zukunft widerrufen.

(4) Der Arbeitgeber darf eine Frau nach dem Tod ihres Kindes bereits nach Ablauf der ersten zwei Wochen nach der Entbindung beschäftigen, wenn

1. die Frau dies ausdrücklich verlangt und
2. nach ärztlichem Zeugnis nichts dagegen spricht.

Sie kann ihre Erklärung nach Satz 1 Nummer 1 jederzeit mit Wirkung für die Zukunft widerrufen.

§ 4 Verbot der Mehrarbeit; Ruhezeit

(1) Der Arbeitgeber darf eine schwangere oder stillende Frau, die 18 Jahre oder älter ist, nicht mit einer Arbeit beschäftigen, die die Frau über achteinhalb Stunden täglich oder über 90 Stunden in der Doppelwoche hinaus zu leisten hat. Eine schwangere oder stillende Frau unter 18 Jahren darf der Arbeitgeber nicht mit einer Arbeit beschäftigen, die die Frau über acht Stunden täglich oder über 80 Stunden in der Doppelwoche hinaus zu leisten hat. In die Doppelwoche werden die Sonntage eingerechnet. Der Arbeitgeber darf eine schwangere oder stillende Frau nicht in einem Umfang beschäftigen, der die vertraglich vereinbarte wöchentliche Arbeitszeit im Durchschnitt des Monats übersteigt. Bei mehreren Arbeitgebern sind die Arbeitszeiten zusammenzurechnen.

(2) Der Arbeitgeber muss der schwangeren oder stillenden Frau nach Beendigung der täglichen Arbeitszeit eine ununterbrochene Ruhezeit von mindestens elf Stunden gewähren.

§ 5 Verbot der Nachtarbeit

(1) Der Arbeitgeber darf eine schwangere oder stillende Frau nicht zwischen 20 Uhr und 6 Uhr beschäftigen. Er darf sie bis 22 Uhr beschäftigen, wenn die Voraussetzungen des § 28 erfüllt sind.

(2) Die Ausbildungsstelle darf eine schwangere oder stillende Frau im Sinne von § 1 Absatz 2 Satz 2 Nummer 8 nicht zwischen 20 Uhr und 6 Uhr im Rahmen der schulischen oder hochschulischen Ausbildung tätig werden lassen. Die Ausbildungsstelle darf sie an Ausbildungsveranstaltungen bis 22 Uhr teilnehmen lassen, wenn

1. sich die Frau dazu ausdrücklich bereit erklärt,
2. die Teilnahme zu Ausbildungszwecken zu dieser Zeit erforderlich ist und
3. insbesondere eine unverantwortbare Gefährdung für die schwangere Frau oder ihr Kind durch Alleinarbeit ausgeschlossen ist.

Die schwangere oder stillende Frau kann ihre Erklärung nach Satz 2 Nummer 1 jederzeit mit Wirkung für die Zukunft widerrufen.

§ 6 Verbot der Sonn- und Feiertagsarbeit

(1) Der Arbeitgeber darf eine schwangere oder stillende Frau nicht an Sonn- und Feiertagen beschäftigen. Er darf sie an Sonn- und Feiertagen nur dann beschäftigen, wenn

1. sich die Frau dazu ausdrücklich bereit erklärt,
2. eine Ausnahme vom allgemeinen Verbot der Arbeit an Sonn- und Feiertagen nach § 10 des Arbeitszeitgesetzes zugelassen ist,
3. der Frau in jeder Woche im Anschluss an eine ununterbrochene Nachtruhezeit von mindestens elf Stunden ein Ersatzruhetag gewährt wird und
4. insbesondere eine unverantwortbare Gefährdung für die schwangere Frau oder ihr Kind durch Alleinarbeit ausgeschlossen ist.

Die schwangere oder stillende Frau kann ihre Erklärung nach Satz 2 Nummer 1 jederzeit mit Wirkung für die Zukunft widerrufen.

(2) Die Ausbildungsstelle darf eine schwangere oder stillende Frau im Sinne von § 1 Absatz 2 Satz 2 Nummer 8 nicht an Sonn- und Feiertagen im Rahmen der schulischen oder hochschulischen Ausbildung tätig werden lassen. Die Ausbildungsstelle darf sie an Ausbildungsveranstaltungen an Sonn- und Feiertagen teilnehmen lassen, wenn

1. sich die Frau dazu ausdrücklich bereit erklärt,
2. die Teilnahme zu Ausbildungszwecken zu dieser Zeit erforderlich ist,
3. der Frau in jeder Woche im Anschluss an eine ununterbrochene Nachtruhezeit von mindestens elf Stunden ein Ersatzruhetag gewährt wird und
4. insbesondere eine unverantwortbare Gefährdung für die schwangere Frau oder ihr Kind durch Alleinarbeit ausgeschlossen ist.

Die schwangere oder stillende Frau kann ihre Erklärung nach Satz 2 Nummer 1 jederzeit mit Wirkung für die Zukunft widerrufen.

§ 7 Freistellung für Untersuchungen und zum Stillen

(1) Der Arbeitgeber hat eine Frau für die Zeit freizustellen, die zur Durchführung der Untersuchungen im Rahmen der Leistungen der gesetzlichen Krankenversicherung bei Schwangerschaft und Mutterschaft erforderlich sind. Entsprechendes gilt zugunsten einer Frau, die nicht in der gesetzlichen Krankenversicherung versichert ist.

(2) Der Arbeitgeber hat eine stillende Frau auf ihr Verlangen während der ersten zwölf Monate nach der Entbindung für die zum Stillen erforderliche Zeit freizustellen, mindestens aber zweimal täglich für eine halbe Stunde oder einmal täglich für eine Stunde. Bei einer zusammenhängenden Arbeitszeit von mehr als acht Stunden soll auf Verlangen der Frau zweimal eine Stillzeit von mindestens 45 Minuten oder, wenn in der Nähe der Arbeitsstätte keine Stillgelegenheit vorhanden ist, einmal eine Stillzeit von mindestens 90 Minuten gewährt werden. Die Arbeitszeit gilt als zusammenhängend, wenn sie nicht durch eine Ruhepause von mehr als zwei Stunden unterbrochen wird.

§ 8 Beschränkung von Heimarbeit

(1) Der Auftraggeber oder Zwischenmeister darf Heimarbeit an eine schwangere in Heimarbeit beschäftigte Frau oder an eine ihr Gleichgestellte nur in solchem Umfang und mit solchen Fertigungsfristen ausgeben, dass die Arbeit werktags während einer achtstündigen Tagesarbeitszeit ausgeführt werden kann.
(2) Der Auftraggeber oder Zwischenmeister darf Heimarbeit an eine stillende in Heimarbeit beschäftigte Frau oder an eine ihr Gleichgestellte nur in solchem Umfang und mit solchen Fertigungsfristen ausgeben, dass die Arbeit werktags während einer siebenstündigen Tagesarbeitszeit ausgeführt werden kann.

Unterabschnitt 2 Betrieblicher Gesundheitsschutz

§ 9 Gestaltung der Arbeitsbedingungen; unverantwortbare Gefährdung

(1) Der Arbeitgeber hat bei der Gestaltung der Arbeitsbedingungen einer schwangeren oder stillenden Frau alle aufgrund der Gefährdungsbeurteilung nach § 10 erforderlichen Maßnahmen für den Schutz ihrer physischen und psychischen Gesundheit sowie der ihres Kindes zu treffen. Er hat die Maßnahmen auf ihre Wirksamkeit zu überprüfen und erforderlichenfalls den sich ändernden Gegebenheiten anzupassen. Soweit es nach den Vorschriften dieses Gesetzes verantwortbar ist, ist der Frau auch während der Schwangerschaft, nach der Entbindung und in der Stillzeit die Fortführung ihrer Tätigkeiten zu ermöglichen. Nachteile aufgrund der Schwangerschaft, der Entbindung oder der Stillzeit sollen vermieden oder ausgeglichen werden.

(2) Der Arbeitgeber hat die Arbeitsbedingungen so zu gestalten, dass Gefährdungen einer schwangeren oder stillenden Frau oder ihres Kindes möglichst vermieden werden und eine unverantwortbare Gefährdung ausgeschlossen wird. Eine Gefährdung ist unverantwortbar, wenn die Eintrittswahrscheinlichkeit einer Gesundheitsbeeinträchtigung angesichts der zu erwartenden Schwere des möglichen Gesundheitsschadens nicht hinnehmbar ist. Eine unverantwortbare Gefährdung gilt als ausgeschlossen, wenn der Arbeitgeber alle Vorgaben einhält, die aller Wahrscheinlichkeit nach dazu führen, dass die Gesundheit einer schwangeren oder stillenden Frau oder ihres Kindes nicht beeinträchtigt wird.
(3) Der Arbeitgeber hat sicherzustellen, dass die schwangere oder stillende Frau ihre Tätigkeit am Arbeitsplatz, soweit es für sie erforderlich ist, kurz unterbrechen kann. Er hat darüber hinaus sicherzustellen, dass sich die schwangere oder stillende Frau während der Pausen und Arbeitsunterbrechungen unter geeigneten Bedingungen hinlegen, hinsetzen und ausruhen kann.
(4) Alle Maßnahmen des Arbeitgebers nach diesem Unterabschnitt sowie die Beurteilung der Arbeitsbedingungen nach § 10 müssen dem Stand der Technik, der Arbeitsmedizin und der Hygiene sowie den sonstigen gesicherten wissenschaftlichen Erkenntnissen entsprechen. Der Arbeitgeber hat bei seinen Maßnahmen die vom Ausschuss für Mutterschutz ermittelten und nach § 30 Absatz 4 im Gemeinsamen Ministerialblatt veröffentlichten Regeln und Erkenntnisse zu berücksichtigen; bei Einhaltung dieser Regeln und bei Beachtung dieser Erkenntnisse ist davon auszugehen, dass die in diesem Gesetz gestellten Anforderungen erfüllt sind.
(5) Der Arbeitgeber kann zuverlässige und fachkundige Personen schriftlich damit beauftragen, ihm obliegende Aufgaben nach diesem Unterabschnitt in eigener Verantwortung wahrzunehmen.
(6) Kosten für Maßnahmen nach diesem Gesetz darf der Arbeitgeber nicht den Personen auferlegen, die bei ihm beschäftigt sind. Die Kosten für Zeugnisse und Bescheinigungen, die die schwangere oder stillende Frau auf Verlangen des Arbeitgebers vorzulegen hat, trägt der Arbeitgeber.

§ 10 Beurteilung der Arbeitsbedingungen; Schutzmaßnahmen

(1) Im Rahmen der Beurteilung der Arbeitsbedingungen nach § 5 des Arbeitsschutzgesetzes hat der Arbeitgeber für jede Tätigkeit

1. die Gefährdungen nach Art, Ausmaß und Dauer zu beurteilen, denen eine schwangere oder stillende Frau oder ihr Kind ausgesetzt ist oder sein kann, und
2. unter Berücksichtigung des Ergebnisses der Beurteilung der Gefährdung nach Nummer 1 zu ermitteln, ob für eine schwangere oder stillende Frau oder ihr Kind voraussichtlich
   a) keine Schutzmaßnahmen erforderlich sein werden,
   b) eine Umgestaltung der Arbeitsbedingungen nach § 13 Absatz 1 Nummer 1 erforderlich sein wird oder
   c) eine Fortführung der Tätigkeit der Frau an diesem Arbeitsplatz nicht möglich sein wird.

Bei gleichartigen Arbeitsbedingungen ist die Beurteilung eines Arbeitsplatzes oder einer Tätigkeit ausreichend.

(2) Sobald eine Frau dem Arbeitgeber mitgeteilt hat, dass sie schwanger ist oder stillt, hat der Arbeitgeber unverzüglich die nach Maßgabe der Gefährdungsbeurteilung nach Absatz 1 erforderlichen Schutzmaßnahmen festzulegen. Zusätzlich hat der Arbeitgeber der Frau ein Gespräch über weitere Anpassungen ihrer Arbeitsbedingungen anzubieten.

(3) Der Arbeitgeber darf eine schwangere oder stillende Frau nur diejenigen Tätigkeiten ausüben lassen, für die er die erforderlichen Schutzmaßnahmen nach Absatz 2 Satz 1 getroffen hat.

§ 11 Unzulässige Tätigkeiten und Arbeitsbedingungen für schwangere Frauen

(1) Der Arbeitgeber darf eine schwangere Frau keine Tätigkeiten ausüben lassen und sie keinen Arbeitsbedingungen aussetzen, bei denen sie in einem Maß Gefahrstoffen ausgesetzt ist oder sein kann, dass dies für sie oder für ihr Kind eine unverantwortbare Gefährdung darstellt. Eine unverantwortbare Gefährdung im Sinne von Satz 1 liegt insbesondere vor, wenn die schwangere Frau Tätigkeiten ausübt oder Arbeitsbedingungen ausgesetzt ist, bei denen sie folgenden Gefahrstoffen ausgesetzt ist oder sein kann:

1. Gefahrstoffen, die nach den Kriterien des Anhangs I zur Verordnung (EG) Nr. 1272/2008 des Europäischen Parlaments und des Rates vom 16. Dezember 2008 über die Einstufung, Kennzeichnung und Verpackung von Stoffen und Gemischen, zur Änderung und Aufhebung der Richtlinien 67/548/EWG und 1999/45/EG und zur Änderung der Verordnung (EG) Nr. 1907/2006 (Abl. L 353 vom 31.12.2008, S. 1) zu bewerten sind

a) als reproduktionstoxisch nach der Kategorie 1A, 1B oder 2 oder nach der Zusatzkategorie für Wirkungen auf oder über die Laktation,
b) als keimzellmutagen nach der Kategorie 1A oder 1B,
c) als karzinogen nach der Kategorie 1A oder 1B,
d) als spezifisch zielorgantoxisch nach einmaliger Exposition nach der Kategorie 1 oder
e) als akut toxisch nach der Kategorie 1, 2 oder 3,

2. Blei und Bleiderivaten, soweit die Gefahr besteht, dass diese Stoffe vom menschlichen Körper aufgenommen werden, oder
3. Gefahrstoffen, die als Stoffe ausgewiesen sind, die auch bei Einhaltung der arbeitsplatzbezogenen Vorgaben möglicherweise zu einer Fruchtschädigung fuhren können.

Eine unverantwortbare Gefährdung im Sinne von Satz 1 oder 2 gilt insbesondere als ausgeschlossen,

1. wenn
   a) für den jeweiligen Gefahrstoff die arbeitsplatzbezogenen Vorgaben eingehalten werden und es sich um einen Gefahrstoff handelt, der als Stoff ausgewiesen ist, der bei Einhaltung der arbeitsplatzbezogenen Vorgaben hinsichtlich einer Fruchtschädigung als sicher bewertet wird, oder
   b) der Gefahrstoff nicht in der Lage ist, die Plazentaschranke zu überwinden, oder aus anderen Gründen ausgeschlossen ist, dass eine Fruchtschädigung eintritt,

und

2. wenn der Gefahrstoff nach den Kriterien des Anhangs I zur Verordnung (EG) Nr. 1272/2008 nicht als reproduktionstoxisch nach der Zusatzkategorie für Wirkungen auf oder über die Laktation zu bewerten ist.

Die vom Ausschuss für Mutterschutz ermittelten wissenschaftlichen Erkenntnisse sind zu beachten.

(2) Der Arbeitgeber darf eine schwangere Frau keine Tätigkeiten ausüben lassen und sie keinen Arbeitsbedingungen aussetzen, bei denen sie in einem Maß mit Biostoffen der Risikogruppe 2, 3 oder 4 im Sinne von § 3 Absatz 1 der Biostoffverordnung in Kontakt kommt oder kommen kann, dass dies für sie oder für ihr Kind eine unverantwortbare Gefährdung darstellt. Eine unverantwortbare Gefährdung im Sinne von Satz 1 liegt insbesondere vor, wenn die schwangere Frau Tätigkeiten ausübt oder Arbeitsbedingungen

ausgesetzt ist, bei denen sie mit folgenden Biostoffen in Kontakt kommt oder kommen kann:

1. mit Biostoffen, die in die Risikogruppe 4 im Sinne von § 3 Absatz 1 der Biostoffverordnung einzustufen sind, oder
2. mit Rötelnvirus oder mit Toxoplasma.

Die Sätze 1 und 2 gelten auch, wenn der Kontakt mit Biostoffen im Sinne von Satz 1 oder 2 therapeutische Maßnahmen erforderlich macht oder machen kann, die selbst eine unverantwortbare Gefährdung darstellen. Eine unverantwortbare Gefährdung im Sinne von Satz 1 oder 2 gilt insbesondere als ausgeschlossen, wenn die schwangere Frau über einen ausreichenden Immunschutz verfügt.

(3) Der Arbeitgeber darf eine schwangere Frau keine Tätigkeiten ausüben lassen und sie keinen Arbeitsbedingungen aussetzen, bei denen sie physikalischen Einwirkungen in einem Maß ausgesetzt ist oder sein kann, dass dies für sie oder für ihr Kind eine unverantwortbare Gefährdung darstellt. Als physikalische Einwirkungen im Sinne von Satz 1 sind insbesondere zu berücksichtigen:

1. ionisierende und nicht ionisierende Strahlungen,
2. Erschütterungen, Vibrationen und Lärm sowie
3. Hitze, Kälte und Nässe.

(4) Der Arbeitgeber darf eine schwangere Frau keine Tätigkeiten ausüben lassen und sie keinen Arbeitsbedingungen aussetzen, bei denen sie einer belastenden Arbeitsumgebung in einem Maß ausgesetzt ist oder sein kann, dass dies für sie oder für ihr Kind eine unverantwortbare Gefährdung darstellt. Der Arbeitgeber darf eine schwangere Frau insbesondere keine Tätigkeiten ausüben lassen

1. in Räumen mit einem Überdruck im Sinne von § 2 der Druckluftverordnung,
2. in Räumen mit sauerstoffreduzierter Atmosphäre oder
3. im Bergbau unter Tage.

(5) Der Arbeitgeber darf eine schwangere Frau keine Tätigkeiten ausüben lassen und sie keinen Arbeitsbedingungen aussetzen, bei denen sie körperlichen Belastungen oder mechanischen Einwirkungen in einem Maß ausgesetzt ist oder sein kann, dass dies für sie oder für ihr Kind eine unverantwortbare Gefährdung darstellt. Der Arbeitgeber darf eine schwangere Frau insbesondere keine Tätigkeiten ausüben lassen, bei denen

1. sie ohne mechanische Hilfsmittel regelmäßig Lasten von mehr als 5 Kilogramm Gewicht oder gelegentlich Lasten von

mehr als 10 Kilogramm Gewicht von Hand heben, halten, bewegen oder befördern muss,
2. sie mit mechanischen Hilfsmitteln Lasten von Hand heben, halten, bewegen oder befördern muss und dabei ihre körperliche Beanspruchung der von Arbeiten nach Nummer 1 entspricht,
3. sie nach Ablauf des fünften Monats der Schwangerschaft überwiegend bewegungsarm ständig stehen muss und wenn diese Tätigkeit täglich vier Stunden überschreitet,
4. sie sich häufig erheblich strecken, beugen, dauernd hocken, sich gebückt halten oder sonstige Zwangshaltungen einnehmen muss,
5. sie auf Beförderungsmitteln eingesetzt wird, wenn dies für sie oder für ihr Kind eine unverantwortbare Gefährdung darstellt,
6. Unfälle, insbesondere durch Ausgleiten, Fallen oder Stürzen, oder Tätlichkeiten zu befürchten sind, die für sie oder für ihr Kind eine unverantwortbare Gefährdung darstellen,
7. sie eine Schutzausrüstung tragen muss und das Tragen eine Belastung darstellt oder
8. eine Erhöhung des Drucks im Bauchraum zu befürchten ist, insbesondere bei Tätigkeiten mit besonderer Fußbeanspruchung.

(6) Der Arbeitgeber darf eine schwangere Frau folgende Arbeiten nicht ausüben lassen:

1. Akkordarbeit oder sonstige Arbeiten, bei denen durch ein gesteigertes Arbeitstempo ein höheres Entgelt erzielt werden kann,
2. Fließarbeit oder
3. getaktete Arbeit mit vorgeschriebenem Arbeitstempo, wenn die Art der Arbeit oder das Arbeitstempo für die schwangere Frau oder für ihr Kind eine unverantwortbare Gefährdung darstellt.

§ 12 Unzulässige Tätigkeiten und Arbeitsbedingungen für stillende Frauen

(1) Der Arbeitgeber darf eine stillende Frau keine Tätigkeiten ausüben lassen und sie keinen Arbeitsbedingungen aussetzen, bei denen sie in einem Maß Gefahrstoffen ausgesetzt ist oder sein kann, dass dies für sie oder für ihr Kind eine unverantwortbare

Gefährdung darstellt. Eine unverantwortbare Gefährdung im Sinne von Satz 1 liegt insbesondere vor, wenn die stillende Frau Tätigkeiten ausübt oder Arbeitsbedingungen ausgesetzt ist, bei denen sie folgenden Gefahrstoffen ausgesetzt ist oder sein kann:

1. Gefahrstoffen, die nach den Kriterien des Anhangs I zur Verordnung (EG) Nr. 1272/2008 als reproduktionstoxisch nach der Zusatzkategorie für Wirkungen auf oder über die Laktation zu bewerten sind oder
2. Blei und Bleiderivaten, soweit die Gefahr besteht, dass diese Stoffe vom menschlichen Körper aufgenommen werden.

(2) Der Arbeitgeber darf eine stillende Frau keine Tätigkeiten ausüben lassen und sie keinen Arbeitsbedingungen aussetzen, bei denen sie in einem Maß mit Biostoffen der Risikogruppe 2, 3 oder 4 im Sinne von § 3 Absatz 1 der Biostoffverordnung in Kontakt kommt oder kommen kann, dass dies für sie oder für ihr Kind eine unverantwortbare Gefährdung darstellt. Eine unverantwortbare Gefährdung im Sinne von Satz 1 liegt insbesondere vor, wenn die stillende Frau Tätigkeiten ausübt oder Arbeitsbedingungen ausgesetzt ist, bei denen sie mit Biostoffen in Kontakt kommt oder kommen kann, die in die Risikogruppe 4 im Sinne von § 3 Absatz 1 der Biostoffverordnung einzustufen sind. Die Sätze 1 und 2 gelten auch, wenn der Kontakt mit Biostoffen im Sinne von Satz 1 oder 2 therapeutische Maßnahmen erforderlich macht oder machen kann, die selbst eine unverantwortbare Gefährdung darstellen. Eine unverantwortbare Gefährdung im Sinne von Satz 1 oder 2 gilt als ausgeschlossen, wenn die stillende Frau über einen ausreichenden Immunschutz verfügt.

(3) Der Arbeitgeber darf eine stillende Frau keine Tätigkeiten ausüben lassen und sie keinen Arbeitsbedingungen aussetzen, bei denen sie physikalischen Einwirkungen in einem Maß ausgesetzt ist oder sein kann, dass dies für sie oder für ihr Kind eine unverantwortbare Gefährdung darstellt. Als physikalische Einwirkungen im Sinne von Satz 1 sind insbesondere ionisierende und nicht ionisierende Strahlungen zu berücksichtigen.

(4) Der Arbeitgeber darf eine stillende Frau keine Tätigkeiten ausüben lassen und sie keinen Arbeitsbedingungen aussetzen, bei denen sie einer belastenden Arbeitsumgebung in einem Maß ausgesetzt ist oder sein kann, dass dies für sie oder für ihr Kind eine unverantwortbare Gefährdung darstellt. Der Arbeitgeber darf eine stillende Frau insbesondere keine Tätigkeiten ausüben lassen

1. in Räumen mit einem Überdruck im Sinne von § 2 der Druckluftverordnung oder
2. im Bergbau unter Tage.

(5) Der Arbeitgeber darf eine stillende Frau folgende Arbeiten nicht ausüben lassen:

1. Akkordarbeit oder sonstige Arbeiten, bei denen durch ein gesteigertes Arbeitstempo ein höheres Entgelt erzielt werden kann,
2. Fließarbeit oder
3. getaktete Arbeit mit vorgeschriebenem Arbeitstempo, wenn die Art der Arbeit oder das Arbeitstempo für die stillende Frau oder für ihr Kind eine unverantwortbare Gefährdung darstellt.

§ 13 Rangfolge der Schutzmaßnahmen: Umgestaltung der Arbeitsbedingungen, Arbeitsplatzwechsel und betriebliches Beschäftigungsverbot

(1) Werden unverantwortbare Gefährdungen im Sinne von § 9, § 11 oder § 12 festgestellt, hat der Arbeitgeber für jede Tätigkeit einer schwangeren oder stillenden Frau Schutzmaßnahmen in folgender Rangfolge zu treffen:

1. Der Arbeitgeber hat die Arbeitsbedingungen für die schwangere oder stillende Frau durch Schutzmaßnahmen nach Maßgabe des § 9 Absatz 2 umzugestalten.
2. Kann der Arbeitgeber unverantwortbare Gefährdungen für die schwangere oder stillende Frau nicht durch die Umgestaltung der Arbeitsbedingungen nach Nummer 1 ausschließen oder ist eine Umgestaltung wegen des nachweislich unverhältnismäßigen Aufwandes nicht zumutbar, hat der Arbeitgeber die Frau an einem anderen geeigneten Arbeitsplatz einzusetzen, wenn er einen solchen Arbeitsplatz zur Verfügung stellen kann und dieser Arbeitsplatz der schwangeren oder stillenden Frau zumutbar ist.
3. Kann der Arbeitgeber unverantwortbare Gefährdungen für die schwangere oder stillende Frau weder durch Schutzmaßnahmen nach Nummer 1 noch durch einen Arbeitsplatzwechsel nach Nummer 2 ausschließen, darf er die schwangere oder stillende Frau nicht weiter beschäftigen.

(2) Der Auftraggeber oder Zwischenmeister darf keine Heimarbeit an schwangere oder stillende Frauen ausgeben, wenn

unverantwortbare Gefährdungen nicht durch Schutzmaßnahmen nach Absatz 1 Nummer 1 ausgeschlossen werden können.

§ 14 Dokumentation und Information durch den Arbeitgeber

Der Arbeitgeber hat die Beurteilung der Arbeitsbedingungen nach § 10 durch Unterlagen zu dokumentieren, aus denen Folgendes ersichtlich ist:

1. das Ergebnis der Gefährdungsbeurteilung nach § 10 Absatz 1 Satz 1 Nummer 1 und der Bedarf an Schutzmaßnahmen nach § 10 Absatz 1 Satz 1 Nummer 2,
2. die Festlegung der erforderlichen Schutzmaßnahmen nach § 10 Absatz 2 Satz 1 sowie das Ergebnis ihrer Überprüfung nach § 9 Absatz 1 Satz 2 und
3. das Angebot eines Gesprächs mit der Frau über weitere Anpassungen ihrer Arbeitsbedingungen nach § 10 Absatz 2 Satz 2 oder der Zeitpunkt eines solchen Gesprächs.

Wenn die Beurteilung nach § 10 Absatz 1 ergibt, dass die schwangere oder stillende Frau oder ihr Kind keiner Gefährdung im Sinne von § 9 Absatz 2 ausgesetzt ist oder sein kann, reicht es aus, diese Feststellung in einer für den Arbeitsplatz der Frau oder für die Tätigkeit der Frau bereits erstellten Dokumentation der Beurteilung der Arbeitsbedingungen nach § 5 des Arbeitsschutzgesetzes zu vermerken.

(2) Der Arbeitgeber hat alle Personen, die bei ihm beschäftigt sind, über das Ergebnis der Gefährdungsbeurteilung nach § 10 Absatz 1 Satz 1 Nummer 1 und über den Bedarf an Schutzmaßnahmen nach § 10 Absatz 1 Satz 1 Nummer 2 Buchstabe a zu informieren.

(3) Der Arbeitgeber hat eine schwangere oder stillende Frau über die Gefährdungsbeurteilung nach § 10 Absatz 1 Satz 1 Nummer 1 und über die damit verbundenen für sie erforderlichen Schutzmaßnahmen nach § 10 Absatz 2 Satz 1 in Verbindung mit § 13 zu informieren.

§ 15 Mitteilungen und Nachweise der schwangeren und stillenden Frauen

(1) Eine schwangere Frau soll ihrem Arbeitgeber ihre Schwangerschaft und den voraussichtlichen Tag der Entbindung mitteilen, sobald sie weiß, dass sie schwanger ist. Eine stillende Frau soll ihrem Arbeitgeber so früh wie möglich mitteilen, dass sie stillt.

(2) Auf Verlangen des Arbeitgebers soll eine schwangere Frau als Nachweis über ihre Schwangerschaft ein ärztliches Zeugnis oder das Zeugnis einer Hebamme oder eines Entbindungspflegers vorlegen. Das Zeugnis über die Schwangerschaft soll den voraussichtlichen Tag der Entbindung enthalten.

Unterabschnitt 3 Ärztlicher Gesundheitsschutz

§ 16 Ärztliches Beschäftigungsverbot

(1) Der Arbeitgeber darf eine schwangere Frau nicht beschäftigen, soweit nach einem ärztlichen Zeugnis ihre Gesundheit oder die ihres Kindes bei Fortdauer der Beschäftigung gefährdet ist.
(2) Der Arbeitgeber darf eine Frau, die nach einem ärztlichen Zeugnis in den ersten Monaten nach der Entbindung nicht voll leistungsfähig ist, nicht mit Arbeiten beschäftigen, die ihre Leistungsfähigkeit übersteigen.

Abschnitt 3 Kündigungsschutz

§ 17 Kündigungsverbot

(1) Die Kündigung gegenüber einer Frau ist unzulässig

1. während ihrer Schwangerschaft,
2. bis zum Ablauf von vier Monaten nach einer Fehlgeburt nach der zwölften Schwangerschaftswoche und
3. bis zum Ende ihrer Schutzfrist nach der Entbindung, mindestens jedoch bis zum Ablauf von vier Monaten nach der Entbindung,

wenn dem Arbeitgeber zum Zeitpunkt der Kündigung die Schwangerschaft, die Fehlgeburt nach der zwölften Schwangerschaftswoche oder die Entbindung bekannt ist oder wenn sie ihm innerhalb von zwei Wochen nach Zugang der Kündigung mitgeteilt wird. Das Überschreiten dieser Frist ist unschädlich, wenn die Überschreitung auf einem von der Frau nicht zu vertretenden Grund beruht und die Mitteilung unverzüglich nachgeholt wird. Die Sätze 1 und 2 gelten entsprechend für Vorbereitungsmaßnahmen des Arbeitgebers, die er im Hinblick auf eine Kündigung der Frau trifft.
(2) Die für den Arbeitsschutz zuständige oberste Landesbehörde oder die von ihr bestimmte Stelle kann in besonderen Fällen, die nicht mit dem Zustand der Frau in der Schwangerschaft, nach einer Fehlgeburt nach der zwölften Schwangerschaftswoche oder

nach der Entbindung in Zusammenhang stehen, ausnahmsweise die Kündigung für zulässig erklären. Die Kündigung bedarf der Schriftform und muss den Kündigungsgrund angeben.

(3) Der Auftraggeber oder Zwischenmeister darf eine in Heimarbeit beschäftigte Frau in den Fristen nach Absatz 1 Satz 1 nicht gegen ihren Willen bei der Ausgabe von Heimarbeit ausschließen; die §§ 3, 8, 11, 12, 13 Absatz 2 und § 16 bleiben unberührt. Absatz 1 gilt auch für eine Frau, die der in Heimarbeit beschäftigten Frau gleichgestellt ist und deren Gleichstellung sich auch auf § 29 des Heimarbeitsgesetzes erstreckt. Absatz 2 gilt für eine in Heimarbeit beschäftigte Frau und eine ihr Gleichgestellte entsprechend.

Abschnitt 4 Leistungen

§ 18 Mutterschutzlohn

Eine Frau, die wegen eines Beschäftigungsverbots außerhalb der Schutzfristen vor oder nach der Entbindung teilweise oder gar nicht beschäftigt werden darf, erhält von ihrem Arbeitgeber Mutterschutzlohn. Als Mutterschutzlohn wird das durchschnittliche Arbeitsentgelt der letzten drei abgerechneten Kalendermonate vor dem Eintritt der Schwangerschaft gezahlt. Dies gilt auch, wenn wegen dieses Verbots die Beschäftigung oder die Entlohnungsart wechselt. Beginnt das Beschäftigungsverhältnis erst nach Eintritt der Schwangerschaft, ist das durchschnittliche Arbeitsentgelt aus dem Arbeitsentgelt der ersten drei Monate der Beschäftigung zu berechnen.

§ 19 Mutterschaftsgeld

(1) Eine Frau, die Mitglied einer gesetzlichen Krankenkasse ist, erhält für die Zeit der Schutzfristen vor und nach der Entbindung sowie für den Entbindungstag Mutterschaftsgeld nach den Vorschriften des Fünften Buches Sozialgesetzbuch oder nach den Vorschriften des Zweiten Gesetzes über die Krankenversicherung der Landwirte.

(2) Eine Frau, die nicht Mitglied einer gesetzlichen Krankenkasse ist, erhält für die Zeit der Schutzfristen vor und nach der Entbindung sowie für den Entbindungstag Mutterschaftsgeld zu Lasten des Bundes in entsprechender Anwendung der Vorschriften des Fünften Buches Sozialgesetzbuch über das Mutterschaftsgeld, jedoch insgesamt höchstens 210 Euro. Das Mutterschaftsgeld wird

dieser Frau auf Antrag vom Bundesamt für Soziale Sicherung gezahlt. Endet das Beschäftigungsverhältnis nach Maßgabe von § 17 Absatz 2 durch eine Kündigung, erhält die Frau Mutterschaftsgeld in entsprechender Anwendung der Sätze 1 und 2 für die Zeit nach dem Ende des Beschäftigungsverhältnisses.

§ 20 Zuschuss zum Mutterschaftsgeld

(1) Eine Frau erhält während ihres bestehenden Beschäftigungsverhältnisses für die Zeit der Schutzfristen vor und nach der Entbindung sowie für den Entbindungstag von ihrem Arbeitgeber einen Zuschuss zum Mutterschaftsgeld. Als Zuschuss zum Mutterschaftsgeld wird der Unterschiedsbetrag zwischen 13 Euro und dem um die gesetzlichen Abzüge verminderten durchschnittlichen kalendertäglichen Arbeitsentgelt der letzten drei abgerechneten Kalendermonate vor Beginn der Schutzfrist vor der Entbindung gezahlt. Einer Frau, deren Beschäftigungsverhältnis während der Schutzfristen vor oder nach der Entbindung beginnt, wird der Zuschuss zum Mutterschaftsgeld von Beginn des Beschäftigungsverhältnisses angezahlt.

(2) Ist eine Frau für mehrere Arbeitgeber tätig, sind für die Berechnung des Arbeitgeberzuschusses nach Absatz 1 die durchschnittlichen kalendertäglichen Arbeitsentgelte aus diesen Beschäftigungsverhältnissen zusammenzurechnen.
Den sich daraus ergebenden Betrag zahlen die Arbeitgeber anteilig im Verhältnis der von ihnen gezahlten durchschnittlichen kalendertäglichen Arbeitsentgelte.

(3) Endet das Beschäftigungsverhältnis nach Maßgabe von § 17 Absatz 2 durch eine Kündigung, erhält die Frau für die Zeit nach dem Ende des Beschäftigungsverhältnisses den Zuschuss zum Mutterschaftsgeld nach Absatz 1 von der für die Zahlung des Mutterschaftsgeldes zuständigen Stelle. Satz 1 gilt entsprechend, wenn der Arbeitgeber wegen eines Insolvenzereignisses im Sinne von § 165 Absatz 1 Satz 2 des Dritten Buches Sozialgesetzbuch den Zuschuss nach Absatz 1 nicht zahlen kann.

§ 21 Ermittlung des durchschnittlichen Arbeitsentgelts

(1) Bei der Bestimmung des Berechnungszeitraumes für die Ermittlung des durchschnittlichen Arbeitsentgelts für die Leistungen nach den §§ 18 bis 20 bleiben Zeiten unberücksichtigt, in denen die

Frau infolge unverschuldeter Fehlzeiten kein Arbeitsentgelt erzielt hat. War das Beschäftigungsverhältnis kürzer als drei Monate, ist der Berechnung der tatsächliche Zeitraum des Beschäftigungsverhältnisses zugrunde zu legen.

(2) Für die Ermittlung des durchschnittlichen Arbeitsentgelts für die Leistungen nach den §§ 18 bis 20 bleiben unberücksichtigt:

1. einmalig gezahltes Arbeitsentgelt im Sinne von § 23a des Vierten Buches Sozialgesetzbuch,
2. Kürzungen des Arbeitsentgelts, die im Berechnungszeitraum infolge von Kurzarbeit, Arbeitsausfällen oder unverschuldetem Arbeitsversäumnis eintreten, und
3. im Fall der Beendigung der Elternzeit nach dem Bundeselterngeld- und Elternzeitgesetz das Arbeitsentgelt aus Teilzeitbeschäftigung, das vor der Beendigung der Elternzeit während der Elternzeit erzielt wurde, soweit das durchschnittliche Arbeitsentgelt ohne die Berücksichtigung der Zeiten, in denen dieses Arbeitsentgelt erzielt wurde, höher ist.

(3) Ist die Ermittlung des durchschnittlichen Arbeitsentgelts entsprechend den Absätzen 1 und 2 nicht möglich, ist das durchschnittliche kalendertägliche Arbeitsentgelt einer vergleichbar beschäftigten Person zugrunde zu legen.

(4) Bei einer dauerhaften Änderung der Arbeitsentgelthöhe ist die geänderte Arbeitsentgelthöhe bei der Ermittlung des durchschnittlichen Arbeitsentgelts für die Leistungen nach den §§ 18 bis 20 zugrunde zu legen, und zwar

1. für den gesamten Berechnungszeitraum, wenn die Änderung während des Berechnungszeitraums wirksam wird,
2. ab Wirksamkeit der Änderung der Arbeitsentgelthöhe, wenn die Änderung der Arbeitsentgelthöhe nach dem Berechnungszeitraum wirksam wird.

§ 22 Leistungen während der Elternzeit

Während der Elternzeit sind Ansprüche auf Leistungen nach den §§ 18 und 20 aus dem wegen der Elternzeit ruhenden Arbeitsverhältnis ausgeschlossen. Übt die Frau während der Elternzeit eine Teilzeitarbeit aus, ist für die Ermittlung des durchschnittlichen Arbeitsentgelts nur das Arbeitsentgelt aus dieser Teilzeitarbeit zugrunde zu legen.

§ 23 Entgelt bei Freistellung für Untersuchungen und zum Stillen

(1) Durch die Gewährung der Freistellung nach § 7 darf bei der schwangeren oder stillenden Frau kein Entgeltausfall eintreten. Freistellungszeiten sind weder vor- noch nachzuarbeiten. Sie werden nicht auf Ruhepausen angerechnet, die im Arbeitszeitgesetz oder in anderen Vorschriften festgelegt sind.

(2) Der Auftraggeber oder Zwischenmeister hat einer in Heimarbeit beschäftigten Frau und der ihr Gleichgestellten für die Stillzeit ein Entgelt zu zahlen, das nach der Höhe des durchschnittlichen Stundenentgelts für jeden Werktag zu berechnen ist. Ist eine Frau für mehrere Auftraggeber oder Zwischenmeister tätig, haben diese das Entgelt für die Stillzeit zu gleichen Teilen zu zahlen. Auf das Entgelt finden die Vorschriften der §§ 23 bis 25 des Heimarbeitsgesetzes über den Entgeltschutz Anwendung.

§ 24 Fortbestehen des Erholungsurlaubs bei Beschäftigungsverboten

Für die Berechnung des Anspruchs auf bezahlten Erholungsurlaub gelten die Ausfallzeiten wegen eines Beschäftigungsverbots als Beschäftigungszeiten. Hat eine Frau ihren Urlaub vor Beginn eines Beschäftigungsverbots nicht oder nicht vollständig erhalten, kann sie nach dem Ende des Beschäftigungsverbots den Resturlaub im laufenden oder im nächsten Urlaubsjahr beanspruchen.

§ 25 Beschäftigung nach dem Ende des Beschäftigungsverbots

Mit dem Ende eines Beschäftigungsverbots im Sinne von § 2 Absatz 3 hat eine Frau das Recht, entsprechend den vertraglich vereinbarten Bedingungen beschäftigt zu werden.

Abschnitt 5 Durchführung des Gesetzes

§ 26 Aushang des Gesetzes

(1) In Betrieben und Verwaltungen, in denen regelmäßig mehr als drei Frauen beschäftigt werden, hat der Arbeitgeber eine Kopie dieses Gesetzes an geeigneter Stelle zur Einsicht auszulegen oder auszuhängen. Dies gilt nicht, wenn er das Gesetz für die Personen, die bei ihm beschäftigt sind, in einem elektronischen Verzeichnis jederzeit zugänglich gemacht hat.

(2) Für eine in Heimarbeit beschäftigte Frau oder eine ihr Gleichgestellte muss der Auftraggeber oder Zwischenmeister in den Räumen der Ausgabe oder Abnahme von Heimarbeit eine Kopie dieses Gesetzes an geeigneter Stelle zur Einsicht auslegen oder aushängen. Absatz 1 Satz 2 gilt entsprechend.

§ 27 Mitteilungs- und Aufbewahrungspflichten des Arbeitgebers, Offenbarungsverbot der mit der Überwachung beauftragten Personen

(1) Der Arbeitgeber hat die Aufsichtsbehörde unverzüglich zu benachrichtigen,

1. wenn eine Frau ihm mitgeteilt hat,
   a) dass sie schwanger ist oder
   b) dass sie stillt, es sei denn, er hat die Aufsichtsbehörde bereits über die Schwangerschaft dieser Frau benachrichtigt, oder
2. wenn er beabsichtigt, eine schwangere oder stillende Frau zu beschäftigen
   a) bis 22 Uhr nach den Vorgaben des § 5 Absatz 2 Satz 2 und 3,
   b) an Sonn- und Feiertagen nach den Vorgaben des § 6 Absatz 1 Satz 2 und 3 oder Absatz 2 Satz 2 und 3 oder
   c) mit getakteter Arbeit im Sinne von § 11 Absatz 6 Nummer 3 oder § 12 Absatz 5 Nummer 3.

Er darf diese Informationen nicht unbefugt an Dritte weitergeben.

(2) Der Arbeitgeber hat der Aufsichtsbehörde auf Verlangen die Angaben zu machen, die zur Erfüllung der Aufgaben dieser Behörde erforderlich sind. Er hat die Angaben wahrheitsgemäß, vollständig und rechtzeitig zu machen.

(3) Der Arbeitgeber hat der Aufsichtsbehörde auf Verlangen die Unterlagen zur Einsicht vorzulegen oder einzusenden, aus denen Folgendes ersichtlich ist:

1. die Namen der schwangeren oder stillenden Frauen, die bei ihm beschäftigt sind,
2. die Art und der zeitliche Umfang ihrer Beschäftigung,
3. die Entgelte, die an sie gezahlt worden sind,
4. die Ergebnisse der Beurteilung der Arbeitsbedingungen nach § 10 und
5. alle sonstigen nach Absatz 2 erforderlichen Angaben.

(4) Die auskunftspflichtige Person kann die Auskunft auf solche Fragen oder die Vorlage derjenigen Unterlagen verweigern, deren Beantwortung oder Vorlage sie selbst oder einen ihrer in § 383 Absatz 1 Nummer 1 bis 3 der Zivilprozessordung bezeichneten Angehörigen der Gefahr der Verfolgung wegen einer Straftat oder Ordnungswidrigkeit aussetzen würde. Die auskunftspflichtige Person ist darauf hinzuweisen.

(5) Der Arbeitgeber hat die in Absatz 3 genannten Unterlagen mindestens bis zum Ablauf von zwei Jahren nach der letzten Eintragung aufzubewahren.

(6) Die mit der Überwachung beauftragten Personen der Aufsichtsbehörde dürfen die ihnen bei ihrer Überwachungstätigkeit zur Kenntnis gelangten Geschäfts- und Betriebsgeheimnisse nur in den gesetzlich geregelten Fällen oder zur Verfolgung von Rechtsverstößen oder zur Erfüllung von gesetzlich geregelten Aufgaben zum Schutz der Umwelt den dafür zuständigen Behörden offenbaren. Soweit es sich bei Geschäfts- und Betriebsgeheimnissen um Informationen über die Umwelt im Sinne des Umweltinformationsgesetzes handelt, richtet sich die Befugnis zu ihrer Offenbarung nach dem Umweltinformationsgesetz.

§ 28 Behördliches Genehmigungsverfahren für eine Beschäftigung zwischen 20 Uhr und 22 Uhr

(1) Die Aufsichtsbehörde kann abweichend von § 5 Absatz 1 Satz 1 auf Antrag des Arbeitgebers genehmigen, dass eine schwangere oder stillende Frau zwischen 20 Uhr und 22 Uhr beschäftigt wird, wenn

1. sich die Frau dazu ausdrücklich bereit erklärt,
2. nach ärztlichem Zeugnis nichts gegen die Beschäftigung der Frau bis 22 Uhr spricht und
3. insbesondere eine unverantwortbare Gefährdung für die schwangere Frau oder ihr Kind durch Alleinarbeit ausgeschlossen ist.

Dem Antrag ist die Dokumentation der Beurteilung der Arbeitsbedingungen nach § 14 Absatz 1 beizufügen. Die schwangere oder stillende Frau kann ihre Erklärung nach Satz 1 Nummer 1 jederzeit mit Wirkung für die Zukunft widerrufen.

(2) Solange die Aufsichtsbehörde den Antrag nicht ablehnt oder die Beschäftigung zwischen 20 Uhr und 22 Uhr nicht vorläufig untersagt, darf der Arbeitgeber die Frau unter den Voraussetzungen

des Absatzes 1 beschäftigen. Die Aufsichtsbehörde hat dem Arbeitgeber nach Eingang des Antrags unverzüglich eine Mitteilung zu machen, wenn die für den Antrag nach Absatz 1 erforderlichen Unterlagen unvollständig sind. Die Aufsichtsbehörde kann die Beschäftigung vorläufig untersagen, soweit dies erforderlich ist, um den Schutz der Gesundheit der Frau oder ihres Kindes sicherzustellen.
(3) Lehnt die Aufsichtsbehörde den Antrag nicht innerhalb von sechs Wochen nach Eingang des vollständigen Antrags ab, gilt die Genehmigung als erteilt. Auf Verlangen ist dem Arbeitgeber der Eintritt der Genehmigungsfiktion (§ 42a des Verwaltungsverfahrensgesetzes) zu bescheinigen.
(4) Im Übrigen gelten die Vorschriften des Verwaltungsverfahrensgesetzes.

§ 29 Zuständigkeit und Befugnisse der Aufsichtsbehörden, Jahresbericht

(1) Die Aufsicht über die Ausführung der Vorschriften dieses Gesetzes und der aufgrund dieses Gesetzes erlassenen Vorschriften obliegt den nach Landesrecht zuständigen Behörden (Aufsichtsbehörden).
(2) Die Aufsichtsbehörden haben dieselben Befugnisse wie die nach § 22 Absatz 2 und 3 des Arbeitsschutzgesetztes mit der Überwachung beauftragten Personen. Das Grundrecht der Unverletzlichkeit der Wohnung (Artikel 13 des Grundgesetzes) wird insoweit eingeschränkt.
(3) Die Aufsichtsbehörde kann in Einzelfällen die erforderlichen Maßnahmen anordnen, die der Arbeitgeber zur Erfüllung derjenigen Pflichten zu treffen hat, die sich aus Abschnitt 2 dieses Gesetzes und aus den aufgrund des § 31 Nummer 1 bis 5 erlassenen Rechtsverordnungen ergeben. Insbesondere kann die Aufsichtsbehörde:

1. in besonders begründeten Einzelfällen Ausnahmen vom Verbot der Mehrarbeit nach § 4 Absatz 1 Satz 1, 2 oder 4 sowie vom Verbot der Nachtarbeit auch zwischen 22 Uhr und 6 Uhr nach § 5 Absatz 1 Satz 1 oder Absatz 2 Satz 1 bewilligen, wenn
   a) sich die Frau dazu ausdrücklich bereit erklärt,
   b) nach ärztlichem Zeugnis nichts gegen die Beschäftigung spricht und
   c) in den Fällen des § 5 Absatz 1 Satz 1 oder Absatz 2 Satz 1 insbesondere eine unverantwortbare Gefährdung für die

schwangere Frau oder ihr Kind durch Alleinarbeit ausgeschlossen ist,
2. verbieten, dass ein Arbeitgeber eine schwangere oder stillende Frau
   a) nach § 5 Absatz 2 Satz 2 zwischen 20 Uhr und 22 Uhr beschäftigt oder
   b) nach § 6 Absatz 1 Satz 2 oder nach § 6 Absatz 2 Satz 2 an Sonn- und Feiertagen beschäftigt,
3. Einzelheiten zur Freistellung zum Stillen nach § 7 Absatz 2 und zur Bereithaltung von Räumlichkeiten, die zum Stillen geeignet sind, anordnen,
4. Einzelheiten zur zulässigen Arbeitsmenge nach § 8 anordnen,
5. Schutzmaßnahmen nach § 9 Absatz 1 bis 3 und nach § 13 anordnen,
6. Einzelheiten zu Art und Umfang der Beurteilung der Arbeitsbedingungen nach § 10 anordnen,
7. bestimmte Tätigkeiten oder Arbeitsbedingungen nach § 11 oder nach § 12 verbieten,
8. Ausnahmen von den Vorschriften des § 11 Absatz 6 Nummer 1 und 2 und des § 12 Absatz 5 Nummer 1 und 2 bewilligen, wenn die Art der Arbeit und das Arbeitstempo keine unverantwortbare Gefährdung für die schwangere oder stillende Frau oder für ihr Kind darstellen, und
9. Einzelheiten zu Art und Umfang der Dokumentation und Information nach § 14 anordnen.

Die schwangere oder stillende Frau kann ihre Erklärung nach Satz 2 Nummer 1 Buchstabe a jederzeit mit Wirkung für die Zukunft widerrufen.

(4) Die Aufsichtsbehörde berät den Arbeitgeber bei der Erfüllung seiner Pflichten nach diesem Gesetz sowie die bei ihm beschäftigten Personen zu ihren Rechten und Pflichten nach diesem Gesetz; dies gilt nicht für die Rechte und Pflichten nach den §§ 18 bis 22.

(5) Für Betriebe und Verwaltungen im Geschäftsbereich des Bundesministeriums der Verteidigung wird die Aufsicht nach Absatz 1 durch das Bundesministerium der Verteidigung oder die von ihm bestimmte Stelle in eigener Zuständigkeit durchgeführt.

(6) Die zuständigen obersten Landesbehörden haben über die Überwachungstätigkeit der ihnen unterstellten Behörden einen Jahresbericht zu veröffentlichen. Der Jahresbericht umfasst auch Angaben zur Erfüllung von Unterrichtungspflichten aus

internationalen Übereinkommen oder Rechtsakten der Europäischen Union, soweit sie den Mutterschutz betreffen.

§ 30 Ausschuss für Mutterschutz

(1) Beim Bundesministerium für Familie, Senioren, Frauen und Jugend wird ein Ausschuss für Mutterschutz gebildet, in dem geeignete Personen vonseiten der öffentlichen und privaten Arbeitgeber, der Ausbildungsstellen, der Gewerkschaften, der Studierendenvertretungen und der Landesbehörden sowie weitere geeignete Personen, insbesondere aus der Wissenschaft, vertreten sein sollen. Dem Ausschuss sollen nicht mehr als 15 Mitglieder angehören. Für jedes Mitglied ist ein stellvertretendes Mitglied zu benennen. Die Mitgliedschaft im Ausschuss für Mutterschutz ist ehrenamtlich.

(2) Das Bundesministerium für Familie, Senioren, Frauen und Jugend beruft im Einvernehmen mit dem Bundesministerium für Arbeit und Soziales, dem Bundesministerium für Gesundheit und dem Bundesministerium für Bildung und Forschung die Mitglieder des Ausschusses für Mutterschutz und die stellvertretenden Mitglieder. Der Ausschuss gibt sich eine Geschäftsordnung und wählt die Vorsitzende oder den Vorsitzenden aus seiner Mitte. Die Geschäftsordnung und die Wahl der oder des Vorsitzenden bedürfen der Zustimmung des Bundesministeriums für Familie, Senioren, Frauen und Jugend. Die Zustimmung erfolgt im Einvernehmen mit dem Bundesministerium für Arbeit und Soziales und dem Bundesministerium für Gesundheit.

(3) Zu den Aufgaben des Ausschusses für Mutterschutz gehört es,

1. Art, Ausmaß und Dauer der möglichen unverantwortbaren Gefährdungen einer schwangeren oder stillenden Frau und ihres Kindes nach wissenschaftlichen Erkenntnissen zu ermitteln und zu begründen,
2. sicherheitstechnische, arbeitsmedizinische und arbeitshygienische Regeln zum Schutz der schwangeren oder stillenden Frau und ihres Kindes aufzustellen und
3. das Bundesministerium für Familie, Senioren, Frauen und Jugend in allen mutterschutzbezogenen Fragen zu beraten.

Der Ausschuss arbeitet eng mit den Ausschüssen nach § 18 Absatz 2 Nummer 5 des Arbeitsschutzgesetzes zusammen.

(4) Nach Prüfung durch das Bundesministerium für Familie, Senioren, Frauen und Jugend, durch das Bundesministerium für

Arbeit und Soziales, durch das Bundesministerium für Gesundheit und durch das Bundesministerium für Bildung und Forschung kann das Bundesministerium für Familie, Senioren, Frauen und Jugend im Einvernehmen mit den anderen in diesem Absatz genannten Bundesministerien die vom Ausschuss für Mutterschutz nach Absatz 3 aufgestellten Regeln und Erkenntnisse im Gemeinsamen Ministerialblatt veröffentlichen.

(5) Die Bundesministerien sowie die obersten Landesbehörden können zu den Sitzungen des Ausschusses für Mutterschutz Vertreterinnen oder Vertreter entsenden. Auf Verlangen ist ihnen in der Sitzung das Wort zu erteilen.

(6) Die Geschäfte des Ausschusses für Mutterschutz werden vom Bundesamt für Familie und zivilgesellschaftliche Aufgaben geführt.

§ 31 Erlass von Rechtsverordnungen

Die Bundesregierung wird ermächtigt, durch Rechtsverordnung mit Zustimmung des Bundesrates Folgendes zu regeln:

1. nähere Bestimmungen zum Begriff der unverantwortbaren Gefährdung nach § 9 Absatz 2 Satz 2 und 3,
2. nähere Bestimmungen zur Durchführung der erforderlichen Schutzmaßnahmen nach § 9 Absatz 1 und 2 und nach § 13,
3. nähere Bestimmungen zu Art und Umfang der Beurteilung der Arbeitsbedingungen nach § 10,
4. Festlegungen von unzulässigen Tätigkeiten und Arbeitsbedingungen im Sinne von § 11 oder § 12 oder von anderen nach diesem Gesetz unzulässigen Tätigkeiten und Arbeitsbedingungen,
5. nähere Bestimmungen zur Dokumentation und Information nach § 14,
6. nähere Bestimmungen zur Ermittlung des durchschnittlichen Arbeitsentgelts im Sinne der §§ 18 bis 22 und
7. nähere Bestimmungen zum erforderlichen Inhalt der Benachrichtigung, ihrer Form, der Art und Weise der Übermittlung sowie die Empfänger der vom Arbeitgeber nach § 27 zu meldenden Informationen.

Abschnitt 6 Bußgeldvorschriften, Strafvorschriften

§ 32 Bußgeldvorschriften

(1) Ordnungswidrig handelt, wer vorsätzlich oder fahrlässig

1. entgegen § 3 Absatz 1 Satz 1, auch in Verbindung mit Satz 4, entgegen § 3 Absatz 2 Satz 1, auch in Verbindung mit Satz 2 oder 3, entgegen § 3 Absatz 3 Satz 1, § 4 Absatz 1 Satz 1, 2 oder 4 oder § 5 Absatz 1 Satz 1, § 6 Absatz 1 Satz 1, § 13 Absatz 1 Nummer 3 oder § 16 eine Frau beschäftigt,
2. entgegen § 4 Absatz 2 eine Ruhezeit nicht, nicht richtig oder nicht rechtzeitig gewährt,
3. entgegen § 5 Absatz 2 Satz 1 oder § 6 Absatz 2 Satz 1 eine Frau tätig werden lässt,
4. entgegen § 7 Absatz 1 Satz 1, auch in Verbindung mit Satz 2, oder entgegen § 7 Absatz 2 Satz 1 eine Frau nicht freistellt,
5. entgegen § 8 oder § 13 Absatz 2 Heimarbeit ausgibt,
6. entgegen § 10 Absatz 1 Satz 1, auch in Verbindung mit einer Rechtsverordnung nach § 31 Nummer 3, eine Gefährdung nicht, nicht richtig oder nicht rechtzeitig beurteilt oder eine Ermittlung nicht, nicht richtig oder nicht rechtzeitig durchführt,
7. entgegen § 10 Absatz 2 Satz 1, auch in Verbindung mit einer Rechtsverordnung nach § 31 Nummer 3, eine Schutzmaßnahme nicht, nicht richtig oder nicht rechtzeitig festlegt,
8. entgegen § 10 Absatz 3 eine Frau eine andere als die dort bezeichnete Tätigkeit ausüben lässt,
9. entgegen § 14 Absatz 1 Satz 1 in Verbindung mit einer Rechtsverordnung nach § 31 Nummer 5 eine Dokumentation nicht, nicht richtig, nicht vollständig oder nicht rechtzeitig erstellt,
10. entgegen § 14 Absatz 2 oder 3, jeweils in Verbindung mit einer Rechtsverordnung nach § 31 Nummer 5, eine Information nicht, nicht richtig, nicht vollständig oder nicht rechtzeitig gibt,
11. entgegen § 27 Absatz 1 Satz 1 die Aufsichtsbehörde nicht, nicht richtig oder nicht rechtzeitig benachrichtigt,
12. entgegen § 27 Absatz 1 Satz 2 eine Information weitergibt,
13. entgegen § 27 Absatz 2 eine Angabe nicht, nicht richtig, nicht vollständig oder nicht rechtzeitig macht,
14. entgegen § 27 Absatz 3 eine Unterlage nicht, nicht richtig oder nicht rechtzeitig vorlegt oder nicht oder nicht rechtzeitig einsendet,
15. entgegen § 27 Absatz 5 eine Unterlage nicht oder nicht mindestens zwei Jahre aufbewahrt,
16. einer vollziehbaren Anordnung nach § 29 Absatz 3 Satz 1 zuwiderhandelt oder

17. einer Rechtsverordnung nach § 31 Nummer 4 oder einer vollziehbaren Anordnung aufgrund einer solchen Rechtsverordnung zuwiderhandelt, soweit die Rechtsverordnung für einen bestimmten Tatbestand auf diese Bußgeldvorschrift verweist.

(2) Die Ordnungswidrigkeit kann in den Fällen des Absatzes 1 Nummer 1 bis 5, 8, 16 und 17 mit einer Geldbuße bis zu dreißigtausend Euro, in den übrigen Fällen mit einer Geldbuße bis zu fünftausend Euro geahndet werden.

§ 33 Strafvorschriften

Wer eine in § 32 Absatz 1 Nummer 1 bis 5, 8, 16 und 17 bezeichnete vorsätzliche Handlung begeht und dadurch die Gesundheit der Frau oder ihres Kindes gefährdet, wird mit Freiheitsstrafe bis zu einem Jahr oder mit Geldstrafe bestraft.

Abschnitt 7 Schlussvorschriften

§ 34 Evaluationsbericht

Die Bundesregierung legt dem Deutschen Bundestag zum 1. Januar 2021 einen Evaluationsbericht über die Auswirkungen des Gesetzes vor. Schwerpunkte des Berichts sollen die Handhabbarkeit der gesetzlichen Regelung in der betrieblichen und behördlichen Praxis, die Wirksamkeit und die Auswirkungen des Gesetzes im Hinblick auf seinen Anwendungsbereich, die Auswirkungen der Regelungen zum Verbot der Mehr- und Nachtarbeit sowie zum Verbot der Sonn- und Feiertagsarbeit und die Arbeit des Ausschusses für Mutterschutz sein. Der Bericht darf keine personenbezogenen Daten enthalten.

Gesetz zum Schutz der arbeitenden Jugend (Jugendarbeitsschutzgesetz – JArbSchG)

vom 12. April 1976 (BGBl. I S. 965, zuletzt geändert durch Art. 2 des Gesetzes zur Umsetzung der Richtlinie (EU) 2019/882 des Europäischen Parlaments und des Rates über die Barrierefreiheitsanforderungen für Produkte und Dienstleistungen und zur Änderung anderer Gesetze vom 16. Juli 2021, BGBl. I S. 2970)

Erster Abschnitt Allgemeine Vorschriften

§ 1 Geltungsbereich

(1) Dieses Gesetz gilt in der Bundesrepublik Deutschland und in der ausschließlichen Wirtschaftszone für die Beschäftigung von Personen, die noch nicht 18 Jahre alt sind,

1. in der Berufsausbildung,
2. als Arbeitnehmer oder Heimarbeiter,
3. mit sonstigen Dienstleistungen, die der Arbeitsleistung von Arbeitnehmern oder Heimarbeitern ähnlich sind,
4. in einem der Berufsausbildung ähnlichen Ausbildungsverhältnis.

(2) Dieses Gesetz gilt nicht

1. für geringfügige Hilfeleistungen, soweit sie gelegentlich
   a) aus Gefälligkeit,
   b) auf Grund familienrechtlicher Vorschriften,
   c) in Einrichtungen der Jugendhilfe,
   d) in Einrichtungen zur Eingliederung Behinderter,
   erbracht werden,
2. für die Beschäftigung durch die Personensorgeberechtigten im Familienhaushalt.

§ 2 Kind, Jugendlicher

(1) Kind im Sinne dieses Gesetzes ist, wer noch nicht 15 Jahre alt ist.

(2) Jugendlicher im Sinne dieses Gesetzes ist, wer 15, aber noch nicht 18 Jahre alt ist.

(3) Auf Jugendliche, die der Vollzeitschulpflicht unterliegen, finden die für Kinder geltenden Vorschriften Anwendung.

§ 3 Arbeitgeber

Arbeitgeber im Sinne dieses Gesetzes ist, wer ein Kind oder einen Jugendlichen gemäß § 1 beschäftigt.

§ 4 Arbeitszeit

(1) Tägliche Arbeitszeit ist die Zeit vom Beginn bis zum Ende der täglichen Beschäftigung ohne die Ruhepausen (§ 11).
(2) Schichtzeit ist die tägliche Arbeitszeit unter Hinzurechnung der Ruhepausen (§ 11).
(3) Im Bergbau unter Tage gilt die Schichtzeit als Arbeitszeit. Sie wird gerechnet vom Betreten des Förderkorbs bei der Einfahrt bis zum Verlassen des Förderkorbs bei der Ausfahrt oder vom Eintritt des einzelnen Beschäftigten in das Stollenmundloch bis zu seinem Wiederaustritt.
(4) Für die Berechnung der wöchentlichen Arbeitszeit ist als Woche die Zeit von Montag bis einschließlich Sonntag zugrunde zu legen. Die Arbeitszeit, die an einem Werktag infolge eines gesetzlichen Feiertags ausfällt, wird auf die wöchentliche Arbeitszeit angerechnet.
(5) Wird ein Kind oder ein Jugendlicher von mehreren Arbeitgebern beschäftigt, so werden die Arbeits- und Schichtzeiten sowie die Arbeitstage zusammengerechnet.

Zweiter Abschnitt Beschäftigung von Kindern

§ 5 Verbot der Beschäftigung von Kindern

(1) Die Beschäftigung von Kindern (§ 2 Abs. 1) ist verboten.
(2) Das Verbot des Absatzes 1 gilt nicht für die Beschäftigung von Kindern

1. zum Zwecke der Beschäftigungs- und Arbeitstherapie,
2. im Rahmen des Betriebspraktikums während der Vollzeitschulpflicht,
3. in Erfüllung einer richterlichen Weisung.

Auf die Beschäftigung finden § 7 Satz 1 Nr. 2 und die §§ 9 bis 46 entsprechende Anwendung.
(3) Das Verbot des Absatzes 1 gilt ferner nicht für die Beschäftigung von Kindern über 13 Jahre mit Einwilligung des Personensorgeberechtigten, soweit die Beschäftigung leicht und für Kinder geeignet ist. Die Beschäftigung ist leicht, wenn sie auf Grund ihrer Beschaffenheit und der besonderen Bedingungen, unter denen sie ausgeführt wird,

1. die Sicherheit, Gesundheit und Entwicklung der Kinder,
2. ihren Schulbesuch, ihre Beteiligung an Maßnahmen zur Berufswahlvorbereitung oder Berufsausbildung, die von der zuständigen Stelle anerkannt sind, und
3. ihre Fähigkeit, dem Unterricht mit Nutzen zu folgen,

nicht nachteilig beeinflußt. Die Kinder dürfen nicht mehr als zwei Stunden täglich, in landwirtschaftlichen Familienbetrieben nicht mehr als drei Stunden täglich, nicht zwischen 18 und 8 Uhr, nicht vor dem Schulunterricht und nicht während des Schulunterrichts beschäftigt werden. Auf die Beschäftigung finden die §§ 15 bis 31 entsprechende Anwendung.

(4) Das Verbot des Absatzes 1 gilt ferner nicht für die Beschäftigung von Jugendlichen (§ 2 Abs. 3) während der Schulferien für höchstens vier Wochen im Kalenderjahr. Auf die Beschäftigung finden die §§ 8 bis 31 entsprechende Anwendung.

(4a) Die Bundesregierung hat durch Rechtsverordnung mit Zustimmung des Bundesrates die Beschäftigung nach Absatz 3 näher zu bestimmen.

(4b) Der Arbeitgeber unterrichtet die Personensorgeberechtigten der von ihm beschäftigten Kinder über mögliche Gefahren sowie über alle zu ihrer Sicherheit und ihrem Gesundheitsschutz getroffenen Maßnahmen.

(5) Für Veranstaltungen kann die Aufsichtsbehörde Ausnahmen gemäß § 6 bewilligen.

§ 6 Behördliche Ausnahmen für Veranstaltungen

(1) Die Aufsichtsbehörde kann auf Antrag bewilligen, daß

1. bei Theatervorstellungen Kinder über sechs Jahre bis zu vier Stunden täglich in der Zeit von 10 bis 23 Uhr,
2. bei Musikaufführungen und anderen Aufführungen, bei Werbeveranstaltungen sowie bei Aufnahmen im Rundfunk (Hörfunk und Fernsehen), auf Ton- und Bildträger sowie bei Film- und Fotoaufnahmen
   a) Kinder über drei bis sechs Jahre bis zu zwei Stunden täglich in der Zeit von 8 bis 17 Uhr,
   b) Kinder über sechs Jahre bis zu drei Stunden täglich in der Zeit von 8 bis 22 Uhr

gestaltend mitwirken und an den erforderlichen Proben teilnehmen. Eine Ausnahme darf nicht bewilligt werden für die Mitwirkung in Kabaretts, Tanzlokalen und ähnlichen Betrieben sowie auf

Vergnügungsparks, Kirmessen, Jahrmärkten und bei ähnlichen Veranstaltungen, Schaustellungen oder Darbietungen.

(2) Die Aufsichtsbehörde darf nach Anhörung des zuständigen Jugendamts die Beschäftigung nur bewilligen, wenn

1. die Personensorgeberechtigten in die Beschäftigung schriftlich eingewilligt haben,
2. der Aufsichtsbehörde eine nicht länger als vor drei Monaten ausgestellte ärztliche Bescheinigung vorgelegt wird, nach der gesundheitliche Bedenken gegen die Beschäftigung nicht bestehen,
3. die erforderlichen Vorkehrungen und Maßnahmen zum Schutz des Kindes gegen Gefahren für Leben und Gesundheit sowie zur Vermeidung einer Beeinträchtigung der körperlichen oder seelisch-geistigen Entwicklung getroffen sind,
4. Betreuung und Beaufsichtigung des Kindes bei der Beschäftigung sichergestellt sind,
5. nach Beendigung der Beschäftigung eine ununterbrochene Freizeit von mindestens 14 Stunden eingehalten wird,
6. das Fortkommen in der Schule nicht beeinträchtigt wird.

(3) Die Aufsichtsbehörde bestimmt,

1. wie lange, zu welcher Zeit und an welchem Tag das Kind beschäftigt werden darf,
2. Dauer und Lage der Ruhepausen,
3. die Höchstdauer des täglichen Aufenthalts an der Beschäftigungsstätte.

(4) Die Entscheidung der Aufsichtsbehörde ist dem Arbeitgeber schriftlich bekanntzugeben. Er darf das Kind erst nach Empfang des Bewilligungsbescheids beschäftigen.

§ 7 Beschäftigung von nicht vollzeitschulpflichtigen Kindern

Kinder, die der Vollzeitschulpflicht nicht mehr unterliegen, dürfen

1. im Berufsausbildungsverhältnis,
2. außerhalb eines Berufsausbildungsverhältnisses nur mit leichten und für sie geeigneten Tätigkeiten bis zu sieben Stunden täglich und 35 Stunden wöchentlich

beschäftigt werden. Auf die Beschäftigung finden die §§ 8 bis 46 entsprechende Anwendung.

Dritter Abschnitt Beschäftigung Jugendlicher

Erster Titel Arbeitszeit und Freizeit

§ 8 Dauer der Arbeitszeit

(1) Jugendliche dürfen nicht mehr als acht Stunden täglich und nicht mehr als 40 Stunden wöchentlich beschäftigt werden.

(2) Wenn in Verbindung mit Feiertagen an Werktagen nicht gearbeitet wird, damit die Beschäftigten eine längere zusammenhängende Freizeit haben, so darf die ausfallende Arbeitszeit auf die Werktage von fünf zusammenhängenden, die Ausfalltage einschließenden Wochen nur dergestalt verteilt werden, daß die Wochenarbeitszeit im Durchschnitt dieser fünf Wochen 40 Stunden nicht überschreitet. Die tägliche Arbeitszeit darf hierbei achteinhalb Stunden nicht überschreiten.

(2a) Wenn an einzelnen Werktagen die Arbeitszeit auf weniger als acht Stunden verkürzt ist, können Jugendliche an den übrigen Werktagen derselben Woche achteinhalb Stunden beschäftigt werden.

(3) In der Landwirtschaft dürfen Jugendliche über 16 Jahre während der Erntezeit nicht mehr als neun Stunden täglich und nicht mehr als 85 Stunden in der Doppelwoche beschäftigt werden.

§ 9 Berufsschule

(1) Der Arbeitgeber hat den Jugendlichen für die Teilnahme am Berufsschulunterricht freizustellen. Er darf den Jugendlichen nicht beschäftigen

1. vor einem vor 9 Uhr beginnenden Unterricht; dies gilt auch für Personen, die über 18 Jahre alt und noch berufsschulpflichtig sind,
2. an einem Berufsschultag mit mehr als fünf Unterrichtsstunden von mindestens je 45 Minuten, einmal in der Woche,
3. in Berufsschulwochen mit einem planmäßigen Blockunterricht von mindestens 25 Stunden an mindestens fünf Tagen; zusätzliche betriebliche Ausbildungsveranstaltungen bis zu zwei Stunden wöchentlich sind zulässig.

(2) Auf die Arbeitszeit des Jugendlichen werden angerechnet

1. Berufsschultage nach Absatz 1 Satz 2 Nummer 2 mit der durchschnittlichen täglichen Arbeitszeit,
2. Berufsschulwochen nach Absatz 1 Satz 2 Nummer 3 mit der durchschnittlichen wöchentlichen Arbeitszeit,

3. im übrigen die Unterrichtszeit einschließlich der Pausen.

(3) Ein Entgeltausfall darf durch den Besuch der Berufsschule nicht eintreten.

§ 10 Prüfungen und außerbetriebliche Ausbildungsmaßnahmen

(1) Der Arbeitgeber hat den Jugendlichen

1. für die Teilnahme an Prüfungen und Ausbildungsmaßnahmen, die auf Grund öffentlich-rechtlicher oder vertraglicher Bestimmungen außerhalb der Ausbildungsstätte durchzuführen sind,
2. an dem Arbeitstag, der der schriftlichen Abschlußprüfung unmittelbar vorangeht,

freizustellen.

(2) Auf die Arbeitszeit des Jugendlichen werden angerechnet

1. die Freistellung nach Absatz 1 Nr. 1 mit der Zeit der Teilnahme einschließlich der Pausen,
2. die Freistellung nach Absatz 1 Nr. 2 mit der durchschnittlichen täglichen Arbeitszeit.

Ein Entgeltausfall darf nicht eintreten.

§ 11 Ruhepausen, Aufenthaltsräume

(1) Jugendlichen müssen im voraus feststehende Ruhepausen von angemessener Dauer gewährt werden. Die Ruhepausen müssen mindestens betragen

1. 30 Minuten bei einer Arbeitszeit von mehr als viereinhalb bis zu sechs Stunden,
2. 60 Minuten bei einer Arbeitszeit von mehr als sechs Stunden.

Als Ruhepause gilt nur eine Arbeitsunterbrechung von mindestens 15 Minuten.

(2) Die Ruhepausen müssen in angemessener zeitlicher Lage gewährt werden, frühestens eine Stunde nach Beginn und spätestens eine Stunde vor Ende der Arbeitszeit. Länger als viereinhalb Stunden hintereinander dürfen Jugendliche nicht ohne Ruhepause beschäftigt werden.

(3) Der Aufenthalt während der Ruhepausen in Arbeitsräumen darf den Jugendlichen nur gestattet werden, wenn die Arbeit in diesen Räumen während dieser Zeit eingestellt ist und auch sonst die notwendige Erholung nicht beeinträchtigt wird.

(4) Absatz 3 gilt nicht für den Bergbau unter Tage.

§ 12 Schichtzeit

Bei der Beschäftigung Jugendlicher darf die Schichtzeit (§ 4 Abs. 2) 10 Stunden, im Bergbau unter Tage 8 Stunden, im Gaststättengewerbe, in der Landwirtschaft, in der Tierhaltung, auf Bau- und Montagestellen 11 Stunden nicht überschreiten.

§ 13 Tägliche Freizeit

Nach Beendigung der täglichen Arbeitszeit dürfen Jugendliche nicht vor Ablauf einer ununterbrochenen Freizeit von mindestens 12 Stunden beschäftigt werden.

§ 14 Nachtruhe

(1) Jugendliche dürfen nur in der Zeit von 6 bis 20 Uhr beschäftigt werden.

(2) Jugendliche über 16 Jahre dürfen
1. im Gaststätten- und Schaustellergewerbe bis 22 Uhr,
2. in mehrschichtigen Betrieben bis 23 Uhr,
3. in der Landwirtschaft ab 5 Uhr oder bis 21 Uhr,
4. in Bäckereien und Konditoreien ab 5 Uhr

beschäftigt werden.

(3) Jugendliche über 17 Jahre dürfen in Bäckereien ab 4 Uhr beschäftigt werden.

(4) An dem einem Berufsschultag unmittelbar vorangehenden Tag dürfen Jugendliche auch nach Absatz 2 Nr. 1 bis 3 nicht nach 20 Uhr beschäftigt werden, wenn der Berufsschulunterricht am Berufsschultag vor 9 Uhr beginnt.

(5) Nach vorheriger Anzeige an die Aufsichtsbehörde dürfen in Betrieben, in denen die übliche Arbeitszeit aus verkehrstechnischen Gründen nach 20 Uhr endet, Jugendliche bis 21 Uhr beschäftigt werden, soweit sie hierdurch unnötige Wartezeiten vermeiden können. Nach vorheriger Anzeige an die Aufsichtsbehörde dürfen ferner in mehrschichtigen Betrieben Jugendliche über 16 Jahre ab 5.30 Uhr oder bis 23.30 Uhr beschäftigt werden, soweit sie hierdurch unnötige Wartezeiten vermeiden können.

(6) Jugendliche dürfen in Betrieben, in denen die Beschäftigten in außergewöhnlichem Grade der Einwirkung von Hitze ausgesetzt sind, in der warmen Jahreszeit ab 5 Uhr beschäftigt werden. Die Jugendlichen sind berechtigt, sich vor Beginn der Beschäftigung und danach in regelmäßigen Zeitabständen arbeitsmedizinisch untersuchen zu lassen. Die Kosten der Untersuchungen hat der Arbeitgeber

zu tragen, sofern er diese nicht kostenlos durch einen Betriebsarzt oder einen überbetrieblichen Dienst von Betriebsärzten anbietet.

(7) Jugendliche dürfen bei Musikaufführungen, Theatervorstellungen und anderen Aufführungen, bei Aufnahmen im Rundfunk (Hörfunk und Fernsehen), auf Ton- und Bildträger sowie bei Film- und Fotoaufnahmen bis 23 Uhr gestaltend mitwirken. Eine Mitwirkung ist nicht zulässig bei Veranstaltungen, Schaustellungen oder Darbietungen, bei denen die Anwesenheit Jugendlicher nach den Vorschriften des Jugendschutzgesetzes verboten ist. Nach Beendigung der Tätigkeit dürfen Jugendliche nicht vor Ablauf einer ununterbrochenen Freizeit von mindestens 14 Stunden beschäftigt werden. Die Sätze 1 bis 3 gelten entsprechend auch für die Tätigkeit von Jugendlichen als Sportler im Rahmen von Sportveranstaltungen.

§ 15 Fünf-Tage-Woche

Jugendliche dürfen nur an fünf Tagen in der Woche beschäftigt werden. Die beiden wöchentlichen Ruhetage sollen nach Möglichkeit aufeinander folgen.

§ 16 Samstagsruhe

(1) An Samstagen dürfen Jugendliche nicht beschäftigt werden.

(2) Zulässig ist die Beschäftigung Jugendlicher an Samstagen nur

1. in Krankenanstalten sowie in Alten-, Pflege- und Kinderheimen,
2. in offenen Verkaufsstellen, in Betrieben mit offenen Verkaufsstellen, in Bäckereien und Konditoreien, im Friseurhandwerk und im Marktverkehr,
3. im Verkehrswesen,
4. in der Landwirtschaft und Tierhaltung,
5. im Familienhaushalt,
6. im Gaststätten- und Schaustellergewerbe,
7. bei Musikaufführungen, Theatervorstellungen und anderen Aufführungen, bei Aufnahmen im Rundfunk (Hörfunk und Fernsehen), auf Ton- und Bildträger sowie bei Film- und Fotoaufnahmen,
8. bei außerbetrieblichen Ausbildungsmaßnahmen,
9. beim Sport,
10. im ärztlichen Notdienst,

11. in Reparaturwerkstätten für Kraftfahrzeuge.

Mindestens zwei Samstage im Monat sollen beschäftigungsfrei bleiben.

(3) Werden Jugendliche am Samstag beschäftigt, ist ihnen die Fünf-Tage-Woche (§ 15) durch Freistellung an einem anderen berufsschulfreien Arbeitstag derselben Woche sicherzustellen. In Betrieben mit einem Betriebsruhetag in der Woche kann die Freistellung auch an diesem Tag erfolgen, wenn die Jugendlichen an diesem Tag keinen Berufsschulunterricht haben.

(4) Können Jugendliche in den Fällen des Absatzes 2 Nr. 2 am Samstag nicht acht Stunden beschäftigt werden, kann der Unterschied zwischen der tatsächlichen und der nach § 8 Abs.1 höchstzulässigen Arbeitszeit an dem Tag bis 13 Uhr ausgeglichen werden, an dem die Jugendlichen nach Absatz 3 Satz 1 freizustellen sind.

§ 17 Sonntagsruhe

(1) An Sonntagen dürfen Jugendliche nicht beschäftigt werden.

(2) Zulässig ist die Beschäftigung Jugendlicher an Sonntagen nur

1. in Krankenanstalten sowie in Alten-, Pflege- und Kinderheimen,
2. in der Landwirtschaft und Tierhaltung mit Arbeiten, die auch an Sonn- und Feiertagen naturnotwendig vorgenommen werden müssen,
3. im Familienhaushalt, wenn der Jugendliche in die häusliche Gemeinschaft aufgenommen ist,
4. im Schaustellergewerbe,
5. bei Musikaufführungen, Theatervorstellungen und anderen Aufführungen sowie bei Direktsendungen im Rundfunk (Hörfunk und Fernsehen),
6. beim Sport,
7. im ärztlichen Notdienst,
8. im Gaststättengewerbe.

Jeder zweite Sonntag soll, mindestens zwei Sonntage im Monat müssen beschäftigungsfrei bleiben.

(3) Werden Jugendliche am Sonntag beschäftigt, ist ihnen die Fünf-Tage-Woche (§ 15) durch Freistellung an einem anderen berufsschulfreien Arbeitstag derselben Woche sicherzustellen. In Betrieben mit einem Betriebsruhetag in der Woche kann die Freistellung auch an diesem Tag erfolgen, wenn die Jugendlichen an diesem Tag keinen Berufsschulunterricht haben.

§ 18 Feiertagsruhe

(1) Am 24. und 31. Dezember nach 14 Uhr und an gesetzlichen Feiertagen dürfen Jugendliche nicht beschäftigt werden.

(2) Zulässig ist die Beschäftigung Jugendlicher an gesetzlichen Feiertagen in den Fällen des § 17 Abs. 2, ausgenommen am 25. Dezember, am 1. Januar, am ersten Osterfeiertag und am 1. Mai.

(3) Für die Beschäftigung an einem gesetzlichen Feiertag, der auf einem Werktag fällt, ist der Jugendliche an einem anderen berufsschulfreien Arbeitstag derselben oder der folgenden Woche freizustellen. In Betrieben mit einem Betriebsruhetag in der Woche kann die Freistellung auch an diesem Tag erfolgen, wenn die Jugendlichen an diesem Tag keinen Berufsschulunterricht haben.

§ 19 Urlaub

(1) Der Arbeitgeber hat Jugendlichen für jedes Kalenderjahr einen bezahlten Erholungsurlaub zu gewähren.

(2) Der Urlaub beträgt jährlich

1. mindestens 30 Werktage, wenn der Jugendliche zu Beginn des Kalenderjahrs noch nicht 16 Jahre alt ist,
2. mindestens 27 Werktage, wenn der Jugendliche zu Beginn des Kalenderjahrs noch nicht 17 Jahre alt ist,
3. mindestens 25 Werktage, wenn der Jugendliche zu Beginn des Kalenderjahrs noch nicht 18 Jahre alt ist.

Jugendliche, die im Bergbau unter Tage beschäftigt werden, erhalten in jeder Altersgruppe einen zusätzlichen Urlaub von drei Werktagen.

(3) Der Urlaub soll Berufsschülern in der Zeit der Berufsschulferien gegeben werden. Soweit er nicht in den Berufsschulferien gegeben wird, ist für jeden Berufsschultag, an dem die Berufsschule während des Urlaubs besucht wird, ein weiterer Urlaubstag zu gewähren.

(4) Im übrigen gelten für den Urlaub der Jugendlichen § 3 Abs. 2, §§ 4 bis 12 und § 13 Abs. 3 des Bundesurlaubsgesetzes. Der Auftraggeber oder Zwischenmeister hat jedoch abweichend von § 12 Nr. 1 des Bundesurlaubsgesetzes den jugendlichen Heimarbeitern für jedes Kalenderjahr einen bezahlten Erholungsurlaub entsprechend Absatz 2 zu gewähren; das Urlaubsentgelt der jugendlichen Heimarbeiter beträgt bei einem Urlaub von 30 Werktagen 11,6 vom Hundert, bei einem Urlaub von 27 Werktagen 10,3 vom Hundert und bei einem Urlaub von 25 Werktagen 9,5 vom Hundert.

§ 20 Binnenschiffahrt

(1) In der Binnenschiffahrt gelten folgende Abweichungen:

1. Abweichend von § 12 darf die Schichtzeit Jugendlicher über 16 Jahre während der Fahrt bis auf 14 Stunden täglich ausgedehnt werden, wenn ihre Arbeitszeit sechs Stunden täglich nicht überschreitet. Ihre tägliche Freizeit kann abweichend von § 13 der Ausdehnung der Schichtzeit entsprechend bis auf 10 Stunden verkürzt werden.
2. Abweichend von § 14 Abs.1 dürfen Jugendliche über 16 Jahre während der Fahrt bis 22 Uhr beschäftigt werden.
3. Abweichend von §§ 15, 16 Abs.1, § 17 Abs.1 und § 18 Abs.1 dürfen Jugendliche an jedem Tag der Woche beschäftigt werden, jedoch nicht am 24. Dezember, an den Weihnachtsfeiertagen, am 31. Dezember, am 1. Januar, an den Osterfeiertagen und am 1. Mai. Für die Beschäftigung an einem Samstag, Sonntag und an einem gesetzlichen Feiertag, der auf einen Werktag fällt, ist ihnen je ein freier Tag zu gewähren. Diese freien Tage sind den Jugendlichen in Verbindung mit anderen freien Tagen zu gewähren, spätestens, wenn ihnen 10 freie Tage zustehen.

(2) In der gewerblichen Binnenschifffahrt hat der Arbeitgeber Aufzeichnungen nach Absatz 3 über die tägliche Arbeits- oder Freizeit jedes Jugendlichen zu führen, um eine Kontrolle der Einhaltung der §§ 8 bis 21a dieses Gesetzes zu ermöglichen. Die Aufzeichnungen sind in geeigneten Zeitabständen, spätestens bis zum nächsten Monatsende, gemeinsam vom Arbeitgeber oder seinem Vertreter und von dem Jugendlichen zu prüfen und zu bestätigen. Im Anschluss müssen die Aufzeichnungen für mindestens zwölf Monate an Bord aufbewahrt werden und dem Jugendlichen ist eine Kopie der bestätigten Aufzeichnungen auszuhändigen. Der Jugendliche hat die Kopien daraufhin zwölf Monate für eine Kontrolle bereitzuhalten.

(3) Die Aufzeichnungen nach Absatz 2 müssen mindestens folgende Angaben enthalten:

1. Name des Schiffes,
2. Name des Jugendlichen,
3. Name des verantwortlichen Schiffsführers,
4. Datum des jeweiligen Arbeits- oder Ruhetages,
5. für jeden Tag der Beschäftigung, ob es sich um einen Arbeits- oder um einen Ruhetag handelt sowie

6. Beginn und Ende der täglichen Arbeitszeit oder der täglichen Freizeit.

§ 21 Ausnahmen in besonderen Fällen

(1) Die §§ 8 und 11 bis 18 finden keine Anwendung auf die Beschäftigung Jugendlicher mit vorübergehenden und unaufschiebbaren Arbeiten in Notfällen, soweit erwachsene Beschäftigte nicht zur Verfügung stehen.
(2) Wird in den Fällen des Absatzes 1 über die Arbeitszeit des § 8 hinaus Mehrarbeit geleistet, so ist sie durch entsprechende Verkürzung der Arbeitszeit innerhalb der folgenden drei Wochen auszugleichen.

§ 21a Abweichende Regelungen

(1) In einem Tarifvertrag oder auf Grund eines Tarifvertrages in einer Betriebsvereinbarung kann zugelassen werden

1. abweichend von den §§ 8, 15, 16 Abs. 3 und 4, § 17 Abs. 3 und § 18 Abs. 3 die Arbeitszeit bis zu neun Stunden täglich, 44 Stunden wöchentlich und bis zu fünfeinhalb Tagen in der Woche anders zu verteilen, jedoch nur unter Einhaltung einer durchschnittlichen Wochenarbeitszeit von 40 Stunden in einem Ausgleichszeitraum von zwei Monaten,
2. abweichend von § 11 Abs.1 Satz 2 Nr. 2 und Abs. 2 die Ruhepausen bis zu 15 Minuten zu kürzen und die Lage der Pausen anders zu bestimmen,
3. abweichend von § 12 die Schichtzeit mit Ausnahme des Bergbaus unter Tage bis zu einer Stunde täglich zu verlängern,
4. abweichend von § 16 Abs.1 und 2 Jugendliche an 26 Samstagen im Jahr oder an jedem Samstag zu beschäftigen, wenn statt dessen der Jugendliche an einem anderen Werktag derselben Woche von der Beschäftigung freigestellt wird,
5. abweichend von den §§ 15, 16 Abs. 3 und 4, § 17 Abs. 3 und § 18 Abs. 3 Jugendliche bei einer Beschäftigung an einem Samstag oder an einem Sonn- oder Feiertag unter vier Stunden an einem anderen Arbeitstag derselben oder der folgenden Woche vor- oder nachmittags von der Beschäftigung freizustellen,
6. abweichend von § 17 Abs. 2 Satz 2 Jugendliche im Gaststätten- und Schaustellergewerbe sowie in der Landwirtschaft während der Saison oder der Erntezeit an drei Sonntagen im Monat zu beschäftigen.

(2) Im Geltungsbereich eines Tarifvertrages nach Absatz 1 kann die abweichende tarifvertragliche Regelung im Betrieb eines nicht tarifgebundenen Arbeitgebers durch Betriebsvereinbarung oder, wenn ein Betriebsrat nicht besteht, durch schriftliche Vereinbarung zwischen dem Arbeitgeber und dem Jugendlichen übernommen werden.
(3) Die Kirchen und die öffentlich-rechtlichen Religionsgesellschaften können die in Absatz 1 genannten Abweichungen in ihren Regelungen vorsehen.

§ 21b Ermächtigung

Das Bundesministerium für Arbeit und Soziales kann im Interesse der Berufsausbildung oder der Zusammenarbeit von Jugendlichen und Erwachsenen durch Rechtsverordnung mit Zustimmung des Bundesrates Ausnahmen von den Vorschriften

1. des § 8, der §§ 11 und 12, der §§ 15 und 16, des § 17 Abs. 2 und 3 sowie des § 18 Abs. 3 im Rahmen des § 21a Abs. 1,
2. des § 14, jedoch nicht vor 5 Uhr und nicht nach 23 Uhr, sowie
3. des § 17 Abs. 1 und § 18 Abs. 1 an höchstens 26 Sonn- und Feiertagen im Jahr

zulassen, soweit eine Beeinträchtigung der Gesundheit oder der körperlichen oder seelisch-geistigen Entwicklung der Jugendlichen nicht zu befürchten ist.

Zweiter Titel Beschäftigungsverbote und -beschränkungen

§ 22 Gefährliche Arbeiten

(1) Jugendliche dürfen nicht beschäftigt werden

1. mit Arbeiten, die ihre physische oder psychische Leistungsfähigkeit übersteigen,
2. mit Arbeiten, bei denen sie sittlichen Gefahren ausgesetzt sind,
3. mit Arbeiten, die mit Unfallgefahren verbunden sind, von denen anzunehmen ist, daß Jugendliche sie wegen mangelnden Sicherheitsbewußtseins oder mangelnder Erfahrung nicht erkennen oder nicht abwenden können,
4. mit Arbeiten, bei denen ihre Gesundheit durch außergewöhnliche Hitze oder Kälte oder starke Nässe gefährdet wird,
5. mit Arbeiten, bei denen sie schädlichen Einwirkungen von Lärm, Erschütterungen oder Strahlen ausgesetzt sind,

6. mit Arbeiten, bei denen sie schädlichen Einwirkungen von Gefahrstoffen im Sinne der Gefahrstoffverordnung ausgesetzt sind,
7. mit Arbeiten, bei denen sie schädlichen Einwirkungen von biologischen Arbeitsstoffen im Sinne der Biostoffverordnung ausgesetzt sind.

(2) Absatz 1 Nr. 3 bis 7 gilt nicht für die Beschäftigung Jugendlicher, soweit
1. dies zur Erreichung ihres Ausbildungszieles erforderlich ist,
2. ihr Schutz durch die Aufsicht eines Fachkundigen gewährleistet ist und
3. der Luftgrenzwert bei gefährlichen Stoffen (Absatz 1 Nr. 6) unterschritten wird.

Satz 1 findet keine Anwendung auf gezielte Tätigkeiten mit biologischen Arbeitsstoffen der Risikogruppen 3 und 4 im Sinne der Biostoffverordnung sowie auf nicht gezielte Tätigkeiten, die nach der Biostoffverordnung der Schutzstufe 3 oder 4 zuzuordnen sind.

(3) Werden Jugendliche in einem Betrieb beschäftigt, für den ein Betriebsarzt oder eine Fachkraft für Arbeitssicherheit verpflichtet ist, muß ihre betriebsärztliche oder sicherheitstechnische Betreuung sichergestellt sein.

§ 23 Akkordarbeit, tempoabhängige Arbeiten

(1) Jugendliche dürfen nicht beschäftigt werden
1. mit Akkordarbeit und sonstigen Arbeiten, bei denen durch ein gesteigertes Arbeitstempo ein höheres Entgelt erzielt werden kann,
2. in einer Arbeitsgruppe mit erwachsenen Arbeitnehmern, die mit Arbeiten nach Nummer 1 beschäftigt werden,
3. mit Arbeiten, bei denen ihr Arbeitstempo nicht nur gelegentlich vorgeschrieben, vorgegeben oder auf andere Weise erzwungen wird.

(2) Absatz 1 Nr. 2 gilt nicht für die Beschäftigung Jugendlicher,
1. soweit dies zur Erreichung ihres Ausbildungsziels erforderlich ist oder
2. wenn sie eine Berufsausbildung für diese Beschäftigung abgeschlossen haben

und ihr Schutz durch die Aufsicht eines Fachkundigen gewährleistet ist.

§ 24 Arbeiten unter Tage

(1) Jugendliche dürfen nicht mit Arbeiten unter Tage beschäftigt werden.

(2) Absatz 1 gilt nicht für die Beschäftigung Jugendlicher über 16 Jahre,

1. soweit dies zur Erreichung ihres Ausbildungsziels erforderlich ist,
2. wenn sie eine Berufsausbildung für die Beschäftigung unter Tage abgeschlossen haben oder
3. wenn sie an einer von der Bergbehörde genehmigten Ausbildungsmaßnahme für Bergjungarbeiter teilnehmen oder teilgenommen haben

und ihr Schutz durch die Aufsicht eines Fachkundigen gewährleistet ist.

§ 25 Verbot der Beschäftigung durch bestimmte Personen

(1) Personen, die

1. wegen eines Verbrechens zu einer Freiheitsstrafe von mindestens zwei Jahren,
2. wegen einer vorsätzlichen Straftat, die sie unter Verletzung der ihnen als Arbeitgeber, Ausbildender oder Ausbilder obliegenden Pflichten zum Nachteil von Kindern oder Jugendlichen begangen haben, zu einer Freiheitsstrafe von mehr als drei Monaten,
3. wegen einer Straftat nach den §§ 109h, 171, 174 bis 184l, 225, 232 bis 233a des Strafgesetzbuches,
4. wegen einer Straftat nach dem Betäubungsmittelgesetz oder
5. wegen einer Straftat nach dem Jugendschutzgesetz oder nach dem Gesetz über die Verbreitung jugendgefährdender Schriften wenigstens zweimal

rechtskräftig verurteilt worden sind, dürfen Jugendliche nicht beschäftigen sowie im Rahmen eines Rechtsverhältnisses im Sinne des § 1 nicht beaufsichtigen, nicht anweisen, nicht ausbilden und nicht mit der Beaufsichtigung, Anweisung oder Ausbildung von Jugendlichen beauftragt werden. Eine Verurteilung bleibt außer Betracht, wenn seit dem Tag ihrer Rechtskraft fünf Jahre verstrichen sind. Die Zeit, in welcher der Täter auf behördliche Anordnung in einer Anstalt verwahrt worden ist, wird nicht eingerechnet.

(2) Das Verbot des Absatzes 1 Satz 1 gilt auch für Personen, gegen die wegen einer Ordnungswidrigkeit nach § 58 Abs.1 bis 4

wenigstens dreimal eine Geldbuße rechtskräftig festgesetzt worden ist. Eine Geldbuße bleibt außer Betracht, wenn seit dem Tag ihrer rechtskräftigen Festsetzung fünf Jahre verstrichen sind.
(3) Das Verbot des Absatzes 1 und 2 gilt nicht für die Beschäftigung durch die Personensorgeberechtigten.

§ 26 Ermächtigungen

Das Bundesministerium für Arbeit und Soziales kann zum Schutz der Jugendlichen gegen Gefahren für Leben und Gesundheit sowie zur Vermeidung einer Beeinträchtigung der körperlichen oder seelisch-geistigen Entwicklung durch Rechtsverordnung mit Zustimmung des Bundesrates

1. die für Kinder, die der Vollzeitschulpflicht nicht mehr unterliegen, geeigneten und leichten Tätigkeiten nach § 7 Satz 1 Nr. 2 und die Arbeiten nach § 22 Abs.1 und den §§ 23 und 24 näher bestimmen,
2. über die Beschäftigungsverbote in den §§ 22 bis 25 hinaus die Beschäftigung Jugendlicher in bestimmten Betriebsarten oder mit bestimmten Arbeiten verbieten oder beschränken, wenn sie bei diesen Arbeiten infolge ihres Entwicklungsstands in besonderem Maß Gefahren ausgesetzt sind oder wenn das Verbot oder die Beschränkung der Beschäftigung infolge der technischen Entwicklung oder neuer arbeitsmedizinischer oder sicherheitstechnischer Erkenntnisse notwendig ist.

§ 27 Behördliche Anordnungen und Ausnahmen

(1) Die Aufsichtsbehörde kann in Einzelfällen feststellen, ob eine Arbeit unter die Beschäftigungsverbote oder -beschränkungen der §§ 22 bis 24 oder einer Rechtsverordnung nach § 26 fällt. Sie kann in Einzelfällen die Beschäftigung Jugendlicher mit bestimmten Arbeiten über die Beschäftigungsverbote und -beschränkungen der §§ 22 bis 24 und einer Rechtsverordnung nach § 26 hinaus verbieten oder beschränken, wenn diese Arbeiten mit Gefahren für Leben, Gesundheit oder für die körperliche oder seelisch-geistige Entwicklung der Jugendlichen verbunden sind.
(2) Die zuständige Behörde kann

1. den Personen, die die Pflichten, die ihnen kraft Gesetzes zugunsten der von ihnen beschäftigten, beaufsichtigten, angewiesenen oder auszubildenden Kinder und Jugendlichen obliegen, wiederholt oder gröblich verletzt haben,

2. den Personen, gegen die Tatsachen vorliegen, die sie in sittlicher Beziehung zur Beschäftigung, Beaufsichtigung, Anweisung oder Ausbildung von Kindern und Jugendlichen ungeeignet erscheinen lassen,

verbieten, Kinder und Jugendliche zu beschäftigen oder im Rahmen eines Rechtsverhältnisses im Sinne des § 1 zu beaufsichtigen, anzuweisen oder auszubilden.

(3) Die Aufsichtsbehörde kann auf Antrag Ausnahmen von § 23 Abs.1 Nr. 2 und 3 für Jugendliche über 16 Jahre bewilligen,

1. wenn die Art der Arbeit oder das Arbeitstempo eine Beeinträchtigung der Gesundheit oder der körperlichen oder seelisch-geistigen Entwicklung des Jugendlichen nicht befürchten lassen und
2. wenn eine nicht länger als vor drei Monaten ausgestellte ärztliche Bescheinigung vorgelegt wird, nach der gesundheitliche Bedenken gegen die Beschäftigung nicht bestehen.

Dritter Titel Sonstige Pflichten des Arbeitgebers

§ 28 Menschengerechte Gestaltung der Arbeit

(1) Der Arbeitgeber hat bei der Einrichtung und der Unterhaltung der Arbeitsstätte einschließlich der Maschinen, Werkzeuge und Geräte und bei der Regelung der Beschäftigung die Vorkehrungen und Maßnahmen zu treffen, die zum Schutz der Jugendlichen gegen Gefahren für Leben und Gesundheit sowie zur Vermeidung einer Beeinträchtigung der körperlichen oder seelisch-geistigen Entwicklung der Jugendlichen erforderlich sind. Hierbei sind das mangelnde Sicherheitsbewußtsein, die mangelnde Erfahrung und der Entwicklungsstand der Jugendlichen zu berücksichtigen und die allgemein anerkannten sicherheitstechnischen und arbeitsmedizinischen Regeln sowie die sonstigen gesicherten arbeitswissenschaftlichen Erkenntnisse zu beachten.

(2) Das Bundesministerium für Arbeit und Soziales kann durch Rechtsverordnung mit Zustimmung des Bundesrates bestimmen, welche Vorkehrungen und Maßnahmen der Arbeitgeber zur Erfüllung der sich aus Absatz 1 ergebenden Pflichten zu treffen hat.

(3) Die Aufsichtsbehörde kann in Einzelfällen anordnen, welche Vorkehrungen und Maßnahmen zur Durchführung des Absatzes 1 oder einer vom Bundesministerium für Arbeit und Soziales gemäß Absatz 2 erlassenen Verordnung zu treffen sind.

§ 28a Beurteilung der Arbeitsbedingungen

Vor Beginn der Beschäftigung Jugendlicher und bei wesentlicher Änderung der Arbeitsbedingungen hat der Arbeitgeber die mit der Beschäftigung verbundenen Gefährdungen Jugendlicher zu beurteilen. Im übrigen gelten die Vorschriften des Arbeitsschutzgesetzes.

§ 29 Unterweisung über Gefahren

(1) Der Arbeitgeber hat die Jugendlichen vor Beginn der Beschäftigung und bei wesentlicher Änderung der Arbeitsbedingungen über die Unfall- und Gesundheitsgefahren, denen sie bei der Beschäftigung ausgesetzt sind, sowie über die Einrichtungen und Maßnahmen zur Abwendung dieser Gefahren zu unterweisen. Er hat die Jugendlichen vor der erstmaligen Beschäftigung an Maschinen oder gefährlichen Arbeitsstellen oder mit Arbeiten, bei denen sie mit gesundheitsgefährdenden Stoffen in Berührung kommen, über die besonderen Gefahren dieser Arbeiten sowie über das bei ihrer Verrichtung erforderliche Verhalten zu unterweisen.

(2) Die Unterweisungen sind in angemessenen Zeitabständen, mindestens aber halbjährlich, zu wiederholen.

(3) Der Arbeitgeber beteiligt die Betriebsärzte und die Fachkräfte für Arbeitssicherheit an der Planung, Durchführung und Überwachung der für die Sicherheit und den Gesundheitsschutz bei der Beschäftigung Jugendlicher geltenden Vorschriften.

§ 30 Häusliche Gemeinschaft

(1) Hat der Arbeitgeber einen Jugendlichen in die häusliche Gemeinschaft aufgenommen, so muß er

1. ihm eine Unterkunft zur Verfügung stellen und dafür sorgen, daß sie so beschaffen, ausgestattet und belegt ist und so benutzt wird, daß die Gesundheit des Jugendlichen nicht beeinträchtigt wird, und
2. ihm bei einer Erkrankung, jedoch nicht über die Beendigung der Beschäftigung hinaus, die erforderliche Pflege und ärztliche Behandlung zuteil werden lassen, soweit diese nicht von einem Sozialversicherungsträger geleistet wird.

(2) Die Aufsichtsbehörde kann im Einzelfall anordnen, welchen Anforderungen die Unterkunft (Absatz 1 Nr. 1) und die Pflege bei Erkrankungen (Absatz 1 Nr. 2) genügen müssen.

§ 31 Züchtigungsverbot, Verbot der Abgabe von Alkohol und Tabak

(1) Wer Jugendliche beschäftigt oder im Rahmen eines Rechtsverhältnisses im Sinne des § 1 beaufsichtigt, anweist oder ausbildet, darf sie nicht körperlich züchtigen.

(2) Wer Jugendliche beschäftigt, muß sie vor körperlicher Züchtigung und Mißhandlung und vor sittlicher Gefährdung durch andere bei ihm Beschäftigte und durch Mitglieder seines Haushalts an der Arbeitsstätte und in seinem Haus schützen. Soweit deren Abgabe nach § 9 Absatz 1 oder § 10 Absatz 1 und 4 des Jugendschutzgesetzes verboten ist, darf der Arbeitgeber Jugendlichen keine alkoholischen Getränke, Tabakwaren oder anderen dort genannten Erzeugnisse geben.

Vierter Titel Gesundheitliche Betreuung

§ 32 Erstuntersuchung

(1) Ein Jugendlicher, der in das Berufsleben eintritt, darf nur beschäftigt werden, wenn

1. er innerhalb der letzten vierzehn Monate von einem Arzt untersucht worden ist (Erstuntersuchung) und
2. dem Arbeitgeber eine von diesem Arzt ausgestellte Bescheinigung vorliegt.

(2) Absatz 1 gilt nicht für eine nur geringfügige oder eine nicht länger als zwei Monate dauernde Beschäftigung mit leichten Arbeiten, von denen keine gesundheitlichen Nachteile für den Jugendlichen zu befürchten sind.

§ 33 Erste Nachuntersuchung

(1) Ein Jahr nach Aufnahme der ersten Beschäftigung hat sich der Arbeitgeber die Bescheinigung eines Arztes darüber vorlegen zu lassen, daß der Jugendliche nachuntersucht worden ist (erste Nachuntersuchung). Die Nachuntersuchung darf nicht länger als drei Monate zurückliegen. Der Arbeitgeber soll den Jugendlichen neun Monate nach Aufnahme der ersten Beschäftigung nachdrücklich auf den Zeitpunkt, bis zu dem der Jugendliche ihm die ärztliche Bescheinigung nach Satz 1 vorzulegen hat, hinweisen und ihn auffordern, die Nachuntersuchung bis dahin durchführen zu lassen.

(2) Legt der Jugendliche die Bescheinigung nicht nach Ablauf eines Jahres vor, hat ihn der Arbeitgeber innerhalb eines Monats

unter Hinweis auf das Beschäftigungsverbot nach Absatz 3 schriftlich aufzufordern, ihm die Bescheinigung vorzulegen. Je eine Durchschrift des Aufforderungsschreibens hat der Arbeitgeber dem Personensorgeberechtigten und dem Betriebs- oder Personalrat zuzusenden.

(3) Der Jugendliche darf nach Ablauf von 14 Monaten nach Aufnahme der ersten Beschäftigung nicht weiterbeschäftigt werden, solange er die Bescheinigung nicht vorgelegt hat.

§ 34 Weitere Nachuntersuchungen

Nach Ablauf jedes weiteren Jahres nach der ersten Nachuntersuchung kann sich der Jugendliche erneut nachuntersuchen lassen (weitere Nachuntersuchungen). Der Arbeitgeber soll ihn auf diese Möglichkeit rechtzeitig hinweisen und darauf hinwirken, daß der Jugendliche ihm die Bescheinigung über die weitere Nachuntersuchung vorlegt.

§ 35 Außerordentliche Nachuntersuchung

(1) Der Arzt soll eine außerordentliche Nachuntersuchung anordnen, wenn eine Untersuchung ergibt, daß

1. ein Jugendlicher hinter dem seinem Alter entsprechenden Entwicklungsstand zurückgeblieben ist,
2. gesundheitliche Schwächen oder Schäden vorhanden sind,
3. die Auswirkungen der Beschäftigung auf die Gesundheit oder Entwicklung des Jugendlichen noch nicht zu übersehen sind.

(2) Die in § 33 Abs. 1 festgelegten Fristen werden durch die Anordnung einer außerordentlichen Nachuntersuchung nicht berührt.

§ 36 Ärztliche Untersuchungen und Wechsel des Arbeitgebers

Wechselt der Jugendliche den Arbeitgeber, so darf ihn der neue Arbeitgeber erst beschäftigen, wenn ihm die Bescheinigung über die Erstuntersuchung (§ 32 Abs. 1) und, falls seit der Aufnahme der Beschäftigung ein Jahr vergangen ist, die Bescheinigung über die erste Nachuntersuchung (§ 33) vorliegen.

§ 37 Inhalt und Durchführung der ärztlichen Untersuchungen

(1) Die ärztlichen Untersuchungen haben sich auf den Gesundheits- und Entwicklungsstand und die körperliche Beschaffenheit, die Nachuntersuchungen außerdem auf die Auswirkungen der Beschäftigung auf Gesundheit und Entwicklung des Jugendlichen zu erstrecken.

(2) Der Arzt hat unter Berücksichtigung der Krankheitsvorgeschichte des Jugendlichen auf Grund der Untersuchungen zu beurteilen,

1. ob die Gesundheit oder die Entwicklung des Jugendlichen durch die Ausführung bestimmter Arbeiten oder durch die Beschäftigung während bestimmter Zeiten gefährdet wird,
2. ob besondere der Gesundheit dienende Maßnahmen einschließlich Maßnahmen zur Verbesserung des Impfstatus erforderlich sind,
3. ob eine außerordentliche Nachuntersuchung (§ 35 Abs. 1) erforderlich ist.

(3) Der Arzt hat schriftlich festzuhalten:

1. den Untersuchungsbefund,
2. die Arbeiten, durch deren Ausführung er die Gesundheit oder die Entwicklung des Jugendlichen für gefährdet hält,
3. die besonderen der Gesundheit dienenden Maßnahmen einschließlich Maßnahmen zur Verbesserung des Impfstatus,
4. die Anordnung einer außerordentlichen Nachuntersuchung (§ 35 Abs. 1).

§ 38 Ergänzungsuntersuchung

Kann der Arzt den Gesundheits- und Entwicklungsstand des Jugendlichen nur beurteilen, wenn das Ergebnis einer Ergänzungsuntersuchung durch einen anderen Arzt oder einen Zahnarzt vorliegt, so hat er die Ergänzungsuntersuchung zu veranlassen und ihre Notwendigkeit schriftlich zu begründen.

§ 39 Mitteilung, Bescheinigung

(1) Der Arzt hat dem Personensorgeberechtigten schriftlich mitzuteilen:

1. das wesentliche Ergebnis der Untersuchung,
2. die Arbeiten, durch deren Ausführung er die Gesundheit oder die Entwicklung des Jugendlichen für gefährdet hält,
3. die besonderen der Gesundheit dienenden Maßnahmen,
4. die Anordnung einer außerordentlichen Nachuntersuchung (§ 35 Abs. 1).

(2) Der Arzt hat eine für den Arbeitgeber bestimmte Bescheinigung darüber auszustellen, daß die Untersuchung stattgefunden hat und darin die Arbeiten zu vermerken, durch deren Ausführung er die Gesundheit oder die Entwicklung des Jugendlichen für gefährdet hält.

§ 40 Bescheinigung mit Gefährdungsvermerk

(1) Enthält die Bescheinigung des Arztes (§ 39 Abs. 2) einen Vermerk über Arbeiten, durch deren Ausführung er die Gesundheit oder die Entwicklung des Jugendlichen für gefährdet hält, so darf der Jugendliche mit solchen Arbeiten nicht beschäftigt werden.
(2) Die Aufsichtsbehörde kann die Beschäftigung des Jugendlichen mit den in der Bescheinigung des Arztes (§ 39 Abs. 2) vermerkten Arbeiten im Einvernehmen mit einem Arzt zulassen und die Zulassung mit Auflagen verbinden.

§ 41 Aufbewahren der ärztlichen Bescheinigungen

(1) Der Arbeitgeber hat die ärztlichen Bescheinigungen bis zur Beendigung der Beschäftigung, längstens jedoch bis zur Vollendung des 18. Lebensjahrs des Jugendlichen aufzubewahren und der Aufsichtsbehörde sowie der Berufsgenossenschaft auf Verlangen zur Einsicht vorzulegen oder einzusenden.
(2) Scheidet der Jugendliche aus dem Beschäftigungsverhältnis aus, so hat ihm der Arbeitgeber die Bescheinigungen auszuhändigen.

§ 42 Eingreifen der Aufsichtsbehörde

Die Aufsichtsbehörde hat, wenn die dem Jugendlichen übertragenen Arbeiten Gefahren für seine Gesundheit befürchten lassen, dies dem Personensorgeberechtigten und dem Arbeitgeber mitzuteilen und den Jugendlichen aufzufordern, sich durch einen von ihr ermächtigten Arzt untersuchen zu lassen.

§ 43 Freistellung für Untersuchungen

Der Arbeitgeber hat den Jugendlichen für die Durchführung der ärztlichen Untersuchungen nach diesem Abschnitt freizustellen. Ein Entgeltausfall darf hierdurch nicht eintreten.

§ 44 Kosten der Untersuchungen

Die Kosten der Untersuchungen trägt das Land.

§ 45 Gegenseitige Unterrichtung der Ärzte

(1) Die Ärzte, die Untersuchungen nach diesem Abschnitt vorgenommen haben, müssen, wenn der Personensorgeberechtigte und der Jugendliche damit einverstanden sind,

1. dem staatlichen Gewerbearzt,
2. dem Arzt, der einen Jugendlichen nach diesem Abschnitt nachuntersucht,

auf Verlangen die Aufzeichnungen über die Untersuchungsbefunde zur Einsicht aushändigen.

(2) Unter den Voraussetzungen des Absatzes 1 kann der Amtsarzt des Gesundheitsamts einem Arzt, der einen Jugendlichen nach diesem Abschnitt untersucht, Einsicht in andere in seiner Dienststelle vorhandene Unterlagen über Gesundheit und Entwicklung des Jugendlichen gewähren.

§ 46 Ermächtigungen

(1) Das Bundesministerium für Arbeit und Soziales kann zum Zweck einer gleichmäßigen und wirksamen gesundheitlichen Betreuung durch Rechtsverordnung mit Zustimmung des Bundesrates Vorschriften über die Durchführung der ärztlichen Untersuchungen und über die für die Aufzeichnungen der Untersuchungsbefunde, die Bescheinigungen und Mitteilungen zu verwendenden Vordrucke erlassen.

(2) Die Landesregierung kann durch Rechtsverordnung

1. zur Vermeidung von mehreren Untersuchungen innerhalb eines kurzen Zeitraums aus verschiedenen Anlässen bestimmen, daß die Untersuchungen nach den §§ 32 bis 34 zusammen mit Untersuchungen nach anderen Vorschriften durchzuführen sind, und hierbei von der Frist des § 32 Abs. 1 Nr. 1 bis zu drei Monaten abweichen,
2. zur Vereinfachung der Abrechnung
   a) Pauschbeträge für die Kosten der ärztlichen Untersuchungen im Rahmen der geltenden Gebührenordnungen festsetzen,
   b) Vorschriften über die Erstattung der Kosten beim Zusammentreffen mehrerer Untersuchungen nach Nummer 1 erlassen.

Vierter Abschnitt Durchführung des Gesetzes

Erster Titel Aushänge und Verzeichnisse

§ 47 Bekanntgabe des Gesetzes und der Aufsichtsbehörde

Arbeitgeber, die regelmäßig mindestens einen Jugendlichen beschäftigen, haben einen Abdruck dieses Gesetzes und die Anschrift der zuständigen Aufsichtsbehörde an geeigneter Stelle im Betrieb zur Einsicht auszulegen oder auszuhängen.

§ 48 Aushang über Arbeitszeit und Pausen

Arbeitgeber, die regelmäßig mindestens drei Jugendliche beschäftigen, haben einen Aushang über Beginn und Ende der regelmäßigen täglichen Arbeitszeit und der Pausen der Jugendlichen an geeigneter Stelle im Betrieb anzubringen.

§ 49 Verzeichnisse der Jugendlichen

Arbeitgeber haben Verzeichnisse der bei ihnen beschäftigten Jugendlichen unter Angabe des Vor- und Familiennamens, des Geburtsdatums und der Wohnanschrift zu führen, in denen das Datum des Beginns der Beschäftigung bei ihnen, bei einer Beschäftigung unter Tage auch das Datum des Beginns dieser Beschäftigung, enthalten ist.

§ 50 Auskunft, Vorlage der Verzeichnisse

(1) Der Arbeitgeber ist verpflichtet, der Aufsichtsbehörde auf Verlangen

1. die zur Erfüllung ihrer Aufgaben erforderlichen Angaben wahrheitsgemäß und vollständig zu machen,
2. die Verzeichnisse gemäß § 49, die Unterlagen, aus denen Name, Beschäftigungsart und -zeiten der Jugendlichen sowie Lohn- und Gehaltszahlungen ersichtlich sind, und alle sonstigen Unterlagen, die sich auf die nach Nummer 1 zu machenden Angaben beziehen, zur Einsicht vorzulegen oder einzusenden.

(2) Die Verzeichnisse und Unterlagen sind mindestens bis zum Ablauf von zwei Jahren nach der letzten Eintragung aufzubewahren.

Zweiter Titel Aufsicht

§ 51 Aufsichtsbehörde, Besichtigungsrechte und Berichtspflicht

(1) Die Aufsicht über die Ausführung dieses Gesetzes und der auf Grund dieses Gesetzes erlassenen Rechtsverordnungen obliegt der nach Landesrecht zuständigen Behörde (Aufsichtsbehörde). Die Landesregierung kann durch Rechtsverordnung die Aufsicht über die Ausführung dieser Vorschriften in Familienhaushalten auf gelegentliche Prüfungen beschränken.

(2) Die Beauftragten der Aufsichtsbehörde sind berechtigt, die Arbeitsstätten während der üblichen Betriebs- und Arbeitszeit zu

betreten und zu besichtigen; außerhalb dieser Zeit oder wenn sich die Arbeitsstätten in einer Wohnung befinden, dürfen sie nur zur Verhütung von dringenden Gefahren für die öffentliche Sicherheit und Ordnung betreten und besichtigt werden. Der Arbeitgeber hat das Betreten und Besichtigen der Arbeitsstätten zu gestatten. Das Grundrecht der Unverletzlichkeit der Wohnung (Artikel 13 des Grundgesetzes) wird insoweit eingeschränkt.

(3) Die Aufsichtsbehörden haben im Rahmen der Jahresberichte nach § 139b Abs. 3 der Gewerbeordnung über ihre Aufsichtstätigkeit gemäß Absatz 1 zu berichten.

§ 52 (aufgehoben)

§ 53 Mitteilung über Verstöße

Die Aufsichtsbehörde teilt schwerwiegende Verstöße gegen die Vorschriften dieses Gesetzes oder gegen die auf Grund dieses Gesetzes erlassenen Rechtsverordnungen der nach dem Berufsbildungsgesetz oder der Handwerksordnung zuständigen Stelle mit. Die zuständige Agentur für Arbeit erhält eine Durchschrift dieser Mitteilung.

§ 54 Ausnahmebewilligungen

(1) Ausnahmen, die die Aufsichtsbehörde nach diesem Gesetz oder den auf Grund dieses Gesetzes erlassenen Rechtsverordnungen bewilligen kann, sind zu befristen. Die Ausnahmebewilligungen können

1. mit einer Bedingung erlassen werden,
2. mit einer Auflage oder mit einem Vorbehalt der nachträglichen Aufnahme, Änderung oder Ergänzung einer Auflage verbunden werden und
3. jederzeit widerrufen werden.

(2) Ausnahmen können nur für einzelne Beschäftigte, einzelne Betriebe oder einzelne Teile des Betriebs bewilligt werden.

(3) Ist eine Ausnahme für einen Betrieb oder einen Teil des Betriebs bewilligt worden, so hat der Arbeitgeber hierüber an geeigneter Stelle im Betrieb einen Aushang anzubringen.

Dritter Titel Ausschüsse für Jugendarbeitsschutz

§ 55 Bildung des Landesausschusses für Jugendarbeitsschutz

(1) Bei der von der Landesregierung bestimmten obersten Landesbehörde kann ein Landesausschuss für Jugendarbeitsschutz gebildet werden.

(2) Dem Landesausschuß gehören als Mitglieder an:

1. je sechs Vertreter der Arbeitgeber und der Arbeitnehmer,
2. ein Vertreter des Landesjugendrings,
3. ein von der Bundesagentur für Arbeit benannter Vertreter und je ein Vertreter des Landesjugendamts, der für das Gesundheitswesen zuständigen obersten Landesbehörde und der für die berufsbildenden Schulen zuständigen obersten Landesbehörde und
4. ein Arzt.

(3) Die Mitglieder des Landesausschusses werden von der von der Landesregierung bestimmten obersten Landesbehörde berufen, die Vertreter der Arbeitgeber und Arbeitnehmer auf Vorschlag der auf Landesebene bestehenden Arbeitgeberverbände und Gewerkschaften, der Arzt auf Vorschlag der Landesärztekammer, die übrigen Vertreter auf Vorschlag der in Absatz 2 Nr. 2 und 3 genannten Stellen.

(4) Die Tätigkeit im Landesausschuß ist ehrenamtlich. Für bare Auslagen und für Entgeltausfall ist, soweit eine Entschädigung nicht von anderer Seite gewährt wird, eine angemessene Entschädigung zu zahlen, deren Höhe nach Landesrecht oder von der von der Landesregierung bestimmten obersten Landesbehörde festgesetzt wird.

(5) Die Mitglieder können nach Anhören der an ihrer Berufung beteiligten Stellen aus wichtigem Grund abberufen werden.

(6) Die Mitglieder haben Stellvertreter. Die Absätze 2 bis 5 gelten für die Stellvertreter entsprechend.

(7) Der Landesausschuß wählt aus seiner Mitte einen Vorsitzenden und dessen Stellvertreter. Der Vorsitzende und sein Stellvertreter sollen nicht derselben Mitgliedergruppe angehören.

(8) Der Landesausschuß gibt sich eine Geschäftsordnung. Die Geschäftsordnung kann die Bildung von Unterausschüssen vorsehen und bestimmen, daß ihnen ausnahmsweise nicht nur Mitglieder des Landesausschusses angehören. Absatz 4 Satz 2 gilt für die Unterausschüsse hinsichtlich der Entschädigung entsprechend.

An den Sitzungen des Landesausschusses und der Unterausschüsse können Vertreter der beteiligten obersten Landesbehörden teilnehmen.

§ 56 Bildung des Ausschusses für Jugendarbeitsschutz bei der Aufsichtsbehörde

(1) Bei der Aufsichtsbehörde kann ein Ausschuss für Jugendarbeitsschutz gebildet werden. In Städten, in denen mehrere Aufsichtsbehörden ihren Sitz haben, kann ein gemeinsamer Ausschuss für Jugendarbeitsschutz gebildet werden. In Ländern, in denen nicht mehr als zwei Aufsichtsbehörden eingerichtet sind, kann der Landesausschuss für Jugendarbeitsschutz die Aufgaben dieses Ausschusses übernehmen.

(2) Dem Ausschuß gehören als Mitglieder an:

1. je sechs Vertreter der Arbeitgeber und der Arbeitnehmer,
2. ein Vertreter des im Bezirk der Aufsichtsbehörde wirkenden Jugendrings,
3. je ein Vertreter eines Arbeits-, Jugend- und Gesundheitsamts,
4. ein Arzt und ein Lehrer an einer berufsbildenden Schule.

(3) Die Mitglieder des Jugendarbeitsschutzausschusses werden von der Aufsichtsbehörde berufen, die Vertreter der Arbeitgeber und Arbeitnehmer auf Vorschlag der im Aufsichtsbezirk bestehenden Arbeitgeberverbände und Gewerkschaften, der Arzt auf Vorschlag der Ärztekammer, der Lehrer auf Vorschlag der nach Landesrecht zuständigen Behörde, die übrigen Vertreter auf Vorschlag der in Absatz 2 Nr. 2 und 3 genannten Stellen. § 55 Abs. 4 bis 8 gilt mit der Maßgabe entsprechend, daß die Entschädigung von der Aufsichtsbehörde mit Genehmigung der von der Landesregierung bestimmten obersten Landesbehörde festgesetzt wird.

§ 57 Aufgaben der Ausschüsse

(1) Der Landesausschuß berät die oberste Landesbehörde in allen allgemeinen Angelegenheiten des Jugendarbeitsschutzes und macht Vorschläge für die Durchführung dieses Gesetzes. Er klärt über Inhalt und Ziel des Jugendarbeitsschutzes auf.

(2) Die oberste Landesbehörde beteiligt den Landesausschuß in Angelegenheiten von besonderer Bedeutung, insbesondere vor Erlaß von Rechtsvorschriften zur Durchführung dieses Gesetzes.

(3) Der Landesausschuß hat über seine Tätigkeit im Zusammenhang mit dem Bericht der Aufsichtsbehörden nach § 51 Abs. 3 zu berichten.
(4) Der Ausschuß für Jugendarbeitsschutz bei der Aufsichtsbehörde berät diese in allen allgemeinen Angelegenheiten des Jugendarbeitsschutzes und macht dem Landesausschuß Vorschläge für die Durchführung dieses Gesetzes. Er klärt über Inhalt und Ziel des Jugendarbeitsschutzes auf.

Fünfter Abschnitt Straf- und Bußgeldvorschriften

§ 58 Bußgeld- und Strafvorschriften

(1) Ordnungswidrig handelt, wer als Arbeitgeber vorsätzlich oder fahrlässig

1. entgegen § 5 Abs.1, auch in Verbindung mit § 2 Abs. 3, ein Kind oder einen Jugendlichen, der der Vollzeitschulpflicht unterliegt, beschäftigt,
2. entgegen § 5 Abs. 3 Satz 1 oder Satz 3, jeweils auch in Verbindung mit § 2 Abs. 3, ein Kind über 13 Jahre oder einen Jugendlichen, der der Vollzeitschulpflicht unterliegt, in anderer als der zugelassenen Weise beschäftigt,
3. (weggefallen)
4. entgegen § 7 Satz 1 Nr. 2, auch in Verbindung mit einer Rechtsverordnung nach § 26 Nr.1, ein Kind, das der Vollzeitschulpflicht nicht mehr unterliegt, in anderer als der zugelassenen Weise beschäftigt,
5. entgegen § 8 einen Jugendlichen über die zulässige Dauer der Arbeitszeit hinaus beschäftigt,
6. entgegen § 9 Abatz1 einen Jugendlichen beschäftigt oder nicht freistellt,
7. entgegen § 10 Abs.1 einen Jugendlichen für die Teilnahme an Prüfungen oder Ausbildungsmaßnahmen oder an dem Arbeitstag, der der schriftlichen Abschlußprüfung unmittelbar vorangeht, nicht freistellt,
8. entgegen § 11 Abs.1 oder 2 Ruhepausen nicht, nicht mit der vorgeschriebenen Mindestdauer oder nicht in der vorgeschriebenen zeitlichen Lage gewährt,
9. entgegen § 12 einen Jugendlichen über die zulässige Schichtzeit hinaus beschäftigt,
10. entgegen § 13 die Mindestfreizeit nicht gewährt,

11. entgegen § 14 Abs. 1 einen Jugendlichen außerhalb der Zeit von 6 bis 20 Uhr oder entgegen § 14 Abs. 7 Satz 3 vor Ablauf der Mindestfreizeit beschäftigt,
12. entgegen § 15 einen Jugendlichen an mehr als fünf Tagen in der Woche beschäftigt,
13. entgegen § 16 Abs. 1 einen Jugendlichen an Samstagen beschäftigt oder entgegen § 16 Abs. 3 Satz 1 den Jugendlichen nicht freistellt,
14. entgegen § 17 Abs. 1 einen Jugendlichen an Sonntagen beschäftigt oder entgegen § 17 Abs. 2 Satz 2 Halbsatz 2 oder Abs. 3 Satz 1 den Jugendlichen nicht freistellt,
15. entgegen § 18 Abs. 1 einen Jugendlichen am 24. oder 31. Dezember nach 14 Uhr oder an gesetzlichen Feiertagen beschäftigt oder entgegen § 18 Abs. 3 nicht freistellt,
16. entgegen § 19 Abs. 1, auch in Verbindung mit Abs. 2 Satz 1 oder 2, oder entgegen § 19 Abs. 3 Satz 2 oder Abs. 4 Satz 2 Urlaub nicht oder nicht mit der vorgeschriebenen Dauer gewährt,
17. entgegen § 21 Abs. 2 die geleistete Mehrarbeit durch Verkürzung der Arbeitszeit nicht ausgleicht,
18. entgegen § 22 Abs. 1, auch in Verbindung mit einer Rechtsverordnung nach § 26 Nr. 1, einen Jugendlichen mit den dort genannten Arbeiten beschäftigt,
19. entgegen § 23 Abs. 1, auch in Verbindung mit einer Rechtsverordnung nach § 26 Nr. 1, einen Jugendlichen mit Arbeiten mit Lohnanreiz, in einer Arbeitsgruppe mit Erwachsenen, deren Entgelt vom Ergebnis ihrer Arbeit abhängt, oder mit tempoabhängigen Arbeiten beschäftigt,
20. entgegen § 24 Abs. 1, auch in Verbindung mit einer Rechtsverordnung nach § 26 Nr. 1, einen Jugendlichen mit Arbeiten unter Tage beschäftigt,
21. entgegen § 31 Abs. 2 Satz 2 einem Jugendlichen ein dort genanntes Getränk, Tabakwaren oder ein dort genanntes Erzeugnis gibt,
22. entgegen § 32 Abs. 1 einen Jugendlichen ohne ärztliche Bescheinigung über die Erstuntersuchung beschäftigt,
23. entgegen § 33 Abs. 3 einen Jugendlichen ohne ärztliche Bescheinigung über die erste Nachuntersuchung weiterbeschäftigt,
24. entgegen § 36 einen Jugendlichen ohne Vorlage der erforderlichen ärztlichen Bescheinigungen beschäftigt,

25. entgegen § 40 Abs.1 einen Jugendlichen mit Arbeiten beschäftigt, durch deren Ausführung der Arzt nach der von ihm erteilten Bescheinigung die Gesundheit oder die Entwicklung des Jugendlichen für gefährdet hält,
26. einer Rechtsverordnung nach
    a) § 26 Nr. 2 oder
    b) § 28 Abs. 2

    zuwiderhandelt, soweit sie für einen bestimmten Tatbestand auf diese Bußgeldvorschrift verweist,
27. einer vollziehbaren Anordnung der Aufsichtsbehörde nach § 6 Abs. 3, § 27 Abs.1 Satz 2 oder Abs. 2, § 28 Abs. 3 oder § 30 Abs. 2 zuwiderhandelt,
28. einer vollziehbaren Auflage der Aufsichtsbehörde nach § 6 Abs.1, § 14 Abs. 7, § 27 Abs. 3 oder § 40 Abs. 2, jeweils in Verbindung mit § 54 Abs.1, zuwiderhandelt,
29. einer vollziehbaren Anordnung oder Auflage der Aufsichtsbehörde auf Grund einer Rechtsverordnung nach § 26 Nr. 2 oder § 28 Abs. 2 zuwiderhandelt, soweit die Rechtsverordnung für einen bestimmten Tatbestand auf die Bußgeldvorschrift verweist.

(2) Ordnungswidrig handelt, wer vorsätzlich oder fahrlässig entgegen § 25 Abs.1 Satz 1 oder Abs. 2 Satz 1 einen Jugendlichen beschäftigt, beaufsichtigt, anweist oder ausbildet, obwohl ihm dies verboten ist, oder einen anderen, dem dies verboten ist, mit der Beaufsichtigung, Anweisung oder Ausbildung eines Jugendlichen beauftragt.

(3) Absatz 1 Nr. 4, 6 bis 29 und Absatz 2 gelten auch für die Beschäftigung von Kindern (§ 2 Abs.1) oder Jugendlichen, die der Vollzeitschulpflicht unterliegen (§ 2 Abs. 3), nach § 5 Abs. 2 Absatz 1 Nr. 6 bis 29 und Absatz 2 gelten auch für die Beschäftigung von Kindern, die der Vollzeitschulpflicht nicht mehr unterliegen, nach § 7.

(4) Die Ordnungswidrigkeit kann mit einer Geldbuße bis zu dreißigtausend Euro geahndet werden.

(5) Wer vorsätzlich eine in Absatz 1, 2 oder 3 bezeichnete Handlung begeht und dadurch ein Kind, einen Jugendlichen oder im Fall des Absatzes 1 Nr. 6 eine Person, die noch nicht 21 Jahre alt ist, in ihrer Gesundheit oder Arbeitskraft gefährdet, wird mit Freiheitsstrafe bis zu einem Jahr oder mit Geldstrafe bestraft. Ebenso wird bestraft, wer eine in Absatz 1, 2 oder 3 bezeichnete Handlung beharrlich wiederholt.

(6) Wer in den Fällen des Absatzes 5 Satz 1 die Gefahr fahrlässig verursacht, wird mit Freiheitsstrafe bis zu sechs Monaten oder mit Geldstrafe bis zu einhundertachtzig Tagessätzen bestraft.

§ 59 Bußgeldvorschriften

(1) Ordnungswidrig handelt, wer als Arbeitgeber vorsätzlich oder fahrlässig

1. entgegen § 6 Abs. 4 Satz 2 ein Kind vor Erhalt des Bewilligungsbescheids beschäftigt,
2. entgegen § 11 Abs. 3 den Aufenthalt in Arbeitsräumen gestattet,

2a. entgegen § 20 Absatz 2 Satz 1 eine Aufzeichnung nicht oder nicht richtig führt,

2b. entgegen § 20 Absatz 2 Satz 3 eine Aufzeichnung nicht oder nicht mindestens zwölf Monate aufbewahrt,

3. entgegen § 29 einen Jugendlichen über Gefahren nicht, nicht richtig oder nicht rechtzeitig unterweist,
4. entgegen § 33 Abs. 2 Satz 1 einen Jugendlichen nicht oder nicht rechtzeitig zur Vorlage einer ärztlichen Bescheinigung auffordert,
5. entgegen § 41 die ärztliche Bescheinigung nicht aufbewahrt, vorlegt, einsendet oder aushändigt,
6. entgegen § 43 Satz 1 einen Jugendlichen für ärztliche Untersuchungen nicht freistellt,
7. entgegen § 47 einen Abdruck des Gesetzes oder die Anschrift der zuständigen Aufsichtsbehörde nicht auslegt oder aushängt,
8. entgegen § 48 Arbeitszeit und Pausen nicht oder nicht in der vorgeschriebenen Weise aushängt,
9. entgegen § 49 ein Verzeichnis nicht oder nicht in der vorgeschriebenen Weise führt,
10. entgegen § 50 Abs.1 Angaben nicht, nicht richtig oder nicht vollständig macht oder Verzeichnisse oder Unterlagen nicht vorlegt oder einsendet oder entgegen § 50 Abs. 2 Verzeichnisse oder Unterlagen nicht oder nicht vorschriftsmäßig aufbewahrt,
11. entgegen § 51 Abs. 2 Satz 2 das Betreten oder Besichtigen der Arbeitsstätten nicht gestattet,
12. entgegen § 54 Abs. 3 einen Aushang nicht anbringt.

(2) Absatz 1 Nr. 2 bis 6 gilt auch für die Beschäftigung von Kindern (§ 2 Abs.1 und 3) nach § 5 Abs. 2 Satz 1.

(3) Die Ordnungswidrigkeit kann mit einer Geldbuße bis zu fünftausend Euro geahndet werden.

§ 60 Verwaltungsvorschriften für die Verfolgung und Ahndung von Ordnungswidrigkeiten

Der Bundesminister für Arbeit und Sozialordnung kann mit Zustimmung des Bundesrates allgemeine Verwaltungsvorschriften für die Verfolgung und Ahndung von Ordnungswidrigkeiten nach §§ 58 und 59 durch die Verwaltungsbehörde (§ 35 des Gesetzes über Ordnungswidrigkeiten) und über die Erteilung einer Verwarnung (§§ 56, 58 Abs. 2 des Gesetzes über Ordnungswidrigkeiten) wegen einer Ordnungswidrigkeit nach §§ 58 und 59 erlassen.

Sechster Abschnitt Schlußvorschriften

§ 61 Beschäftigung von Jugendlichen auf Kauffahrteischiffen

Für die Beschäftigung von Jugendlichen als Besatzungsmitglieder auf Kauffahrteischiffen im Sinne des § 3 des Seearbeitsgesetzes gilt anstelle dieses Gesetzes das Seearbeitsgesetz.

§ 62 Beschäftigung im Vollzug einer Freiheitsentziehung

(1) Die Vorschriften dieses Gesetzes gelten für die Beschäftigung Jugendlicher (§ 2 Abs. 2) im Vollzug einer gerichtlich angeordneten Freiheitsentziehung entsprechend, soweit es sich nicht nur um gelegentliche, geringfügige Hilfeleistungen handelt und soweit in den Absätzen 2 bis 4 nichts anderes bestimmt ist.
(2) Im Vollzug einer gerichtlich angeordneten Freiheitsentziehung finden § 19, §§ 47 bis 50 keine Anwendung.
(3) Die §§ 13, 14, 15, 16, 17 und 18 Abs. 1 und 2 gelten im Vollzug einer gerichtlich angeordneten Freiheitsentziehung nicht für die Beschäftigung jugendlicher Anstaltsinsassen mit der Zubereitung und Ausgabe der Anstaltsverpflegung.
(4) § 18 Abs. 1 und 2 gilt nicht für die Beschäftigung jugendlicher Anstaltsinsassen in landwirtschaftlichen Betrieben der Vollzugsanstalten mit Arbeiten, die auch an Sonn- und Feiertagen naturnotwendig vorgenommen werden müssen.

§§ 63 bis 70 weggefallen

§ 71 aufgehoben

§ 72 Inkrafttreten

(1) Dieses Gesetz tritt am 1. Mai 1976 in Kraft.

(2) gegenstandslos

(3) Die auf Grund des § 37 Abs. 2 und des § 53 des Jugendarbeitsschutzgesetzes vom 9. August 1960, des § 20 Abs.1 des Jugendschutzgesetzes vom 30. April 1938 und des § 120e der Gewerbeordnung erlassenen Vorschriften bleiben unberührt. Sie können, soweit sie den Geltungsbereich dieses Gesetzes betreffen, durch Rechtsverordnungen auf Grund des § 26 oder des § 46 geändert oder aufgehoben werden.

(4) Vorschriften in Rechtsverordnungen, die durch § 69 dieses Gesetzes geändert werden, können vom Bundesministerium für Arbeit und Soziales im Rahmen der bestehenden Ermächtigungen geändert oder aufgehoben werden.

(5) Verweisungen auf Vorschriften des Jugendarbeitsschutzgesetzes vom 9. August 1960 gelten als Verweisungen auf die entsprechenden Vorschriften dieses Gesetzes oder der auf Grund dieses Gesetzes erlassenen Rechtsverordnungen.

Verordnung über den Kinderarbeitsschutz (Kinderarbeitsschutzverordnung – KindArbSchV)

vom 23. Juni 1998 (BGBl. I S. 1508)

§ 1 Beschäftigungsverbot
Kinder über 13 Jahre und vollzeitschulpflichtige Jugendliche dürfen nicht beschäftigt werden, soweit nicht das Jugendarbeitsschutzgesetz und § 2 dieser Verordnung Ausnahmen vorsehen.

§ 2 Zulässige Beschäftigungen
(1) Kinder über 13 Jahre und vollzeitschulpflichtige Jugendliche dürfen nur beschäftigt werden

1. mit dem Austragen von Zeitungen, Zeitschriften, Anzeigenblättern und Werbeprospekten,
2. in privaten und landwirtschaftlichen Haushalten mit
   a) Tätigkeiten in Haushalt und Garten,
   b) Botengängen,
   c) der Betreuung von Kindern und anderen zum Haushalt gehörenden Personen,
   d) Nachhilfeunterricht,
   e) der Betreuung von Haustieren,
   f) Einkaufstätigkeiten mit Ausnahme des Einkaufs von alkoholischen Getränken und Tabakwaren,
3. in landwirtschaftlichen Betrieben mit Tätigkeiten bei
   a) der Ernte und der Feldbestellung,
   b) der Selbstvermarktung landwirtschaftlicher Erzeugnisse,
   c) der Versorgung von Tieren,
4. mit Handreichungen beim Sport,
5. mit Tätigkeiten bei nichtgewerblichen Aktionen und Veranstaltungen der Kirchen, Religionsgemeinschaften, Verbände, Vereine und Parteien,

wenn die Beschäftigung nach § 5 Abs. 3 des Jugendarbeitsschutzgesetzes leicht und für sie geeignet ist.
(2) Eine Beschäftigung mit Arbeiten nach Absatz 1 ist nicht leicht und für Kinder über 13 Jahre und vollzeitschulpflichtige Jugendliche nicht geeignet, wenn sie insbesondere

1. mit einer manuellen Handhabung von Lasten verbunden ist, die regelmäßig das maximale Lastgewicht von 7,5 kg oder gelegentlich das maximale Lastgewicht von 10 kg überschreiten; manuelle Handhabung in diesem Sinne ist jedes Befördern oder Abstützen einer Last durch menschliche Kraft, unter anderem das Heben, Absetzen, Schieben, Ziehen, Tragen und Bewegen einer Last,
2. infolge einer ungünstigen Körperhaltung physisch belastend ist oder
3. mit Unfallgefahren, insbesondere bei Arbeiten an Maschinen und bei der Betreuung von Tieren, verbunden ist, von denen anzunehmen ist, daß Kinder über 13 Jahre und vollzeitschulpflichtige Jugendliche sie wegen mangelnden Sicherheitsbewußtseins oder mangelnder Erfahrung nicht erkennen oder nicht abwenden können.

Satz 1 Nr. 1 gilt nicht für vollzeitschulpflichtige Jugendliche.

(3) Die zulässigen Beschäftigungen müssen im übrigen den Schutzvorschriften des Jugendarbeitsschutzgesetzes entsprechen.

§ 3 Behördliche Befugnisse

Die Aufsichtsbehörde kann im Einzelfall feststellen, ob die Beschäftigung nach § 2 zulässig ist.

§ 4 Inkrafttreten

Diese Verordnung tritt am ersten Tage des auf die Verkündung folgenden Kalendermonats in Kraft.

Gesetz über den Ladenschluss (LadSchlG)

vom 28. November 1956 (BGBl. I S. 744, in der Bekanntmachung vom 2. Juni 2003, BGBl. I S. 744, zuletzt geändert durch Art. 430 der Zehnten Zuständigkeitsanpassungsverordnung vom 31. August 2015, BGBl. I S. 1474)

Erster Abschnitt Begriffsbestimmungen

§ 1 Verkaufsstellen

(1) Verkaufsstellen im Sinne dieses Gesetzes sind

1. Ladengeschäfte aller Art, Apotheken, Tankstellen und Bahnhofsverkaufsstellen,
2. sonstige Verkaufsstände und -buden, Kioske, Basare und ähnliche Einrichtungen, falls in ihnen ebenfalls von einer festen Stelle aus ständig Waren zum Verkauf an jedermann feilgehalten werden. Dem Feilhalten steht das Zeigen von Mustern, Proben und ähnlichem gleich, wenn Warenbestellungen in der Einrichtung entgegengenommen werden,
3. Verkaufsstellen von Genossenschaften.

(2) Zur Herbeiführung einer einheitlichen Handhabung des Gesetzes kann das Bundesministerium für Arbeit und Soziales im Einvernehmen mit dem Bundesministerium für Wirtschaft und Energie durch Rechtsverordnung mit Zustimmung des Bundesrates bestimmen, welche Einrichtungen Verkaufsstellen gemäß Absatz 1 sind.

§ 2 Begriffsbestimmungen

(1) Feiertage im Sinne dieses Gesetzes sind die gesetzlichen Feiertage.

(2) Reisebedarf im Sinne dieses Gesetzes sind Zeitungen, Zeitschriften, Straßenkarten, Stadtpläne, Reiselektüre, Schreibmaterialien, Tabakwaren, Schnittblumen, Reisetoilettenartikel, Filme, Tonträger, Bedarf für Reiseapotheken, Reiseandenken und Spielzeug geringeren Wertes, Lebens- und Genussmittel in kleineren Mengen sowie ausländische Geldsorten.

Zweiter Abschnitt Ladenschlusszeiten

§ 3 Allgemeine Ladenschlusszeiten

Verkaufsstellen müssen zu folgenden Zeiten für den geschäftlichen Verkehr mit den Kunden geschlossen sein:

1. an Sonn- und Feiertagen,
2. montags bis samstags bis 6 Uhr und ab 20 Uhr,
3. am 24. Dezember, wenn dieser Tag auf einen Werktag fällt, bis 6 Uhr und ab 14 Uhr.

Verkaufsstellen für Bäckerwaren dürfen abweichend von Satz 1 den Beginn der Ladenöffnungszeit an Werktagen auf 5.30 Uhr vorverlegen. Die beim Ladenschluss anwesenden Kunden dürfen noch bedient werden.

§ 4 Apotheken

(1) Abweichend von den Vorschriften des § 3 dürfen Apotheken an allen Tagen während des ganzen Tages geöffnet sein. An Werktagen während der allgemeinen Ladenschlusszeiten (§ 3) und an Sonn- und Feiertagen ist nur die Abgabe von Arznei-, Krankenpflege-, Säuglingspflege- und Säuglingsnährmitteln, hygienischen Artikeln sowie Desinfektionsmitteln gestattet.
(2) Die nach Landesrecht zuständige Verwaltungsbehörde hat für eine Gemeinde oder für benachbarte Gemeinden mit mehreren Apotheken anzuordnen, dass während der allgemeinen Ladenschlusszeiten (§ 3) abwechselnd ein Teil der Apotheken geschlossen sein muss. An den geschlossenen Apotheken ist an sichtbarer Stelle ein Aushang anzubringen, der die zur Zeit offenen Apotheken bekannt gibt. Dienstbereitschaft der Apotheken steht der Offenhaltung gleich.

§ 5 Zeitungen und Zeitschriften

Abweichend von den Vorschriften des § 3 dürfen Kioske für den Verkauf von Zeitungen und Zeitschriften an Sonn- und Feiertagen von 11 bis 13 Uhr geöffnet sein.

§ 6 Tankstellen

(1) Abweichend von den Vorschriften des § 3 dürfen Tankstellen an allen Tagen während des ganzen Tages geöffnet sein.

(2) An Werktagen während der allgemeinen Ladenschlusszeiten (§ 3) und an Sonn- und Feiertagen ist nur die Abgabe von Ersatzteilen für Kraftfahrzeuge, soweit dies für die Erhaltung oder Wiederherstellung der Fahrbereitschaft notwendig ist, sowie die Abgabe von Betriebsstoffen und von Reisebedarf gestattet.

§ 7 (weggefallen)

§ 8 Verkaufsstellen auf Personenbahnhöfen

(1) Abweichend von den Vorschriften des § 3 dürfen Verkaufsstellen auf Personenbahnhöfen von Eisenbahnen und Magnetschwebebahnen, soweit sie den Bedürfnissen des Reiseverkehrs zu dienen bestimmt sind, an allen Tagen während des ganzen Tages geöffnet sein, am 24. Dezember jedoch nur bis 17 Uhr. Während der allgemeinen Ladenschlusszeiten ist der Verkauf von Reisebedarf zulässig.

(2) Das Bundesministerium für Verkehr und digitale Infrastruktur wird ermächtigt, im Einvernehmen mit den Bundesministerien für Wirtschaft und Energie und für Arbeit und Soziales durch Rechtsverordnung mit Zustimmung des Bundesrates Ladenschlusszeiten für die Verkaufsstellen auf Personenbahnhöfen vorzuschreiben, die sicherstellen, dass die Dauer der Offenhaltung nicht über das von den Bedürfnissen des Reiseverkehrs geforderte Maß hinausgeht; es kann ferner die Abgabe von Waren in den genannten Verkaufsstellen während der allgemeinen Ladenschlusszeiten (§ 3) auf bestimmte Waren beschränken.

(2a) Die Landesregierungen werden ermächtigt, durch Rechtsverordnung zu bestimmen, dass in Städten mit über 200.000 Einwohnern zur Versorgung der Berufspendler und der anderen Reisenden mit Waren des täglichen Ge- und Verbrauchs sowie mit Geschenkartikeln

1. Verkaufsstellen auf Personenbahnhöfen des Schienenfernverkehrs und
2. Verkaufsstellen innerhalb einer baulichen Anlage, die einen Personenbahnhof des Schienenfernverkehrs mit einem Verkehrsknotenpunkt des Nah- und Stadtverkehrs verbindet,

an Werktagen von 6 bis 22 Uhr geöffnet sein dürfen; sie haben dabei die Größe der Verkaufsfläche auf das für diesen Zweck erforderliche Maß zu begrenzen.

(3) Für Apotheken bleibt es bei den Vorschriften des § 4.

§ 9 Verkaufsstellen auf Flughäfen und in Fährhäfen

(1) Abweichend von den Vorschriften des § 3 dürfen Verkaufsstellen auf Flughäfen an allen Tagen während des ganzen Tages geöffnet sein, am 24. Dezember jedoch nur bis 17 Uhr. An Werktagen während der allgemeinen Ladenschlusszeiten (§ 3) und an Sonn- und Feiertagen ist nur die Abgabe von Reisebedarf an Reisende gestattet.

(2) Das Bundesministerium für Verkehr und digitale Infrastruktur wird ermächtigt, im Einvernehmen mit den Bundesministerien für Wirtschaft und Energie und für Arbeit und Soziales durch Rechtsverordnung mit Zustimmung des Bundesrates Ladenschlusszeiten für die in Absatz 1 genannten Verkaufsstellen vorzuschreiben und die Abgabe von Waren näher zu regeln.

(3) Die Landesregierungen werden ermächtigt, durch Rechtsverordnung abweichend von Absatz 1 Satz 2 zu bestimmen, daß auf internationalen Verkehrsflughäfen und in internationalen Fährhäfen Waren des täglichen Ge- und Verbrauchs sowie Geschenkartikel an Werktagen während der allgemeinen Ladenschlußzeiten (§ 3) und an Sonn- und Feiertagen auch an andere Personen als an Reisende abgegeben werden dürfen; sie haben dabei die Größe der Verkaufsfläche auf das für diesen Zweck erforderliche Maß zu begrenzen.

§ 10 Kur- und Erholungsorte

(1) Die Landesregierungen können durch Rechtsverordnung bestimmen, dass und unter welchen Voraussetzungen und Bedingungen in Kurorten und in einzeln aufzuführenden Ausflugs-, Erholungs- und Wallfahrtsorten mit besonders starkem Fremdenverkehr Badegegenstände, Devotionalien, frische Früchte, alkoholfreie Getränke, Milch und Milcherzeugnisse im Sinne des § 4 Abs. 2 des Milch- und Fettgesetzes in der im Bundesgesetzblatt Teil III, Gliederungsnummer 7842-1, veröffentlichen bereinigten Fassung, Süßwaren, Tabakwaren, Blumen und Zeitungen sowie Waren, die für diese Orte kennzeichnend sind, abweichend von den Vorschriften des § 3 Abs. 1 Nr. 1 an jährlich höchstens 40 Sonn- und Feiertagen bis zur Dauer von acht Stunden verkauft werden dürfen. Sie können durch Rechtsverordnung die Festsetzung der zugelassenen Öffnungszeiten auf andere Stellen übertragen. Bei der Festsetzung der Öffnungszeiten ist auf die Zeit des Hauptgottesdienstes Rücksicht zu nehmen.

(2) In den nach Absatz 1 erlassenen Rechtsverordnungen kann die Offenhaltung auf bestimmte Ortsteile beschränkt werden.

§ 11 Verkauf in ländlichen Gebieten an Sonntagen

Die Landesregierungen oder die von ihnen bestimmten Stellen können durch Rechtsverordnung bestimmen, dass und unter welchen Voraussetzungen und Bedingungen in ländlichen Gebieten während der Zeit der Feldbestellung und der Ernte abweichend von den Vorschriften des § 3 alle oder bestimmte Arten von Verkaufsstellen an Sonn- und Feiertagen bis zur Dauer von zwei Stunden geöffnet sein dürfen, falls dies zur Befriedigung dringender Kaufbedürfnisse der Landbevölkerung erforderlich ist.

§ 12 Verkauf bestimmter Waren an Sonntagen

(1) Das Bundesministerium für Arbeit und Soziales bestimmt im Einvernehmen mit den Bundesministerien für Wirtschaft und Energie und für Ernährung und Landwirtschaft durch Rechtsverordnung mit Zustimmung des Bundesrates, dass und wie lange an Sonn- und Feiertagen abweichend von der Vorschrift des § 3 Abs. 1 Nr. 1 Verkaufsstellen für die Abgabe von Milch und Milcherzeugnissen im Sinne des § 4 Abs. 2 des Milch- und Fettgesetzes in der im Bundesgesetzblatt Teil III, Gliederungsnummer 7842-1, veröffentlichten bereinigten Fassung, Bäcker- und Konditorwaren, frischen Früchten, Blumen und Zeitungen geöffnet sein dürfen.

(2) In den nach Absatz 1 erlassenen Rechtsverordnungen kann die Offenhaltung auf bestimmte Sonn- und Feiertage oder Jahreszeiten sowie auf bestimmte Arten von Verkaufsstellen beschränkt werden. Eine Offenhaltung am 2. Weihnachts-, Oster- und Pfingstfeiertag soll nicht zugelassen werden. Die Lage der zugelassenen Öffnungszeiten wird unter Berücksichtigung der Zeit des Hauptgottesdienstes von den Landesregierungen oder den von ihnen bestimmten Stellen durch Rechtsverordnung festgesetzt.

§ 13 (weggefallen)

§ 14 Weitere Verkaufssonntage

(1) Abweichend von der Vorschrift des § 3 Abs. 1 Nr. 1 dürfen Verkaufsstellen aus Anlass von Märkten, Messen oder ähnlichen

Veranstaltungen an jährlich höchstens vier Sonn- und Feiertagen geöffnet sein. Diese Tage werden von den Landesregierungen oder den von ihnen bestimmten Stellen durch Rechtsverordnung freigegeben.
(2) Bei der Freigabe kann die Offenhaltung auf bestimmte Bezirke und Handelszweige beschränkt werden. Der Zeitraum, während dessen die Verkaufsstellen geöffnet sein dürfen, ist anzugeben. Er darf fünf zusammenhängende Stunden nicht überschreiten, muss spätestens um 18 Uhr enden und soll außerhalb der Zeit des Hauptgottesdienstes liegen.
(3) Sonn- und Feiertage im Dezember dürfen nicht freigegeben werden. In Orten, für die eine Regelung nach § 10 Abs. 1 Satz 1 getroffen ist, dürfen Sonn- und Feiertage nach Absatz 1 nur freigegeben werden, soweit die Zahl dieser Tage zusammen mit den nach § 10 Abs. 1 Nr. 1 freigegebenen Sonn- und Feiertagen 40 nicht übersteigt.

§ 15 Sonntagsverkauf am 24. Dezember

Abweichend von der Vorschrift des § 3 Abs. 1 Nr. 1 dürfen, wenn der 24. Dezember auf einen Sonntag fällt,

1. Verkaufsstellen, die gemäß § 12 oder den hierauf gestützten Vorschriften an Sonn- und Feiertagen geöffnet sein dürfen,
2. Verkaufsstellen, die überwiegend Lebens- und Genussmittel feilhalten,
3. alle Verkaufsstellen für die Abgabe von Weihnachtsbäumen

während höchstens drei Stunden bis längstens 14 Uhr geöffnet sein.

§ 16 (weggefallen)

Dritter Abschnitt Besonderer Schutz der Arbeitnehmer

§ 17 Arbeitszeit an Sonn- und Feiertagen

(1) In Verkaufsstellen dürfen Arbeitnehmer an Sonn- und Feiertagen nur während der ausnahmsweise zugelassenen Öffnungszeiten (§§ 4 bis 15 und die hierauf gestützten Vorschriften) und, falls dies zur Erledigung von Vorbereitungs- und Abschlussarbeiten unerlässlich ist, während insgesamt weiterer 30 Minuten beschäftigt werden.

(2) Die Dauer der Beschäftigungszeit des einzelnen Arbeitnehmers an Sonn- und Feiertagen darf acht Stunden nicht überschreiten.
(2a) In Verkaufsstellen, die gemäß § 10 oder den hierauf gestützten Vorschriften an Sonn- und Feiertagen geöffnet sein dürfen, dürfen Arbeitnehmer an jährlich höchstens 22 Sonn- und Feiertagen beschäftigt werden. Ihre Arbeitszeit an Sonn- und Feiertagen darf vier Stunden nicht überschreiten.
(3) Arbeitnehmer, die an Sonn- und Feiertagen in Verkaufsstellen gemäß §§ 4 bis 6, 8 bis 12, 14 und 15 und den hierauf gestützten Vorschriften beschäftigt werden, sind, wenn die Beschäftigung länger als drei Stunden dauert, an einem Werktag derselben Woche ab 13 Uhr, wenn sie länger als sechs Stunden dauert, an einem ganzen Werktag derselben Woche von der Arbeit freizustellen; mindestens jeder dritte Sonntag muss beschäftigungsfrei bleiben. Werden sie bis zu drei Stunden beschäftigt, so muß jeder zweite Sonntag oder in jeder zweiten Woche ein Nachmittag ab 13 Uhr beschäftigungsfrei bleiben. Statt an einem Nachmittag darf die Freizeit am Sonnabend- oder Montagvormittag bis 14 Uhr gewährt werden. Während der Zeiten, zu denen die Verkaufsstelle geschlossen sein muss, darf die Freizeit nicht gegeben werden.
(4) Arbeitnehmerinnen und Arbeitnehmer in Verkaufsstellen können verlangen, in jedem Kalendermonat an einem Samstag von der Beschäftigung freigestellt zu werden.
(5) Mit dem Beschicken von Warenautomaten dürfen Arbeitnehmer außerhalb der Öffnungszeiten, die für die mit dem Warenautomaten in räumlichem Zusammenhang stehende Verkaufsstelle gelten, nicht beschäftigt werden.
(6) (weggefallen)
(7) Das Bundesministerium für Arbeit und Soziales wird ermächtigt, zum Schutze der Arbeitnehmer in Verkaufsstellen vor übermäßiger Inanspruchnahme ihrer Arbeitskraft oder sonstiger Gefährdung ihrer Gesundheit durch Rechtsverordnung mit Zustimmung des Bundesrates zu bestimmen,

1. dass während der ausnahmsweise zugelassenen Öffnungszeiten (§§ 4 bis 16 und die hierauf gestützten Vorschriften) bestimmte Arbeitnehmer nicht oder die Arbeitnehmer nicht mit bestimmten Arbeiten beschäftigt werden dürfen,
2. dass den Arbeitnehmern für Sonn- und Feiertagsarbeit über die Vorschriften des Absatzes 3 hinaus ein Ausgleich zu gewähren ist,

3. dass die Arbeitnehmer während der Ladenschlusszeiten an Werktagen (§ 3 Abs.1 Nr. 2, §§ 5, 6, 8 bis 10 und die hierauf gestützten Vorschriften) nicht oder nicht mit bestimmten Arbeiten beschäftigt werden dürfen.

(8) Das Gewerbeaufsichtsamt kann in begründeten Einzelfällen Ausnahmen von den Vorschriften der Absätze 1 bis 5 bewilligen. Die Bewilligung kann jederzeit widerrufen werden.

(9) Die Vorschriften der Absätze 1 bis 8 finden auf pharmazeutisch vorgebildete Arbeitnehmer in Apotheken keine Anwendung.

Vierter Abschnitt Bestimmungen für einzelne Gewerbezweige und für den Marktverkehr

§§ 18 und 18a (weggefallen)

§ 19 Marktverkehr

(1) Während der allgemeinen Ladenschlusszeiten (§ 3) dürfen auf behördlich genehmigten Groß- und Wochenmärkten Waren zum Verkauf an den letzten Verbraucher nicht feilgehalten werden; jedoch kann die nach Landesrecht zuständige Verwaltungsbehörde in den Grenzen einer gemäß §§ 10 bis 15 oder den hierauf gestützten Vorschriften zulässigen Offenhaltung der Verkaufsstellen einen geschäftlichen Verkehr auf Groß- und Wochenmärkten zulassen.

(2) Am 24. Dezember dürfen nach 14 Uhr Waren auch im sonstigen Marktverkehr nicht feilgehalten werden.

(3) Im Übrigen bleibt es bei den Vorschriften der §§ 64 bis 71a der Gewerbeordnung, insbesondere bei den auf Grund des § 69 Abs.1 Satz 1 der Gewerbeordnung festgesetzten Öffnungszeiten für Messen, Ausstellungen und Märkte.

§ 20 Sonstiges gewerbliches Feilhalten

(1) Während der allgemeinen Ladenschlusszeiten (§ 3) ist auch das gewerbliche Feilhalten von Waren zum Verkauf an jedermann außerhalb von Verkaufsstellen verboten; dies gilt nicht für Volksbelustigungen, die den Vorschriften des Titels III der Gewerbeordnung unterliegen und von der nach Landesrecht zuständigen Behörde genehmigt worden sind, sowie für das Feilhalten von Tageszeitungen an Werktagen. Dem Feilhalten steht das Zeigen von Mustern, Proben und ähnlichem gleich, wenn dazu Räume benutzt

werden, die für diesen Zweck besonders bereitgestellt sind, und dabei Warenbestellungen entgegengenommen werden.

(2) Soweit für Verkaufsstellen gemäß §§ 10 bis 15 oder den hierauf gestützten Vorschriften Abweichungen von den Ladenschlusszeiten des § 3 zugelassen sind, gelten diese Abweichungen unter denselben Voraussetzungen und Bedingungen auch für das Feilhalten gemäß Absatz 1.

(2a) Die nach Landesrecht zuständige Verwaltungsbehörde kann abweichend von den Vorschriften der Absätze 1 und 2 Ausnahmen für das Feilhalten von leichtverderblichen Waren und Waren zum sofortigen Verzehr, Gebrauch oder Verbrauch zulassen, sofern dies zur Befriedigung örtlich auftretender Bedürfnisse notwendig ist und diese Ausnahmen im Hinblick auf den Arbeitsschutz unbedenklich sind.

(3) Die Vorschriften des § 17 Abs.1 bis 3 gelten entsprechend.

(4) Das Bundesministerium für Arbeit und Soziales kann durch Rechtsverordnung mit Zustimmung des Bundesrates zum Schutze der Arbeitnehmer vor übermäßiger Inanspruchnahme ihrer Arbeitskraft oder sonstiger Gefährdung ihrer Gesundheit Vorschriften, wie in § 17 Abs. 7 genannt, erlassen.

Fünfter Abschnitt Durchführung des Gesetzes

§ 21 Auslage des Gesetzes, Verzeichnisse

(1) Der Inhaber einer Verkaufsstelle, in der regelmäßig mindestens ein Arbeitnehmer beschäftigt wird, ist verpflichtet,

1. einen Abdruck dieses Gesetzes und der auf Grund dieses Gesetzes erlassenen Rechtsverordnungen mit Ausnahme der Vorschriften, die Verkaufsstellen anderer Art betreffen, an geeigneter Stelle in der Verkaufsstelle auszulegen oder auszuhängen,
2. ein Verzeichnis über Namen, Tag, Beschäftigungsart und -dauer der an Sonn- und Feiertagen beschäftigten Arbeitnehmer und über die diesen gemäß § 17 Abs. 3 als Ersatz für die Beschäftigung an diesen Tagen gewährte Freizeit zu führen; dies gilt nicht für die pharmazeutisch vorgebildeten Arbeitnehmer in Apotheken. Die Landesregierungen können durch Rechtsverordnung eine einheitliche Form für das Verzeichnis vorschreiben.

(2) Die Verpflichtung nach Absatz 1 Nr. 2 obliegt auch den in § 20 genannten Gewerbetreibenden.

§ 22 Aufsicht und Auskunft

(1) Die Aufsicht über die Ausführung der Vorschriften dieses Gesetzes und der auf Grund dieses Gesetzes erlassenen Vorschriften üben, soweit es sich nicht um Wochenmärkte (§ 19) handelt, die nach Landesrecht für den Arbeitsschutz zuständigen Verwaltungsbehörden aus; ob und inwieweit andere Dienststellen an der Aufsicht beteiligt werden, bestimmen die obersten Landesbehörden.

(2) Auf die Befugnisse und Obliegenheiten der in Absatz 1 genannten Behörden finden die Vorschriften des § 139b der Gewerbeordnung entsprechend Anwendung.

(3) Die Inhaber von Verkaufsstellen und die in § 20 genannten Gewerbetreibenden sind verpflichtet, den Behörden, denen auf Grund des Absatzes 1 die Aufsicht obliegt, auf Verlangen

1. die zur Erfüllung der Aufgaben dieser Behörden erforderlichen Angaben wahrheitsgemäß und vollständig zu machen,
2. das Verzeichnis gemäß § 21 Abs. 1 Nr. 2, die Unterlagen, aus denen Namen, Beschäftigungsart und -zeiten der Arbeitnehmer sowie Lohn- und Gehaltszahlungen ersichtlich sind, und alle sonstigen Unterlagen, die sich auf die nach Nummer 1 zu machenden Angaben beziehen, vorzulegen oder zur Einsicht einzusenden. Die Verzeichnisse und Unterlagen sind mindestens bis zum Ablauf eines Jahres nach der letzten Eintragung aufzubewahren.

(4) Die Auskunftspflicht nach Absatz 3 Nr. 1 obliegt auch den in Verkaufsstellen oder beim Feilhalten gemäß § 20 beschäftigten Arbeitnehmern.

§ 23 Ausnahmen im öffentlichen Interesse

(1) Die obersten Landesbehörden können in Einzelfällen befristete Ausnahmen von den Vorschriften der §§ 3 bis 15 und 19 bis 21 dieses Gesetzes bewilligen, wenn die Ausnahmen im öffentlichen Interesse dringend nötig werden. Die Bewilligung kann jederzeit widerrufen werden. Die Landesregierungen werden ermächtigt, durch Rechtsverordnung die zuständigen Behörden abweichend von Satz 1 zu bestimmen. Sie können diese Ermächtigung auf oberste Landesbehörden übertragen.

(2) Das Bundesministerium für Arbeit und Soziales kann im Einvernehmen mit dem Bundesministerium für Wirtschaft und Energie durch Rechtsverordnung mit Zustimmung des Bundesrates Vorschriften über die Voraussetzungen und Bedingungen für die Bewilligung von Ausnahmen im Sinne des Absatzes 1 erlassen.

Sechster Abschnitt Straftaten und Ordnungswidrigkeiten

§ 24 Ordnungswidrigkeiten

(1) Ordnungswidrig handelt, wer vorsätzlich oder fahrlässig

1. als Inhaber einer Verkaufsstelle oder als Gewerbetreibender im Sinne des § 20
   a) einer Vorschrift des § 17 Abs.1 bis 3 über die Beschäftigung an Sonn- und Feiertagen, die Freizeit oder den Ausgleich,
   b) einer Vorschrift einer Rechtsverordnung nach § 17 Abs. 7 oder § 20 Abs. 4, soweit sie für einen bestimmten Tatbestand auf diese Bußgeldvorschrift verweist,
   c) einer Vorschrift des § 21 Abs.1 Nr. 2 über Verzeichnisse oder des § 22 Abs. 3 Nr. 2 über die Einsicht, Vorlage oder Aufbewahrung der Verzeichnisse,
2. als Inhaber einer Verkaufsstelle
   a) einer Vorschrift der §§ 3, 4 Abs.1 Satz 2, des § 6 Abs. 2, des § 9 Abs.1 Satz 2, des § 17 Abs. 5 oder einer nach § 4 Abs. 2 Satz 1, § 8 Abs. 2, § 9 Abs. 2 oder nach § 10 oder § 11 erlassenen Rechtsvorschrift über die Ladenschlusszeiten,
   b) einer sonstigen Vorschrift einer Rechtsverordnung nach § 10 oder § 11, soweit sie für einen bestimmten Tatbestand auf diese Bußgeldvorschrift verweist,
   c) der Vorschrift des § 21 Abs.1 Nr.1 über Auslagen und Aushänge,
3. als Gewerbetreibender im Sinne des § 19 oder des § 20 einer Vorschrift des § 19 Abs.1, 2 oder des § 20 Abs.1, 2 über das Feilhalten von Waren im Marktverkehr oder außerhalb einer Verkaufsstelle oder
4. einer Vorschrift des § 22 Abs. 3 Nr.1 oder Abs. 4 über die Auskunft

zuwiderhandelt.

(2) Die Ordnungswidrigkeit nach Absatz 1 Nr. 1 Buchstabe a und b kann mit einer Geldbuße bis zu zweitausendfünfhundert Euro, die Ordnungswidrigkeit nach Absatz 1 Nr. 1 Buchstabe c und Nr. 2 bis 4 mit einer Geldbuße bis zu fünfhundert Euro geahndet werden.

§ 25 Straftaten

Wer vorsätzlich als Inhaber einer Verkaufsstelle oder als Gewerbetreibender im Sinne des § 20 eine der in § 24 Abs. 1 Nr. 1 Buchstaben a und b bezeichneten Handlungen begeht und dadurch vorsätzlich oder fahrlässig Arbeitnehmer in ihrer Arbeitskraft oder Gesundheit gefährdet, wird mit Freiheitsstrafe bis zu sechs Monaten oder mit Geldstrafe bis zu einhundertachtzig Tagessätzen bestraft.

§ 26 (weggefallen)

Siebenter Abschnitt Schlussbestimmungen

§ 27 Vorbehalt für die Landesgesetzgebung

Unberührt bleiben die landesrechtlichen Vorschriften, durch die der Gewerbebetrieb und die Beschäftigung von Arbeitnehmern in Verkaufsstellen an anderen Festtagen als an Sonn- und Feiertagen beschränkt werden.

§ 28 Bestimmung der zuständigen Behörden

Soweit in diesem Gesetz auf die nach Landesrecht zuständige Verwaltungsbehörde verwiesen wird, bestimmt die Landesregierung durch Verordnung, welche Behörden zuständig sind.

§§ 29 und 30 (weggefallen)

Verordnung über den Verkauf bestimmter Waren an Sonn- und Feiertagen (SonntVerkV)

vom 21. Dezember 1957 (BGBl. I S. 1881, zuletzt geändert durch Gesetz vom 30. Juli 1996, BGBl. I S. 1186)

Auf Grund des § 12 Abs. 1 des Gesetzes über den Ladenschluß vom 28. November 1956 (Bundesgesetzbl. I S. 875) in der Fassung des Gesetzes vom 17. Juli 1957 (Bundesgesetzbl. I S. 722) wird im Einvernehmen mit den Bundesministern für Wirtschaft und für Ernährung, Landwirtschaft und Forsten mit Zustimmung des Bundesrates verordnet:

§ 1

(1) Abweichend von der Vorschrift des § 3 Abs. 1 Nr. 1 des Gesetzes über den Ladenschluß dürfen an Sonn- und Feiertagen geöffnet sein für die Abgabe

1. von frischer Milch:
   Verkaufsstellen, für die Dauer von zwei Stunden,
2. von Bäcker- oder Konditorwaren:
   Verkaufsstellen von Betrieben, die Bäcker- oder Konditorwaren herstellen, für die Dauer von drei Stunden,
3. von Blumen:
   Verkaufsstellen, in denen in erheblichem Umfang Blumen feilgehalten werden, für die Dauer von zwei Stunden, jedoch am 1. November (Allerheiligen), am Volkstrauertag, am Buß- und Bettag, am Totensonntag und am 1. Adventssonntag für die Dauer von sechs Stunden,
4. von Zeitungen:
   Verkaufsstellen für Zeitungen für die Dauer von fünf Stunden.

(2) Absatz 1 Nr. 1 bis 3 gilt nicht für die Abgabe am 2. Weihnachts-, Oster- und Pfingstfeiertag.

(3) Die Vorschriften der §§ 5, 10, 11, 13 bis 15 des Gesetzes über den Ladenschluß bleiben unberührt.

§ 2 (gestrichen)

§ 3

Diese Verordnung tritt am 1. Januar 1958 in Kraft.

II. ZUSÄTZLICHE ZUM AUSHANG GEEIGNETE GESETZE

Gesetz über Teilzeitarbeit und befristete Arbeitsverträge (Teilzeit- und Befristungsgesetz – TzBfG)

vom 21. Dezember 2000 (BGBl. I S. 1966, zuletzt geändert durch Art. 7 des Gesetzes zur Umsetzung der Richtlinie (EU) 2019/1152 des Europäischen Parlaments und des Rates vom 20. Juni 2019 über transparente und vorhersehbare Arbeitsbedingungen in der Europäischen Union im Bereich des Zivilrechts und zur Übertragung von Aufgaben an die Sozialversicherung für Landwirtschaft, Forsten und Gartenbau vom 20. Juli 2022, BGBl. I S. 1174)

Erster Abschnitt Allgemeine Vorschriften

§ 1 Zielsetzung

Ziel des Gesetzes ist, Teilzeitarbeit zu fördern, die Voraussetzungen für die Zulässigkeit befristeter Arbeitsverträge festzulegen und die Diskriminierung von teilzeitbeschäftigten und befristet beschäftigten Arbeitnehmern zu verhindern.

§ 2 Begriff des teilzeitbeschäftigten Arbeitnehmers

(1) Teilzeitbeschäftigt ist ein Arbeitnehmer, dessen regelmäßige Wochenarbeitszeit kürzer ist als die eines vergleichbaren vollzeitbeschäftigten Arbeitnehmers. Ist eine regelmäßige Wochenarbeitszeit nicht vereinbart, so ist ein Arbeitnehmer teilzeitbeschäftigt, wenn seine regelmäßige Arbeitszeit im Durchschnitt eines bis zu einem Jahr reichenden Beschäftigungszeitraums unter der eines vergleichbaren vollzeitbeschäftigten Arbeitnehmers liegt. Vergleichbar ist ein vollzeitbeschäftigter Arbeitnehmer des Betriebes mit derselben Art des Arbeitsverhältnisses und der gleichen oder einer ähnlichen Tätigkeit. Gibt es im Betrieb keinen vergleichbaren vollzeitbeschäftigten Arbeitnehmer, so ist der vergleichbare vollzeitbeschäftigte Arbeitnehmer auf Grund des anwendbaren Tarifvertrages zu bestimmen; in allen anderen Fällen ist darauf abzustellen, wer im jeweiligen Wirtschaftszweig üblicherweise als vergleichbarer vollzeitbeschäftigter Arbeitnehmer anzusehen ist.

(2) Teilzeitbeschäftigt ist auch ein Arbeitnehmer, der eine geringfügige Beschäftigung nach § 8 Abs. 1 Nr. 1 des Vierten Buches Sozialgesetzbuch ausübt.

§ 3 Begriff des befristet beschäftigten Arbeitnehmers

(1) Befristet beschäftigt ist ein Arbeitnehmer mit einem auf bestimmte Zeit geschlossenen Arbeitsvertrag. Ein auf bestimmte Zeit geschlossener Arbeitsvertrag (befristeter Arbeitsvertrag) liegt vor, wenn seine Dauer kalendermäßig bestimmt ist (kalendermäßig befristeter Arbeitsvertrag) oder sich aus Art, Zweck oder Beschaffenheit der Arbeitsleistung ergibt (zweckbefristeter Arbeitsvertrag).
(2) Vergleichbar ist ein unbefristet beschäftigter Arbeitnehmer des Betriebes mit der gleichen oder einer ähnlichen Tätigkeit. Gibt es im Betrieb keinen vergleichbaren unbefristet beschäftigten Arbeitnehmer, so ist der vergleichbare unbefristet beschäftigte Arbeitnehmer auf Grund des anwendbaren Tarifvertrages zu bestimmen; in allen anderen Fällen ist darauf abzustellen, wer im jeweiligen Wirtschaftszweig üblicherweise als vergleichbarer unbefristet beschäftigter Arbeitnehmer anzusehen ist.

§ 4 Verbot der Diskriminierung

(1) Ein teilzeitbeschäftigter Arbeitnehmer darf wegen der Teilzeitarbeit nicht schlechter behandelt werden als ein vergleichbarer vollzeitbeschäftigter Arbeitnehmer, es sei denn, dass sachliche Gründe eine unterschiedliche Behandlung rechtfertigen. Einem teilzeitbeschäftigten Arbeitnehmer ist Arbeitsentgelt oder eine andere teilbare geldwerte Leistung mindestens in dem Umfang zu gewähren, der dem Anteil seiner Arbeitszeit an der Arbeitszeit eines vergleichbaren vollzeitbeschäftigten Arbeitnehmers entspricht.
(2) Ein befristet beschäftigter Arbeitnehmer darf wegen der Befristung des Arbeitsvertrages nicht schlechter behandelt werden, als ein vergleichbarer unbefristet beschäftigter Arbeitnehmer, es sei denn, dass sachliche Gründe eine unterschiedliche Behandlung rechtfertigen. Einem befristet beschäftigten Arbeitnehmer ist Arbeitsentgelt oder eine andere teilbare geldwerte Leistung, die für einen bestimmten Bemessungszeitraum gewährt wird, mindestens in dem Umfang zu gewähren, der dem Anteil seiner Beschäftigungsdauer am Bemessungszeitraum entspricht. Sind bestimmte Beschäftigungsbedingungen von der Dauer des Bestehens des Arbeitsverhältnisses in demselben Betrieb oder

Unternehmen abhängig, so sind für befristet beschäftigte Arbeitnehmer dieselben Zeiten zu berücksichtigen wie für unbefristet beschäftigte Arbeitnehmer, es sei denn, dass eine unterschiedliche Berücksichtigung aus sachlichen Gründen gerechtfertigt ist.

§ 5 Benachteiligungsverbot

Der Arbeitgeber darf einen Arbeitnehmer nicht wegen der Inanspruchnahme von Rechten nach diesem Gesetz benachteiligen.

Zweiter Abschnitt Teilzeitarbeit

§ 6 Förderung von Teilzeitarbeit

Der Arbeitgeber hat den Arbeitnehmern, auch in leitenden Positionen, Teilzeitarbeit nach Maßgabe dieses Gesetzes zu ermöglichen.

§ 7 Ausschreibung; Erörterung; Information über freie Arbeitsplätze

(1) Der Arbeitgeber hat einen Arbeitsplatz, den er öffentlich oder innerhalb des Betriebes ausschreibt, auch als Teilzeitarbeitsplatz auszuschreiben, wenn sich der Arbeitsplatz hierfür eignet.

(2) Der Arbeitgeber hat mit dem Arbeitnehmer dessen Wunsch nach Veränderung von Dauer oder Lage oder von Dauer und Lage seiner vertraglich vereinbarten Arbeitszeit zu erörtern und den Arbeitnehmer über entsprechende Arbeitsplätze zu informieren, die im Betrieb oder Unternehmen besetzt werden sollen. Dies gilt unabhängig vom Umfang der Arbeitszeit. Der Arbeitnehmer kann ein Mitglied der Arbeitnehmervertretung zur Unterstützung oder Vermittlung hinzuziehen.

(3) Der Arbeitgeber hat einem Arbeitnehmer, dessen Arbeitsverhältnis länger als sechs Monate bestanden und der ihm in Textform den Wunsch nach Absatz 2 Satz 1 angezeigt hat, innerhalb eines Monats nach Zugang der Anzeige eine begründete Antwort in Textform mitzuteilen. Hat der Arbeitgeber in den letzten zwölf Monaten vor Zugang der Anzeige bereits einmal einen in Textform geäußerten Wunsch nach Absatz 2 Satz 1 in Textform begründet beantwortet, ist eine mündliche Erörterung nach Absatz 2 ausreichend.

(4) Der Arbeitgeber hat die Arbeitnehmervertretung über angezeigte Arbeitszeitwünsche nach Absatz 2 sowie über Teilzeitarbeit im Betrieb und Unternehmen zu informieren, insbesondere über vorhandene oder geplante Teilzeitarbeitsplätze und über die

Umwandlung von Teilzeitarbeitsplätzen in Vollzeitarbeitsplätze oder umgekehrt. Der Arbeitnehmervertretung sind auf Verlangen die erforderlichen Unterlagen zur Verfügung zu stellen; § 92 des Betriebsverfassungsgesetzes bleibt unberührt.

§ 8 Zeitlich nicht begrenzte Verringerung der Arbeitszeit

(1) Ein Arbeitnehmer, dessen Arbeitsverhältnis länger als sechs Monate bestanden hat, kann verlangen, dass seine vertraglich vereinbarte Arbeitszeit verringert wird.

(2) Der Arbeitnehmer muss die Verringerung seiner Arbeitszeit und den Umfang der Verringerung spätestens drei Monate vor deren Beginn in Textform geltend machen. Er soll dabei die gewünschte Verteilung der Arbeitszeit angeben.

(3) Der Arbeitgeber hat mit dem Arbeitnehmer die gewünschte Verringerung der Arbeitszeit mit dem Ziel zu erörtern, zu einer Vereinbarung zu gelangen. Er hat mit dem Arbeitnehmer Einvernehmen über die von ihm festzulegende Verteilung der Arbeitszeit zu erzielen.

(4) Der Arbeitgeber hat der Verringerung der Arbeitszeit zuzustimmen und ihre Verteilung entsprechend den Wünschen des Arbeitnehmers festzulegen, soweit betriebliche Gründe nicht entgegenstehen. Ein betrieblicher Grund liegt insbesondere vor, wenn die Verringerung der Arbeitszeit die Organisation, den Arbeitsablauf oder die Sicherheit im Betrieb wesentlich beeinträchtigt oder unverhältnismäßige Kosten verursacht. Die Ablehnungsgründe können durch Tarifvertrag festgelegt werden. Im Geltungsbereich eines solchen Tarifvertrages können nicht tarifgebundene Arbeitgeber und Arbeitnehmer die Anwendung der tariflichen Regelungen über die Ablehnungsgründe vereinbaren.

(5) Die Entscheidung über die Verringerung der Arbeitszeit und ihre Verteilung hat der Arbeitgeber dem Arbeitnehmer spätestens einen Monat vor dem gewünschten Beginn der Verringerung in Textform mitzuteilen. Haben sich Arbeitgeber und Arbeitnehmer nicht nach Absatz 3 Satz 1 über die Verringerung der Arbeitszeit geeinigt und hat der Arbeitgeber die Arbeitszeitverringerung nicht spätestens einen Monat vor deren gewünschtem Beginn in Textform abgelehnt, verringert sich die Arbeitszeit in dem vom Arbeitnehmer gewünschten Umfang. Haben Arbeitgeber und Arbeitnehmer über die Verteilung der Arbeitszeit kein Einvernehmen nach Absatz 3 Satz 2 erzielt und hat der Arbeitgeber nicht spätestens einen Monat vor dem gewünschten Beginn der Arbeitszeitverringerung die

gewünschte Verteilung der Arbeitszeit in Textform abgelehnt, gilt die Verteilung der Arbeitszeit entsprechend den Wünschen des Arbeitnehmers als festgelegt. Der Arbeitgeber kann die nach Satz 3 oder Absatz 3 Satz 2 festgelegte Verteilung der Arbeitszeit wieder ändern, wenn das betriebliche Interesse daran das Interesse des Arbeitnehmers an der Beibehaltung erheblich überwiegt und der Arbeitgeber die Änderung spätestens einen Monat vorher angekündigt hat.
(6) Der Arbeitnehmer kann eine erneute Verringerung der Arbeitszeit frühestens nach Ablauf von zwei Jahren verlangen, nachdem der Arbeitgeber einer Verringerung zugestimmt oder sie berechtigt abgelehnt hat.
(7) Für den Anspruch auf Verringerung der Arbeitszeit gilt die Voraussetzung, dass der Arbeitgeber, unabhängig von der Anzahl der Personen in Berufsbildung, in der Regel mehr als 15 Arbeitnehmer beschäftigt.

§ 9 Verlängerung der Arbeitszeit

Der Arbeitgeber hat einen teilzeitbeschäftigten Arbeitnehmer, der ihm in Textform den Wunsch nach einer Verlängerung seiner vertraglich vereinbarten Arbeitszeit angezeigt hat, bei der Besetzung eines Arbeitsplatzes bevorzugt zu berücksichtigen, es sei denn, dass

1. es sich dabei nicht um einen entsprechenden freien Arbeitsplatz handelt oder
2. der teilzeitbeschäftigte Arbeitnehmer nicht mindestens gleich geeignet ist wie ein anderer vom Arbeitgeber bevorzugte Bewerber oder
3. Arbeitszeitwünsche anderer teilzeitbeschäftigter Arbeitnehmer oder
4. dringende betriebliche Gründe entgegenstehen.

Ein freier zu besetzender Arbeitsplatz liegt vor, wenn der Arbeitgeber die Organisationsentscheidung getroffen hat, diesen zu schaffen oder einen unbesetzten Arbeitsplatz neu zu besetzen.

§ 9a Zeitlich begrenzte Verringerung der Arbeitszeit

(1) Ein Arbeitnehmer, dessen Arbeitsverhältnis länger als sechs Monate bestanden hat, kann verlangen, dass seine vertraglich vereinbarte Arbeitszeit für einen im Voraus zu bestimmenden Zeitraum verringert wird. Der begehrte Zeitraum muss mindestens ein Jahr und darf höchstens fünf Jahre betragen. Der

Arbeitnehmer hat nur dann einen Anspruch auf zeitlich begrenzte Verringerung der Arbeitszeit, wenn der Arbeitgeber in der Regel mehr als 45 Arbeitnehmer beschäftigt.

(2) Der Arbeitgeber kann das Verlangen des Arbeitnehmers nach Verringerung der Arbeitszeit ablehnen, soweit betriebliche Gründe entgegenstehen; § 8 Absatz 4 gilt entsprechend. Ein Arbeitgeber, der in der Regel mehr als 45, aber nicht mehr als 200 Arbeitnehmer beschäftigt, kann das Verlangen eines Arbeitnehmers auch ablehnen, wenn zum Zeitpunkt des begehrten Beginns der verringerten Arbeitszeit bei einer Arbeitnehmerzahl von in der Regel

1. mehr als 45 bis 60 bereits mindestens vier,
2. mehr als 60 bis 75 bereits mindestens fünf,
3. mehr als 75 bis 90 bereits mindestens sechs,
4. mehr als 90 bis 105 bereits mindestens sieben,
5. mehr als 105 bis 120 bereits mindestens acht,
6. mehr als 120 bis 135 bereits mindestens neun,
7. mehr als 135 bis 150 bereits mindestens zehn,
8. mehr als 150 bis 165 bereits mindestens elf,
9. mehr als 165 bis 180 bereits mindestens zwölf,
10. mehr als 180 bis 195 bereits mindestens 13,
11. mehr als 195 bis 200 bereits mindestens 14

andere Arbeitnehmer ihre Arbeitszeit nach Absatz 1 verringert haben.

(3) Im Übrigen gilt für den Umfang der Verringerung der Arbeitszeit und für die gewünschte Verteilung der Arbeitszeit § 8 Absatz 2 bis 5. Für den begehrten Zeitraum der Verringerung der Arbeitszeit sind § 8 Absatz 2 Satz 1, Absatz 3 Satz 1, Absatz 4 sowie Absatz 5 Satz 1 und 2 entsprechend anzuwenden.

(4) Während der Dauer der zeitlich begrenzten Verringerung der Arbeitszeit kann der Arbeitnehmer keine weitere Verringerung und keine Verlängerung seiner Arbeitszeit nach diesem Gesetz verlangen; § 9 findet keine Anwendung.

(5) Ein Arbeitnehmer, der nach einer zeitlich begrenzten Verringerung der Arbeitszeit nach Absatz 1 zu seiner ursprünglich vertraglich vereinbarten Arbeitszeit zurückgekehrt ist, kann eine erneute Verringerung der Arbeitszeit nach diesem Gesetz frühestens ein Jahr nach der Rückkehr zur ursprünglichen Arbeitszeit verlangen. Für einen erneuten Antrag auf Verringerung der Arbeitszeit nach berechtigter Ablehnung auf Grund

entgegenstehender betrieblicher Gründe nach Absatz 2 Satz 1 gilt § 8 Absatz 6 entsprechend. Nach berechtigter Ablehnung auf Grund der Zumutbarkeitsregelung nach Absatz 2 Satz 2 kann der Arbeitnehmer frühestens nach Ablauf von einem Jahr nach der Ablehnung erneut eine Verringerung der Arbeitszeit verlangen.
(6) Durch Tarifvertrag kann der Rahmen für den Zeitraum der Arbeitszeitverringerung abweichend von Absatz 1 Satz 2 auch zuungunsten des Arbeitnehmers festgelegt werden.
(7) Bei der Anzahl der Arbeitnehmer nach Absatz 1 Satz 3 und Absatz 2 sind Personen in Berufsbildung nicht zu berücksichtigen.

§ 10 Aus- und Weiterbildung
Der Arbeitgeber hat Sorge zu tragen, dass auch teilzeitbeschäftigte Arbeitnehmer an Aus- und Weiterbildungsmaßnahmen zur Förderung der beruflichen Entwicklung und Mobilität teilnehmen können, es sei denn, dass dringende betriebliche Gründe oder Aus- und Weiterbildungswünsche anderer teilzeit- oder vollzeitbeschäftigter Arbeitnehmer entgegenstehen.

§ 11 Kündigungsverbot
Die Kündigung eines Arbeitsverhältnisses wegen der Weigerung eines Arbeitnehmers, von einem Vollzeit- in ein Teilzeitarbeitsverhältnis oder umgekehrt zu wechseln, ist unwirksam. Das Recht zur Kündigung des Arbeitsverhältnisses aus anderen Gründen bleibt unberührt.

§ 12 Arbeit auf Abruf
(1) Arbeitgeber und Arbeitnehmer können vereinbaren, dass der Arbeitnehmer seine Arbeitsleistung entsprechend dem Arbeitsanfall zu erbringen hat (Arbeit auf Abruf). Die Vereinbarung muss eine bestimmte Dauer der wöchentlichen und täglichen Arbeitszeit festlegen. Wenn die Dauer der wöchentlichen Arbeitszeit nicht festgelegt ist, gilt eine Arbeitszeit von 20 Stunden als vereinbart. Wenn die Dauer der täglichen Arbeitszeit nicht festgelegt ist, hat der Arbeitgeber die Arbeitsleistung des Arbeitnehmers jeweils für mindestens drei aufeinander folgende Stunden in Anspruch zu nehmen.
(2) Ist für die Dauer der wöchentlichen Arbeitszeit nach Absatz 1 Satz 2 eine Mindestarbeitszeit vereinbart, darf der Arbeitgeber nur bis zu 25 Prozent der wöchentlichen Arbeitszeit zusätzlich abrufen. Ist für die Dauer der wöchentlichen Arbeitszeit nach Absatz 1

Satz 2 eine Höchstarbeitszeit vereinbart, darf der Arbeitgeber nur bis zu 20 Prozent der wöchentlichen Arbeitszeit weniger abrufen.

(3) Der Arbeitgeber ist verpflichtet, den Zeitrahmen, bestimmt durch Referenzstunden und Referenztage, festzulegen, in dem auf seine Aufforderung hin Arbeit stattfinden kann. Der Arbeitnehmer ist nur zur Arbeitsleistung verpflichtet, wenn der Arbeitgeber ihm die Lage seiner Arbeitszeit jeweils mindestens vier Tage im Voraus mitteilt und die Arbeitsleistung im Zeitrahmen nach Satz 1 zu erfolgen hat.

(4) Zur Berechnung der Entgeltfortzahlung im Krankheitsfall ist die maßgebliche regelmäßige Arbeitszeit im Sinne von § 4 Absatz 1 des Entgeltfortzahlungsgesetzes die durchschnittliche Arbeitszeit der letzten drei Monate vor Beginn der Arbeitsunfähigkeit (Referenzzeitraum). Hat das Arbeitsverhältnis bei Beginn der Arbeitsunfähigkeit keine drei Monate bestanden, ist der Berechnung des Entgeltfortzahlungsanspruchs die durchschnittliche Arbeitszeit dieses kürzeren Zeitraums zu Grunde zu legen. Zeiten von Kurzarbeit, unverschuldeter Arbeitsversäumnis, Arbeitsausfällen und Urlaub im Referenzzeitraum bleiben außer Betracht. Für den Arbeitnehmer günstigere Regelungen zur Berechnung der Entgeltfortzahlung im Krankheitsfall finden Anwendung.

(5) Für die Berechnung der Entgeltzahlung an Feiertagen nach § 2 Absatz 1 des Entgeltfortzahlungsgesetzes gilt Absatz 4 entsprechend.

(6) Durch Tarifvertrag kann von Absatz 1 und von der Vorankündigungsfrist nach Absatz 3 Satz 2 auch zuungunsten des Arbeitnehmers abgewichen werden, wenn der Tarifvertrag Regelungen über die tägliche und wöchentliche Arbeitszeit und die Vorankündigungsfrist vorsieht. Im Geltungsbereich eines solchen Tarifvertrages können nicht tarifgebundene Arbeitgeber und Arbeitnehmer die Anwendung der tariflichen Regelungen über die Arbeit auf Abruf vereinbaren.

§ 13 Arbeitsplatzteilung

(1) Arbeitgeber und Arbeitnehmer können vereinbaren, dass mehrere Arbeitnehmer sich die Arbeitszeit an einem Arbeitsplatz teilen (Arbeitsplatzteilung). Ist einer dieser Arbeitnehmer an der Arbeitsleistung verhindert, sind die anderen Arbeitnehmer zur Vertretung verpflichtet, wenn sie der Vertretung im Einzelfall zugestimmt haben. Eine Pflicht zur Vertretung besteht auch, wenn

der Arbeitsvertrag bei Vorliegen dringender betrieblicher Gründe eine Vertretung vorsieht und diese im Einzelfall zumutbar ist.

(2) Scheidet ein Arbeitnehmer aus der Arbeitsplatzteilung aus, so ist die darauf gestützte Kündigung des Arbeitsverhältnisses eines anderen in die Arbeitsplatzteilung einbezogenen Arbeitnehmers durch den Arbeitgeber unwirksam. Das Recht zur Änderungskündigung aus diesem Anlass und zur Kündigung des Arbeitsverhältnisses aus anderen Gründen bleibt unberührt.

(3) Die Absätze 1 und 2 sind entsprechend anzuwenden, wenn sich Gruppen von Arbeitnehmern auf bestimmten Arbeitsplätzen in festgelegten Zeitabschnitten abwechseln, ohne dass eine Arbeitsplatzteilung im Sinne des Absatzes 1 vorliegt.

(4) Durch Tarifvertrag kann von den Absätzen 1 und 3 auch zuungunsten des Arbeitnehmers abgewichen werden, wenn der Tarifvertrag Regelungen über die Vertretung der Arbeitnehmer enthält. Im Geltungsbereich eines solchen Tarifvertrages können nicht tarifgebundene Arbeitgeber und Arbeitnehmer die Anwendung der tariflichen Regelungen über die Arbeitsplatzteilung vereinbaren.

Dritter Abschnitt Befristete Arbeitsverträge

§ 14 Zulässigkeit der Befristung

(1) Die Befristung eines Arbeitsvertrages ist zulässig, wenn sie durch einen sachlichen Grund gerechtfertigt ist. Ein sachlicher Grund liegt insbesondere vor, wenn

1. der betriebliche Bedarf an der Arbeitsleistung nur vorübergehend besteht,
2. die Befristung im Anschluss an eine Ausbildung oder ein Studium erfolgt, um den Übergang des Arbeitnehmers in eine Anschlussbeschäftigung zu erleichtern,
3. der Arbeitnehmer zur Vertretung eines anderen Arbeitnehmers beschäftigt wird,
4. die Eigenart der Arbeitsleistung die Befristung rechtfertigt,
5. die Befristung zur Erprobung erfolgt,
6. in der Person des Arbeitnehmers liegende Gründe die Befristung rechtfertigen,
7. der Arbeitnehmer aus Haushaltsmitteln vergütet wird, die haushaltsrechtlich für eine befristete Beschäftigung bestimmt sind, und er entsprechend beschäftigt wird oder
8. die Befristung auf einem gerichtlichen Vergleich beruht.

(2) Die kalendermäßige Befristung eines Arbeitsvertrages ohne Vorliegen eines sachlichen Grundes ist bis zur Dauer von zwei Jahren zulässig; bis zu dieser Gesamtdauer von zwei Jahren ist auch die höchstens dreimalige Verlängerung eines kalendermäßig befristeten Arbeitsvertrages zulässig. Eine Befristung nach Satz 1 ist nicht zulässig, wenn mit demselben Arbeitgeber bereits zuvor ein befristetes oder unbefristetes Arbeitsverhältnis bestanden hat. Durch Tarifvertrag kann die Anzahl der Verlängerungen oder die Höchstdauer der Befristung abweichend von Satz 1 festgelegt werden. Im Geltungsbereich eines solchen Tarifvertrages können nicht tarifgebundene Arbeitgeber und Arbeitnehmer die Anwendung der tariflichen Regelungen vereinbaren.

(2a) In den ersten vier Jahren nach der Gründung eines Unternehmens ist die kalendermäßige Befristung eines Arbeitsvertrages ohne Vorliegen eines sachlichen Grundes bis zur Dauer von vier Jahren zulässig; bis zu dieser Gesamtdauer von vier Jahren ist auch die mehrfache Verlängerung eines kalendermäßig befristeten Arbeitsvertrages zulässig. Dies gilt nicht für Neugründungen im Zusammenhang mit der rechtlichen Umstrukturierung von Unternehmen und Konzernen. Maßgebend für den Zeitpunkt der Gründung des Unternehmens ist die Aufnahme einer Erwerbstätigkeit, die nach § 138 der Abgabenordnung der Gemeinde oder dem Finanzamt mitzuteilen ist. Auf die Befristung eines Arbeitsvertrages nach Satz 1 findet Absatz 2 Satz 2 bis 4 entsprechende Anwendung.

(3) Die kalendermäßige Befristung eines Arbeitsvertrages ohne Vorliegen eines sachlichen Grundes ist bis zu einer Dauer von fünf Jahren zulässig, wenn der Arbeitnehmer bei Beginn des befristeten Arbeitsverhältnisses das 52. Lebensjahr vollendet hat und unmittelbar vor Beginn des befristeten Arbeitsverhältnisses mindestens vier Monate beschäftigungslos im Sinne des § 138 Absatz 1 Nummer 1 des Dritten Buches Sozialgesetzbuch gewesen ist, Transferkurzarbeitergeld bezogen oder an einer öffentlich geförderten Beschäftigungsmaßnahme nach dem Zweiten oder Dritten Buch Sozialgesetzbuch teilgenommen hat. Bis zu der Gesamtdauer von fünf Jahren ist auch die mehrfache Verlängerung des Arbeitsvertrages zulässig.

(4) Die Befristung eines Arbeitsvertrages bedarf zu ihrer Wirksamkeit der Schriftform.

§ 15 Ende des befristeten Arbeitsvertrages

(1) Ein kalendermäßig befristeter Arbeitsvertrag endet mit Ablauf der vereinbarten Zeit.

(2) Ein zweckbefristeter Arbeitsvertrag endet mit Erreichen des Zwecks, frühestens jedoch zwei Wochen nach Zugang der schriftlichen Unterrichtung des Arbeitnehmers durch den Arbeitgeber über den Zeitpunkt der Zweckerreichung.

(3) Wird für ein befristetes Arbeitsverhältnis eine Probezeit vereinbart, so muss diese im Verhältnis zu der erwarteten Dauer der Befristung und der Art der Tätigkeit stehen.

(4) Ein befristetes Arbeitsverhältnis unterliegt nur dann der ordentlichen Kündigung, wenn dies einzelvertraglich oder im anwendbaren Tarifvertrag vereinbart ist.

(5) Ist das Arbeitsverhältnis für die Lebenszeit einer Person oder für längere Zeit als fünf Jahre eingegangen, so kann es von dem Arbeitnehmer nach Ablauf von fünf Jahren gekündigt werden. Die Kündigungsfrist beträgt sechs Monate.

(6) Wird das Arbeitsverhältnis nach Ablauf der Zeit, für die es eingegangen ist, oder nach Zweckerreichung mit Wissen des Arbeitgebers fortgesetzt, so gilt es als auf unbestimmte Zeit verlängert, wenn der Arbeitgeber nicht unverzüglich widerspricht oder dem Arbeitnehmer die Zweckerreichung nicht unverzüglich mitteilt.

§ 16 Folgen unwirksamer Befristung

Ist die Befristung rechtsunwirksam, so gilt der befristete Arbeitsvertrag als auf unbestimmte Zeit geschlossen; er kann vom Arbeitgeber frühestens zum vereinbarten Ende ordentlich gekündigt werden, sofern nicht nach § 15 Abs. 4 die ordentliche Kündigung zu einem früheren Zeitpunkt möglich ist. Ist die Befristung nur wegen des Mangels der Schriftform unwirksam, kann der Arbeitsvertrag auch vor dem vereinbarten Ende ordentlich gekündigt werden.

§ 17 Anrufung des Arbeitsgerichts

Will der Arbeitnehmer geltend machen, dass die Befristung eines Arbeitsvertrages rechtsunwirksam ist, so muss er innerhalb von drei Wochen nach dem vereinbarten Ende des befristeten Arbeitsvertrages Klage beim Arbeitsgericht auf Feststellung erheben, dass das Arbeitsverhältnis auf Grund der Befristung nicht beendet ist. Die §§ 5 bis 7 des Kündigungsschutzgesetzes gelten entsprechend. Wird das Arbeitsverhältnis nach dem vereinbarten Ende fortgesetzt, so beginnt die Frist nach Satz 1 mit dem Zugang der schriftlichen Erklärung des Arbeitgebers, dass das Arbeitsverhältnis auf Grund der Befristung beendet sei.

§ 18 Information über unbefristete Arbeitsplätze

(1) Der Arbeitgeber hat die befristet beschäftigten Arbeitnehmer über entsprechende unbefristete Arbeitsplätze zu informieren, die besetzt werden sollen. Die Information kann durch allgemeine Bekanntgabe an geeigneter, den Arbeitnehmern zugänglicher Stelle im Betrieb und Unternehmen erfolgen.

(2) Der Arbeitgeber hat einem Arbeitnehmer, dessen Arbeitsverhältnis länger als sechs Monate bestanden und der ihm in Textform den Wunsch nach einem auf unbestimmte Zeit geschlossenen Arbeitsvertrag angezeigt hat, innerhalb eines Monats nach Zugang der Anzeige eine begründete Antwort in Textform mitzuteilen. Satz 1 gilt nicht, sofern der Arbeitnehmer dem Arbeitgeber diesen Wunsch in den letzten zwölf Monaten vor Zugang der Anzeige bereits einmal angezeigt hat.

§ 19 Aus- und Weiterbildung

Der Arbeitgeber hat Sorge zu tragen, dass auch befristet beschäftigte Arbeitnehmer an angemessenen Aus- und Weiterbildungsmaßnahmen zur Förderung der beruflichen Entwicklung und Mobilität teilnehmen können, es sei denn, dass dringende betriebliche Gründe oder Aus- und Weiterbildungswünsche anderer Arbeitnehmer entgegenstehen.

§ 20 Information der Arbeitnehmervertretung

Der Arbeitgeber hat die Arbeitnehmervertretung über die Anzahl der befristet beschäftigten Arbeitnehmer und ihren Anteil an der Gesamtbelegschaft des Betriebes und des Unternehmens zu informieren.

§ 21 Auflösend bedingte Arbeitsverträge

Wird der Arbeitsvertrag unter einer auflösenden Bedingung geschlossen, gelten § 4 Absatz 2, § 5, § 14 Absatz 1 und 4, § 15 Absatz 2, 4 und 6 sowie die §§ 16 bis 20 entsprechend.

Vierter Abschnitt Gemeinsame Vorschriften

§ 22 Abweichende Vereinbarungen

(1) Außer in den Fällen des § 9a Absatz 6, § 12 Absatz 6, § 13 Absatz 4 und § 14 Absatz 2 Satz 3 und 4 kann von den Vorschriften dieses Gesetzes nicht zuungunsten des Arbeitnehmers abgewichen werden.

(2) Enthält ein Tarifvertrag für den öffentlichen Dienst Bestimmungen im Sinne des § 8 Absatz 4 Satz 3 und 4, auch in Verbindung mit § 9a Absatz 2, des § 9a Absatz 6, § 12 Absatz 6, § 13 Absatz 4, § 14 Absatz 2 Satz 3 und 4 oder § 15 Absatz 4, so gelten diese Bestimmungen auch zwischen nicht tarifgebundenen Arbeitgebern und Arbeitnehmern außerhalb des öffentlichen Dienstes, wenn die Anwendung der für den öffentlichen Dienst geltenden Bestimmungen zwischen ihnen vereinbart ist und die Arbeitgeber die Kosten des Betriebes überwiegend mit Zuwendungen im Sinne des Haushaltsrechts decken.

§ 23 Besondere gesetzliche Regelungen

Besondere Regelungen über Teilzeitarbeit und über die Befristung von Arbeitsverträgen nach anderen gesetzlichen Vorschriften bleiben unberührt.

Mindesturlaubsgesetz für Arbeitnehmer (Bundesurlaubsgesetz – BUrlG)

vom 8. Januar 1963 (BGBl. I S. 2, zuletzt geändert durch Art. 3 des Gesetzes zur Umsetzung des Seearbeitsübereinkommens 2006 der Internationalen Arbeitsorganisation vom 20. April 2013, BGBl. I S. 868)

§ 1 Urlaubsanspruch

Jeder Arbeitnehmer hat in jedem Kalenderjahr Anspruch auf bezahlten Erholungsurlaub.

§ 2 Geltungsbereich

Arbeitnehmer im Sinne des Gesetzes sind Arbeiter und Angestellte sowie die zu ihrer Berufsausbildung Beschäftigten. Als Arbeitnehmer gelten auch Personen, die wegen ihrer wirtschaftlichen Unselbständigkeit als arbeitnehmerähnliche Personen anzusehen sind; für den Bereich der Heimarbeit gilt § 12.

§ 3 Dauer des Urlaubs

(1) Der Urlaub beträgt jährlich mindestens 24 Werktage.

(2) Als Werktage gelten alle Kalendertage, die nicht Sonn- oder gesetzliche Feiertage sind.

§ 4 Wartezeit

Der volle Urlaubsanspruch wird erstmalig nach sechsmonatigem Bestehen des Arbeitsverhältnisses erworben.

§ 5 Teilurlaub

(1) Anspruch auf ein Zwölftel des Jahresurlaubs für jeden vollen Monat des Bestehens des Arbeitsverhältnisses hat der Arbeitnehmer

a) für Zeiten eines Kalenderjahrs, für die er wegen Nichterfüllung der Wartezeit in diesem Kalenderjahr keinen vollen Urlaubsanspruch erwirbt;

b) wenn er vor erfüllter Wartezeit aus dem Arbeitsverhältnis ausscheidet;

c) wenn er nach erfüllter Wartezeit in der ersten Hälfte eines Kalenderjahrs aus dem Arbeitsverhältnis ausscheidet.

(2) Bruchteile von Urlaubstagen, die mindestens einen halben Tag ergeben, sind auf volle Urlaubstage aufzurunden.

(3) Hat der Arbeitnehmer im Falle des Absatzes 1 Buchstabe c bereits Urlaub über den ihm zustehenden Umfang hinaus erhalten, so kann das dafür gezahlte Urlaubsentgelt nicht zurückgefordert werden.

§ 6 Ausschluß von Doppelansprüchen

(1) Der Anspruch auf Urlaub besteht nicht, soweit dem Arbeitnehmer für das laufende Kalenderjahr bereits von einem früheren Arbeitgeber Urlaub gewährt worden ist.

(2) Der Arbeitgeber ist verpflichtet, bei Beendigung des Arbeitsverhältnisses dem Arbeitnehmer eine Bescheinigung über den im laufenden Kalenderjahr gewährten oder abgegoltenen Urlaub auszuhändigen.

§ 7 Zeitpunkt, Übertragbarkeit und Abgeltung des Urlaubs

(1) Bei der zeitlichen Festlegung des Urlaubs sind die Urlaubswünsche des Arbeitnehmers zu berücksichtigen, es sei denn, daß ihrer Berücksichtigung dringende betriebliche Belange oder Urlaubswünsche anderer Arbeitnehmer, die unter sozialen Gesichtspunkten den Vorrang verdienen, entgegenstehen. Der Urlaub ist zu gewähren, wenn der Arbeitnehmer dies im Anschluß an eine Maßnahme der medizinischen Vorsorge oder Rehabilitation verlangt.

(2) Der Urlaub ist zusammenhängend zu gewähren, es sei denn, daß dringende betriebliche oder in der Person des Arbeitnehmers liegende Gründe eine Teilung des Urlaubs erforderlich machen. Kann der Urlaub aus diesen Gründen nicht zusammenhängend gewährt werden, und hat der Arbeitnehmer Anspruch auf Urlaub von mehr als zwölf Werktagen, so muß einer der Urlaubsteile mindestens zwölf aufeinanderfolgende Werktage umfassen.

(3) Der Urlaub muß im laufenden Kalenderjahr gewährt und genommen werden. Eine Übertragung des Urlaubs auf das nächste Kalenderjahr ist nur statthaft, wenn dringende betriebliche oder in der Person des Arbeitnehmers liegende Gründe dies rechtfertigen. Im Fall der Übertragung muß der Urlaub in den ersten drei Monaten des folgenden Kalenderjahrs gewährt und genommen werden. Auf Verlangen des Arbeitnehmers ist ein nach § 5 Abs. 1 Buchstabe a entstehender Teilurlaub jedoch auf das nächste Kalenderjahr zu übertragen.

(4) Kann der Urlaub wegen Beendigung des Arbeitsverhältnisses ganz oder teilweise nicht mehr gewährt werden, so ist er abzugelten.

§ 8 Erwerbstätigkeit während des Urlaubs

Während des Urlaubs darf der Arbeitnehmer keine dem Urlaubszweck widersprechende Erwerbstätigkeit leisten.

§ 9 Erkrankung während des Urlaubs

Erkrankt ein Arbeitnehmer während des Urlaubs, so werden die durch ärztliches Zeugnis nachgewiesenen Tage der Arbeitsunfähigkeit auf den Jahresurlaub nicht angerechnet.

§ 10 Maßnahmen der medizinischen Vorsorge oder Rehabilitation

Maßnahmen der medizinischen Vorsorge oder Rehabilitation dürfen nicht auf den Urlaub angerechnet werden, soweit ein Anspruch auf Fortzahlung des Arbeitsentgelts nach den gesetzlichen Vorschriften über die Entgeltfortzahlung im Krankheitsfall besteht.

§ 11 Urlaubsentgelt

(1) Das Urlaubsentgelt bemißt sich nach dem durchschnittlichen Arbeitsverdienst, das der Arbeitnehmer in den letzten dreizehn Wochen vor dem Beginn des Urlaubs erhalten hat, mit Ausnahme des zusätzlich für Überstunden gezahlten Arbeitsverdienstes. Bei Verdiensterhöhungen nicht nur vorübergehender Natur, die während des Berechnungszeitraums oder des Urlaubs eintreten, ist von dem erhöhten Verdienst auszugehen. Verdienstkürzungen, die im Berechnungszeitraum infolge von Kurzarbeit, Arbeitsausfällen oder unverschuldeter Arbeitsversäumnis eintreten, bleiben für die Berechnung des Urlaubsentgelts außer Betracht. Zum Arbeitsentgelt gehörende Sachbezüge, die während des Urlaubs nicht weitergewährt werden, sind für die Dauer des Urlaubs angemessen in bar abzugelten.

(2) Das Urlaubsentgelt ist vor Antritt des Urlaubs auszuzahlen.

§ 12 Urlaub im Bereich der Heimarbeit

Für die in Heimarbeit Beschäftigten und die ihnen nach § 1 Abs. 2 Buchstaben a bis c des Heimarbeitsgesetzes Gleichgestellten, für die die Urlaubsregelung nicht ausdrücklich von der Gleichstellung ausgenommen ist, gelten die vorstehenden Bestimmungen mit Ausnahme der §§ 4 bis 6, 7 Abs. 3 und 4 und § 11 nach Maßgabe der folgenden Bestimmungen:

1. Heimarbeiter (§ 1 Abs. 1 Buchstabe a des Heimarbeitsgesetzes) und nach § 1 Abs. 2 Buchstabe a des Heimarbeitsgesetzes

Gleichgestellte erhalten von ihrem Auftraggeber oder, falls sie von einem Zwischenmeister beschäftigt werden, von diesem bei einem Anspruch auf 24 Werktage ein Urlaubsentgelt von 9,1 vom Hundert des in der Zeit vom 1. Mai bis zum 30. April des folgenden Jahres oder bis zur Beendigung des Beschäftigungsverhältnisses verdienten Arbeitsentgelts vor Abzug der Steuern und Sozialversicherungsbeiträge ohne Unkostenzuschlag und ohne die für den Lohnausfall an Feiertagen, den Arbeitsausfall infolge Krankheit und den Urlaub zu leistenden Zahlungen.

2. War der Anspruchsberechtigte im Berechnungszeitraum nicht ständig beschäftigt, so brauchen unbeschadet des Anspruches auf Urlaubsentgelt nach Nummer 1 nur so viele Urlaubstage gegeben zu werden, wie durchschnittliche Tagesverdienste, die er in der Regel erzielt hat, in dem Urlaubsentgelt nach Nummer 1 enthalten sind.
3. Das Urlaubsentgelt für die in Nummer 1 bezeichneten Personen soll erst bei der letzten Entgeltzahlung vor Antritt des Urlaubs ausgezahlt werden.
4. Hausgewerbetreibende (§ 1 Abs.1 Buchstabe b des Heimarbeitsgesetzes) und nach § 1 Abs. 2 Buchstaben b und c des Heimarbeitsgesetzes Gleichgestellte erhalten von ihrem Auftraggeber oder, falls sie von einem Zwischenmeister beschäftigt werden, von diesem als eigenes Urlaubsentgelt und zur Sicherung der Urlaubsansprüche der von ihnen Beschäftigten einen Betrag von 9,1 vom Hundert des an sie ausgezahlten Arbeitsentgelts vor Abzug der Steuern und Sozialversicherungsbeiträge ohne Unkostenzuschlag und ohne die für den Lohnausfall an Feiertagen, den Arbeitsausfall infolge Krankheit und den Urlaub zu leistenden Zahlungen.
5. Zwischenmeister, die den in Heimarbeit Beschäftigten nach § 1 Abs. 2 Buchstabe d des Heimarbeitsgesetzes gleichgestellt sind, haben gegen ihren Auftraggeber Anspruch auf die von ihnen nach den Nummern 1 und 4 nachweislich zu zahlenden Beträge.
6. Die Beträge nach den Nummern 1, 4 und 5 sind gesondert im Entgeltbeleg auszuweisen.
7. Durch Tarifvertrag kann bestimmt werden, daß Heimarbeiter (§ 1 Abs.1 Buchstabe a des Heimarbeitsgesetzes), die nur für einen Auftraggeber tätig sind und tariflich allgemein wie

Betriebsarbeiter behandelt werden, Urlaub nach den allgemeinen Urlaubsbestimmungen erhalten.

8. Auf die in den Nummern 1, 4 und 5 vorgesehenen Beträge finden die §§ 23 bis 25, 27 und 28 und auf die in den Nummern 1 und 4 vorgesehenen Beträge außerdem § 21 Abs. 2 des Heimarbeitsgesetzes entsprechende Anwendung. Für die Urlaubsansprüche der fremden Hilfskräfte der in Nummer 4 genannten Personen gilt § 26 des Heimarbeitsgesetzes entsprechend.

§ 13 Unabdingbarkeit

(1) Von den vorstehenden Vorschriften mit Ausnahme der §§ 1, 2 und 3 Abs. 1 kann in Tarifverträgen abgewichen werden. Die abweichenden Bestimmungen haben zwischen nichttarifgebundenen Arbeitgebern und Arbeitnehmern Geltung, wenn zwischen diesen die Anwendung der einschlägigen tariflichen Urlaubsregelung vereinbart ist. Im übrigen kann, abgesehen von § 7 Abs. 2 Satz 2, von den Bestimmungen dieses Gesetzes nicht zuungunsten des Arbeitnehmers abgewichen werden.

(2) Für das Baugewerbe oder sonstige Wirtschaftszweige, in denen als Folge häufigen Ortswechsels der von den Betrieben zu leistenden Arbeit Arbeitsverhältnisse von kürzerer Dauer als einem Jahr in erheblichem Umfange üblich sind, kann durch Tarifvertrag von den vorstehenden Vorschriften über die in Absatz 1 Satz 1 vorgesehene Grenze hinaus abgewichen werden, soweit dies zur Sicherung eines zusammenhängenden Jahresurlaubs für alle Arbeitnehmer erforderlich ist. Absatz 1 Satz 2 findet entsprechende Anwendung.

(3) Für den Bereich der Deutsche Bahn Aktiengesellschaft sowie einer gemäß § 2 Abs. 1 und § 3 Abs. 3 des Deutsche Bahn Gründungsgesetzes vom 27. Dezember 1993 (BGBl. I S. 2378, 2386) ausgegliederten Gesellschaft und für den Bereich der Nachfolgeunternehmen der Deutschen Bundespost kann von der Vorschrift über das Kalenderjahr als Urlaubsjahr (§ 1) in Tarifverträgen abgewichen werden.

§ 14 Berlin-Klausel

(gegenstandslos)

§ 15 Änderung und Aufhebung von Gesetzen

(1) Unberührt bleiben die urlaubsrechtlichen Bestimmungen des Arbeitsplatzschutzgesetzes vom 30. März 1957 (Bundesgesetzbl. I S. 293), geändert durch Gesetz vom 22. März 1962 (Bundesgesetzbl. I S. 169), des Neunten Buches Sozialgesetzbuch des Jugendarbeitsschutzgesetzes vom 9. August 1960 (Bundesgesetzbl. I S. 665), geändert durch Gesetz vom 20. Juli 1962 (Bundesgesetzbl. I S. 449), und des Seearbeitsgesetzes vom 20. April 2013 (Bundesgesetzbl. I S. 868), jedoch wird

a) in § 19 Abs. 6 Satz 2 des Jugendarbeitsschutzgesetzes der Punkt hinter dem letzten Wort durch ein Komma ersetzt und folgender Satzteil angefügt: „und in diesen Fällen eine grobe Verletzung der Treuepflicht aus dem Beschäftigungsverhältnis vorliegt.";

b) § 53 Abs. 2 des Seemannsgesetzes durch folgende Bestimmung ersetzt: „Das Bundesurlaubsgesetz vom 8. Januar 1963 (Bundesgesetzbl. I S. 2) findet auf den Urlaubsanspruch des Besatzungsmitglieds nur insoweit Anwendung, als es Vorschriften über die Mindestdauer des Urlaubs enthält."

(2) Mit dem Inkrafttreten dieses Gesetzes treten die landesrechtlichen Vorschriften über den Erholungsurlaub außer Kraft. In Kraft bleiben jedoch die landesrechtlichen Bestimmungen über den Urlaub für Opfer des Nationalsozialismus und für solche Arbeitnehmer, die geistig oder körperlich in ihrer Erwerbsfähigkeit behindert sind.

§ 15a Übergangsvorschrift

Befindet sich der Arbeitnehmer von einem Tag nach dem 9. Dezember 1998 bis zum 1. Januar 1999 oder darüber hinaus in einer Maßnahme der medizinischen Vorsorge oder Rehabilitation, sind für diesen Zeitraum die seit dem 1. Januar 1999 geltenden Vorschriften maßgebend, es sei denn, daß diese für den Arbeitnehmer ungünstiger sind.

§ 16 Inkrafttreten

Dieses Gesetz tritt mit Wirkung vom 1. Januar 1963 in Kraft.

Gesetz zum Elterngeld und zur Elternzeit (Bundeselterngeld- und Elternzeitgesetz – BEEG)

in der Neufassung der zum 1. Januar 2015 geltenden Fassung vom 27. Januar 2015 (BGBl. I, S. 33, zuletzt geändert durch Art. 1 des Haushaltsfinanzierungsgesetz 2024 vom 22. Dezember 2023, BGBl. 2023 I Nr. 412)

Abschnitt 1 Elterngeld

§ 1 Berechtigte

(1) Anspruch auf Elterngeld hat, wer

1. einen Wohnsitz oder seinen gewöhnlichen Aufenthalt in Deutschland hat,
2. mit seinem Kind in einem Haushalt lebt,
3. dieses Kind selbst betreut und erzieht und
4. keine oder keine volle Erwerbstätigkeit ausübt.

Bei Mehrlingsgeburten besteht nur ein Anspruch auf Elterngeld.

(2) Anspruch auf Elterngeld hat auch, wer, ohne eine der Voraussetzungen des Absatzes 1 Satz 1 Nummer 1 zu erfüllen,

1. nach § 4 des Vierten Buches Sozialgesetzbuch dem deutschen Sozialversicherungsrecht unterliegt oder im Rahmen seines in Deutschland bestehenden öffentlich-rechtlichen Dienst- oder Amtsverhältnisses vorübergehend ins Ausland abgeordnet, versetzt oder kommandiert ist,
2. Entwicklungshelfer oder Entwicklungshelferin im Sinne des § 1 des Entwicklungshelfer-Gesetzes ist oder als Missionar oder Missionarin der Missionswerke und -gesellschaften, die Mitglieder oder Vereinbarungspartner des Evangelischen Missionswerkes Hamburg, der Arbeitsgemeinschaft Evangelikaler Missionen e. V. oder der Arbeitsgemeinschaft pfingstlich-charismatischer Missionen sind, tätig ist oder
3. die deutsche Staatsangehörigkeit besitzt und nur vorübergehend bei einer zwischen- oder überstaatlichen Einrichtung tätig ist, insbesondere nach den Entsenderichtlinien des Bundes beurlaubte Beamte und Beamtinnen, oder wer vorübergehend eine nach § 123a des Beamtenrechtsrahmengesetzes oder § 29 des Bundesbeamtengesetzes zugewiesene Tätigkeit im Ausland wahrnimmt.

Dies gilt auch für mit der nach Satz 1 berechtigten Person in einem Haushalt lebende Ehegatten oder Ehegattinnen.

(3) Anspruch auf Elterngeld hat abweichend von Absatz 1 Satz 1 Nummer 2 auch, wer

1. mit einem Kind in einem Haushalt lebt, das er mit dem Ziel der Annahme als Kind aufgenommen hat,
2. ein Kind des Ehegatten oder der Ehegattin in seinem Haushalt aufgenommen hat oder
3. mit einem Kind in einem Haushalt lebt und die von ihm erklärte Anerkennung der Vaterschaft nach § 1594 Absatz 2 des Bürgerlichen Gesetzbuchs noch nicht wirksam oder über die von ihm beantragte Vaterschaftsfeststellung nach § 1600d des Bürgerlichen Gesetzbuchs noch nicht entschieden ist.

Für angenommene Kinder und Kinder im Sinne des Satzes 1 Nr. 1 sind die Vorschriften dieses Gesetzes mit der Maßgabe anzuwenden, dass statt des Zeitpunktes der Geburt der Zeitpunkt der Aufnahme des Kindes bei der berechtigten Person maßgeblich ist.

(4) Können die Eltern wegen einer schweren Krankheit, Schwerbehinderung oder Tod der Eltern ihr Kind nicht betreuen, haben Verwandte bis zum dritten Grad und ihre Ehegatten oder Ehegattinnen Anspruch auf Elterngeld, wenn sie die übrigen Voraussetzungen nach Absatz 1 erfüllen und von anderen Berechtigten Elterngeld nicht in Anspruch genommen wird.

(5) Der Anspruch auf Elterngeld bleibt unberührt, wenn die Betreuung und Erziehung des Kindes aus einem wichtigen Grund nicht sofort aufgenommen werden kann oder wenn sie unterbrochen werden muss.

(6) Eine Person ist nicht voll erwerbstätig, wenn ihre Arbeitszeit 32 Wochenstunden im Durchschnitt des Lebensmonats nicht übersteigt, sie eine Beschäftigung zur Berufsbildung ausübt oder sie eine geeignete Tagespflegeperson im Sinne des § 23 des Achten Buches Sozialgesetzbuch ist und nicht mehr als fünf Kinder in Tagespflege betreut.

(7) Ein nicht freizügigkeitsberechtigter Ausländer oder eine nicht freizügigkeitsberechtigte Ausländerin ist nur anspruchsberechtigt, wenn diese Person

1. eine Niederlassungserlaubnis oder eine Erlaubnis zum Daueraufenthalt-EU besitzt,

2. eine Blaue Karte EU, eine ICT-Karte, eine Mobiler-ICT-Karte oder eine Aufenthaltserlaubnis besitzt, die für einen Zeitraum von mindestens sechs Monaten zur Ausübung einer Erwerbstätigkeit berechtigen oder berechtigt haben oder diese erlauben, es sei denn, die Aufenthaltserlaubnis wurde
   a) nach § 16e des Aufenthaltsgesetzes zu Ausbildungszwecken, nach § 19c Absatz 1 des Aufenthaltsgesetzes zum Zweck der Beschäftigung als Au-Pair oder zum Zweck der Saisonbeschäftigung, nach § 19e des Aufenthaltsgesetzes zum Zweck der Teilnahme an einem Europäischen Freiwilligendienst oder nach § 20 Absatz 1 und 2 des Aufenthaltsgesetzes zur Arbeitsplatzsuche erteilt,
   b) nach § 16b des Aufenthaltsgesetzes zum Zweck eines Studiums, nach § 16d des Aufenthaltsgesetzes für Maßnehmen zur Anerkennung ausländischer Berufsqualifikationen oder nach § 20 Absatz 3 des Aufenthaltsgesetzes zur Arbeitsplatzsuche erteilt und er ist weder erwerbstätig noch nimmt er Elternzeit nach § 15 des Bundeselterngeld- und Elternzeitgesetzes oder laufende Geldleistungen nach dem Dritten Buch Sozialgesetzbuch in Anspruch,
   c) nach § 23 Absatz 1 des Aufenthaltsgesetzes wegen eines Krieges in seinem Heimatland oder nach § 23a oder § 25 Absatz 3 bis 5 des Aufenthaltsgesetzes erteilt,
3. eine in Nummer 2 Buchstabe c genannte Aufenthaltserlaubnis besitzt und im Bundesgebiet berechtigt erwerbstätig ist oder Elternzeit nach § 15 des Bundeselterngeld- und Elternzeitgesetzes oder laufende Geldleistungen nach dem Dritten Buch Sozialgesetzbuch in Anspruch nimmt,
4. eine in Nummer 2 Buchstabe c genannte Aufenthaltserlaubnis besitzt und sich seit mindestens 15 Monaten erlaubt, gestattet oder geduldet im Bundesgebiet aufhält oder
5. eine Beschäftigungsduldung gemäß § 60d in Verbindung mit § 60a Absatz 2 Satz 3 des Aufenthaltsgesetzes besitzt.

Abweichend von Satz 1 Nummer 3 erste Alternative ist ein minderjähriger nicht freizügigkeitsberechtigter Ausländer oder eine minderjährige nicht freizügigkeitsberechtigte Ausländerin unabhängig von einer Erwerbstätigkeit anspruchsberechtigt.

(8) Ein Anspruch entfällt, wenn die berechtigte Person im letzten abgeschlossenen Veranlagungszeitraum vor der Geburt des Kindes

ein zu versteuerndes Einkommen nach § 2 Abs. 5 des Einkommensteuergesetzes in Höhe von mehr als 150.000 Euro erzielt hat. Erfüllt auch eine andere Person die Voraussetzungen des Absatzes 1 Satz 1 Nummer 2 oder der Absätze 3 oder 4, entfällt abweichend von Satz 1 der Anspruch, wenn die Summe des zu versteuernden Einkommens beider Personen mehr als 175.000 Euro beträgt.

§ 2 Höhe des Elterngeldes

(1) Elterngeld wird in Höhe von 67 Prozent des Einkommens aus Erwerbstätigkeit vor der Geburt des Kindes gewährt. Es wird bis zu einem Höchstbetrag von 1.800 Euro monatlich für volle Lebensmonate gezahlt, in denen die berechtigte Person kein Einkommen aus Erwerbstätigkeit hat. Das Einkommen aus Erwerbstätigkeit errechnet sich nach Maßgabe der §§ 2c bis 2f aus der um die Abzüge für Steuern und Sozialabgaben verminderten Summe der positiven Einkünfte aus

1. nichtselbständiger Arbeit nach § 2 Absatz 1 Satz 1 Nummer 4 des Einkommenssteuergesetzes sowie
2. Land- und Forstwirtschaft, Gewerbebetrieb und selbständige Arbeit nach § 2 Absatz 1 Satz 1 Nummer 1 bis 3 des Einkommenssteuergesetzes,

die im Inland zu versteuern sind und die die berechtigte Person durchschnittlich monatlich im Bemessungszeitraum nach § 2b oder in Lebensmonaten der Bezugszeit nach § 2 Absatz 3 hat.

(2) In den Fällen, in denen das Einkommen aus Erwerbstätigkeit vor der Geburt geringer als 1.000 Euro war, erhöht sich der Prozentsatz von 67 Prozent um 0,1 Prozentpunkte für je 2 Euro, um die dieses Einkommen den Betrag von 1.000 Euro unterschreitet, auf bis zu 100 Prozent. In den Fällen, in denen das Einkommen aus Erwerbstätigkeit vor der Geburt höher als 1.200 Euro war, sinkt der Prozentsatz von 67 Prozent um 0,1 Prozentpunkte für je 2 Euro, um die dieses Einkommen den Betrag von 1.200 Euro überschreitet, auf bis zu 65 Prozent.

(3) Für Lebensmonate nach der Geburt des Kindes, in denen die berechtigte Person ein Einkommen aus Erwerbstätigkeit hat, das durchschnittlich geringer ist als das Einkommen aus Erwerbstätigkeit vor der Geburt, wird Elterngeld in Höhe des nach Absatz 1 oder 2 maßgeblichen Prozentsatzes des Unterschiedsbetrages dieser Einkommen aus Erwerbstätigkeit gezahlt. Als Einkommen aus Erwerbstätigkeit vor der Geburt ist dabei höchstens der Betrag von

2.770 Euro anzusetzen. Der Unterschiedsbetrag nach Satz 1 ist für das Einkommen aus Erwerbstätigkeit in Lebensmonaten, in denen die berechtigte Person Basisentgelt in Anspruch nimmt, und in Lebensmonaten, in denen sie Elterngeld Plus im Sinne des § 4a Absatz 2 in Anspruch nimmt, getrennt zu berechnen.
(4) Elterngeld wird mindestens in Höhe von 300 Euro gezahlt. Dies gilt auch, wenn die berechtigte Person vor der Geburt des Kindes kein Einkommen aus Erwerbstätigkeit hat.

§ 2a Geschwisterbonus und Mehrlingszuschlag

(1) Lebt die berechtigte Person in einem Haushalt mit
1. zwei Kindern, die noch nicht drei Jahre alt sind, oder
2. drei oder mehr Kindern, die noch nicht sechs Jahre alt sind,
wird das Elterngeld um 10 Prozent, mindestens jedoch um 75 Euro erhöht (Geschwisterbonus). Zu berücksichtigen sind alle Kinder, für die die berechtigte Person die Voraussetzungen des § 1 Absatz 1 und 3 erfüllt und für die sich das Elterngeld nicht nach Absatz 4 erhöht.
(2) Für angenommene Kinder, die noch nicht 14 Jahre alt sind, gilt als Alter des Kindes der Zeitraum seit der Aufnahme des Kindes in den Haushalt der berechtigten Person. Dies gilt auch für Kinder, die die berechtigte Person entsprechend § 1 Absatz 3 Satz 1 Nummer 1 mit dem Ziel der Annahme als Kind in den Haushalt aufgenommen hat. Für Kinder mit Behinderung im Sinne von § 2 Absatz 1 Satz 1 des Neunten Buches Sozialgesetzbuch liegt die Altersgrenze nach Absatz 1 Satz 1 bei 14 Jahren.
(3) Der Anspruch auf Geschwisterbonus endet mit Ablauf des Monats, in dem eine der in Absatz 1 genannten Anspruchsvoraussetzungen entfällt.
(4) Bei Mehrlingsgeburten erhöht sich das Elterngeld um je 300 Euro für das zweite und jedes weitere Kind (Mehrlingszuschlag). Dies gilt auch, wenn ein Geschwisterbonus nach Absatz 1 gezahlt wird.

§ 2b Bemessungszeitraum

(1) Für die Ermittlung des Einkommens aus nichtselbständiger Erwerbstätigkeit im Sinne von § 2c vor der Geburt sind die zwölf Kalendermonate vor dem Kalendermonat der Geburt des Kindes maßgeblich. Bei der Bestimmung des Bemessungszeitraums nach Satz 1 bleiben Kalendermonate unberücksichtigt, in denen die berechtigte Person

1. im Zeitraum nach § 4 Absatz 1 Satz 2 und 3 und Absatz 5 Satz 3 Nummer 2 Elterngeld für ein älteres Kind bezogen hat,
2. während der Schutzfristen nach § 3 des Mutterschutzgesetzes nicht beschäftigt werden durfte oder Mutterschaftsgeld nach dem Fünften Buch Sozialgesetzbuch oder nach dem Zweiten Gesetz über die Krankenversicherung der Landwirte bezogen hat,
3. eine Krankheit hatte, die maßgeblich durch eine Schwangerschaft bedingt war, oder
4. Wehrdienst nach dem Wehrpflichtgesetz in der bis zum 31. Mai 2011 geltenden Fassung oder nach dem Vierten Abschnitt des Soldatengesetzes oder Zivildienst nach dem Zivildienstgesetz geleistet hat

und in den Fällen der Nummern 3 und 4 dadurch ein geringeres Einkommen aus Erwerbstätigkeit hatte. Abweichend von Satz 2 sind Kalendermonate im Sinne des Satzes 2 Nummer 1 bis 4 auf Antrag der berechtigten Person zu berücksichtigen. Abweichend von Satz 2 bleiben auf Antrag bei der Ermittlung des Einkommens für die Zeit vom 1. März 2020 bis zum Ablauf des 23. September 2022 auch solche Kalendermonate unberücksichtigt, in denen die berechtigte Person aufgrund der COVID-19-Pandemie ein geringeres Einkommen aus Erwerbstätigkeit hatte und dies glaubhaft machen kann. Satz 2 Nummer 1 gilt in den Fällen des § 27 Absatz 1 Satz 1 mit der Maßgabe, dass auf Antrag auch Kalendermonate mit Elterngeldbezug für ein älteres Kind nach Vollendung von dessen 14. Lebensmonat unberücksichtigt bleiben, soweit der Elterngeldbezug von der Zeit vor Vollendung des 14. Lebensmonats auf danach verschoben wurde.

(2) Für die Ermittlung des Einkommens aus selbstständiger Erwerbstätigkeit im Sinne von § 2d vor der Geburt sind die jeweiligen steuerlichen Gewinnermittlungszeiträume maßgeblich, die dem letzten abgeschlossenen steuerlichen Veranlagungszeitraum vor der Geburt des Kindes zugrunde liegen. Haben in einem Gewinnermittlungszeitraum die Voraussetzungen des Absatzes 1 Satz 2 oder Satz 3 vorgelegen, sind auf Antrag die Gewinnermittlungszeiträume maßgeblich, die dem diesen Ereignissen vorangegangenen abgeschlossenen steuerlichen Veranlagungszeitraum zugrunde liegen.

(3) Abweichend von Absatz 1 ist die Ermittlung des Einkommens aus nichtselbständiger Erwerbstätigkeit vor der Geburt der letzte

abgeschlossene steuerliche Veranlagungszeitraum vor der Geburt maßgeblich, wenn die berechtigte Person in den Zeiträumen nach Absatz 1 oder Absatz 2 Einkommen aus selbständiger Erwerbstätigkeit hatte. Haben im Bemessungszeitraum nach Satz 1 die Voraussetzungen des Absatzes 1 Satz 2 oder Satz 3 vorgelegen, ist Absatz 2 Satz 2 mit der zusätzlichen Maßgabe anzuwenden, dass für die Ermittlung des Einkommens aus nichtselbstständiger Erwerbstätigkeit vor der Geburt der vorangegangene steuerliche Veranlagungszeitraum maßgeblich ist.

(4) Abweichend von Absatz 3 ist auf Antrag der berechtigten Person für die Ermittlung des Einkommens aus nichtselbstständiger Erwerbstätigkeit allein der Bemessungszeitraum nach Absatz 1 maßgeblich, wenn die zu berücksichtigende Summe der Einkünfte aus Land- und Forstwirtschaft, Gewerbebetrieb und selbstständiger Arbeit nach § 2 Absatz 1 Satz 1 Nummer 1 bis 3 des Einkommensteuergesetzes

1. in den jeweiligen steuerlichen Gewinnermittlungszeiträumen, die dem letzten abgeschlossenen steuerlichen Veranlagungszeitraum vor der Geburt des Kindes zugrunde liegen, durchschnittlich weniger als 35 Euro im Kalendermonat betrug und
2. in den jeweiligen steuerlichen Gewinnermittlungszeiträumen, die dem steuerlichen Veranlagungszeitraum der Geburt des Kindes zugrunde liegen, bis einschließlich zum Kalendermonat vor der Geburt des Kindes durchschnittlich weniger als 35 Euro im Kalendermonat betrug.

Abweichend von § 2 Absatz 1 Satz 3 Nummer 2 ist für die Berechnung des Elterngeldes im Fall des Satzes 1 allein das Einkommen aus nichtselbstständiger Erwerbstätigkeit maßgeblich. Die für die Entscheidung über den Antrag notwendige Ermittlung der Höhe der Einkünfte aus Land- und Forstwirtschaft, Gewerbebetrieb und selbstständiger Arbeit erfolgt für die Zeiträume nach Satz 1 Nummer 1 entsprechend § 2d Absatz 2; in Fällen, in denen zum Zeitpunkt der Entscheidung kein Einkommensteuerbescheid vorliegt, und für den Zeitraum nach Satz 1 Nummer 2 erfolgt die Ermittlung der Höhe der Einkünfte entsprechend § 2d Absatz 3. Die Entscheidung über den Antrag erfolgt abschließend auf der Grundlage der Höhe der Einkünfte, wie sie sich aus den gemäß Satz 3 vorgelegten Nachweisen ergibt.

§ 2c Einkommen aus nichtselbstständiger Erwerbstätigkeit

(1) Der monatlich durchschnittlich zu berücksichtigende Überschuss der Einnahmen aus nichtselbstständiger Arbeit in Geld oder Geldeswert über ein Zwölftel des Arbeitnehmer-Pauschbetrags, vermindert um die Abzüge für Steuern und Sozialabgaben nach den §§ 2e und 2f, ergibt das Einkommen aus nichtselbstständiger Erwerbstätigkeit. Nicht berücksichtigt werden Einnahmen, die im Lohnsteuerabzugsverfahren nach den lohnsteuerrechtlichen Vorgaben als sonstige Bezüge zu behandeln sind. Die zeitliche Zuordnung von Einnahmen erfolgt nach den lohnsteuerlichen Vorgaben für das Lohnsteuerabzugsverfahren. Maßgeblich ist der Arbeitnehmer-Pauschbetrag nach § 9a Satz 1 Nummer 1 Buchstabe a des Einkommensteuergesetzes in der am 1. Januar des Kalenderjahres vor der Geburt des Kindes für dieses Jahr geltenden Fassung.

(2) Grundlage der Ermittlung der Einnahmen sind die Angaben in den für die maßgeblichen Kalendermonate erstellten Lohn- und Gehaltsbescheinigungen des Arbeitgebers. Die Richtigkeit und Vollständigkeit der Angaben in den maßgeblichen Lohn- und Gehaltsbescheinigungen wird vermutet.

(3) Grundlage der Ermittlung der nach den §§ 2e und 2f erforderlichen Abzugsmerkmale für Steuern und Sozialabgaben sind die Angaben in der Lohn- und Gehaltsbescheinigung, die für den letzten Kalendermonat im Bemessungszeitraum mit Einnahmen nach Absatz 1 erstellt wurde. Soweit sich in den Lohn- und Gehaltsbescheinigungen des Bemessungszeitraums eine Angabe zu einem Abzugsmerkmal geändert hat, ist die von der Angabe nach Satz 1 abweichende Angabe maßgeblich, wenn sie in der überwiegenden Zahl der Kalendermonate des Bemessungszeitraums gegolten hat. § 2c Absatz 2 Satz 2 gilt entsprechend.

§ 2d Einkommen aus selbstständiger Erwerbstätigkeit

(1) Die monatlich durchschnittlich zu berücksichtigende Summe der positiven Einkünfte aus Land- und Forstwirtschaft, Gewerbebetrieb und selbstständiger Arbeit (Gewinneinkünfte), vermindert um die Abzüge für Steuern und Sozialabgaben nach den §§ 2e und 2f, ergibt das Einkommen aus selbstständiger Erwerbstätigkeit.

(2) Bei der Ermittlung der im Bemessungszeitraum zu berücksichtigenden Gewinneinkünfte sind die entsprechenden im Einkommensteuerbescheid ausgewiesenen Gewinne anzusetzen. Ist

kein Einkommensteuerbescheid zu erstellen, werden die Gewinneinkünfte in entsprechender Anwendung des Absatzes 3 ermittelt.

(3) Grundlage der Ermittlung der in den Bezugsmonaten zu berücksichtigenden Gewinneinkünfte ist eine Gewinnermittlung, die mindestens den Anforderungen des § 4 Absatz 3 des Einkommensteuergesetzes entspricht. Als Betriebsausgaben sind 25 Prozent der zugrunde gelegten Einnahmen oder auf Antrag die damit zusammenhängenden tatsächlichen Betriebsausgaben anzusetzen.

(4) Soweit nicht in § 2c Absatz 3 etwas anderes bestimmt ist, sind bei der Ermittlung der nach § 2e erforderlichen Abzugsmerkmale für Steuern die Angaben im Einkommensteuerbescheid maßgeblich. § 2c Absatz 3 Satz 2 gilt entsprechend.

(5) Die zeitliche Zuordnung von Einnahmen und Ausgaben erfolgt nach den einkommensteuerrechtlichen Grundsätzen.

§ 2e Abzüge für Steuern

(1) Als Abzüge für Steuern sind Beträge für die Einkommensteuer, den Solidaritätszuschlag und, wenn die berechtigte Person kirchensteuerpflichtig ist, die Kirchensteuer zu berücksichtigen. Die Abzüge für Steuern werden einheitlich für Einkommen aus nichtselbstständiger und selbstständiger Erwerbstätigkeit auf Grundlage einer Berechnung anhand des am 1. Januar des Kalenderjahres vor der Geburt des Kindes für dieses Jahr geltenden Programmablaufplans für die maschinelle Berechnung der vom Arbeitslohn einzubehaltenden Lohnsteuer, des Solidaritätszuschlags und der Maßstabsteuer für die Kirchenlohnsteuer im Sinne von § 39b Absatz 6 des Einkommensteuergesetzes nach den Maßgaben der Absätze 2 bis 5 ermittelt.

(2) Bemessungsgrundlage für die Ermittlung der Abzüge für Steuern ist die monatlich durchschnittlich zu berücksichtigende Summe der Einnahmen nach § 2c, soweit sie von der berechtigten Person zu versteuern sind, und der Gewinneinkünfte nach § 2d. Bei der Ermittlung der Abzüge für Steuern nach Absatz 1 werden folgende Pauschalen berücksichtigt:

1. der Arbeitnehmer-Pauschbetrag nach § 9a Satz 1 Nummer 1 Buchstabe a des Einkommensteuergesetzes, wenn die berechtigte Person von ihr zu versteuernde Einnahmen hat, die unter § 2c fallen, und

2. eine Vorsorgepauschale
   a) mit den Teilbeträgen nach § 39b Absatz 2 Satz 5 Nummer 3 Buchstabe b, c und e des Einkommensteuergesetzes, falls die berechtigte Person von ihr zu versteuernde Einnahmen nach § 2c hat, ohne in der gesetzlichen Rentenversicherung oder einer vergleichbaren Einrichtung versicherungspflichtig gewesen zu sein, oder
   b) mit den Teilbeträgen nach § 39b Absatz 2 Satz 5 Nummer 3 Buchstabe a bis c und e des Einkommensteuergesetzes in allen übrigen Fällen,
3. wobei die Höhe der Teilbeträge ohne Berücksichtigung der besonderen Regelungen zur Berechnung der Beiträge nach § 55 Absatz 3 und § 58 Absatz 3 des Elften Buches Sozialgesetzbuch bestimmt wird.

(3) Als Abzug für die Einkommensteuer ist der Betrag anzusetzen, der sich unter Berücksichtigung der Steuerklasse und des Faktors nach § 39f des Einkommensteuergesetzes nach § 2c Absatz 3 ergibt; die Steuerklasse VI bleibt unberücksichtigt. War die berechtigte Person im Bemessungszeitraum nach § 2b in keine Steuerklasse eingereiht oder ist ihr nach § 2d zu berücksichtigender Gewinn höher als ihr nach § 2c zu berücksichtigender Überschuss der Einnahmen über ein Zwölftel des Arbeitnehmer-Pauschbetrags, ist als Abzug für die Einkommensteuer der Betrag anzusetzen, der sich unter Berücksichtigung der Steuerklasse IV ohne Berücksichtigung eines Faktors nach § 39f des Einkommensteuergesetzes ergibt.

(4) Als Abzug für den Solidaritätszuschlag ist der Betrag anzusetzen, der sich nach den Maßgaben des Solidaritätszuschlagsgesetzes 1995 für die Einkommensteuer nach Absatz 3 ergibt. Freibeträge für Kinder werden nach den Maßgaben des § 3 Absatz 2a des Solidaritätszuschlagsgesetzes 1995 berücksichtigt.

(5) Als Abzug für die Kirchensteuer ist der Betrag anzusetzen, der sich unter Anwendung eines Kirchensteuersatzes von 8 Prozent für die Einkommensteuer nach Absatz 3 ergibt. Freibeträge für Kinder werden nach den Maßgaben des § 51a Absatz 2a des Einkommensteuergesetzes berücksichtigt.

(6) Vorbehaltlich der Absätze 2 bis 5 werden Freibeträge und Pauschalen nur berücksichtigt, wenn sie ohne weitere Voraussetzung jeder berechtigten Person zustehen.

§ 2f Abzüge für Sozialabgaben

(1) Als Abzüge für Sozialabgaben sind Beträge für die gesetzliche Sozialversicherung oder für eine vergleichbare Einrichtung sowie für die Arbeitsförderung zu berücksichtigen. Die Abzüge für Sozialabgaben werden einheitlich für Einkommen aus nichtselbstständiger und selbstständiger Erwerbstätigkeit anhand folgender Beitragssatzpauschalen ermittelt:

1. 9 Prozent für die Kranken- und Pflegeversicherung, falls die berechtigte Person in der gesetzlichen Krankenversicherung nach § 5 Absatz 1 Nummer 1 bis 12 des Fünften Buches Sozialgesetzbuch versicherungspflichtig gewesen ist,
2. 10 Prozent für die Rentenversicherung, falls die berechtigte Person in der gesetzlichen Rentenversicherung oder einer vergleichbaren Einrichtung versicherungspflichtig gewesen ist, und
3. 2 Prozent für die Arbeitsförderung, falls die berechtigte Person nach dem Dritten Buch Sozialgesetzbuch versicherungspflichtig gewesen ist.

(2) Bemessungsgrundlage für die Ermittlung der Abzüge für Sozialabgaben ist die monatlich durchschnittlich zu berücksichtigende Summe der Einnahmen nach § 2c und der Gewinneinkünfte nach § 2d. Einnahmen aus Beschäftigungen im Sinne des § 8, des § 8a oder des § 20 Absatz 3 Satz 1 des Vierten Buches Sozialgesetzbuch werden nicht berücksichtigt. Für Einnahmen aus Beschäftigungsverhältnissen im Sinne des § 20 Absatz 2 des Vierten Buches Sozialgesetzbuch ist der Betrag anzusetzen, der sich nach § 344 Absatz 4 des Dritten Buches Sozialgesetzbuch für diese Einnahmen ergibt, wobei der Faktor im Sinne des § 163 Absatz 10 Satz 2 des Sechsten Buches Sozialgesetzbuch unter Zugrundelegung der Beitragssatzpauschalen nach Absatz 1 bestimmt wird.

(3) Andere Maßgaben zur Bestimmung der sozialversicherungsrechtlichen Beitragsbemessungsgrundlagen werden nicht berücksichtigt.

§ 3 Anrechnung von anderen Einnahmen

(1) Auf das der berechtigten Person nach § 2 oder nach § 2 in Verbindung mit § 2a zustehende Elterngeld werden folgende Einnahmen angerechnet:

1. Mutterschaftsleistungen
   a) in Form des Mutterschaftsgeldes nach dem Fünften Buch Sozialgesetzbuch oder nach dem Zweiten Gesetz

über die Krankenversicherung der Landwirte mit Ausnahme des Mutterschaftsgeldes nach § 19 Absatz 2 des Mutterschutzgesetzes oder

   b) in Form des Zuschusses zum Mutterschaftsgeld nach § 20 des Mutterschutzgesetzes, die der berechtigten Person für die Zeit ab dem Tag der Geburt des Kindes zustehen,

2. Dienst- und Anwärterbezüge sowie Zuschüsse, die der berechtigten Person nach beamten- oder soldatenrechtlichen Vorschriften für die Zeit eines Beschäftigungsverbots ab dem Tag der Geburt des Kindes zustehen,
3. dem Elterngeld vergleichbare Leistungen, auf die eine nach § 1 berechtigte Person außerhalb Deutschlands oder gegenüber einer über- oder zwischenstaatlichen Einrichtung Anspruch hat,
4. Elterngeld, das der berechtigten Person für ein älteres Kind zusteht, sowie
5. Einnahmen, die der berechtigten Person als Ersatz für Erwerbseinkommen zustehen und
   a) die nicht bereits für die Berechnung des Elterngeldes nach § 2 berücksichtigt werden oder
   b) bei deren Berechnung das Elterngeld nicht berücksichtigt wird.

Stehen der berechtigten Person die Einnahmen nur für einen Teil des Lebensmonats des Kindes zu, sind sie nur auf den entsprechenden Teil des Elterngeldes anzurechnen. Für jeden Kalendermonat, in dem Einnahmen nach Satz 1 Nummer 4 oder Nummer 5 im Bemessungszeitraum bezogen worden sind, wird der Anrechnungsbetrag um ein Zwölftel gemindert. Beginnt der Bezug von Einnahmen nach Satz 1 Nummer 5 nach der Geburt des Kindes und berechnen sich die anzurechnenden Einnahmen auf der Grundlage eines Einkommens, das geringer ist als das Einkommen aus Erwerbstätigkeit im Bemessungszeitraum, so ist der Teil des Elterngeldes in Höhe des nach § 2 Absatz 1 oder 2 maßgeblichen Prozentsatzes des Unterschiedsbetrages zwischen dem durchschnittlichen monatlichen Einkommen aus Erwerbstätigkeit im Bemessungszeitraum und dem durchschnittlichen monatlichen Bemessungseinkommen der anzurechnenden Einnahmen von der Anrechnung freigestellt.

(2) Bis zu einem Betrag von 300 Euro ist das Elterngeld von der Anrechnung nach Absatz 1 frei, soweit nicht Einnahmen nach Absatz 1 Satz 1 Nummer 1 bis 3 auf das Elterngeld anzurechnen sind. Dieser Betrag erhöht sich bei Mehrlingsgeburten um je 300 Euro für das zweite und jedes weitere Kind."
(3) Solange kein Antrag auf die in Absatz 1 Satz 1 Nummer 3 genannten vergleichbaren Leistungen gestellt wird, ruht der Anspruch auf Elterngeld bis zur möglichen Höhe der vergleichbaren Leistung.

§ 4 Bezugsdauer, Anspruchsumfang

(1) Elterngeld wird als Basiselterngeld oder als Elterngeld Plus gewährt. Es kann ab dem Tag der Geburt bezogen werden. Basiselterngeld kann bis zur Vollendung des 14. Lebensmonats des Kindes bezogen werden. Elterngeld Plus kann bis zur Vollendung des 32. Lebensmonats bezogen werden, solange es ab dem 15. Lebensmonat in aufeinander folgenden Lebensmonaten von zumindest einem Elternteil in Anspruch genommen wird. Für angenommene Kinder und Kinder im Sinne des § 1 Absatz 3 Satz 1 Nummer 1 kann Elterngeld ab Aufnahme bei der berechtigten Person längstens bis zur Vollendung des achten Lebensjahres des Kindes bezogen werden.
(2) Elterngeld wird in Monatsbeträgen für Lebensmonate des Kindes gezahlt. Der Anspruch endet mit dem Ablauf des Lebensmonats, in dem eine Anspruchsvoraussetzung entfallen ist.
(3) Die Eltern haben gemeinsam Anspruch auf zwölf Monatsbeträge Basiselterngeld. Ist das Einkommen aus Erwerbstätigkeit eines Elternteils in zwei Lebensmonaten gemindert, haben die Eltern gemeinsam Anspruch auf zwei weitere Monate Basiselterngeld (Partnermonate). Statt für einen Lebensmonat Basiselterngeld zu beanspruchen, kann die berechtigte Person jeweils zwei Lebensmonate Elterngeld Plus beziehen.
(4) Ein Elternteil hat Anspruch auf höchstens zwölf Monatsbeträge Basiselterngeld zuzüglich der höchstens vier zustehenden Monatsbeträge Partnerschaftsbonus nach § 4b. Ein Elternteil hat nur Anspruch auf Elterngeld, wenn er es mindestens für zwei Lebensmonate bezieht. Lebensmonate des Kindes, in denen einem Elternteil nach § 3 Absatz 1 Satz 1 Nummer 1 bis 3 anzurechnende Leistungen oder nach § 192 Absatz 5 Satz 2 des Versicherungsvertragsgesetzes Versicherungsleistungen zustehen, gelten als

Monate, für die dieser Elternteil Basiselterngeld nach § 4a Absatz 1 bezieht.

(5) Abweichend von Absatz 3 Satz 1 beträgt der gemeinsame Anspruch der Eltern auf Basiselterngeld für ein Kind, das

1. mindestens sechs Wochen vor dem voraussichtlichen Tag der Entbindung geboren wurde: 13 Monatsbeträge Basiselterngeld;
2. mindestens acht Wochen vor dem voraussichtlichen Tag der Entbindung geboren wurde: 14 Monatsbeträge Basiselterngeld;
3. mindestens zwölf Wochen vor dem voraussichtlichen Tag der Entbindung geboren wurde: 15 Monatsbeträge Basiselterngeld;
4. mindestens 16 Wochen vor dem voraussichtlichen Tag der Entbindung geboren wurde: 16 Monatsbeträge Basiselterngeld.

Für die Berechnung des Zeitraums zwischen dem voraussichtlichen Tag der Entbindung und dem tatsächlichen Tag der Geburt ist der voraussichtliche Tag der Entbindung maßgeblich, wie er sich aus dem ärztlichen Zeugnis oder dem Zeugnis einer Hebamme oder eines Entbindungspflegers ergibt.

Im Fall von

1. Satz 1 Nummer 1
   a) hat ein Elternteil abweichend von Absatz 4 Satz 1 Anspruch auf höchstens 13 Monatsbeträge Basiselterngeld zuzüglich der höchstens vier zustehenden Monatsbeträge Partnerschaftsbonus nach § 4b,
   b) kann Basiselterngeld abweichend von Absatz 1 Satz 3 bis zur Vollendung des 15. Lebensmonats des Kindes bezogen werden und
   c) kann Elterngeld Plus abweichend von Absatz 1 Satz 4 bis zur Vollendung des 32. Lebensmonats des Kindes bezogen werden, solange es ab dem 16. Lebensmonat in aufeinander folgenden Lebensmonaten von zumindest einem Elternteil in Anspruch genommen wird;
2. Satz 1 Nummer 2
   a) hat ein Elternteil abweichend von Absatz 4 Satz 1 Anspruch auf höchstens 14 Monatsbeträge Basiselterngeld zuzüglich der höchstens vier zustehenden Monatsbeträge Partnerschaftsbonus nach § 4b,
   b) kann Basiselterngeld abweichend von Absatz 1 Satz 3 bis zur Vollendung des 16. Lebensmonats des Kindes bezogen werden und

c) kann Elterngeld Plus abweichend von Absatz 1 Satz 4 bis zur Vollendung des 32. Lebensmonats des Kindes bezogen werden, solange es ab dem 17. Lebensmonat in aufeinander folgenden Lebensmonaten von zumindest einem Elternteil in Anspruch genommen wird;

3. Satz 1 Nummer 3
   a) hat ein Elternteil abweichend von Absatz 4 Satz 1 Anspruch auf höchstens 15 Monatsbeträge Basiselterngeld zuzüglich der höchstens vier zustehenden Monatsbeträge Partnerschaftsbonus nach § 4b,
   b) kann Basiselterngeld abweichend von Absatz 1 Satz 3 bis zur Vollendung des 17. Lebensmonats des Kindes bezogen werden und
   c) kann Elterngeld Plus abweichend von Absatz 1 Satz 4 bis zur Vollendung des 32. Lebensmonats des Kindes bezogen werden, solange es ab dem 18. Lebensmonat in aufeinander folgenden Lebensmonaten von zumindest einem Elternteil in Anspruch genommen wird;
4. Satz 1 Nummer 4
   a) hat ein Elternteil abweichend von Absatz 4 Satz 1 Anspruch auf höchstens 16 Monatsbeträge Basiselterngeld zuzüglich der höchstens vier zustehenden Monatsbeträge Partnerschaftsbonus nach § 4b,
   b) kann Basiselterngeld abweichend von Absatz 1 Satz 3 bis zur Vollendung des 18. Lebensmonats des Kindes bezogen werden und
   c) kann Elterngeld Plus abweichend von Absatz 1 Satz 4 bis zur Vollendung des 32. Lebensmonats des Kindes bezogen werden, solange es ab dem 19. Lebensmonat in aufeinander folgenden Lebensmonaten von zumindest einem Elternteil in Anspruch genommen wird.

(6) Ein gleichzeitiger Bezug von Basiselterngeld beider Elternteile ist nur in einem der ersten zwölf Lebensmonate des Kindes möglich. Bezieht einer der beiden Elternteile Elterngeld Plus, so kann dieser Elternteil das Elterngeld Plus gleichzeitig zum Bezug von Basiselterngeld oder von Elterngeld Plus des anderen Elternteils beziehen. § 4b bleibt unberührt. Abweichend von Satz 1 können bei Mehrlingsgeburten sowie bei Frühgeburten im Sinne des Absatzes 5 beide Elternteile gleichzeitig Basiselterngeld beziehen.

§ 4a Berechnung von Basiselterngeld und Elterngeld Plus

(1) Basiselterngeld wird allein nach den Vorgaben der §§ 2 bis 3 ermittelt.

(2) Elterngeld Plus wird nach den Vorgaben der §§ 2 bis 3 und den zusätzlichen Vorgaben der Sätze 2 und 3 ermittelt. Das Elterngeld Plus beträgt monatlich höchstens die Hälfte des Basiselterngeldes, das der berechtigten Person zustünde, wenn sie während des Elterngeldbezugs keine Einnahmen im Sinne des § 2 oder des § 3 hätte oder hat. Für die Berechnung des Elterngeldes Plus halbieren sich:

1. der Mindestbetrag für das Elterngeld nach § 2 Absatz 4 Satz 1,
2. der Mindestbetrag des Geschwisterbonus nach § 2a Absatz 1 Satz 1,
3. der Mehrlingszuschlag nach § 2a Absatz 4 sowie
4. die von der Anrechnung freigestellten Elterngeldbeträge nach § 3 Absatz 2.

§ 4b Partnerschaftsbonus

(1) Wenn beide Elternteile

1. nicht weniger als 24 und nicht mehr als 32 Wochenstunden im Durchschnitt des Lebensmonats erwerbstätig sind und
2. die Voraussetzungen des § 1 erfüllen,

hat jeder Elternteil für diesen Lebensmonat Anspruch auf einen zusätzlichen Monatsbetrag Elterngeld Plus (Partnerschaftsbonus).

(2) Die Eltern haben je Elternteil Anspruch auf höchstens vier Monatsbeträge Partnerschaftsbonus. Sie können den Partnerschaftsbonus nur beziehen, wenn sie ihn jeweils für mindestens zwei Lebensmonate in Anspruch nehmen.

(3) Die Eltern können den Partnerschaftsbonus nur gleichzeitig und in aufeinander folgenden Lebensmonaten beziehen.

(4) Treten während des Bezugs des Partnerschaftsbonus die Voraussetzungen für einen alleinigen Bezug nach § 4c Absatz 1 Nummer 1 bis 3 ein, so kann der Bezug durch einen Elternteil nach § 4c Absatz 2 fortgeführt werden.

(5) Das Erfordernis des Bezugs in aufeinander folgenden Lebensmonaten nach Absatz 3 und § 4 Absatz 1 Satz 4 gilt auch dann als erfüllt, wenn sich während des Bezugs oder nach dem Ende des Bezugs herausstellt, dass die Voraussetzungen für den Partnerschaftsbonus nicht in allen Lebensmonaten, für die der Partnerschaftsbonus beantragt wurde, vorliegen oder vorlagen.

§ 4c Alleiniger Bezug durch einen Elternteil

(1) Ein Elternteil kann abweichend von § 4 Absatz 4 Satz 1 zusätzlich auch das Elterngeld für die Partnermonate nach § 4 Absatz 3 Satz 3 beziehen, wenn das Einkommen aus Erwerbstätigkeit für zwei Lebensmonate gemindert ist und

1. bei diesem Elternteil die Voraussetzungen für den Entlastungsbetrag für Alleinerziehende nach § 24b Absatz 1 und 3 des Einkommensteuergesetzes vorliegen und der andere Elternteil weder mit ihm noch mit dem Kind in einer Wohnung lebt,
2. mit der Betreuung durch den anderen Elternteil eine Gefährdung des Kindeswohls im Sinne von § 1666 Absatz 1 und 2 des Bürgerlichen Gesetzbuchs verbunden wäre oder
3. die Betreuung durch den anderen Elternteil unmöglich ist, insbesondere, weil er wegen einer schweren Krankheit oder einer Schwerbehinderung sein Kind nicht betreuen kann; für die Feststellung der Unmöglichkeit der Betreuung bleiben wirtschaftliche Gründe und Gründe einer Verhinderung wegen anderweitiger Tätigkeiten außer Betracht.

(2) Liegt eine der Voraussetzungen des Absatzes 1 Nummer 1 bis 3 vor, so hat ein Elternteil, der in mindestens zwei bis höchstens vier aufeinander folgenden Lebensmonaten nicht weniger als 24 und nicht mehr als 32 Wochenstunden im Durchschnitt des Lebensmonats erwerbstätig ist, für diese Lebensmonate Anspruch auf zusätzliche Monatsbeträge Elterngeld Plus.

§ 4d Weitere Berechtigte

Die §§ 4 bis 4c gelten in den Fällen des § 1 Absatz 3 und 4 entsprechend. Der Bezug von Elterngeld durch nicht sorgeberechtigte Elternteile und durch Personen, die nach § 1 Absatz 3 Satz 1 Nummer 2 und 3 Anspruch auf Elterngeld haben, bedarf der Zustimmung des sorgeberechtigten Elternteils.

Abschnitt 2 Verfahren und Organisation

§ 5 Zusammentreffen von Ansprüchen

(1) Erfüllen beide Elternteile die Anspruchsvoraussetzungen, bestimmen sie, wer von ihnen die Monatsbeträge für welche Lebensmonate des Kindes in Anspruch nimmt.

(2) Beanspruchen beide Elternteile zusammen mehr als die ihnen nach § 4 Absatz 3 und § 4b oder nach § 4 Absatz 3 und § 4b in Verbindung mit § 4d zustehenden Monatsbeträge, so besteht der Anspruch eines Elternteils, der nicht über die Hälfte der zustehenden Monatsbeträge hinausgeht, ungekürzt; der Anspruch des anderen Elternteils wird gekürzt auf die vom Gesamtanspruch verbleibenden Monatsbeträge. Beansprucht jeder der beiden Elternteile mehr als die Hälfte der ihm zustehenden Monatsbeträge, steht jedem Elternteil die Hälfte des Gesamtanspruchs der Monatsbeträge zu.
(3) Die Absätze 1 und 2 gelten in den Fällen des § 1 Absatz 3 und 4 entsprechend. Wird eine Einigung mit einem nicht sorgeberechtigten Elternteil oder einer Person, die nach § 1 Absatz 3 Satz 1 Nummer 2 und 3 Anspruch auf Elterngeld hat, nicht erzielt, so kommt es abweichend von Absatz 2 allein auf die Entscheidung des sorgeberechtigten Elternteils an.

§ 6 Auszahlung

Elterngeld wird im Laufe des Lebensmonats gezahlt, für den es bestimmt ist.

§ 7 Antragstellung

(1) Elterngeld ist schriftlich zu beantragen. Es wird rückwirkend nur für die letzten drei Lebensmonate vor Beginn des Lebensmonats geleistet, in dem der Antrag auf Elterngeld eingegangen ist. Im Antrag ist anzugeben, für welche Lebensmonate Basiselterngeld, für welche Lebensmonate Elterngeld Plus oder für welche Lebensmonate Partnerschaftsbonus beantragt wird.
(2) Die im Antrag getroffenen Entscheidungen können bis zum Ende des Bezugszeitraums geändert werden. Eine Änderung kann rückwirkend nur für die letzten drei Lebensmonate vor Beginn des Lebensmonats verlangt werden, in dem der Änderungsantrag eingegangen ist. Sie ist außer in den Fällen besonderer Härte unzulässig, soweit Monatsbeträge bereits ausgezahlt sind. Abweichend von den Sätzen 2 und 3 kann für einen Lebensmonat, in dem bereits Elterngeld Plus bezogen wurde, nachträglich Elterngeld nach Basiselterngeld beantragt werden. Im Übrigen finden die für die Antragstellung geltenden Vorschriften auch auf den Änderungsantrag Anwendung.

(3) Der Antrag ist, außer im Fall des § 4c und der Antragstellung durch eine allein sorgeberechtigte Person, zu unterschreiben von der Person, die ihn stellt, und zur Bestätigung der Kenntnisnahme auch von der anderen berechtigten Person. Die andere berechtigte Person kann gleichzeitig
1. einen Antrag auf Elterngeld stellen oder
2. der Behörde anzeigen, wie viele Monatsbeträge sie beansprucht, wenn mit ihrem Anspruch die Höchstgrenzen nach § 4 Absatz 3 in Verbindung mit § 4b überschritten würden.

Liegt der Behörde von der anderen berechtigten Person weder ein Antrag auf Elterngeld noch eine Anzeige nach Satz 2 vor, so werden sämtliche Monatsbeträge der berechtigten Person ausgezahlt, die den Antrag gestellt hat; die andere berechtigte Person kann bei einem späteren Antrag abweichend von § 5 Absatz 2 nur die unter Berücksichtigung von § 4 Absatz 3 in Verbindung mit § 4b vom Gesamtanspruch verbleibenden Monatsbeträge erhalten.

§ 8 Auskunftspflicht, Nebenbestimmungen

(1) Soweit im Antrag auf Elterngeld Angaben zum voraussichtlichen Einkommen aus Erwerbstätigkeit gemacht wurden, ist nach Ablauf des Bezugszeitraums für diese Zeit das tatsächliche Einkommen aus Erwerbstätigkeit nachzuweisen.

(1a) Die Mitwirkungspflichten nach § 60 des Ersten Buches Sozialgesetzbuch gelden
1. im Falle des § 1 Absatz 8 Satz 2 auch für die andere Person im Sinne des § 1 Absatz 8 Satz 2 und
2. im Falle des § 4b oder des § 4b in Verbindung mit § 4d Satz 1 für beide Personen, die den Partnerschaftsbonus beantragt haben.

§ 64 Absatz 1 und 3 des Ersten Buches Sozialgesetzbuch gilt entsprechend.

(2) Elterngeld wird in den Fällen, in denen die berechtigte Person nach ihren Angaben im Antrag im Bezugszeitraum voraussichtlich kein Einkommen aus Erwerbstätigkeit haben wird, unter dem Vorbehalt des Widerrufs für den Fall gezahlt, dass sie entgegen ihren Angaben im Antrag Einkommen aus Erwerbstätigkeit hat. In den Fällen, in denen zum Zeitpunkt der Antragstellung der Steuerbescheid für den letzten abgeschlossenen steuerlichen Veranlagungszeitraum vor der Geburt des Kindes nicht vorliegt und nach den Angaben im Antrag die Beträge nach § 1 Absatz 8 voraussichtlich nicht

überschritten werden, wird das Elterngeld unter dem Vorbehalt des Widerrufs für den Fall gezahlt, dass entgegen den Angaben im Antrag die Beträge nach § 1 Absatz 8 überschritten werden.

(3) Das Elterngeld wird bis zum Nachweis der jeweils erforderlichen Angaben vorläufig unter Berücksichtigung der glaubhaft gemachten Angaben gezahlt, wenn

1. zum Zeitpunkt der Antragstellung der Steuerbescheid für den letzten abgeschlossenen Veranlagungszeitraum vor der Geburt des Kindes nicht vorliegt und noch nicht angegeben werden kann, ob die Beträge nach § 1 Absatz 8 überschritten werden,
2. das Einkommen aus Erwerbstätigkeit vor der Geburt nicht ermittelt werden kann oder
3. die berechtigte Person nach Angaben im Antrag auf Elterngeld im Bezugszeitraum voraussichtlich Einkommen aus Erwerbstätigkeit hat.

Satz 1 Nummer 1 gilt entsprechend bei der Beantragung von Betreuungsgeld.

§ 9 Einkommens- und Arbeitszeitnachweis, Auskunftspflicht des Arbeitgebers

(1) Soweit es zum Nachweis des Einkommens aus Erwerbstätigkeit oder der wöchentlichen Arbeitszeit erforderlich ist, hat der Arbeitgeber der nach § 12 zuständigen Behörde für bei ihm Beschäftigte das Arbeitsentgelt, die für die Ermittlung der nach den §§ 2e und 2f erforderlichen Abzugsmerkmale für Steuern und Sozialabgaben sowie die Arbeitszeit auf Verlangen zu bescheinigen; das Gleiche gilt für ehemalige Arbeitgeber. Für die in Heimarbeit Beschäftigten und die ihnen Gleichgestellten (§ 1 Abs.1 und 2 des Heimarbeitsgesetzes) tritt an die Stelle des Arbeitgebers der Auftraggeber oder Zwischenmeister.

(2) Für den Nachweis des Einkommens aus Erwerbstätigkeit kann die nach § 12 Absatz 1 zuständige Behörde auch das in § 108a Absatz 1 des Vierten Buches Sozialgesetzbuch vorgesehene Verfahren zur elektronischen Abfrage und Übermittlung von Entgeltbescheinigungsdaten nutzen. Sie darf dieses Verfahren nur nutzen, wenn die betroffene Arbeitnehmerin oder der betroffene Arbeitnehmer zuvor in dessen Nutzung eingewilligt hat. Wenn der betroffene Arbeitgeber ein systemgeprüftes Entgeltabrechnungsprogramm nutzt, ist er verpflichtet, die jeweiligen

Entgeltbescheinigungsdaten mit dem in § 108a Absatz 1 des Vierten Buches Sozialgesetzbuch vorgesehenen Verfahren zu übermitteln.

§ 10 Verhältnis zu anderen Sozialleistungen

(1) Das Elterngeld und vergleichbare Leistungen der Länder sowie die nach § 3 auf die Leistung angerechneten Einnahmen oder Leistungen bleiben bei Sozialleistungen, deren Zahlung von anderen Einkommen abhängig ist, bis zu einer Höhe von insgesamt 300 Euro im Monat als Einkommen unberücksichtigt.

(2) Das Elterngeld und vergleichbare Leistungen der Länder sowie die nach § 3 auf die Leistung angerechneten Einnahmen oder Leistungen dürfen bis zu einer Höhe von insgesamt 300 Euro nicht dafür herangezogen werden, um auf Rechtsvorschriften beruhende Leistungen anderer, auf die kein Anspruch besteht, zu versagen.

(3) Soweit die berechtigte Person Elterngeld Plus bezieht, bleibt das Elterngeld nur bis zur Hälfte des Anrechnungsfreibetrags, der nach Abzug der anderen nach Absatz 1 nicht zu berücksichtigenden Einnahmen für das Elterngeld verbleibt, als Einkommen unberücksichtigt und darf nur bis zu dieser Höhe nicht dafür herangezogen werden, um auf Rechtsvorschriften beruhende Leistungen anderer, auf die kein Anspruch besteht, zu versagen.

(4) Die nach den Absätzen 1 bis 3 nicht zu berücksichtigenden oder nicht heranzuziehenden Beträge vervielfachen sich bei Mehrlingsgeburten mit der Zahl der geborenen Kinder.

(5) Die Absätze 1 bis 4 gelten nicht bei Leistungen nach dem Zweiten Buch Sozialgesetzbuch, dem Zwölften Buch Sozialgesetzbuch, § 6a des Bundeskindergeldgesetzes und dem Asylbewerberleistungsgesetz. Bei den in Satz 1 bezeichneten Leistungen bleiben das Elterngeld und vergleichbare Leistungen der Länder sowie die nach § 3 auf das Elterngeld angerechneten Einnahmen in Höhe des nach § 2 Absatz 1 berücksichtigten Einkommens aus Erwerbstätigkeit vor der Geburt bis zu 300 Euro im Monat als Einkommen unberücksichtigt. Soweit die berechtigte Person Elterngeld Plus bezieht, verringern sich die Beträge nach Satz 2 um die Hälfte. Abweichend von Satz 2 bleibt Mutterschaftsgeld gemäß § 19 des Mutterschutzgesetzes in voller Höhe unberücksichtigt.

(6) Die Absätze 1 bis 4 gelten entsprechend, soweit für eine Sozialleistung ein Kostenbeitrag erhoben werden kann, der einkommensabhängig ist.

§ 11 Unterhaltspflichten

Unterhaltsverpflichtungen werden durch die Zahlung des Elterngeldes und vergleichbarer Leistungen der Länder nur insoweit berührt, als die Zahlung 300 Euro monatlich übersteigt. Soweit die berechtigte Person Elterngeld Plus bezieht, werden die Unterhaltspflichten insoweit berührt, als die Zahlung 150 Euro übersteigt. Die in den Sätzen 1 und 2 genannten Beträge vervielfachen sich bei Mehrlingsgeburten mit der Zahl der geborenen Kinder. Die Sätze 1 bis 3 gelten nicht in den Fällen des § 1361 Abs. 3, der §§ 1579, 1603 Abs. 2 und des § 1611 Abs.1 des Bürgerlichen Gesetzbuchs.

§ 12 Zuständigkeit; Bewirtschaftung der Mittel

(1) Die Landesregierungen oder die von ihnen beauftragten Stellen bestimmen die für die Ausführung dieses Gesetzes zuständigen Behörden. Zuständig ist die von den Ländern für die Durchführung dieses Gesetzes bestimmte Behörde des Bezirks, in dem das Kind, für das Elterngeld beansprucht wird, zum Zeitpunkt der ersten Antragstellung seinen inländischen Wohnsitz hat. Hat das Kind, für das Elterngeld beansprucht wird, in den Fällen des § 1 Absatz 2 zum Zeitpunkt der ersten Antragstellung keinen inländischen Wohnsitz, so ist die von den Ländern für die Durchführung dieses Gesetzes bestimmte Behörde des Bezirks zuständig, in dem die berechtigte Person ihren letzten inländischen Wohnsitz hatte; hilfsweise ist die Behörde des Bezirks zuständig, in dem der entsendende Dienstherr oder Arbeitgeber der berechtigten Person oder der Arbeitgeber des Ehegatten oder der Ehegattin der berechtigten Person den inländischen Sitz hat.

(2) Den nach Absatz 1 zuständigen Behörden obliegt auch die Beratung zur Elternzeit.

(3) Der Bund trägt die Ausgaben für das Elterngeld. Die damit zusammenhängenden Einnahmen sind an den Bund abzuführen. Für die Ausgaben und die mit ihnen zusammenhängenden Einnahmen sind die Vorschriften über das Haushaltsrecht des Bundes einschließlich der Verwaltungsvorschriften anzuwenden.

§ 13 Rechtsweg

(1) Über öffentlich-rechtliche Streitigkeiten in Angelegenheiten der §§ 1 bis 12 entscheiden die Gerichte der Sozialgerichtsbarkeit.

§ 85 Abs. 2 Nr. 2 des Sozialgerichtsgesetzes gilt mit der Maßgabe, dass die zuständige Stelle nach § 12 bestimmt wird.
(2) Widerspruch und Anfechtungsklage haben keine aufschiebende Wirkung.

§ 14 Bußgeldvorschriften
(1) Ordnungswidrig handelt, wer vorsätzlich oder fahrlässig
1. entgegen § 8 Absatz 1 einen Nachweis nicht, nicht richtig, nicht vollständig oder nicht rechtzeitig erbringt,
2. entgegen § 9 Absatz 1 eine dort genannte Angabe nicht, nicht richtig, nicht vollständig oder nicht rechtzeitig bescheinigt,
3. entgegen § 60 Absatz 1 Satz 1 Nummer 1 des Ersten Buches Sozialgesetzbuch, auch in Verbindung mit § 8 Absatz 1a Satz 1, eine Angabe nicht, nicht richtig, nicht vollständig oder nicht rechtzeitig macht,
4. entgegen § 60 Absatz 1 Satz 1 Nummer 2 des Ersten Buches Sozialgesetzbuch, auch in Verbindung mit § 8 Absatz 1a Satz 1 eine Mitteilung nicht, nicht richtig, nicht vollständig oder nicht rechtzeitig macht oder
5. entgegen § 60 Absatz 1 Satz 1 Nummer 3 des Ersten Buches Sozialgesetzbuch, auch in Verbindung mit § 8 Absatz 1a Satz 1 eine Beweisurkunde nicht, nicht richtig, nicht vollständig oder nicht rechtzeitig vorlegt.

(2) Die Ordnungswidrigkeit kann mit einer Geldbuße von bis zu zweitausend Euro geahndet werden.
(3) Verwaltungsbehörden im Sinne des § 36 Abs.1 Nr.1 des Gesetzes über Ordnungswidrigkeiten sind die in § 12 Abs.1 genannten Behörden.

Abschnitt 3 Elternzeit für Arbeitnehmerinnen und Arbeitnehmer

§ 15 Anspruch auf Elternzeit
(1) Arbeitnehmerinnen und Arbeitnehmer haben Anspruch auf Elternzeit, wenn sie
1. a) mit ihrem Kind,
   b) mit einem Kind, für das sie die Anspruchsvoraussetzungen nach § 1 Abs. 3 oder 4 erfüllen, oder
   c) mit einem Kind, das sie in Vollzeitpflege nach § 33 des Achten Buches Sozialgesetzbuch aufgenommen haben,

   in einem Haushalt leben und

2. dieses Kind selbst betreuen und erziehen.

Nicht sorgeberechtigte Elternteile und Personen, die nach Satz 1 Nr. 1 Buchstabe b und c Elternzeit nehmen können, bedürfen der Zustimmung des sorgeberechtigten Elternteils.

(1a) Anspruch auf Elternzeit haben Arbeitnehmerinnen und Arbeitnehmer auch, wenn sie mit ihrem Enkelkind in einem Haushalt leben und dieses Kind selbst betreuen und erziehen und

1. ein Elternteil des Kindes minderjährig ist oder
2. ein Elternteil des Kindes sich in einer Ausbildung befindet, die vor Vollendung des 18. Lebensjahres begonnen wurde und die Arbeitskraft des Elternteils im Allgemeinen voll in Anspruch nimmt.

Der Anspruch besteht nur für Zeiten, in denen keiner der Elternteile des Kindes selbst Elternzeit beansprucht.

(2) Der Anspruch auf Elternzeit besteht bis zur Vollendung des dritten Lebensjahres eines Kindes. Ein Anteil von bis zu 24 Monaten kann zwischen dem dritten Geburtstag und dem vollendeten achten Lebensjahr des Kindes in Anspruch genommen werden. Die Zeit der Mutterschutzfrist nach § 3 Absatz 2 und 3 des Mutterschutzgesetzes wird für die Elternzeit der Mutter auf die Begrenzung nach den Sätzen 1 und 2 angerechnet. Bei mehreren Kindern besteht der Anspruch auf Elternzeit für jedes Kind, auch wenn sich die Zeiträume im Sinne der Sätze 1 und 2 überschneiden. Bei einem angenommenen Kind und bei einem Kind in Vollzeit- oder Adoptionspflege kann Elternzeit von insgesamt bis zu drei Jahren ab der Aufnahme bei der berechtigten Person, längstens bis zur Vollendung des achten Lebensjahres des Kindes genommen werden; die Sätze 2 und 4 sind entsprechend anwendbar, soweit sie die zeitliche Aufteilung regeln. Der Anspruch kann nicht durch Vertrag ausgeschlossen oder beschränkt werden.

(3) Die Elternzeit kann, auch anteilig, von jedem Elternteil allein oder von beiden Elternteilen gemeinsam genommen werden. Satz 1 gilt in den Fällen des Absatzes 1 Satz 1 Nr. 1 Buchstabe b und c entsprechend.

(4) Der Arbeitnehmer oder die Arbeitnehmerin darf während der Elternzeit nicht mehr als 32 Wochenstunden im Durchschnitt des Monats erwerbstätig sein. Eine im Sinne des § 23 des Achten Buches Sozialgesetzbuch geeignete Tagespflegeperson darf bis zu fünf Kinder in Tagespflege betreuen, auch wenn die wöchentliche Betreuungszeit 32 Stunden übersteigt. Teilzeitarbeit bei einem

anderen Arbeitgeber oder selbstständige Tätigkeit nach Satz 1 bedürfen der Zustimmung des Arbeitgebers. Dieser kann sie nur innerhalb von vier Wochen aus dringenden betrieblichen Gründen schriftlich ablehnen.

(5) Der Arbeitnehmer oder die Arbeitnehmerin kann eine Verringerung der Arbeitszeit und ihre Verteilung beantragen. Der Antrag kann mit der schriftlichen Mitteilung nach Absatz 7 Satz 1 Nummer 5 verbunden werden. Über den Antrag sollen sich der Arbeitgeber und der Arbeitnehmer oder die Arbeitnehmerin innerhalb von vier Wochen einigen. Lehnt der Arbeitgeber den Antrag ab, so hat er dies dem Arbeitnehmer oder der Arbeitnehmerin innerhalb der Frist nach Satz 3 mit einer Begründung mitzuteilen. Unberührt bleibt das Recht, sowohl die vor der Elternzeit bestehende Teilzeitarbeit unverändert während der Elternzeit fortzusetzen, soweit Absatz 4 beachtet ist, als auch nach der Elternzeit zu der Arbeitszeit zurückzukehren, die vor Beginn der Elternzeit vereinbart war.

(6) Der Arbeitnehmer oder die Arbeitnehmerin kann gegenüber dem Arbeitgeber, soweit eine Einigung nach Absatz 5 nicht möglich ist, unter den Voraussetzungen des Absatzes 7 während der Gesamtdauer der Elternzeit zweimal eine Verringerung seiner oder ihrer Arbeitszeit beanspruchen.

(7) Für den Anspruch auf Verringerung der Arbeitszeit gelten folgende Voraussetzungen:

1. Der Arbeitgeber beschäftigt, unabhängig von der Anzahl der Personen in Berufsbildung, in der Regel mehr als 15 Arbeitnehmer und Arbeitnehmerinnen,
2. das Arbeitsverhältnis in demselben Betrieb oder Unternehmen besteht ohne Unterbrechung länger als sechs Monate,
3. die vertraglich vereinbarte regelmäßige Arbeitszeit soll für mindestens zwei Monate auf einen Umfang von nicht weniger als 15 und nicht mehr als 32 Wochenstunden im Durchschnitt des Montags verringert werden,
4. dem Anspruch stehen keine dringenden betrieblichen Gründe entgegen und
5. der Anspruch auf Teilzeit wurde dem Arbeitgeber
   a) für den Zeitraum bis zum vollendeten dritten Lebensjahr des Kindes sieben Wochen und
   b) für den Zeitraum zwischen dem dritten Geburtstag und dem vollendeten achten Lebensjahr des Kindes 13 Wochen
   c) vor Beginn der Teilzeittätigkeit schriftlich mitgeteilt.

Der Antrag muss den Beginn und den Umfang der verringerten Arbeitszeit enthalten. Die gewünschte Verteilung der verringerten Arbeitszeit soll im Antrag angegeben werden. Falls der Arbeitgeber die beanspruchte Verringerung oder Verteilung der Arbeitszeit ablehnt, muss die Ablehnung innerhalb der in Satz 5 genannten Frist und mit schriftlicher Begründung erfolgen. Hat ein Arbeitgeber die Verringerung der Arbeitszeit

1. in einer Elternzeit zwischen der Geburt und dem vollendeten dritten Lebensjahr des Kindes nicht spätestens vier Wochen nach Zugang des Antrags oder
2. in einer Elternzeit zwischen dem dritten Geburtstag und dem vollendeten achten Lebensjahr des Kindes nicht spätestens acht Wochen nach Zugang des Antrags

schriftlich abgelehnt, gilt die Zustimmung als erteilt und die Verringerung der Arbeitszeit entsprechend den Wünschen der Arbeitnehmerin oder des Arbeitnehmers als festgelegt. Haben Arbeitgeber und Arbeitnehmerin oder Arbeitnehmer über die Verteilung der Arbeitszeit kein Einvernehmen nach Absatz 5 Satz 2 erzielt und hat der Arbeitgeber nicht innerhalb der in Satz 5 genannten Fristen die gewünschte Verteilung schriftlich abgelehnt, gilt die Verteilung der Arbeitszeit entsprechend den Wünschen der Arbeitnehmerin oder des Arbeitnehmers als festgelegt. Soweit der Arbeitgeber den Antrag auf Verringerung oder Verteilung der Arbeitszeit rechtzeitig ablehnt, kann die Arbeitnehmerin oder der Arbeitnehmer Klage vor dem Gericht für Arbeitssachen erheben.

§ 16 Inanspruchnahme der Elternzeit

(1) Wer Elternzeit beanspruchen will, muss sie

1. für den Zeitraum bis zum vollendeten dritten Lebensjahr des Kindes spätestens sieben Wochen und
2. für den Zeitraum zwischen dem dritten Geburtstag und dem vollendeten achten Lebensjahr des Kindes spätestens 13 Wochen

vor Beginn der Elternzeit schriftlich vom Arbeitgeber verlangen. Verlangt die Arbeitnehmerin oder der Arbeitnehmer Elternzeit nach Satz 1 Nummer 1, muss sie oder er gleichzeitig erklären, für welche Zeiten innerhalb von zwei Jahren Elternzeit genommen werden soll. Bei dringenden Gründen ist ausnahmsweise eine angemessene kürzere Frist möglich. Nimmt die Mutter die Elternzeit im

Anschluss an die Mutterschutzfrist, wird die Zeit der Mutterschutzfrist nach § 3 Absatz 2 und 3 des Mutterschutzgesetzes auf den Zeitraum nach Satz 2 angerechnet. Nimmt die Mutter die Elternzeit im Anschluss an einen auf die Mutterschutzfrist folgenden Erholungsurlaub, werden die Zeit der Mutterschutzfrist nach § 3 Absatz 2 und 3 des Mutterschutzgesetzes und die Zeit des Erholungsurlaubs auf den Zweijahreszeitraum nach Satz 2 angerechnet. Jeder Elternteil kann seine Elternzeit auf drei Abschnitte verteilen; eine Verteilung auf weitere Zeitabschnitte ist nur mit der Zustimmung des Arbeitgebers möglich. Der Arbeitgeber kann die Inanspruchnahme eines dritten Abschnitts einer Elternzeit innerhalb von acht Wochen nach Zugang des Antrags aus dringenden betrieblichen Gründen ablehnen, wenn dieser Abschnitt im Zeitraum zwischen dem dritten Geburtstag und dem vollendeten achten Lebensjahr des Kindes liegen soll. Der Arbeitgeber hat dem Arbeitnehmer oder der Arbeitnehmerin die Elternzeit zu bescheinigen. Bei einem Arbeitgeberwechsel ist bei der Anmeldung der Elternzeit auf Verlangen des neuen Arbeitgebers eine Bescheinigung des früheren Arbeitgebers über bereits genommene Elternzeit durch die Arbeitnehmerin oder den Arbeitnehmer vorzulegen.

(2) Können Arbeitnehmerinnen aus einem von ihnen nicht zu vertretenden Grund eine sich unmittelbar an die Mutterschutzfrist des § 3 Absatz 2 und 3 des Mutterschutzgesetzes anschließende Elternzeit nicht rechtzeitig verlangen, können sie dies innerhalb einer Woche nach Wegfall des Grundes nachholen.

(3) Die Elternzeit kann vorzeitig beendet oder im Rahmen des § 15 Absatz 2 verlängert werden, wenn der Arbeitgeber zustimmt. Die vorzeitige Beendigung wegen der Geburt eines weiteren Kindes oder in Fällen besonderer Härte, insbesondere bei Eintritt einer schweren Krankheit, Schwerbehinderung oder Tod eines Elternteils oder eines Kindes der berechtigten Person oder bei erheblich gefährdeter wirtschaftlicher Existenz der Eltern nach Inanspruchnahme der Elternzeit, kann der Arbeitgeber unbeschadet von Satz 3 nur innerhalb von vier Wochen aus dringenden betrieblichen Gründen schriftlich ablehnen. Die Elternzeit kann zur Inanspruchnahme der Schutzfristen des § 3 des Mutterschutzgesetzes auch ohne Zustimmung des Arbeitgebers vorzeitig beendet werden; in diesen Fällen soll die Arbeitnehmerin dem Arbeitgeber die Beendigung der Elternzeit rechtzeitig mitteilen. Eine Verlängerung der Elternzeit kann

verlangt werden, wenn ein vorgesehener Wechsel der Anspruchsberechtigten aus einem wichtigen Grund nicht erfolgen kann.
(4) Stirbt das Kind während der Elternzeit, endet diese spätestens drei Wochen nach dem Tod des Kindes.
(5) Eine Änderung in der Anspruchsberechtigung hat der Arbeitnehmer oder die Arbeitnehmerin dem Arbeitgeber unverzüglich mitzuteilen.

§ 17 Urlaub
(1) Der Arbeitgeber kann den Erholungsurlaub, der dem Arbeitnehmer oder der Arbeitnehmerin für das Urlaubsjahr zusteht, für jeden vollen Kalendermonat der Elternzeit um ein Zwölftel kürzen. Dies gilt nicht, wenn der Arbeitnehmer oder die Arbeitnehmerin während der Elternzeit bei seinem oder ihrem Arbeitgeber Teilzeitarbeit leistet.
(2) Hat der Arbeitnehmer oder die Arbeitnehmerin den ihm oder ihr zustehenden Urlaub vor dem Beginn der Elternzeit nicht oder nicht vollständig erhalten, hat der Arbeitgeber den Resturlaub nach der Elternzeit im laufenden oder im nächsten Urlaubsjahr zu gewähren.
(3) Endet das Arbeitsverhältnis während der Elternzeit oder wird es im Anschluss an die Elternzeit nicht fortgesetzt, so hat der Arbeitgeber den noch nicht gewährten Urlaub abzugelten.
(4) Hat der Arbeitnehmer oder die Arbeitnehmerin vor Beginn der Elternzeit mehr Urlaub erhalten, als ihm oder ihr nach Absatz 1 zusteht, kann der Arbeitgeber den Urlaub, der dem Arbeitnehmer oder der Arbeitnehmerin nach dem Ende der Elternzeit zusteht, um die zu viel gewährten Urlaubstage kürzen.

§ 18 Kündigungsschutz
(1) Der Arbeitgeber darf das Arbeitsverhältnis ab dem Zeitpunkt, von dem an Elternzeit verlangt worden ist, nicht kündigen. Der Kündigungsschutz nach Satz 1 beginnt

1. frühestens acht Wochen vor Beginn einer Elternzeit bis zum vollendeten dritten Lebensjahr des Kindes und
2. frühestens 14 Wochen vor Beginn einer Elternzeit zwischen dem dritten Geburtstag und dem vollendeten achten Lebensjahr des Kindes.

Während der Elternzeit darf der Arbeitgeber das Arbeitsverhältnis nicht kündigen. In besonderen Fällen kann ausnahmsweise eine Kündigung für zulässig erklärt werden. Die Zulässigkeitserklärung erfolgt durch die für den Arbeitsschutz zuständige oberste Landesbehörde oder die von ihr bestimmte Stelle. Die Bundesregierung kann mit Zustimmung des Bundesrates allgemeine Verwaltungsvorschriften zur Durchführung des Satzes 4 erlassen.

(2) Absatz 1 gilt entsprechend, wenn Arbeitnehmer oder Arbeitnehmerinnen

1. während der Elternzeit bei demselben Arbeitgeber Teilzeitarbeit leisten oder
2. ohne Elternzeit in Anspruch zu nehmen, Teilzeitarbeit leisten und Anspruch auf Elterngeld nach § 1 während des Zeitraums nach § 4 Absatz 1 Satz 2, 3 und 5 haben.

§ 19 Kündigung zum Ende der Elternzeit

Der Arbeitnehmer oder die Arbeitnehmerin kann das Arbeitsverhältnis zum Ende der Elternzeit nur unter Einhaltung einer Kündigungsfrist von drei Monaten kündigen.

§ 20 Zur Berufsbildung Beschäftigte, in Heimarbeit Beschäftigte

(1) Die zu ihrer Berufsbildung Beschäftigten gelten als Arbeitnehmer oder Arbeitnehmerinnen im Sinne dieses Gesetzes. Die Elternzeit wird auf die Dauer einer Berufsausbildung nicht angerechnet, es sei denn, dass während der Elternzeit die Berufsausbildung nach § 7a des Berufsbildungsgesetzes oder § 27b der Handwerksordnung in Teilzeit durchgeführt wird. § 15 Absatz 4 Satz 1 bleibt unberührt.

(2) Anspruch auf Elternzeit haben auch die in Heimarbeit Beschäftigten und die ihnen Gleichgestellten (§ 1 Abs.1 und 2 des Heimarbeitsgesetzes), soweit sie am Stück mitarbeiten. Für sie tritt an die Stelle des Arbeitgebers der Auftraggeber oder Zwischenmeister und an die Stelle des Arbeitsverhältnisses das Beschäftigungsverhältnis.

§ 21 Befristete Arbeitsverträge

(1) Ein sachlicher Grund, der die Befristung eines Arbeitsverhältnisses rechtfertigt, liegt vor, wenn ein Arbeitnehmer oder

eine Arbeitnehmerin zur Vertretung eines anderen Arbeitnehmers oder einer anderen Arbeitnehmerin für die Dauer eines Beschäftigungsverbotes nach dem Mutterschutzgesetz, einer Elternzeit, einer auf Tarifvertrag, Betriebsvereinbarung oder einzelvertraglicher Vereinbarung beruhenden Arbeitsfreistellung zur Betreuung eines Kindes oder für diese Zeiten zusammen oder für Teile davon eingestellt wird.

(2) Über die Dauer der Vertretung nach Absatz 1 hinaus ist die Befristung für notwendige Zeiten einer Einarbeitung zulässig.

(3) Die Dauer der Befristung des Arbeitsvertrags muss kalendermäßig bestimmt oder bestimmbar oder den in den Absätzen 1 und 2 genannten Zwecken zu entnehmen sein.

(4) Der Arbeitgeber kann den befristeten Arbeitsvertrag unter Einhaltung einer Frist von mindestens drei Wochen, jedoch frühestens zum Ende der Elternzeit, kündigen, wenn die Elternzeit ohne Zustimmung des Arbeitgebers vorzeitig endet und der Arbeitnehmer oder die Arbeitnehmerin die vorzeitige Beendigung der Elternzeit mitgeteilt hat. Satz 1 gilt entsprechend, wenn der Arbeitgeber die vorzeitige Beendigung der Elternzeit in den Fällen des § 16 Abs. 3 Satz 2 nicht ablehnen darf.

(5) Das Kündigungsschutzgesetz ist im Falle des Absatzes 4 nicht anzuwenden.

(6) Absatz 4 gilt nicht, soweit seine Anwendung vertraglich ausgeschlossen ist.

(7) Wird im Rahmen arbeitsrechtlicher Gesetze oder Verordnungen auf die Zahl der beschäftigten Arbeitnehmer und Arbeitnehmerinnen abgestellt, so sind bei der Ermittlung dieser Zahl Arbeitnehmer und Arbeitnehmerinnen, die sich in der Elternzeit befinden oder zur Betreuung eines Kindes freigestellt sind, nicht mitzuzählen, solange für sie aufgrund von Absatz 1 ein Vertreter oder eine Vertreterin eingestellt ist. Dies gilt nicht, wenn der Vertreter oder die Vertreterin nicht mitzuzählen ist. Die Sätze 1 und 2 gelten entsprechend, wenn im Rahmen arbeitsrechtlicher Gesetze oder Verordnungen auf die Zahl der Arbeitsplätze abgestellt wird.

Abschnitt 4 Statistik und Schlussvorschriften

§ 22 Bundesstatistik

(1) Zur Beurteilung der Auswirkungen dieses Gesetzes sowie zu seiner Fortentwicklung sind laufende Erhebungen zum Bezug von Elterngeld als Bundesstatistiken durchzuführen. Die Erhebungen erfolgen zentral beim Statistischen Bundesamt.

(2) Die Statistik zum Bezug von Elterngeld erfasst vierteljährlich zum jeweils letzten Tag des aktuellen und der vorangegangenen zwei Kalendermonate für Personen, die in einem dieser Kalendermonate Elterngeld bezogen haben, für jedes den Anspruch auslösende Kind folgende Erhebungsmerkmale:

1. Art der Berechtigung nach § 1,
2. Grundlagen der Berechnung des zustehenden Monatsbetrags nach Art und Höhe (§ 2 Absatz 1, 2, 3 oder 4, § 2a Absatz 1 oder 4, § 2c die §§ 2d, 2e oder § 2f),
3. Höhe und Art des zustehenden Montagsbetrags (§ 4a Abs. 1 und 2 Satz 1) ohne Berücksichtigung der Einnahmen nach § 3,
4. Art und Höhe der Einnahmen nach § 3,
5. Inanspruchnahme der als Partnerschaftsbonus gewährten Monatsbeträge nach § 4b Absatz 1 und der weiteren Monatsbeträge Elterngeld Plus nach § 4c Absatz 2,
6. Höhe des monatlichen Auszahlungsbetrags,
7. Geburtstag des Kindes,
8. für die Elterngeldbeziehende Person:
   a) Geschlecht, Geburtsjahr und -monat,
   b) Staatsangehörigkeit,
   c) Wohnsitz oder gewöhnlicher Aufenthalt,
   d) Familienstand und unverheiratetes Zusammenleben mit dem anderen Elternteil,
   e) Vorliegen der Voraussetzungen nach § 4c Absatz 1 Nummer und
   f) Anzahl der im Haushalt lebenden Kinder.

Die Angaben nach den Nummern 2, 3, 5 und 6 sind für jeden Lebensmonat des Kindes bezogen auf den nach § 4 Absatz 1 möglichen Zeitraum des Leistungsbezugs zu melden.

(3) Hilfsmerkmale sind:

1. Name und Anschrift der zuständigen Behörde,

2. Name und Telefonnummer sowie Adresse für elektronische Post der für eventuelle Rückfragen zur Verfügung stehenden Person und
3. Kennnummer des Antragstellers oder der Antragstellerin.

§ 23 Auskunftspflicht; Datenübermittlung an das statistische Bundesamt

(1) Für die Erhebung nach § 22 besteht Auskunftspflicht. Die Angaben nach § 22 Abs. 4 Nr. 2 sind freiwillig. Auskunftspflichtig sind die nach § 12 Abs. 1 zuständigen Stellen.
(2) Der Antragsteller oder die Antragstellerin ist gegenüber den nach § 12 Absatz 1 zuständigen Stellen zu den Erhebungsmerkmalen nach § 22 Absatz 2 und 3 auskunftspflichtig. Die zuständigen Stellen nach § 12 Absatz 1 dürfen die Angaben nach § 22 Absatz 2 Satz 1 Nummer 8 und Absatz 3 Satz 1 Nummer 4, soweit sie für den Vollzug dieses Gesetzes nicht erforderlich sind, nur durch technische und organisatorische Maßnahmen getrennt von den übrigen Daten nach § 22 Absatz 2 und 3 und nur für die Übermittlung an das Statistische Bundesamt verwenden und haben diese unverzüglich nach Übermittlung an das Statistische Bundesamt zu löschen.
(3) Die in sich schlüssigen Angaben sind als Einzeldatensätze elektronisch bis zum Ablauf von 30 Arbeitstagen nach Ablauf des Berichtszeitraums an das Statistische Bundesamt zu übermitteln.

§ 24 Übermittlung von Tabellen mit statistischen Ergebnissen durch das Statistische Bundesamt

Zur Verwendung gegenüber den gesetzgebenden Körperschaften und zu Zwecken der Planung, jedoch nicht zur Regelung von Einzelfällen, übermittelt das Statistische Bundesamt Tabellen mit statistischen Ergebnissen, auch soweit Tabellenfelder nur einen einzigen Fall ausweisen, an die fachlich zuständigen obersten Bundes- oder Landesbehörden. Tabellen, deren Tabellenfelder nur einen einzigen Fall ausweisen, dürfen nur dann übermittelt werden, wenn sie nicht differenzierter als auf Regierungsbezirksebene, im Falle der Stadtstaaten auf Bezirksebene, aufbereitet sind.

§ 24a Übermittlung von Einzelangaben durch das Statistische Bundesamt

(1) Zur Abschätzung von Auswirkungen der Änderungen dieses Gesetzes im Rahmen der Zwecke nach § 24 übermittelt das

Statistische Bundesamt auf Anforderung des fachlich zuständigen Bundesministeriums diesem oder von ihm beauftragten Forschungseinrichtungen Einzelangaben ab dem Jahr 2007 ohne Hilfsmerkmale mit Ausnahme des Merkmals nach § 22 Absatz 4 Nummer 3 für die Entwicklung und den Betrieb von Mikrosimulationsmodellen. Die Einzelangaben dürfen nur im hierfür erforderlichen Umfang und mittels eines sicheren Datentransfers übermittelt werden.

(2) Bei der Verarbeitung der Daten nach Absatz 1 ist das Statistikgeheimnis nach § 16 des Bundesstatistikgesetzes zu wahren. Dafür ist die Trennung von statistischen und nichtstatistischen Aufgaben durch Organisation und Verfahren zu gewährleisten. Die nach Absatz 1 übermittelten Daten dürfen nur für die Zwecke verwendet werden, für die sie übermittelt wurden. Die übermittelten Einzeldaten sind nach dem Erreichen des Zweckes zu löschen, zu dem sie übermittelt wurden.

(3) Personen, die Empfängerinnen und Empfänger von Einzelangaben nach Absatz 1 Satz 1 sind, unterliegen der Pflicht zur Geheimhaltung nach § 16 Absatz 1 und 10 des Bundesstatistikgesetzes. Personen, die Einzelangaben nach Absatz 1 Satz 1 erhalten sollen, müssen Amtsträger oder für den öffentlichen Dienst besonders Verpflichtete sein. Personen, die Einzelangaben erhalten sollen und die nicht Amtsträger oder für den öffentlichen Dienst besonders Verpflichtete sind, sind vor der Übermittlung zur Geheimhaltung zu verpflichten. § 1 Absatz 2, 3 und 4 Nummer 2 des Verpflichtungsgesetzes vom 2. März 1974 (BGBl. I S. 469, 547), das durch § 1 Nummer 4 des Gesetzes vom 15. August 1974 (BGBl. I S. 1942) geändert worden ist, gilt in der jeweils geltenden Fassung entsprechend. Die Empfängerinnen und Empfänger von Einzelangaben dürfen aus ihrer Tätigkeit gewonnene Erkenntnisse nur für die in Absatz 1 genannten Zwecke verwenden.

§ 24b Elektronische Unterstützung bei der Antragstellung

(1) Zur elektronischen Unterstützung bei Antragstellung kann der Bund ein Internetportal einrichten und betreiben. Das Internetportal ermöglicht das elektronische Ausfüllen der Antragsformulare der Länder sowie die Übermittlung der Daten aus dem Antragsformular an die nach § 12 zuständige Behörde. Zuständig für die Einrichtung und Betrieb des Internetportals ist das Bundesministerium für Familie, Senioren, Frauen und Jugend. Die

Ausführung dieses Gesetzes durch die nach § 12 zuständigen Behörden bleibt davon unberührt.

(2) Das Bundesministerium für Familie, Senioren, Frauen und Jugend ist für das Internetportal datenschutzrechtlich verantwortlich. Für die elektronische Unterstützung bei der Antragstellung darf das Bundesministerium für Familie, Senioren, Frauen und Jugend die zur Beantragung von Elterngeld erforderlichen personenbezogenen Daten sowie die in § 22 genannten statistischen Erhebungsmerkmale verarbeiten, sofern der Nutzer in die Verarbeitung eingewilligt hat. Die statistischen Erhebungsmerkmale einschließlich der zur Beantragung von Elterngeld erforderlichen personenbezogenen Daten sind nach Beendigung der Nutzung des Internetportals unverzüglich zu löschen.

§ 25 Datenübermittlung durch die Standesämter

Beantragt eine Person Elterngeld, so darf das für die Entgegennahme der Anzeige der Geburt zuständige Standesamt der nach § 12 Absatz 1 zuständigen Behörde die erforderlichen Daten über die Beurkundung der Geburt eines Kindes elektronisch übermitteln, wenn die antragstellende Person zuvor in die elektronische Datenübermittlung eingewilligt hat.

§ 26 Anwendung der Bücher des Sozialgesetzbuches

(1) Soweit dieses Gesetz zum Elterngeld keine ausdrückliche Regelung trifft, ist bei der Ausführung des Ersten, Zweiten und Dritten Abschnitts das Erste Kapitel des Zehnten Buches Sozialgesetzbuch anzuwenden.

(2) § 328 Absatz 3 und § 331 des Dritten Buches Sozialgesetzbuch gelten entsprechend.

§ 27 Sonderregelung aus Anlass der COVID-19-Pandemie

(1) Übt ein Elternteil eine systemrelevante Tätigkeit aus, so kann sein Bezug von Elterngeld auf Antrag für die Zeit vom 1. März 2020 bis 31. Dezember 2020 aufgeschoben werden. Der Bezug der verschobenen Lebensmonate ist spätestens bis zum 30. Juni 2021 anzutreten. Wird von der Möglichkeit des Aufschubs Gebrauch gemacht, so kann das Basiselterngeld abweichend von § 4 Absatz 1 Satz 2 und 3 auch noch nach Vollendung des 14. Lebensmonats bezogen werden. In der Zeit vom 1. März 2020 bis 30. Juni 2021

entstehende Lücken im Elterngeldbezug sind abweichend von § 4 Absatz 1 Satz 4 unschädlich.

(2) Für ein Verschieben des Partnerschaftsbonus genügt es, wenn nur ein Elternteil einen systemrelevanten Beruf ausübt. Hat der Bezug des Partnerschaftsbonus bereits begonnen, so gelten allein die Bestimmungen des Absatzes 3.

(3) Liegt der Bezug des Partnerschaftsbonus ganz oder teilweise vor dem Ablauf des 23. September 2022 und kann die berechtigte Person die Voraussetzungen des Bezugs aufgrund der COVID-19-Pandemie nicht einhalten, gelten die Angaben zur Höhe des Einkommens und zum Umfang der Arbeitszeit, die bei der Beantragung des Partnerschaftsbonus glaubhaft gemacht worden sind.

§ 28 Übergangsvorschrift

(1) Für die vor dem 1. September 2021 geborenen oder mit dem Ziel der Adoption aufgenommenen Kinder ist dieses Gesetz in der bis zum 31. August 2021 geltenden Fassung weiter anzuwenden.

(1a) Für die nach dem 31. August 2021 und vor dem 1. April 2024 geborenen oder mit dem Ziel der Adoption aufgenommenen Kinder ist dieses Gesetz in der bis zum 31. März 2024 geltenden Fassung weiter anzuwenden.

(1b) Soweit dieses Gesetz Mutterschaftsgeld nach dem Fünften Buch Sozialgesetzbuch oder nach dem Zweiten Gesetz über die Krankenversicherung der Landwirte Bezug nimmt, gelten die betreffenden Regelungen für Mutterschaftsgeld nach der Reichsversicherungsordnung oder nach dem Gesetz über die Krankenversicherung der Landwirte entsprechend.

(2) Für die dem Erziehungsgeld vergleichbaren Leistungen der Länder sind § 8 Absatz 1 und § 9 des Bundeserziehungsgeldgesetzes in der bis zum 31. Dezember 2006 geltenden Fassung weiter anzuwenden.

(3) § 1 Absatz 7 Satz 1 Nummer 1 bis 4 in der Fassung des Artikels 36 des Gesetzes vom 12. Dezember 2019 (BGBl. I S. 2451) ist für Entscheidungen anzuwenden, die Zeiträume betreffen, die nach dem 29. Februar 2020 beginnen. § 1 Absatz 7 Satz 1 Nummer 5 in der Fassung des Artikels 36 des Gesetzes vom 12. Dezember 2019 (BGBl. I S. 2451) ist für Entscheidungen anzuwenden, die Zeiträume betreffen, die nach dem 31. Dezember 2019 beginnen. § 1 Absatz 7 Satz 1 Nummer 2 Buchstabe c in der Fassung des

Artikels 12 Nummer 1 des Gesetzes vom 23. Mai 2022 (BGBl. I S. 760) ist für Entscheidungen anzuwenden, die Zeiträume betreffen, die nach dem 31. Mai 2022 beginnen.

(4) § 9 Absatz 2 und § 25 sind auf Kinder anwendbar, die nach dem 31. Dezember 2021 geboren oder nach dem 31. Dezember 2021 mit dem Ziel der Adoption aufgenommen worden sind. Zur Erprobung des Verfahrens können diese Regelungen in Pilotprojekten mit Zustimmung des Bundesministeriums für Familie, Senioren, Frauen und Jugend, des Bundesministeriums für Arbeit und Soziales und des Bundesministeriums des Innern, für Bau und Heimat auf Kinder, die vor dem 1. Januar 2022 geboren oder vor dem 1. Januar 2022 zur Adoption aufgenommen worden sind, angewendet werden.

(5) § 1 Absatz 8 ist auf Kinder anwendbar, die ab dem 1. April 2025 geboren oder mit dem Ziel der Adoption angenommen worden sind. Für die ab dem 1. April 2024 und vor dem 1. April 2025 geborenen oder mit dem Ziel der Adoption angenommenen Kinder gilt § 1 Absatz 8 mit der Maßgabe, dass ein Anspruch entfällt, wenn die berechtigte Person im letzten abgeschlossenen Veranlagungszeitraum vor der Geburt des Kindes ein zu versteuerndes Einkommen nach § 2 Absatz 5 des Einkommensteuergesetzes in Höhe von mehr als 150.000 Euro erzielt hat. Erfüllt auch eine andere Person die Voraussetzungen des § 1 Absatz 1 Satz 1 Nummer 2 oder des Absatzes 3 oder 4, entfällt in diesem Zeitraum abweichend von § 1 Absatz 8 Satz 1 der Anspruch, wenn die Summe des zu versteuernden Einkommens beider Personen mehr als 200.000 Euro beträgt.

Verordnung über Arbeitsstätten (Arbeitsstättenverordnung – ArbStättV)

vom 12. August 2004 (BGBl. I S. 2179, zuletzt geändert durch Art. 4 des Gesetzes zur Verbesserung des Vollzugs im Arbeitsschutz (Arbeitsschutzkontrollgesetz) vom 22. Dezember 2020, BGBl. I S. 3334)

Auf Grund des § 18 des Arbeitsschutzgesetzes, der zuletzt durch Artikel 227 Nummer 1 der Verordnung vom 31. Oktober 2006 (BGBl. I S. 2407) geändert worden ist, verordnet die Bundesregierung:

§ 1 Ziel, Anwendungsbereich

(1) Diese Verordnung dient der Sicherheit und dem Schutz der Gesundheit der Beschäftigten bei Einrichten und Betrieben von Arbeitsstätten.

(2) Für folgende Arbeitsstätten gelten nur § 5 und der Anhang Nummer 1.3:

1. Arbeitsstätten im Reisegewerbe und Marktverkehr,
2. in Transportmitteln, die im öffentlichen Verkehr eingesetzt werden,
3. für Felder, Wälder und sonstige Flächen, die zu einem land- oder forstwirtschaftlichen Betrieb gehören, aber außerhalb der von ihm bebauten Fläche liegen.

(3) Für Gemeinschaftsunterkünfte außerhalb des Geländes eines Betriebes oder einer Baustelle gelten nur

1. § 3,
2. § 3a und
3. Nummer 4.4 des Anhangs.

(4) Für Telearbeitsplätze gelten nur

1. § 3 bei der erstmaligen Beurteilung der Arbeitsbedingungen und des Arbeitsplatzes,
2. § 6 und der Anhang Nummer 6, soweit der Arbeitsplatz von dem im Betrieb abweicht. Die in Satz 1 genannten Vorschriften gelten, soweit Anforderungen unter Beachtung der Eigenart von Telearbeitsplätzen auf dies anwendbar sind.

(5) Der Anhang Nummer 6 gilt nicht für

1. Bedienerplätze von Maschinen oder Fahrerplätze von Fahrzeugen mit Bildschirmgeräten,
2. tragbare Bildschirmgeräte für die ortsveränderliche Verwendung, die nicht regelmäßig an einem Arbeitsplatz verwendet werden,

3. Rechenmaschinen, Registrierkassen oder andere Arbeitsmittel mit einer kleinen Daten- oder Messwertanzeigevorrichtung, die zur unmittelbaren Benutzung des Arbeitsmittels erforderlich ist und
4. Schreibmaschinen klassischer Bauart mit einem Display.

(6) Diese Verordnung ist für Arbeitsstätten in Betrieben, die dem Bundesberggesetz unterliegen, nur für Bildschirmarbeitsplätze einschließlich Telearbeitsplätze anzuwenden.

(7) Das Bundeskanzleramt, das Bundesministerium des Innern, für Bau und Heimat, das Bundesministerium für Verkehr und digitale Infrastruktur, das Bundesministerium für Umwelt, Naturschutz und nukleare Sicherheit, das Bundesministerium der Verteidigung oder das Bundesministerium der Finanzen können, soweit sie hierfür jeweils zuständig sind, im Einvernehmen mit dem Bundesministerium für Arbeit und Soziales und, soweit nicht das Bundesministerium des Innern, für Bau und Heimat selbst zuständig ist, im Einvernehmen mit dem Bundesministerium des Innern, für Bau und Heimat Ausnahmen von den Vorschriften dieser Verordnung zulassen, soweit öffentliche Belange dies zwingend erfordern, insbesondere zur Aufrechterhaltung oder Wiederherstellung der öffentlichen Sicherheit. In diesem Fall ist gleichzeitig festzulegen, wie die Sicherheit und der Schutz der Gesundheit der Beschäftigten nach dieser Verordnung auf andere Weise gewährleistet werden.

§ 2 Begriffsbestimmungen

(1) Arbeitsstätten sind

1. Arbeitsräume oder andere Orte in Gebäuden auf dem Gelände eines Betriebes,
2. Orte im Freien auf dem Gelände eines Betriebes,
3. Orte auf Baustellen,

sofern sie zur Nutzung für Arbeitsplätze vorgesehen sind.

(2) Zur Arbeitsstätte gehören insbesondere auch:

1. Orte auf dem Gelände eines Betriebes oder einer Baustelle, zu denen Beschäftigte im Rahmen ihrer Arbeit Zugang haben,
2. Verkehrswege, Fluchtwege, Notausgänge, Lager-, Maschinen- und Nebenräume, Sanitärräume, Kantinen, Pausen- und Bereitschaftsräume, Erste-Hilfe-Räume, Unterkünfte sowie
3. Einrichtungen, die dem Betreiben der Arbeitsstätte dienen, insbesondere Sicherheitsbeleuchtungen,

Feuerlöscheinrichtungen, Versorgungseinrichtungen, Beleuchtungsanlagen, raumlufttechnische Anlagen, Signalanlagen, Energieverteilungsanlagen, Türen und Tore, Fahrsteige, Fahrtreppe, Laderampen und Steigleitern.

(3) Arbeitsräume sind die Räume, in denen Arbeitsplätze innerhalb von Gebäuden dauerhaft eingerichtet sind.

(4) Arbeitsplätze sind Bereiche, in denen Beschäftigte im Rahmen ihrer Arbeit tätig sind.

(5) Bildschirmarbeitsplätze sind Arbeitsplätze, die sich in Arbeitsräumen befinden und die mit Bildschirmgeräten und sonstigen Arbeitsmitteln ausgestattet sind.

(6) Bildschirmgeräte sind Funktionseinheiten, zu denen insbesondere Bildschirme zur Darstellung von visuellen Informationen, Einrichtungen zur Datenein- und –ausgabe, sonstige Steuerungs- und Kommunikationseinheiten (Rechner) sowie eine Software zur Steuerung und Umsetzung der Arbeitsaufgabe gehören.

(7) Telearbeitsplätze sind vom Arbeitgeber fest eingerichtete Bildschirmarbeitsplätze im Privatbereich der Beschäftigten, für die der Arbeitgeber eine mit den Beschäftigten vereinbarte wöchentliche Arbeitszeit und die Dauer der Einrichtung festgelegt hat. Ein Telearbeitsplatz ist vom Arbeitgeber erst dann eingerichtet, wenn Arbeitgeber und Beschäftigte die Bedingungen der Telearbeit arbeitsvertraglich oder im Rahmen einer Vereinbarung festgelegt haben und die benötigte Ausstattung festgelegt haben und die benötigte Ausstattung des Telearbeitsplatzes mit Mobiliar, Arbeitsmitteln einschließlich der Kommunikationseinrichtungen durch den Arbeitgeber oder eine von ihm beauftragte Person im Privatbereich des Beschäftigten bereitgestellt und installiert ist.

(8) Gemeinschaftsunterkünfte im Sinne dieser Verordnung sind Unterkünfte innerhalb oder außerhalb des Geländes eines Betriebes oder einer Baustelle, die

1. den Beschäftigten durch den Arbeitgeber oder auf dessen Veranlassung durch Dritte entgeltlich oder unentgeltlich zur Verfügung gestellt werden und
2. von mehreren Beschäftigten und insgesamt von mindestens vier Personen gemeinschaftlich genutzt werden.

(9) Einrichten ist das Bereitstellen und Ausgestalten der Arbeitsstätte. Das Einrichten umfasst insbesondere:

1. bauliche Maßnahmen oder Veränderungen,

2. das Ausstatten mit Maschinen, Anlagen, anderen Arbeitsmitteln und Mobiliar sowie mit Beleuchtungs-, Lüftungs-, Heizungs-, Feuerlösch- und Versorgungseinrichtungen,
3. das Anlegen und Kennzeichnen von Verkehrs- und Fluchtwegen sowie das Kennzeichnen von Gefahrenstellen und brandschutztechnischen Ausrüstungen und
4. das Festlegen von Arbeitsplätzen.

(10) Das Betreiben von Arbeitsstätten umfasst das Benutzen, Instandhalten und Optimieren der Arbeitsstätten sowie die Organisation und Gestaltung der Arbeit einschließlich der Arbeitsabläufe in Arbeitsstätten.

(11) Instandhalten ist die Wartung, Inspektion, Instandsetzung oder Verbesserung der Arbeitsstätten zum Erhalt des baulichen und technischen Zustandes.

(12) Stand der Technik ist der Entwicklungsstand fortschrittlicher Verfahren, Einrichtungen oder Betriebsweisen, der die praktische Eignung einer Maßnahme zur Gewährleistung der Sicherheit und zum Schutz der Gesundheit der Beschäftigten gesichert erscheinen lässt. Bei der Bestimmung des Stands der Technik sind insbesondere vergleichbare Verfahren, Einrichtungen oder Betriebsweisen heranzuziehen, die mit Erfolg in der Praxis erprobt worden sind. Gleiches gilt für die Anforderungen an die Arbeitsmedizin und die Hygiene.

(13) Fachkundig ist, wer über die zur Ausübung einer in dieser Verordnung bestimmten Aufgabe erforderliche Fachkenntnisse verfügt. Die Anforderungen an die Fachkunde sind abhängig von der jeweiligen Art der Aufgabe. Zu den Anforderungen zählen eine entsprechende Berufsausbildung, Berufserfahrung oder eine zeitnah ausgeübte entsprechende berufliche Tätigkeit. Die Fachkenntnisse sind durch Teilnahme an Schulungen auf aktuellem Stand zu halten.

§ 3 Gefährdungsbeurteilung

(1) Bei der Beurteilung der Arbeitsbedingungen nach § 5 des Arbeitsschutzgesetzes hat der Arbeitgeber zunächst festzustellen, ob die Beschäftigten Gefährdungen beim Einrichten und Betreiben von Arbeitsstätten ausgesetzt sind oder ausgesetzt sein können. Ist dies der Fall, hat er alle möglichen Gefährdungen der Sicherheit und der Gesundheit der Beschäftigten zu beurteilen und dabei die Auswirkungen der Arbeitsorganisation und der Arbeitsabläufe in der Arbeitsstätte zu berücksichtigen. Bei der Gefährdungsbeurteilung hat er die physischen und psychischen Belastungen sowie

bei Bildschirmarbeitsplätzen insbesondere die Belastungen der Augen oder die Gefährdung des Sehvermögens der Beschäftigten zu berücksichtigen. Entsprechend dem Ergebnis der Gefährdungsbeurteilung hat der Arbeitgeber Maßnahmen zum Schutz der Beschäftigten gemäß den Vorschriften dieser Verordnung einschließlich ihres Anhangs nach dem Stand der Technik, Arbeitsmedizin und Hygiene festzulegen. Sonstige gesicherte arbeitswissenschaftliche Erkenntnisse sind zu berücksichtigen.
(2) Der Arbeitgeber hat sicherzustellen, dass die Gefährdungsbeurteilung fachkundig durchgeführt wird. Verfügt der Arbeitgeber nicht selbst über die entsprechenden Kenntnisse, hat er sich fachkundig beraten zu lassen.
(3) Der Arbeitgeber hat die Gefährdungsbeurteilung vor Aufnahme der Tätigkeiten zu dokumentieren. In der Dokumentation ist anzugeben, welche Gefährdungen am Arbeitsplatz auftreten können und welche Maßnahmen nach Absatz 1 Satz 3 durchgeführt werden müssen.

§ 3a Einrichten und Betreiben von Arbeitsstätten
(1) Der Arbeitgeber hat dafür zu sorgen, dass Arbeitsstätten so eingerichtet und betrieben werden, dass Gefährdungen für die Sicherheit und die Gesundheit der Beschäftigten möglichst vermieden und verbleibende Gefährdungen möglichst gering gehalten werden. Beim Einrichten und Betreiben der Arbeitsstätten hat der Arbeitgeber die Maßnahmen nach § 3 Absatz 1 durchzuführen und dabei den Stand der Technik, Arbeitsmedizin und Hygiene, die ergonomischen Anforderungen sowie insbesondere die vom Bundesministerium für Arbeit und Soziales nach § 7 Abs. 4 bekannt gemachten Regeln und Erkenntnisse zu berücksichtigen. Bei Einhaltung der bekannt gemachten Regeln ist davon auszugehen, dass die in dieser Verordnung gestellten Anforderungen diesbezüglich erfüllt sind. Wendet der Arbeitgeber diese Regeln nicht an, muss er durch andere Maßnahmen die gleiche Sicherheit und den gleichen Schutz der Gesundheit der Beschäftigten erreichen.
(2) Beschäftigt der Arbeitgeber Menschen mit Behinderungen, hat er Arbeitsstätten so einzurichten und zu betreiben, dass die besonderen Belange dieser Beschäftigten im Hinblick auf Sicherheit und den Schutz der Gesund berücksichtigt werden. Dies gilt insbesondere für die barrierefreie Gestaltung von Arbeitsplätzen, Sanitär-, Pausen- und Bereitschaftsräumen, Kantinen, Erste-Hilfe-Räumen

und Unterkünften sowie den zugehörigen Türen, Verkehrswegen, Fluchtwegen, Notausgängen, Treppen und Orientierungssystemen, die von den Beschäftigten mit Behinderungen benutzt werden.

(3) Die zuständige Behörde kann auf schriftlichen Antrag des Arbeitgebers Ausnahmen von den Vorschriften dieser Verordnung einschließlich ihres Anhanges zulassen, wenn

1. der Arbeitgeber andere, ebenso wirksame Maßnahmen trifft oder
2. die Durchführung der Vorschrift im Einzelfall zu einer unverhältnismäßigen Härte führen würde und die Abweichung mit dem Schutz der Beschäftigten vereinbar ist.

Der Antrag des Arbeitgebers kann in Papierform oder elektronisch übermittelt werden. Bei der Beurteilung sind die Belange der kleineren Betriebe besonders zu berücksichtigen.

(4) Anforderungen in anderen Rechtsvorschriften, insbesondere im Bauordnungsrecht der Länder, gelten vorrangig, soweit sie über die Anforderungen dieser Verordnung hinausgehen.

§ 4 Besondere Anforderungen an das Betreiben von Arbeitsstätten

(1) Der Arbeitgeber hat die Arbeitsstätte instand zu halten und dafür zu sorgen, dass festgestellte Mängel unverzüglich beseitigt werden. Können Mängel, mit denen eine unmittelbare erhebliche Gefahr verbunden ist, nicht sofort beseitigt werden, hat er dafür zu sorgen, dass die gefährdeten Beschäftigten ihre Tätigkeit unverzüglich einstellen.

(2) Der Arbeitgeber hat dafür zu sorgen, dass Arbeitsstätten den hygienischen Erfordernissen entsprechend gereinigt werden. Verunreinigungen und Ablagerungen, die zu Gefährdungen führen können, sind unverzüglich zu beseitigen.

(3) Der Arbeitgeber hat die Sicherheitseinrichtungen, insbesondere Sicherheitsbeleuchtung, Brandmelde- und Feuerlöscheinrichtungen, Signalanlagen, Notaggregate und Notschalter sowie raumlufttechnische Anlagen instand zu halten und in regelmäßigen Abständen auf ihre Funktionsfähigkeit prüfen zu lassen.

(4) Der Arbeitgeber hat dafür zu sorgen, dass Verkehrswege, Fluchtwege und Notausgänge ständig freigehalten werden, damit sie jederzeit benutzbar sind. Der Arbeitgeber hat Vorkehrungen so zu treffen, dass die Beschäftigten bei Gefahr sich unverzüglich in Sicherheit bringen und schnell gerettet werden können.

Der Arbeitgeber hat einen Flucht- und Rettungsplan aufzustellen, wenn Lage, Ausdehnung und Art der Benutzung der Arbeitsstätte dies erfordern. Der Plan ist an geeigneten Stellen in der Arbeitsstätte auszulegen oder auszuhängen. In angemessenen Zeitabständen ist entsprechend diesem Plan zu üben.
(5) Der Arbeitgeber hat beim Einrichten und Betreiben von Arbeitsstätten Mittel und Einrichtungen zur Ersten Hilfe zur Verfügung zu stellen und regelmäßig auf ihre Vollständigkeit und Verwendungsfähigkeit prüfen zu lassen.

§ 5 Nichtraucherschutz

(1) Der Arbeitgeber hat die erforderlichen Maßnahmen zu treffen, damit die nicht rauchenden Beschäftigten in Arbeitsstätten wirksam vor den Gesundheitsgefahren durch Tabakrauch geschützt sind. Soweit erforderlich, hat der Arbeitgeber ein allgemeines oder auf einzelne Bereiche der Arbeitsstätte beschränktes Rauchverbot zu erlassen.
(2) In Arbeitsstätten mit Publikumsverkehr hat der Arbeitgeber beim Einrichten und Betreiben von Arbeitsräumen der Natur des Betriebes entsprechend und der Art der Beschäftigung angepasste technische oder organisatorische Maßnahmen nach Absatz 1 zum Schutz der nicht rauchenden Beschäftigten zu treffen.

§ 6 Unterweisung der Beschäftigten

(1) Der Arbeitgeber hat den Beschäftigten ausreichende und angemessene Informationen anhand der Gefährdungsbeurteilung in einer für die Beschäftigten verständlichen Form und Sprache zur Verfügung zu stellen über

1. das bestimmungsgemäße Betreiben der Arbeitsstätte,
2. alle gesundheits- und sicherheitsrelevanten Fragen im Zusammenhang mit ihrer Tätigkeit,
3. Maßnahmen, die zur Gewährleistung der Sicherheit und zum Schutz der Gesundheit der Beschäftigten durchgeführt werden müssen, und
4. Arbeitsplatzspezifische Maßnahmen, insbesondere bei Tätigkeiten auf Baustellen oder an Bildschirmgeräten,

und sie anhand dieser Informationen zu unterweisen.
(2) Die Unterweisung nach Absatz 1 muss sich auf Maßnahmen im Gefahrenfall erstrecken, insbesondere auf

1. die Bedienung von Sicherheits- und Warneinrichtungen,

2. die Erste Hilfe und die dazu vorgehaltenen Mittel und Einrichtungen und
3. den innerbetrieblichen Verkehr.

(3) Die Unterweisung nach Absatz 1 muss sich auf Maßnahmen der Brandverhütung und Verhaltensmaßnahmen im Brandfall erstrecken, insbesondere auf die Nutzung der Fluchtwege und Notausgänge. Diejenigen Beschäftigten, die Aufgaben der Brandbekämpfung übernehmen, hat der Arbeitgeber in der Bedienung der Feuerlöscheinrichtungen zu unterweisen.

(4) Die Unterweisungen müssen vor Aufnahme der Tätigkeit stattfinden. Danach sind sie mindestens jährlich zu wiederholen. Sie haben in einer für die Beschäftigten verständlichen Form und Sprache zu erfolgen. Unterweisungen sind unverzüglich zu wiederholen, wenn sie die Tätigkeiten der Beschäftigten, die Arbeitsorganisation, die Arbeits- und Fertigungsverfahren oder die Einrichtungen und Betriebsweisen in der Arbeitsstätte wesentlich verändern und die Veränderung mit zusätzlichen Gefährdungen verbunden ist.

§ 7 Ausschuss für Arbeitsstätten

(1) Beim Bundesministerium für Arbeit und Soziales wird ein Ausschuss für Arbeitsstätten gebildet, in dem fachkundige Vertreter der Arbeitgeber, der Gewerkschaften, der Länderbehörden, der gesetzlichen Unfallversicherung und weitere fachkundige Personen, insbesondere der Wissenschaft, in angemessener Zahl vertreten sein sollen. Die Gesamtzahl der Mitglieder soll 16 Personen nicht überschreiten. Für jedes Mitglied ist ein stellvertretendes Mitglied zu benennen. Die Mitgliedschaft im Ausschuss für Arbeitsstätten ist ehrenamtlich.

(2) Das Bundesministerium für Arbeit und Soziales beruft die Mitglieder des Ausschusses und die stellvertretenden Mitglieder. Der Ausschuss gibt sich eine Geschäftsordnung und wählt den Vorsitzenden aus seiner Mitte. Die Geschäftsordnung und die Wahl des Vorsitzenden bedürfen der Zustimmung des Bundesministeriums für Arbeit und Soziales.

(3) Zu den Aufgaben des Ausschusses gehört es,

1. dem Stand der Technik, Arbeitsmedizin und Hygiene entsprechende Regeln und sonstige gesicherte wissenschaftliche Erkenntnisse für die Sicherheit und Gesundheit der Beschäftigten in Arbeitsstätten zu ermitteln,

2. Regeln und Erkenntnisse zu ermitteln, wie die Anforderungen dieser Verordnung erfüllt werden können, sowie Empfehlungen für weitere Maßnahmen zur Gewährleistung der Sicherheit und zum Schutz der Gesundheit der Beschäftigten auszuarbeiten und
3. das Bundesministerium für Arbeit und Soziales in allen Fragen der Sicherheit und der Gesundheit der Beschäftigten in Arbeitsstätten zu beraten.

Bei der Wahrnehmung seiner Aufgaben soll der Ausschuss die allgemeinen Grundsätze des Arbeitsschutzes nach § 4 des Arbeitsschutzgesetzes berücksichtigen. Das Arbeitsprogramm des Ausschusses für Arbeitsstätten wird mit dem Bundesministerium für Arbeit und Soziales abgestimmt. Der Ausschuss arbeitet eng mit den anderen Ausschüssen beim Bundesministerium für Arbeit und Soziales zusammen. Die Sitzungen des Ausschusses sind nicht öffentlich. Beratungs- und Abstimmungsergebnisse des Ausschusses sowie Niederschriften der Untergremien sind vertraulich zu behandeln, soweit die Erfüllung der Aufgaben, die den Untergremien oder den Mitglieder des Ausschusses obliegen, dem nicht entgegenstehen.

(4) Das Bundesministerium für Arbeit und Soziales kann die vom Ausschuss nach Absatz 3 ermittelten Regeln und Erkenntnisse sowie Empfehlungen im Gemeinsamen Ministerialblatt bekannt machen.

(5) Die Bundesministerien sowie die zuständigen obersten Landesbehörden können zu den Sitzungen des Ausschusses Vertreter entsenden. Diesen ist auf Verlangen in der Sitzung das Wort zu erteilen.

(6) Die Geschäfte des Ausschusses führt die Bundesanstalt für Arbeitsschutz und Arbeitsmedizin.

§ 8 Übergangsvorschriften

(1) Soweit für Arbeitsstätten,

1. die am 1. Mai 1976 eingerichtet waren oder mit deren Einrichtung vor diesem Zeitpunkt begonnen worden war oder
2. die am 20. Dezember 1996 eingerichtet waren oder mit deren Einrichtung vor diesem Zeitpunkt begonnen worden war und für die zum Zeitpunkt der Einrichtung die Gewerbeordnung keine Anwendung fand,

in dieser Verordnung Anforderungen gestellt werden, die umfangreiche Änderungen der Arbeitsstätte, der Betriebseinrichtungen, Arbeitsverfahren oder Arbeitsabläufe notwendig machen, gelten hierfür bis zum 31. Dezember 2020 mindestens die entsprechenden Anforderungen des Anhangs II der Richtlinie 89/654/EWG des Rates vom 30. November 1989 über Mindestvorschriften für Sicherheit und Gesundheitsschutz in Arbeitsstätten (ABl. EG Nr. L 393 S. 1). Soweit diese Arbeitsstätten oder ihre Betriebseinrichtungen wesentlich erweitert oder umgebaut oder die Arbeitsverfahren oder Arbeitsabläufe wesentlich umgestaltet werden, hat der Arbeitgeber die erforderlichen Maßnahmen zu treffen, damit diese Änderungen, Erweiterungen oder Umgestaltungen mit den Anforderungen dieser Verordnung übereinstimmen.

(2) Bestimmungen in den vom Ausschuss für Arbeitsstätten ermittelten und vom Bundesministerium für Arbeit und Soziales im Gemeinsamen Ministerialblatt bekannt gemachten Regeln für Arbeitsstätten, die Anforderungen an den Arbeitsplatz enthalten, gelten unter Berücksichtigung der Begriffsbestimmung des Arbeitsplatzes in § 2 Absatz 2 der Arbeitsstättenverordnung vom 12. August 2004 (BGBl. I S. 2179), die zuletzt durch Artikel 282 der Verordnung vom 31. August 2015 (BGBl. I S. 1474) geändert worden ist, solange fort, bis sie vom Ausschuss für Arbeitsstätten überprüft und erforderlichenfalls vom Bundesministerium für Arbeit und Soziales im Gemeinsamen Ministerialblatt neu bekanntgemacht worden sind.

§ 9 Straftaten und Ordnungswidrigkeiten

(1) Ordnungswidrig im Sinne des § 25 Absatz 1 Nummer 1 des Arbeitsschutzgesetzes handelt, wer vorsätzlich oder fahrlässig

1. entgegen § 3 Absatz 3 eine Gefährdungsbeurteilung nicht richtig, nicht vollständig oder nicht rechtzeitig dokumentiert,
2. entgegen § 3a Absatz 1 Satz 1 nicht dafür sorgt, dass eine Arbeitsstätte in der dort vorgeschriebenen Weise eingerichtet ist oder betrieben wird,
3. entgegen § 3a Absatz 1 Satz 2 in Verbindung mit Nummer 4.1 Absatz 1 des Anhangs einen dort genannten Toilettenraum oder eine dort genannte mobile, anschlussfreie Toilettenkabine nicht oder nicht in der vorgeschriebenen Weise zur Verfügung stellt,

4. entgegen § 3a Absatz 1 Satz 2 in Verbindung mit Nummer 4.2 Absatz 1 des Anhangs einen dort genannten Pausenraum oder einen dort genannten Pausenbereich nicht oder nicht in der vorgeschriebenen Weise zur Verfügung stellt,

4a. entgegen § 3a Absatz 1 Satz 2 in Verbindung mit Nummer 4.4 Absatz 1 Satz 1 des Anhangs eine Unterkunft in den Fällen der Nummer 4.4 Absatz 1 Satz 3 des Anhangs nicht oder nicht rechtzeitig zur Verfügung stellt,

4b. entgegen § 3a Absatz 1 Satz 2 in Verbindung mit Nummer 4.4 Absatz 4 Satz 1 des Anhangs eine Unterbringung in einer Gemeinschaftsunterkunft nicht, nicht richtig, nicht vollständig oder nicht rechtzeitig dokumentiert,

5. entgegen § 3a Absatz 1 Satz 2 eine Arbeitsstätte nicht in der dort vorgeschriebenen Weise einrichtet oder betreibt,

6. entgegen § 4 Absatz 1 Satz 2 nicht dafür sorgt, dass die gefährdeten Beschäftigten ihre Tätigkeit unverzüglich einstellen,

7. entgegen § 4 Absatz 4 Satz 1 nicht dafür sorgt, dass Verkehrswege, Fluchtwege und Notausgänge freigehalten werden,

8. entgegen § 4 Absatz 5 ein Mittel oder eine Einrichtung zur Ersten Hilfe nicht zur Verfügung stellt,

9. entgegen § 6 Absatz 4 Satz 1 nicht sicherstellt, dass die Beschäftigten vor Aufnahme der Tätigkeit unterwiesen werden.

Anhang: Anforderungen an Arbeitsstätten nach § 3 Abs. 1

Inhaltsübersicht

1 Allgemeine Anforderungen

1.1 Anforderungen an Konstruktion und Festigkeit von Gebäuden

Gebäude für Arbeitsstätten müssen eine der Nutzungsart entsprechende Konstruktion und Festigkeit aufweisen.

1.2 Abmessungen von Räumen, Luftraum

(1) Arbeitsräume, Sanitär-, Pausen- und Bereitschaftsräume, Kantine, Erste-Hilfe-Räume und Unterkünfte müssen eine ausreichende Grundfläche und eine, in Abhängigkeit von der Größe der Grundfläche der Räume, ausreichende lichte Höhe aufweisen, so dass die Beschäftigten ohne Beeinträchtigung ihrer Sicherheit, ihrer Gesundheit oder ihres Wohlbefindens die Räume nutzen oder ihre Arbeit verrichten können.

(2) Die Abmessungen der Räume richten sich nach der Art ihrer Nutzung.

(3) Die Größe des notwendigen Luftraumes ist in Abhängigkeit von der Art der physischen Belastung und der Anzahl der Beschäftigten sowie der sonstigen anwesenden Personen zu bemessen.

1.3 Sicherheits- und Gesundheitsschutzkennzeichnung

(1) Unberührt von den nachfolgenden Anforderungen sind Sicherheits- und Gesundheitsschutzkennzeichnungen einzusetzen, wenn Gefährdungen der Sicherheit und Gesundheit der Beschäftigten nicht durch technische oder organisatorische Maßnahmen vermieden oder ausreichend begrenzt werden können. Die Ergebnisse der Gefährdungsbeurteilung und die Maßnahmen nach § 3 Absatz 1 sind dabei zu berücksichtigen.

(2) Die Kennzeichnung ist nach der Art der Gefährdung dauerhaft oder vorübergehend nach den Vorgaben der Richtlinie 92/58/EWG des Rates vom 24. Juni 1992 über Mindestvorschriften für die Sicherheits- und/oder Gesundheitsschutzkennzeichnung am Arbeitsplatz (Neunte Einzelrichtlinie im Sinne des Artikels 16 Absatz 1 der Richtlinie 89/391/EWG) (ABl. EG Nr. L 245 S. 23) auszuführen. Diese Richtlinie gilt in der jeweils aktuellen Fassung. Wird diese Richtlinie geändert oder nach den in dieser Richtlinie vorgesehenen Verfahren an den technischen Fortschritt angepasst, gilt sie in der geänderten im Amtsblatt der Europäischen Gemeinschaften veröffentlichten Fassung nach Ablauf der in der Änderungs- oder Anpassungsrichtlinie festgelegten Umsetzungsfrist. Die geänderte Fassung kann bereits ab Inkrafttreten der Änderungs- oder Anpassungsrichtlinie angewendet werden.

1.4 Energieverteilungsanlagen

Anlagen, die der Versorgung der Arbeitsstätte mit Energie dienen, müssen so ausgewählt, installiert und betrieben werden, dass die Beschäftigten vor dem direkten oder indirekten Berühren spannungsführender Teile geschützt sind und dass von den Anlagen keine Brand- oder Explosionsgefahr ausgeht. Bei der Konzeption und der Ausführung sowie der Wahl des Materials und der Schutzvorrichtungen sind Art und Stärke der verteilten Energie, die äußeren Einwirkbedingungen und die Fachkenntnisse der Personen zu berücksichtigen, die zu Teilen der Anlage Zugang haben.

1.5 Fußböden, Wände, Decken, Dächer

(1) Die Oberflächen der Fußböden, Wände und Decken der Räume müssen so gestaltet sein, dass sie den Erfordernissen des sicheren Betreibens entsprechen sowie leicht und sicher zu reinigen sind. Arbeitsräume müssen unter Berücksichtigung der Art des Betriebes und der physischen Belastungen eine ausreichende Dämmung gegen Wärme und Kälte sowie eine ausreichende Isolierung gegen Feuchtigkeit aufweisen. Auch Sanitär-, Pausen- und Bereitschaftsräume, Kantinen, Erste-Hilfe-Räume und Unterkünfte müssen über eine angemessene Dämmung gegen Wärme und Kälte sowie eine ausreichende Isolierung gegen Feuchtigkeit verfügen.

(2) Die Fußböden der Räume dürfen keine Unebenheiten, Löcher, Stolperstellen oder gefährlichen Schrägen aufweisen. Sie müssen

gegen Verrutschen gesichert, tragfähig, trittsicher und rutschhemmend sein.
(3) Durchsichtige oder lichtdurchlässige Wände, insbesondere Ganzglaswände in Arbeitsräumen oder im Bereich von Verkehrswegen, müssen deutlich gekennzeichnet sein. Sie müssen entweder aus bruchsicheren Werkstoff bestehen oder so gegen die Arbeitsplätze in Arbeitsräumen oder die Verkehrswege abgeschirmt sein, dass die Beschäftigten nicht mit den Wänden in Berührung kommen und beim Zersplittern der Wände nicht verletzt werden können.
(4) Dächer aus nicht durchtrittsicherem Material dürfen nur betreten werden, wenn Ausrüstungen benutzt werden, die ein sicheres Arbeiten ermöglichen.

1.6 Fenster, Oberlichter

(1) Fenster, Oberlichter und Lüftungsvorrichtungen müssen sich von den Beschäftigten sicher öffnen, schließen, verstellen und arretieren lassen. Sie dürfen nicht so angeordnet sein, dass sie in geöffnetem Zustand eine Gefahr für die Beschäftigten darstellen.
(2) Fenster und Oberlichter müssen so ausgewählt oder ausgerüstet und eingebaut sein, dass sie ohne Gefährdung der Ausführenden und anderer Personen gereinigt werden können.

1.7 Türen, Tore

(1) Die Lage, Anzahl, Abmessungen und Ausführung insbesondere hinsichtlich der verwendeten Werkstoffe von Türen und Toren müssen sich nach der Art und Nutzung der Räume oder Bereiche richten.
(2) Durchsichtige Türen müssen in Augenhöhe gekennzeichnet sein.
(3) Pendeltüren und -tore müssen durchsichtig sein oder ein Sichtfenster haben.
(4) Bestehen durchsichtige oder lichtdurchlässige Flächen von Türen und Toren nicht aus bruchsicherem Werkstoff und ist zu befürchten, dass sich die Beschäftigten beim Zersplittern verletzen können, sind diese Flächen gegen Eindrücken zu schützen.
(5) Schiebetüren und -tore müssen gegen Ausheben und Herausfallen gesichert sein. Türen und Tore, die sich nach oben öffnen, müssen gegen Herabfallen gesichert sein.
(6) In unmittelbarer Nähe von Toren, die vorwiegend für den Fahrzeugverkehr bestimmt sind, müssen gut sichtbar gekennzeichnete,

stets zugängliche Türen für Fußgänger vorhanden sein. Diese Türen sind nicht erforderlich, wenn der Durchgang durch die Tore für Fußgänger gefahrlos möglich ist.
(7) Kraftbetätigte Türen und Tore müssen sicher benutzbar sein. Dazu gehört, dass sie
a) ohne Gefährdung der Beschäftigten bewegt werden oder zum Stillstand kommen können,
b) mit selbsttätig wirkenden Sicherungen ausgestattet sind,
c) auch von Hand zu öffnen sind, sofern sie sich bei Stromausfall nicht automatisch öffnen.
(8) Besondere Anforderungen gelten für Türen im Verlauf von Fluchtwegen (Nummer 2.3).

1.8 Verkehrswege

(1) Verkehrswege, einschließlich Treppen, fest angebrachte Steigleitern und Laderampen müssen so angelegt und bemessen sein, dass sie je nach ihrem Bestimmungszweck leicht und sicher begangen oder befahren werden können und in der Nähe Beschäftigte nicht gefährdet werden.
(2) Die Bemessung der Verkehrswege, die dem Personenverkehr, Güterverkehr oder Personen- und Güterverkehr dienen, muss sich nach der Anzahl der möglichen Benutzer und der Art des Betriebes richten.
(3) Werden Transportmittel auf Verkehrswegen eingesetzt, muss für Fußgänger ein ausreichender Sicherheitsabstand gewahrt werden.
(4) Verkehrswege für Fahrzeuge müssen an Türen und Toren, Durchgängen, Fußgängerwegen und Treppenaustritten in ausreichendem Abstand vorbeiführen.
(5) Soweit Nutzung und Einrichtung der Räume es zum Schutz der Beschäftigten erfordern, müssen die Begrenzungen der Verkehrswege gekennzeichnet sein.
(6) Besondere Anforderungen gelten für Fluchtwege (Nummer 2.3).

1.9 Fahrtreppen, Fahrsteige

Fahrtreppen und Fahrsteige müssen so ausgewählt und installiert sein, dass sie sicher funktionieren und sicher benutzbar sind. Dazu gehört, dass die Notbefehlseinrichtungen gut erkennbar und leicht zugänglich sind und nur solche Fahrtreppen und Fahrsteige eingesetzt werden, die mit den notwendigen Sicherheitsvorrichtungen ausgestattet sind.

1.10 Laderampen

(1) Laderampen sind entsprechend den Abmessungen der Transportmittel und der Ladung auszulegen.

(2) Sie müssen mindestens einen Abgang haben; lange Laderampen müssen, soweit betriebstechnisch möglich, an jedem Endbereich einen Abgang haben.

(3) Sie müssen einfach und sicher benutzbar sein. Dazu gehört, dass sie nach Möglichkeit mit Schutzvorrichtungen gegen Absturz auszurüsten sind; das gilt insbesondere in Bereichen von Laderampen, die keine ständigen Be- und Entladestellen sind.

1.11 Steigleitern, Steigeisengänge

Steigleitern und Steigeisengänge müssen sicher benutzbar sein. Dazu gehört, dass sie

a) nach Notwendigkeit über Schutzvorrichtungen gegen Absturz, vorzugsweise über Steigschutzeinrichtungen verfügen,
b) an ihren Austrittsstellen eine Haltevorrichtung haben,
c) nach Notwendigkeit in angemessenen Abständen mit Ruhebühnen ausgerüstet sind.

2 Maßnahmen zum Schutz vor besonderen Gefahren

2.1 Schutz vor Absturz und herabfallenden Gegenständen, Betreten von Gefahrenbereichen

(1) Arbeitsplätze und Verkehrswege, bei denen die Absturzgefahr für Beschäftigte oder die Gefahr des Herabfallens von Gegenständen besteht, müssen mit Schutzvorrichtungen versehen sein, die verhindern, dass Beschäftigte abstürzen oder durch herabfallende Gegenstände verletzt werden können. Sind aufgrund der Eigenart des Arbeitsplatzes oder der durchzuführenden Arbeiten Schutzvorrichtungen gegen Absturz nicht geeignet, muss der Arbeitgeber die Sicherheit der Beschäftigten durch andere wirksame Maßnahmen gewährleisten. Eine Absturzgefahr besteht bei einer Absturzhöhe von mehr als 1 Meter.

(2) Arbeitsplätze und Verkehrswege, die an Gefahrenbereiche grenzen, müssen mit Schutzvorrichtungen versehen sein, die verhindern, dass Beschäftigte in die Gefahrenbereiche gelangen.

(3) Die Arbeitsplätze und Verkehrswege nach den Absätzen 1 und 2 müssen gegen unbefugtes Betreten gesichert und gut sichtbar als Gefahrenbereiche gekennzeichnet sein. Zum Schutz derjenigen, die diese Bereiche betreten müssen, sind geeignete Maßnahmen zu treffen.

2.2 Maßnahmen gegen Brände

(1) Arbeitsstätten müssen je nach

a) Abmessung und Nutzung,

b) der Brandgefährdung vorhandener Einrichtungen und Materialien,

c) der größtmöglichen Anzahl anwesender Personen mit einer ausreichenden Anzahl geeigneter Feuerlöscheinrichtungen und erforderlichenfalls Brandmeldern und Alarmanlagen ausgestattet sein.

(2) Nicht selbsttätige Feuerlöscheinrichtungen müssen als solche dauerhaft gekennzeichnet, leicht zu erreichen und zu handhaben sein.

(3) Selbsttätig wirkende Feuerlöscheinrichtungen müssen mit Warneinrichtungen ausgerüstet sein, wenn bei ihrem Einsatz Gefahren für die Beschäftigten auftreten können.

2.3 Fluchtwege und Notausgänge

(1) Fluchtwege und Notausgänge müssen

a) sich in Anzahl, Anordnung und Abmessung nach der Nutzung, der Einrichtung und den Abmessungen der Arbeitsstätte sowie nach der höchstmöglichen Anzahl der dort anwesenden Personen richten,

b) auf möglichst kurzem Weg ins Freie oder, falls dies nicht möglich ist, in einen gesicherten Bereich führen,

c) in angemessener Form und dauerhaft gekennzeichnet sein.

Sie sind mit einer Sicherheitsbeleuchtung auszurüsten, wenn das gefahrlose Verlassen der Arbeitsstätte für die Beschäftigten, insbesondere bei Ausfall der allgemeinen Beleuchtung, nicht gewährleistet ist.

(2) Türen im Verlauf von Fluchtwegen oder Türen von Notausgängen müssen

a) sich von innen ohne besondere Hilfsmittel jederzeit leicht öffnen lassen, solange sich Beschäftigte in der Arbeitsstätte befinden,

b) in angemessener Form und dauerhaft gekennzeichnet sein. Türen von Notausgängen müssen sich nach außen öffnen lassen. In Notausgängen, die ausschließlich für den Notfall konzipiert und ausschließlich im Notfall benutzt werden, sind Karussell- und Schiebetüren nicht zulässig.

3 Arbeitsbedingungen

3.1 Bewegungsfläche

(1) Die freie unverstellte Fläche am Arbeitsplatz muss so bemessen sein, dass sich die Beschäftigten bei ihrer Tätigkeit ungehindert bewegen können.
(2) Ist dies nicht möglich, muss den Beschäftigten in der Nähe des Arbeitsplatzes eine andere ausreichend große Bewegungsfläche zur Verfügung stehen.

3.2 Anordnung der Arbeitsplätze

Arbeitsplätze sind in der Arbeitsstätte so anzuordnen, dass Beschäftigte

a) sie sicher erreichen und verlassen können,
b) sich bei Gefahr schnell in Sicherheit bringen können,
c) durch benachbarte Arbeitsplätze, Transporte oder Einwirkungen von außerhalb nicht gefährdet werden.

3.3 Ausstattung

(1) Jedem Beschäftigten muss mindestens eine Kleiderablage zur Verfügung stehen, sofern Umkleideräume nicht vorhanden sind.
(2) Kann die Arbeit ganz oder teilweise sitzend verrichtet werden oder lässt es der Arbeitsablauf zu, sich zeitweise zu setzen, sind den Beschäftigten am Arbeitsplatz Sitzgelegenheiten zur Verfügung zu stellen. Können aus betriebstechnischen Gründen keine Sitzgelegenheiten unmittelbar am Arbeitsplatz aufgestellt werden, obwohl es der Arbeitsablauf zulässt, sich zeitweise zu setzen, müssen den Beschäftigten in der Nähe der Arbeitsplätze Sitzgelegenheiten bereitgestellt werden.

3.4 Beleuchtung und Sichtverbindung

(1) Der Arbeitgeber darf als Arbeitsräume nur solche Räume betreiben, die möglichst ausreichend Tageslicht erhalten und die eine Sichtverbindung nach außen haben. Dies gilt nicht für

1. Räume, bei denen betriebs-, produktions- oder bautechnische Gründe Tageslicht oder einer Sichtverbindung nach außen entgegenstehen,
2. Räume, in denen sich Beschäftigte zur Verrichtung ihrer Tätigkeit regelmäßig nicht über einen längeren Zeitraum oder im Verlauf der täglichen Arbeitszeit nur kurzzeitig aufhalten müssen, insbesondere Archive, Lager-, Maschinen- und Nebenräume, Teeküchen,
3. Räume, die vollständig unter Erdgleiche liegen, soweit es sich dabei um Tiefgaragen oder ähnliche Einrichtungen, um kulturelle Einrichtungen, um Verkaufsräume oder um Schank- und Speiseräume handelt,
4. Räume in Bahnhofs- oder Flughafenhallen, Passagen oder innerhalb von Kaufhäusern und Einkaufszentren,
5. Räume mit einer Grundfläche von mindestens 2000 Quadratmetern, sofern Oberlichter oder andere bauliche Vorrichtungen vorhanden sind, die Tageslicht in den Arbeitsraum lenken.

(2) Pausen- und Bereitschaftsräume sowie Unterkünfte müssen möglichst ausreichend mit Tageslicht beleuchtet sein und eine Sichtverbindung nach außen haben. Kantinen sollen möglichst ausreichend Tageslicht erhalten und eine Sichtverbindung nach außen haben.

(3) Räume, die bis zum 3. Dezember 2016 eingerichtet worden sind oder mit deren Einrichtung begonnen worden war und die die Anforderungen nach Absatz 1 Satz 1 oder Absatz 2 nicht erfüllen, dürfen ohne eine Sichtverbindung nach außen weiter betrieben werden, bis sie wesentlich erweitert oder umgebaut werden.

(4) In Arbeitsräumen muss die Stärke des Tageslichteinfalls am Arbeitsplatz je nach Art der Tätigkeit reguliert werden können.

(5) Arbeitsstätten müssen mit Einrichtungen ausgestattet sein, die eine angemessene künstliche Beleuchtung ermöglichen, so dass die Sicherheit und der Schutz der Gesundheit der Beschäftigten gewährleistet sind.

(6) Die Beleuchtungsanlagen sind so auszuwählen und anzuordnen, dass dadurch die Sicherheit und die Gesundheit der Beschäftigten nicht gefährdet werden.

(7) Arbeitsstätten, in denen bei Ausfall der Allgemeinbeleuchtung die Sicherheit der Beschäftigten gefährdet werden kann, müssen eine ausreichende Sicherheitsbeleuchtung haben.

3.5 Raumtemperatur

(1) Arbeitsräume, in denen aus betriebstechnischer Sicht keine spezifischen Anforderungen an die Raumtemperatur gestellt werden, müssen während der Nutzungsdauer unter Berücksichtigung der Arbeitsverfahren und der physischen Belastungen der Beschäftigten eine gesundheitlich zuträgliche Raumtemperatur haben.
(2) Sanitär-, Pausen- und Bereitschaftsräume, Kantinen, Erste-Hilfe-Räume und Unterkünfte müssen während der Nutzungsdauer unter Berücksichtigung des spezifischen Nutzungszwecks eine gesundheitlich zuträgliche Raumtemperatur haben.
(3) Fenster, Oberlichter und Glaswände müssen unter Berücksichtigung der Arbeitsverfahren und der Art der Arbeitsstätte eine Abschirmung gegen übermäßige Sonneneinstrahlung ermöglichen.

3.6 Lüftung

(1) In Arbeitsräumen, Sanitär-, Pausen- und Bereitschaftsräumen, Kantine, Erste-Hilfe-Räume und Unterkünften muss unter Berücksichtigung des spezifischen Nutzungswecks, der Arbeitsverfahren, der physischen Belastungen und der Anzahl der Beschäftigten sowie der sonstigen anwesenden Personen während der Nutzungsdauer ausreichend gesundheitlich zuträgliche Atemluft vorhanden sein.
(2) Ist für das Betreiben von Arbeitsstätten eine raumlufttechnische Anlage erforderlich, muss diese jederzeit funktionsfähig sein und die Anforderungen nach Absatz 1 erfüllen. Bei raumlufttechnischen Anlagen muss eine Störung durch eine selbsttätige Warneinrichtung angezeigt werden. Es müssen Vorkehrungen getroffen sein, durch die die Beschäftigten im Fall einer Störung gegen Gesundheitsgefahren geschützt sind.
(3) Werden raumlufttechnische Anlagen verwendet, ist sicherzustellen, dass die Beschäftigten keinem störenden Luftzug ausgesetzt sind.
(4) Ablagerungen und Verunreinigungen in raumlufttechnischen Anlagen, die zu einer unmittelbaren Gesundheitsgefährdung durch die Raumluft führen können, müssen umgehend beseitigt werden.

3.7 Lärm

In Arbeitsstätten ist der Schalldruckpegel so niedrig zu halten, wie es nach der Art des Betriebes möglich ist. Der Schalldruckpegel am Arbeitsplatz in Arbeitsräumen ist in Abhängigkeit von der

Nutzung und den zu verrichtenden Tätigkeiten so weit zu reduzieren, dass keine Beeinträchtigungen der Gesundheit der Beschäftigten entstehen.

4 Sanitärräume, Pausen- und Bereitschaftsräume, Erste-Hilfe-Räume, Unterkünfte

4.1 Sanitärräume

(1) Der Arbeitgeber hat Toilettenräume zur Verfügung zu stellen. Toilettenräume sind für Männer und Frauen getrennt einzurichten oder es ist eine getrennte Nutzung zu ermöglichen. Toilettenräume sind mit verschließbaren Zugängen, einer ausreichenden Anzahl von Toilettenbecken und Handwaschgelegenheiten zur Verfügung zu stellen. Sie müssen sich sowohl in der Nähe der Arbeitsplätze als auch in der Nähe von Kantinen, Pausen- und Bereitschaftsräumen, Wasch- und Umkleideräumen befinden. Bei Arbeiten im Freien und auf Baustellen mit wenigen Beschäftigten sind mobile, anschlussfreie Toilettenkabinen in der Nähe der Arbeitsplätze ausreichend.

(2) Der Arbeitgeber hat – wenn es die Art der Tätigkeit oder gesundheitliche Gründe erfordern – Waschräume zur Verfügung zu stellen. Diese sind für Männer und Frauen getrennt einzurichten oder es ist eine getrennte Nutzung zu ermöglichen. Bei Arbeiten im Freien und auf Baustellen mit wenigen Beschäftigten sind Waschgelegenheiten ausreichend. Waschräume sind

a) in der Nähe von Arbeitsräumen und sichtgeschützt einzurichten,
b) so zu bemessen, dass die Beschäftigten sich den hygienischen Erfordernissen entsprechend und ungehindert reinigen können; dazu müssen fließendes warmes und kaltes Wasser, Mittel zum Reinigen und gegebenenfalls zum Desinfizieren sowie zum Abtrocknen der Hände vorhanden sein,
c) mit einer ausreichenden Anzahl geeigneter Duschen zur Verfügung zu stellen, wenn es die Art der Tätigkeit oder gesundheitliche Gründe erfordern.

Sind Waschräume nicht erforderlich, müssen in der Nähe des Arbeitsplatzes und der Umkleideräume ausreichende und angemessene Waschgelegenheiten mit fließendem Wasser (erforderlichenfalls mit warmem Wasser), Mitteln zum Reinigen und zum Abtrocknen der Hände zur Verfügung stehen.

(3) Der Arbeitgeber hat geeignete Umkleideräume zur Verfügung zu stellen, wenn die Beschäftigten bei ihrer Tätigkeit besondere Arbeitskleidung tragen müssen und es ihnen nicht zuzumuten ist, sich in einem anderen Raum umzukleiden. Umkleideräume sind für Männer und Frauen getrennt einzurichten oder es ist eine getrennte Nutzung zu ermöglichen. Umkleideräume müssen

a) leicht zugänglich und von ausreichender Größe und sichtgeschützt eingerichtet werden; entsprechend der Anzahl gleichzeitiger Benutzer muss genügend freie Bodenfläche für ungehindertes Umkleiden vorhanden sein,
b) mit Sitzgelegenheiten sowie mit verschließbaren Einrichtungen ausgestattet sein, in denen jeder Beschäftigte seine Kleidung aufbewahren kann.

Kleiderschränke für Arbeitskleidung und Schutzkleidung sind von Kleiderschränken für persönliche Kleidung und Gegenstände zu trennen, wenn die Umstände dies erfordern.

(4) Wasch- und Umkleideräume, die voneinander räumlich getrennt sind, müssen untereinander leicht erreichbar sein.

4.2 Pausen- und Bereitschaftsräume

(1) Bei mehr als zehn Beschäftigten oder wenn die Sicherheit und der Schutz der Gesundheit es erfordern, ist den Beschäftigten ein Pausenraum oder ein entsprechender Pausenbereich zur Verfügung zu stellen. Dies gilt nicht, wenn die Beschäftigten in Büroräumen oder vergleichbaren Arbeitsräumen beschäftigt sind und dort gleichwertige Voraussetzungen für eine Erholung während der Pause gegeben sind. Fallen in die Arbeitszeit regelmäßig und häufig Arbeitsbereitschaftszeiten oder Arbeitsunterbrechungen und sind keine Pausenräume vorhanden, so sind für die Beschäftigten Räume für Bereitschaftszeiten einzurichten. Schwangere Frauen und stillende Mütter müssen sich während der Pausen und, soweit es erforderlich ist, auch während der Arbeitszeit unter geeigneten Bedingungen hinlegen und ausruhen können.

(2) Pausenräume oder entsprechende Pausenbereiche sind

a) für die Beschäftigten leicht erreichbar an ungefährdeter Stelle und in ausreichender Größe bereitzustellen,
b) entsprechend der Anzahl der gleichzeitigen Benutzer mit leicht zu reinigenden Tischen und Sitzgelegenheiten mit Rückenlehne auszustatten,

c) als separate Räume zu gestalten, wenn die Beurteilung der Arbeitsbedingungen und der Arbeitsstätte dies erfordern.

(3) Bereitschaftsräume und Pausenräume, die als Bereitschaftsräume genutzt werden, müssen dem Zweck entsprechend ausgestattet sein.

4.3 Erste-Hilfe-Räume

(1) Erste-Hilfe-Räume oder vergleichbare Bereiche sind entsprechend der Art der Gefährdungen in der Arbeitsstätte oder der Anzahl der Beschäftigten, der Art der auszuübenden Tätigkeiten sowie der räumlichen Größe der Betriebe zur Verfügung zu stellen.

(2) Erste-Hilfe-Räume müssen an ihren Zugängen als solche gekennzeichnet und für Personen mit Rettungstransportmitteln leicht zugänglich sein.

(3) Sie sind mit den erforderlichen Mitteln und Einrichtungen zur Ersten Hilfe auszustatten. An einer deutlich gekennzeichneten Stelle müssen Anschrift und Telefonnummer der örtlichen Rettungsdienste angegeben sein.

(4) Darüber hinaus sind überall dort, wo es die Arbeitsbedingungen erfordern, Mittel und Einrichtungen zur Ersten Hilfe aufzubewahren. Sie müssen leicht zugänglich und einsatzbereit sein. Die Aufbewahrungsstellen müssen als solche gekennzeichnet und gut erreichbar sein.

4.4 Unterkünfte

(1) Der Arbeitgeber hat angemessene Unterkünfte für Beschäftigte zur Verfügung zu stellen, gegebenenfalls auch außerhalb des Geländes eines Betriebes oder einer Baustelle, wenn es aus Gründen der Sicherheit, zum Schutz der Gesundheit oder aus Gründen der menschengerechten Gestaltung der Arbeit erforderlich ist. Die Bereitstellung angemessener Unterkünfte kann insbesondere wegen der Abgelegenheit der Arbeitsstätte, der Art der auszuübenden Tätigkeiten oder der Anzahl der im Betrieb beschäftigten Personen erforderlich sein. Sie ist stets erforderlich, wenn den Beschäftigten im Zusammenhang mit der Anwerbung oder Entsendung zur zeitlich befristeten Erbringung einer vertraglich geschuldeten Arbeitsleistung die Bereitstellung oder Vermittlung einer Unterbringung in Gemeinschaftsunterkünften in Aussicht gestellt wird und zu erwarten ist, dass der Beschäftigte die Verpflichtung zur Erbringung seiner Arbeitsleistung anderenfalls nicht eingehen

würde. Kann der Arbeitgeber erforderliche Unterkünfte innerhalb des Geländes eines Betriebes oder einer Baustelle nicht zur Verfügung stellen, hat er für eine andere angemessene Unterbringung der Beschäftigten außerhalb des Geländes eines Betriebes oder einer Baustelle zu sorgen. Wird die Unterkunft als Gemeinschaftsunterkunft außerhalb des Geländes eines Betriebes oder einer Baustelle durch den Arbeitgeber oder auf dessen Veranlassung durch Dritte zur Verfügung gestellt, so hat der Arbeitgeber auch in diesem Fall für die Angemessenheit der Unterkunft zu sorgen.

(2) Unterkünfte müssen entsprechend ihrer Belegungszahl und der Dauer der Unterbringung ausgestattet sein mit:

1. Wohn- und Schlafbereich (Betten, Schränken, Tischen, Stühlen),
2. Essbereich,
3. Sanitäreinrichtungen.

(3) Wird die Unterkunft von Männern und Frauen gemeinsam genutzt, ist dies bei der Zuteilung der Räume zu berücksichtigen.

(4) Der Arbeitgeber hat die Unterbringung von Beschäftigten in Gemeinschaftsunterkünften innerhalb oder außerhalb des Geländes eines Betriebes oder einer Baustelle nach den Sätzen 2 und 3 zu dokumentieren. In der Dokumentation sind anzugeben:

1. die Adressen der Gemeinschaftsunterkünfte,
2. die Unterbringungskapazitäten der Gemeinschaftsunterkünfte,
3. die Zuordnung der untergebrachten Beschäftigten zu den Gemeinschaftsunterkünften sowie
4. der zugehörige Zeitraum der Unterbringung der jeweiligen Beschäftigten.

Die Dokumentation muss ab Beginn der Bereitstellung der Gemeinschaftsunterkünfte am Ort der Leistungserbringung verfügbar sein. Die Dokumentation ist nach Beendigung der Unterbringung vier Wochen aufzubewahren.

5 Ergänzende Anforderungen und Maßnahmen für besondere Arbeitsstätten und Arbeitsplätze

5.1 Arbeitsplätze in nicht allseits umschlossenen Arbeitsstätten und Arbeitsplätze im Freien

Arbeitsplätze in nicht allseits umschlossenen Arbeitsstätten und Arbeitsplätze im Freien sind so einzurichten und zu betreiben, dass sie von den Beschäftigten bei jeder Witterung sicher und ohne Gesundheitsgefährdung erreicht, benutzt und wieder verlassen werden können. Dazu gehört, dass diese Arbeitsplätze gegen Witterungseinflüsse geschützt sind oder den Beschäftigten geeignete persönliche Schutzausrüstungen zur Verfügung gestellt werden. Werden die Beschäftigten auf Arbeitsplätzen im Freien beschäftigt, so sind die Arbeitsplätze nach Möglichkeit so einzurichten, dass die Beschäftigten nicht gesundheitsgefährdenden äußeren Einwirkungen ausgesetzt sind.

5.2 Baustellen

(1) Die Beschäftigten müssen

a) sich gegen Witterungseinflüsse geschützt umkleiden, waschen und wärmen können,

b) über Einrichtungen verfügen, um ihre Mahlzeiten einnehmen und gegebenenfalls auch zubereiten zu können,

c) in der Nähe der Arbeitsplätze über Trinkwasser oder ein anderes alkoholfreies Getränk verfügen können.

Weiterhin sind auf Baustellen folgende Anforderungen umzusetzen:

d) Sind Umkleideräume nicht erforderlich, muss für jeden regelmäßig auf der Baustelle anwesenden Beschäftigten eine Kleiderablage und ein abschließbares Fach vorhanden sein, damit persönliche Gegenstände unter Verschluss aufbewahrt werden können.

e) Unter Berücksichtigung der Arbeitsverfahren und der physischen Belastungen der Beschäftigten ist dafür zu sorgen, dass ausreichend gesundheitlich zuträgliche Atemluft vorhanden ist.

f) Beschäftigte müssen die Möglichkeit haben, Arbeitskleidung und Schutzkleidung außerhalb der Arbeitszeit zu lüften und zu trocknen.

g) In regelmäßigen Abständen sind geeignete Versuche und Übungen an Feuerlöscheinrichtungen und Brandmelde- und Alarmanlagen durchzuführen.

(2) Schutzvorrichtungen, die ein Abstürzen von Beschäftigten an Arbeitsplätzen und Verkehrswegen auf Baustellen verhindern, müssen vorhanden sein:

1. unabhängig von der Absturzhöhe bei

a) Arbeitsplätzen am und über Wasser oder an und über anderen festen oder flüssigen Stoffen, in denen man versinken kann,

b) Verkehrswegen über Wasser oder anderen festen oder flüssigen Stoffen, in denen man versinken kann,

2. bei mehr als 1 Meter Absturzhöhe an Wandöffnungen, an freiliegenden Treppenläufen und -Absätzen sowie
3. bei mehr als 2 Meter Absturzhöhe an allen übrigen Arbeitsplätzen.

Bei einer Absturzhöhe bis zu 3 Metern ist eine Schutzvorrichtung entbehrlich an Arbeitsplätzen und Verkehrswegen auf Dächern und Geschossdecken von baulichen Anlagen mit bis zu 22,5 Grad Neigung und nicht mehr als 50 Quadratmeter Grundfläche, sofern die Arbeiten von hierfür fachlich qualifizierten und körperlich geeigneten Beschäftigten ausgeführt werden und diese Beschäftigten besonders unterwiesen sind. Die Absturzkante muss für die Beschäftigten deutlich erkennbar sein.

(3) Räumliche Begrenzungen der Arbeitsplätze, Materialien, Ausrüstungen und ganz allgemein alle Elemente, die durch Ortsveränderung die Sicherheit und die Gesundheit der Beschäftigten beeinträchtigen können, müssen auf geeignete Weise stabilisiert werden. Hierzu zählen auch Maßnahmen, die verhindern, dass Fahrzeuge, Erdbaumaschinen und Förderzeuge abstürzen, umstürzen, abrutschen oder einbrechen.

(4) Werden Beförderungsmittel auf Verkehrswegen verwendet, so müssen für andere, den Verkehrsweg nutzende Personen ein ausreichender Sicherheitsabstand oder geeignete Schutzvorrichtungen vorgesehen werden. Die Wege müssen regelmäßig überprüft und gewartet werden.

(5) Bei Arbeiten, aus denen sich im besonderen Maße Gefährdungen für die Beschäftigten ergeben können, müssen geeignete Sicherheitsvorkehrungen getroffen werden. Dies gilt insbesondere für Abbrucharbeiten sowie Montage- oder Demontagearbeiten. Zur Erfüllung der Schutzmaßnahmen des Satzes 1 sind

a) bei Arbeiten an erhöhten oder tiefer gelegenen Standorten Standsicherheit und Stabilität der Arbeitsplätze und ihrer Zugänge auf geeignete Weise zu gewährleisten und zu überprüfen, insbesondere nach einer Veränderung der Höhe oder Tiefe des Arbeitsplatzes,
b) bei Aushubarbeiten, Brunnenbauarbeiten, unterirdischen oder Tunnelarbeiten, die Erd- oder Felswände so abzuböschen, zu verbauen oder anderweitig so zu sichern, dass sie während der einzelnen Bauzustände standsicher sind; vor Beginn von Erdarbeiten sind geeignete Maßnahmen durchzuführen, um die Gefährdung durch unterirdisch verlegte Kabel

und andere Versorgungsleitungen festzustellen und auf ein Mindestmaß zu verringern,

c) bei Arbeiten, bei denen Sauerstoffmangel auftreten kann, geeignete Maßnahmen zu treffen, um einer Gefahr vorzubeugen und eine wirksame und sofortige Hilfeleistung zu ermöglichen; Einzelarbeitsplätze in Bereichen, in denen erhöhte Gefährdung durch Sauerstoffmangel besteht, sind nur zulässig, wenn diese ständig von außen überwacht werden und alle geeigneten Vorkehrungen getroffen sind, um eine wirksame und sofortige Hilfeleistung zu ermöglichen,

d) beim Auf-, Um- sowie Abbau von Spundwänden und Senkkästen angemessene Vorrichtungen vorzusehen, damit sich die Beschäftigten beim Eindringen von Wasser und Material retten können,

e) bei Laderampen Absturzsicherungen vorzusehen,

f) bei Arbeiten, bei denen mit Gefährdungen aus dem Verkehr von Land-, Wasser- oder Luftfahrzeugen zu rechnen ist, geeignete Vorkehrungen zu treffen.

Abbrucharbeiten, Montage- oder Demontagearbeiten, insbesondere der Auf- oder Abbau von Stahl- oder Betonkonstruktionen, die Montage oder Demontage von Verbau zur Sicherung von Erd- oder Felswänden oder Senkkästen sind fachkundig zu planen und nur unter fachkundiger Aufsicht sowie nach schriftlicher Abbruch-, Montage- oder Demontageanweisung durchzuführen; die Abbruch-, Montage- oder Demontageanweisung muss die erforderlichen sicherheitstechnischen Angaben enthalten; auf die Schriftform kann verzichtet werden, wenn für die jeweiligen Abbruch-, Montage- oder Demontagearbeiten besondere sicherheitstechnische Angaben nicht erforderlich sind.

(6) Vorhandene elektrische Freileitungen müssen nach Möglichkeit außerhalb des Baustellengeländes verlegt oder freigeschaltet werden. Wenn dies nicht möglich ist, sind geeignete Abschrankungen, Abschirmungen oder Hinweise anzubringen, um Fahrzeuge und Einrichtungen von diesen Leitungen fern zu halten.

6 Maßnahmen zur Gestaltung von Bildschirmarbeitsplätzen

6.1 Allgemeine Anforderungen an Bildschirmarbeitsplätze

(1) Bildschirmarbeitsplätze sind so einzurichten und zu betreiben, dass die Sicherheit und der Schutz der Gesundheit der Beschäftigten

gewährleistet sind. Die Grundsätze der Ergonomie sind auf die Bildschirmarbeitsplätze und die erforderlichen Arbeitsmitteln sowie die für die Informationsverarbeitung durch die Beschäftigten erforderlichen Bildschirmgeräte entsprechend anzuwenden.

(2) Der Arbeitgeber hat dafür zu sorgen, dass die Tätigkeiten der Beschäftigten an Bildschirmgeräten insbesondere durch andere Tätigkeiten oder regelmäßige Erholungszeiten unterbrochen werden.

(3) Für die Beschäftigten ist ausreichend Raum für wechselnde Arbeitshaltungen und -bewegungen vorzusehen.

(4) Die Bildschirmgeräte sind so aufzustellen und zu betreiben, dass die Oberfläche frei von störenden Reflexionen und Blendungen sind.

(5) Die Arbeitstische oder Arbeitsflächen müssen eine reflexionsarme Oberfläche haben und so aufgestellt werden, dass die Oberflächen bei der Arbeit frei von störenden Reflexionen und Blendungen sind.

(6) Die Arbeitsflächen sind entsprechend der Arbeitsaufgabe so zu bemessen, dass alle Eingabemittel auf der Arbeitsfläche variabel angeordnet werden können und eine flexible Anordnung des Bildschirms, des Schriftguts und der sonstigen Arbeitsmittel möglich ist. Die Arbeitsfläche vor der Tastatur muss ein Auflegen der Handballen ermöglichen.

(7) Auf Wunsch der Beschäftigten hat der Arbeitgeber eine Fußstütze und einen Manuskripthalter zur Verfügung zu stellen, wenn eine ergonomisch günstige Arbeitshaltung auf andere Art und Weise nicht erreicht werden kann.

(8) Die Beleuchtung muss der Arbeit der Arbeitsaufgabe entsprechen und an das Sehvermögen der Beschäftigten angepasst sein; ein angemessener Kontrast zwischen Bildschirm und Arbeitsumgebung ist zu gewährleisten. Durch die Gestaltung des Bildschirmarbeitsplatzes sowie der Auslegung und der Anordnung der Beleuchtung sind störende Blendungen, Reflexionen oder Spiegelungen auf dem Bildschirm und auf sonstigen Arbeitsmitteln zu vermeiden.

(9) Werden an einem Arbeitsplatz mehrere Bildschirmgeräte oder Bildschirme betrieben, müssen diese ergonomisch angeordnet sein. Die Eingabegeräte müssen sich eindeutig dem jeweiligen Bildschirmgerät zuordnen lassen.

(10) Die Arbeitsmittel dürfen nicht zu einer erhöhten, gesundheitlich unzuträglichen Wärmebelastung am Arbeitsplatz führen.

6.2 Allgemeine Anforderungen an Bildschirme und Bildschirmgeräte

(1) Die Text- und Grafikdarstellungen auf dem Bildschirm müssen entsprechend der Arbeitsaufgabe und dem Sehabstand scharf und deutlich sowie ausreichend groß sein. Der Zeichen- und der Zeilenabstand müssen angemessen sein. Die Zeichengröße und der Zeilenabstand müssen auf dem Bildschirm individuell eingestellt werden können.

(2) Das auf dem Bildschirm dargestellte Bild muss flimmerfrei sein. Das Bild darf keine Verzerrungen aufweisen.

(3) Die Helligkeit der Bildschirmanzeige und der Kontrast der Text- und Grafikdarstellungen auf dem Bildschirm müssen von den Beschäftigten einfach eingestellt werden können. Sie müssen den Verhältnissen der Arbeitsumgebung individuell angepasst werden können.

(4) Die Bildschirmgröße und -form müssen der Arbeitsaufgabe angemessen sein.

(5) Die von den Bildschirmgeräten ausgehende elektromagnetische Strahlung muss so niedrig gehalten werden, dass die Sicherheit und die Gesundheit der Beschäftigten nicht gefährdet werden.

6.3 Anforderungen an Bildschirmgeräte und Arbeitsmittel für die ortsgebundene Verwendung an Arbeitsplätzen

(1) Bildschirme müssen frei und leicht drei- und neigbar sein sowie über reflexionsarme Oberflächen verfügen. Bildschirme, die über reflektierende Oberflächen verfügen, dürfen nur dann betrieben werden, wenn dies aus zwingenden aufgabenbezogenen Gründen erforderlich ist.

(2) Tastaturen müssen die folgenden Eigenschaften aufweisen:

1. sie müssen vom Bildschirm getrennte Einheiten sein,
2. sie müssen neigbar sein,
3. die Oberflächen müssen reflexionsarm sein,
4. die Form und der Anschlag der Tasten müssen den Arbeitsaufgaben angemessen sein und eine ergonomische Bedienung ermöglichen,
5. die Beschriftung der Tasten muss sich vom Untergrund deutlich abheben und bei normaler Arbeitshaltung gut lesbar sein.

(3) Alternative Eingabemittel (zum Beispiel Eingabe über den Bildschirm, Spracheingabe, Scanner) dürfen nur eingesetzt werden, wenn dadurch die Arbeitsaufgaben leichter ausgeführt

werden können und keine zusätzlichen Belastungen für die Beschäftigten entstehen.

6.4 Anforderungen an tragbare Bildschirmgeräte für die ortsveränderliche Verwendung an Arbeitsplätzen

(1) Größe, Form und Gewicht tragbarer Bildschirmgeräte müssen der Arbeitsaufgabe entsprechend angemessen sein.

(2) Tragbare Bildschirmgeräte müssen

1. über Bildschirme mit reflexionsarmen Oberflächen verfügen und
2. so betrieben werden, dass der Bildschirm frei von störenden Reflexionen und Blendungen ist.

(3) Tragbare Bildschirmgeräte ohne Trennung zwischen Bildschirm und externen Eingabemittel (insbesondere Geräte ohne Tastatur) dürfen nur an Arbeitsplätzen betrieben werden, an denen die Geräte nur kurzzeitig verwenden werden oder an denen die Arbeitsaufgaben mit keinen anderen Bildschirmgeräten ausgeführt werden können.

(4) Tragbare Bildschirmgeräte mit alternativen Eingabemitteln sind den Arbeitsaufgaben angemessen und mit dem Ziel einer optimalen Entlastung der Beschäftigten zu betreiben.

(5) Werden tragbare Bildschirmgeräte ortsgebunden an Arbeitsplätzen verwendet, gelten zusätzlich die Anforderungen nach 6.1.

6.5 Anforderungen an die Benutzerfreundlichkeit von Bildschirmarbeitsplätzen

(1) Beim Betreiben der Bildschirmarbeitsplätze hat der Arbeitgeber dafür zu sorgen, dass der Arbeitsplatz den Arbeitsaufgaben angemessen gestaltet ist. Er hat insbesondere geeignete Softwaresysteme bereitzustellen.

(2) Die Bildschirmgeräte und die Software müssen entsprechend den Kenntnissen und Erfahrungen der Beschäftigten im Hinblick auf die jeweilige Arbeitsaufgabe angepasst werden können.

(3) Das Softwaresystem muss den Beschäftigten Angaben über die jeweiligen Dialogabläufe machen.

(4) Die Bildschirmgeräte und die Software müssen es den Beschäftigten ermöglichen, die Dialogabläufe zu beeinflussen. Sie müssen eventuelle Fehler bei der Handhabung beschreiben und eine Fehlerbeseitigung mit begrenztem Arbeitsaufwand erlauben.

(5) Eine Kontrolle der Arbeit hinsichtlich der qualitativen oder quantitativen Ergebnisse darf ohne Wissen der Beschäftigten nicht durchgeführt werden.

Gesetz über Betriebsärzte, Sicherheitsingenieure und andere Fachkräfte für Arbeitssicherheit (Arbeitssicherheitsgesetz – ASiG)

vom 12. Dezember 1973 (BGBl. I S. 1885, zuletzt geändert durch Art. 3 des Gesetzes zur Umsetzung des Seearbeitsübereinkommens 2006 der Internationalen Arbeitsorganisation vom 20. April 2013, BGBl. I S. 868)

Erster Abschnitt

§ 1 Grundsatz

Der Arbeitgeber hat nach Maßgabe dieses Gesetzes Betriebsärzte und Fachkräfte für Arbeitssicherheit zu bestellen. Diese sollen ihn beim Arbeitsschutz und bei der Unfallverhütung unterstützen. Damit soll erreicht werden, daß

1. die dem Arbeitsschutz und der Unfallverhütung dienenden Vorschriften den besonderen Betriebsverhältnissen entsprechend angewandt werden,
2. gesicherte arbeitsmedizinische und sicherheitstechnische Erkenntnisse zur Verbesserung des Arbeitsschutzes und der Unfallverhütung verwirklicht werden können,
3. die dem Arbeitsschutz und der Unfallverhütung dienenden Maßnahmen einen möglichst hohen Wirkungsgrad erreichen.

Zweiter Abschnitt Betriebsärzte

§ 2 Bestellung von Betriebsärzten

(1) Der Arbeitgeber hat Betriebsärzte schriftlich zu bestellen und ihnen die in § 3 genannten Aufgaben zu übertragen, soweit dies erforderlich ist im Hinblick auf

1. die Betriebsart und die damit für die Arbeitnehmer verbundenen Unfall- und Gesundheitsgefahren,
2. die Zahl der beschäftigten Arbeitnehmer und die Zusammensetzung der Arbeitnehmerschaft und
3. die Betriebsorganisation, insbesondere im Hinblick auf die Zahl und die Art der für den Arbeitsschutz und die Unfallverhütung verantwortlichen Personen.

(2) Der Arbeitgeber hat dafür zu sorgen, daß die von ihm bestellten Betriebsärzte ihre Aufgaben erfüllen. Er hat sie bei der

Erfüllung ihrer Aufgaben zu unterstützen; insbesondere ist er verpflichtet, ihnen, soweit dies zur Erfüllung ihrer Aufgaben erforderlich ist, Hilfspersonal sowie Räume, Einrichtungen, Geräte und Mittel zur Verfügung zu stellen. Er hat sie über den Einsatz von Personen zu unterrichten, die mit einem befristeten Arbeitsvertrag beschäftigt oder ihm zur Arbeitsleistung überlassen sind.

(3) Der Arbeitgeber hat den Betriebsärzten die zur Erfüllung ihrer Aufgaben erforderliche Fortbildung unter Berücksichtigung der betrieblichen Belange zu ermöglichen. Ist der Betriebsarzt als Arbeitnehmer eingestellt, so ist er für die Zeit der Fortbildung unter Fortentrichtung der Arbeitsvergütung von der Arbeit freizustellen. Die Kosten der Fortbildung trägt der Arbeitgeber. Ist der Betriebsarzt nicht als Arbeitnehmer eingestellt, so ist er für die Zeit der Fortbildung von der Erfüllung der ihm übertragenen Aufgaben freizustellen.

§ 3 Aufgaben der Betriebsärzte

(1) Die Betriebsärzte haben die Aufgabe, den Arbeitgeber beim Arbeitsschutz und bei der Unfallverhütung in allen Fragen des Gesundheitsschutzes zu unterstützen. Sie haben insbesondere

1. den Arbeitgeber und die sonst für den Arbeitsschutz und die Unfallverhütung verantwortlichen Personen zu beraten, insbesondere bei
   a) der Planung, Ausführung und Unterhaltung von Betriebsanlagen und von sozialen und sanitären Einrichtungen,
   b) der Beschaffung von technischen Arbeitsmitteln und der Einführung von Arbeitsverfahren und Arbeitsstoffen,
   c) der Auswahl und Erprobung von Körperschutzmitteln,
   d) arbeitsphysiologischen, arbeitspsychologischen und sonstigen ergonomischen sowie arbeitshygienischen Fragen, insbesondere des Arbeitsrhythmus, der Arbeitszeit und der Pausenregelung, der Gestaltung der Arbeitsplätze, des Arbeitsablaufs und der Arbeitsumgebung,
   e) der Organisation der „Ersten Hilfe“ im Betrieb,
   f) Fragen des Arbeitsplatzwechsels sowie der Eingliederung und Wiedereingliederung Behinderter in den Arbeitsprozeß,
   g) der Beurteilung der Arbeitsbedingungen,
2. die Arbeitnehmer zu untersuchen, arbeitsmedizinisch zu beurteilen und zu beraten sowie die Untersuchungsergebnisse zu erfassen und auszuwerten,

3. die Durchführung des Arbeitsschutzes und der Unfallverhütung zu beobachten und im Zusammenhang damit
   a) die Arbeitsstätten in regelmäßigen Abständen zu begehen und festgestellte Mängel dem Arbeitgeber oder der sonst für den Arbeitsschutz und die Unfallverhütung verantwortlichen Person mitzuteilen, Maßnahmen zur Beseitigung dieser Mängel vorzuschlagen und auf deren Durchführung hinzuwirken,
   b) auf die Benutzung der Körperschutzmittel zu achten,
   c) Ursachen von arbeitsbedingten Erkrankungen zu untersuchen, die Untersuchungsergebnisse zu erfassen und auszuwerten und dem Arbeitgeber Maßnahmen zur Verhütung dieser Erkrankungen vorzuschlagen,
4. darauf hinzuwirken, daß sich alle im Betrieb Beschäftigten den Anforderungen des Arbeitsschutzes und der Unfallverhütung entsprechend verhalten, insbesondere sie über die Unfall- und Gesundheitsgefahren, denen sie bei der Arbeit ausgesetzt sind, sowie über die Einrichtungen und Maßnahmen zur Abwendung dieser Gefahren zu belehren und bei der Einsatzplanung und Schulung der Helfer in „Erster Hilfe" und des medizinischen Hilfspersonals mitzuwirken.

(2) Die Betriebsärzte haben auf Wunsch des Arbeitnehmers diesem das Ergebnis arbeitsmedizinischer Untersuchungen mitzuteilen; § 8 Abs. 1 Satz 3 bleibt unberührt.

(3) Zu den Aufgaben der Betriebsärzte gehört es nicht, Krankmeldungen der Arbeitnehmer auf ihre Berechtigung zu überprüfen.

§ 4 Anforderungen an Betriebsärzte

Der Arbeitgeber darf als Betriebsärzte nur Personen bestellen, die berechtigt sind, den ärztlichen Beruf auszuüben, und die über die zur Erfüllung der ihnen übertragenen Aufgaben erforderliche arbeitsmedizinische Fachkunde verfügen.

Dritter Abschnitt Fachkräfte für Arbeitssicherheit

§ 5 Bestellung von Fachkräften für Arbeitssicherheit

(1) Der Arbeitgeber hat Fachkräfte für Arbeitssicherheit (Sicherheitsingenieure, -techniker, -meister) schriftlich zu bestellen und ihnen die in § 6 genannten Aufgaben zu übertragen, soweit dies erforderlich ist im Hinblick auf

1. die Betriebsart und die damit für die Arbeitnehmer verbundenen Unfall- und Gesundheitsgefahren,
2. die Zahl der beschäftigten Arbeitnehmer und die Zusammensetzung der Arbeitnehmerschaft,
3. die Betriebsorganisation, insbesondere im Hinblick auf die Zahl und Art der für den Arbeitsschutz und die Unfallverhütung verantwortlichen Personen,
4. die Kenntnisse und die Schulung des Arbeitgebers oder der nach § 13 Abs. 1 Nr. 1, 2 oder 3 des Arbeitsschutzgesetzes verantwortlichen Personen in Fragen des Arbeitsschutzes.

(2) Der Arbeitgeber hat dafür zu sorgen, daß die von ihm bestellten Fachkräfte für Arbeitssicherheit ihre Aufgaben erfüllen. Er hat sie bei der Erfüllung ihrer Aufgaben zu unterstützen; insbesondere ist er verpflichtet, ihnen, soweit dies zur Erfüllung ihrer Aufgaben erforderlich ist, Hilfspersonal sowie Räume, Einrichtungen, Geräte und Mittel zur Verfügung zu stellen. Er hat sie über den Einsatz von Personen zu unterrichten, die mit einem befristeten Arbeitsvertrag beschäftigt oder ihm zur Arbeitsleistung überlassen sind.

(3) Der Arbeitgeber hat den Fachkräften für Arbeitssicherheit die zur Erfüllung ihrer Aufgaben erforderliche Fortbildung unter Berücksichtigung der betrieblichen Belange zu ermöglichen. Ist die Fachkraft für Arbeitssicherheit als Arbeitnehmer eingestellt, so ist sie für die Zeit der Fortbildung unter Fortentrichtung der Arbeitsvergütung von der Arbeit freizustellen. Die Kosten der Fortbildung trägt der Arbeitgeber. Ist die Fachkraft für Arbeitssicherheit nicht als Arbeitnehmer eingestellt, so ist sie für die Zeit der Fortbildung von der Erfüllung der ihr übertragenen Aufgaben freizustellen.

§ 6 Aufgaben der Fachkräfte für Arbeitssicherheit

Die Fachkräfte für Arbeitssicherheit haben die Aufgabe, den Arbeitgeber beim Arbeitsschutz und bei der Unfallverhütung in allen Fragen der Arbeitssicherheit einschließlich der menschengerechten Gestaltung der Arbeit zu unterstützen. Sie haben insbesondere

1. den Arbeitgeber und die sonst für den Arbeitsschutz und die Unfallverhütung verantwortlichen Personen zu beraten, insbesondere bei
   a) der Planung, Ausführung und Unterhaltung von Betriebsanlagen und von sozialen und sanitären Einrichtungen,
   b) der Beschaffung von technischen Arbeitsmitteln und der Einführung von Arbeitsverfahren und Arbeitsstoffen,
   c) der Auswahl und Erprobung von Körperschutzmitteln,
   d) der Gestaltung der Arbeitsplätze, des Arbeitsablaufs, der Arbeitsumgebung und in sonstigen Fragen der Ergonomie,
   e) der Beurteilung der Arbeitsbedingungen,
2. die Betriebsanlagen und die technischen Arbeitsmittel insbesondere vor der Inbetriebnahme und Arbeitsverfahren insbesondere vor ihrer Einführung sicherheitstechnisch zu überprüfen,
3. die Durchführung des Arbeitsschutzes und der Unfallverhütung zu beobachten und im Zusammenhang damit
   a) die Arbeitsstätten in regelmäßigen Abständen zu begehen und festgestellte Mängel dem Arbeitgeber oder der sonst für den Arbeitsschutz und die Unfallverhütung verantwortlichen Person mitzuteilen, Maßnahmen zur Beseitigung dieser Mängel vorzuschlagen und auf deren Durchführung hinzuwirken,
   b) auf die Benutzung der Körperschutzmittel zu achten,
   c) Ursachen von Arbeitsunfällen zu untersuchen, die Untersuchungsergebnisse zu erfassen und auszuwerten und dem Arbeitgeber Maßnahmen zur Verhütung dieser Arbeitsunfälle vorzuschlagen,
4. darauf hinzuwirken, daß sich alle im Betrieb Beschäftigten den Anforderungen des Arbeitsschutzes und der Unfallverhütung entsprechend verhalten, insbesondere sie über die Unfall- und Gesundheitsgefahren, denen sie bei der Arbeit ausgesetzt sind, sowie über die Einrichtungen und Maßnahmen zur Abwendung dieser Gefahren zu belehren und bei der Schulung der Sicherheitsbeauftragten mitzuwirken.

§ 7 Anforderungen an Fachkräfte für Arbeitssicherheit

(1) Der Arbeitgeber darf als Fachkräfte für Arbeitssicherheit nur Personen bestellen, die den nachstehenden Anforderungen genügen: Der Sicherheitsingenieur muß berechtigt sein, die Berufsbezeichnung Ingenieur zu führen und über die zur Erfüllung der ihm übertragenen Aufgaben erforderliche sicherheitstechnische Fachkunde verfügen. Der Sicherheitstechniker oder -meister muß über die zur Erfüllung der ihm übertragenen Aufgaben erforderliche sicherheitstechnische Fachkunde verfügen.
(2) Die zuständige Behörde kann es im Einzelfall zulassen, daß an Stelle eines Sicherheitsingenieurs, der berechtigt ist, die Berufsbezeichnung Ingenieur zu führen, jemand bestellt werden darf, der zur Erfüllung der sich aus § 6 ergebenden Aufgaben über entsprechende Fachkenntnisse verfügt.

Vierter Abschnitt Gemeinsame Vorschriften

§ 8 Unabhängigkeit bei der Anwendung der Fachkunde

(1) Betriebsärzte und Fachkräfte für Arbeitssicherheit sind bei der Anwendung ihrer arbeitsmedizinischen und sicherheitstechnischen Fachkunde weisungsfrei. Sie dürfen wegen der Erfüllung der ihnen übertragenen Aufgaben nicht benachteiligt werden. Betriebsärzte sind nur ihrem ärztlichen Gewissen unterworfen und haben die Regeln der ärztlichen Schweigepflicht zu beachten.
(2) Betriebsärzte und Fachkräfte für Arbeitssicherheit oder, wenn für einen Betrieb mehrere Betriebsärzte oder Fachkräfte für Arbeitssicherheit bestellt sind, der leitende Betriebsarzt und die leitende Fachkraft für Arbeitssicherheit, unterstehen unmittelbar dem Leiter des Betriebs.
(3) Können sich Betriebsärzte oder Fachkräfte für Arbeitssicherheit über eine von ihnen vorgeschlagene arbeitsmedizinische oder sicherheitstechnische Maßnahme mit dem Leiter des Betriebs nicht verständigen, so können sie ihren Vorschlag unmittelbar dem Arbeitgeber und, wenn dieser eine juristische Person ist, dem zuständigen Mitglied des zur gesetzlichen Vertretung berufenen Organs unterbreiten. Ist für einen Betrieb oder ein Unternehmen ein leitender Betriebsarzt oder eine leitende Fachkraft für Arbeitssicherheit bestellt, steht diesen das Vorschlagsrecht nach Satz 1 zu. Lehnt der Arbeitgeber oder das zuständige Mitglied des zur gesetzlichen Vertretung berufenen Organs den Vorschlag ab, so

ist dies den Vorschlagenden schriftlich mitzuteilen und zu begründen; der Betriebsrat erhält eine Abschrift.

§ 9 Zusammenarbeit mit dem Betriebsrat

(1) Die Betriebsärzte und die Fachkräfte für Arbeitssicherheit haben bei der Erfüllung ihrer Aufgaben mit dem Betriebsrat zusammenzuarbeiten.

(2) Die Betriebsärzte und die Fachkräfte für Arbeitssicherheit haben den Betriebsrat über wichtige Angelegenheiten des Arbeitsschutzes und der Unfallverhütung zu unterrichten; sie haben ihm den Inhalt eines Vorschlags mitzuteilen, den sie nach § 8 Abs. 3 dem Arbeitgeber machen. Sie haben den Betriebsrat auf sein Verlangen in Angelegenheiten des Arbeitsschutzes und der Unfallverhütung zu beraten.

(3) Die Betriebsärzte und Fachkräfte für Arbeitssicherheit sind mit Zustimmung des Betriebsrats zu bestellen und abzuberufen. Das gleiche gilt, wenn deren Aufgaben erweitert oder eingeschränkt werden sollen; im übrigen gilt § 87 in Verbindung mit § 76 des Betriebsverfassungsgesetzes. Vor der Verpflichtung oder Entpflichtung eines freiberuflich tätigen Arztes, einer freiberuflich tätigen Fachkraft für Arbeitssicherheit oder eines überbetrieblichen Dienstes ist der Betriebsrat zu hören.

§ 10 Zusammenarbeit der Betriebsärzte und der Fachkräfte für Arbeitssicherheit

Die Betriebsärzte und die Fachkräfte für Arbeitssicherheit haben bei der Erfüllung ihrer Aufgaben zusammenzuarbeiten. Dazu gehört es insbesondere, gemeinsame Betriebsbegehungen vorzunehmen. Die Betriebsärzte und die Fachkräfte für Arbeitssicherheit arbeiten bei der Erfüllung ihrer Aufgaben mit den anderen im Betrieb für Angelegenheiten der technischen Sicherheit, des Gesundheits- und des Umweltschutzes beauftragten Personen zusammen.

§ 11 Arbeitsschutzausschuß

Soweit in einer sonstigen Rechtsvorschrift nichts anderes bestimmt ist, hat der Arbeitgeber in Betrieben mit mehr als zwanzig Beschäftigten einen Arbeitsschutzausschuß zu bilden; bei der Feststellung der Zahl der Beschäftigen sind Teilzeitbeschäftigte mit einer regelmäßigen wöchentlichen Arbeitszeit von nicht mehr als 20 Stunden mit 0,5 und nicht mehr als 30 Stunden mit 0,75 zu berücksichtigen. Dieser Ausschuß setzt sich zusammen aus:

dem Arbeitgeber oder einem von ihm Beauftragten,
zwei vom Betriebsrat bestimmten Betriebsratsmitgliedern,
Betriebsärzten,
Fachkräften für Arbeitssicherheit und
Sicherheitsbeauftragten nach § 22 des Siebten Buches Sozialgesetzbuch.

Der Arbeitsschutzausschuß hat die Aufgabe, Anliegen des Arbeitsschutzes und der Unfallverhütung zu beraten. Der Arbeitsschutzausschuß tritt mindestens einmal vierteljährlich zusammen.

§ 12 Behördliche Anordnungen

(1) Die zuständige Behörde kann im Einzelfall anordnen, welche Maßnahmen der Arbeitgeber zur Erfüllung der sich aus diesem Gesetz und den die gesetzlichen Pflichten näher bestimmenden Rechtsverordnungen und Unfallverhütungsvorschriften ergebenden Pflichten, insbesondere hinsichtlich der Bestellung von Betriebsärzten und Fachkräften für Arbeitssicherheit, zu treffen hat.

(2) Die zuständige Behörde hat, bevor sie eine Anordnung trifft,

1. den Arbeitgeber und den Betriebsrat zu hören und mit ihnen zu erörtern, welche Maßnahmen angebracht erscheinen und
2. dem zuständigen Träger der gesetzlichen Unfallversicherung Gelegenheit zu geben, an der Erörterung mit dem Arbeitgeber teilzunehmen und zu der von der Behörde in Aussicht genommenen Anordnung Stellung zu nehmen.

(3) Die zuständige Behörde hat dem Arbeitgeber zur Ausführung der Anordnung eine angemessene Frist zu setzen.

(4) Die zuständige Behörde hat den Betriebsrat über eine gegenüber dem Arbeitgeber getroffene Anordnung schriftlich in Kenntnis zu setzen.

§ 13 Auskunfts- und Besichtigungsrechte

(1) Der Arbeitgeber hat der zuständigen Behörde auf deren Verlangen die zur Durchführung des Gesetzes erforderlichen Auskünfte zu erteilen. Er kann die Auskunft auf solche Fragen verweigern, deren Beantwortung ihn selbst oder einen der in § 383 Abs. 1 Nr. 1 bis 3 der Zivilprozeßordnung bezeichneten Angehörigen der Gefahr strafgerichtlicher Verfolgung oder eines Verfahrens nach dem Gesetz über Ordnungswidrigkeiten aussetzen würde.

(2) Die Beauftragten der zuständigen Behörde sind berechtigt, die Arbeitsstätten während der üblichen Betriebs- und Arbeitszeit zu betreten und zu besichtigen; außerhalb dieser Zeit oder wenn sich die Arbeitsstätten in einer Wohnung befinden, dürfen sie nur zur Verhütung von dringenden Gefahren für die öffentliche Sicherheit und Ordnung betreten und besichtigt werden. Das Grundrecht der Unverletzlichkeit der Wohnung (Artikel 13 des Grundgesetzes) wird insoweit eingeschränkt.

§ 14 Ermächtigung zum Erlaß von Rechtsverordnungen

(1) Das Bundesministerium für Arbeit und Soziales kann mit Zustimmung des Bundesrates durch Rechtsverordnung bestimmen, welche Maßnahmen der Arbeitgeber zur Erfüllung der sich aus diesem Gesetz ergebenden Pflichten zu treffen hat. Soweit die Träger der gesetzlichen Unfallversicherung ermächtigt sind, die gesetzlichen Pflichten durch Unfallverhütungsvorschriften näher zu bestimmen, macht das Bundesministerium für Arbeit und Soziales von der Ermächtigung erst Gebrauch, nachdem innerhalb einer von ihm gesetzten angemessenen Frist der Träger der gesetzlichen Unfallversicherung eine entsprechende Unfallverhütungsvorschrift nicht erlassen hat oder eine unzureichend gewordene Unfallverhütungsvorschrift nicht ändert.

(2) (weggefallen)

§ 15 Ermächtigung zum Erlaß von allgemeinen Verwaltungsvorschriften

Das Bundesministerium für Arbeit und Soziales erläßt mit Zustimmung des Bundesrates allgemeine Verwaltungsvorschriften zu diesem Gesetz und den auf Grund des Gesetzes erlassenen Rechtsverordnungen.

§ 16 Öffentliche Verwaltung

In Verwaltungen und Betrieben des Bundes, der Länder, der Gemeinden und der sonstigen Körperschaften, Anstalten und Stiftungen des öffentlichen Rechts ist ein den Grundsätzen dieses Gesetzes gleichwertiger arbeitsmedizinischer und sicherheitstechnischer Arbeitsschutz zu gewährleisten.

§ 17 Nichtanwendung des Gesetzes

(1) Dieses Gesetz ist nicht anzuwenden, soweit Arbeitnehmer im Haushalt beschäftigt werden.

(2) Soweit im Bereich der Seeschiffahrt die Vorschriften der Verordnung über die Seediensttauglichkeit und der Verordnung über die Krankenfürsorge auf Kauffahrteischiffen gleichwertige Regelungen enthalten, gelten diese Regelungen für die beschäftigten Kapitäne, Besatzungsmitglieder und sonstige, an Bord tätigen Personen deutscher Seeschiffe. Soweit im Seearbeitsgesetz und in anderen Vorschriften im Bereich der Seeschifffahrt gleichwertige Regelungen enthalten sind, gelten diese Regelungen für die Besatzungsmitglieder auf Kauffahrteischiffen unter deutscher Flagge.

(3) Soweit das Bergrecht diesem Gesetz gleichwertige Regelungen enthält, gelten diese Regelungen. Im übrigen gilt dieses Gesetz.

§ 18 Ausnahmen

Die zuständige Behörde kann dem Arbeitgeber gestatten, auch solche Betriebsärzte und Fachkräfte für Arbeitssicherheit zu bestellen, die noch nicht über die erforderliche Fachkunde im Sinne des § 4 oder § 7 verfügen, wenn der Arbeitgeber sich verpflichtet, in einer festzulegenden Frist den Betriebsarzt oder die Fachkraft für Arbeitssicherheit entsprechend fortbilden zu lassen.

§ 19 Überbetriebliche Dienste

Die Verpflichtung des Arbeitgebers, Betriebsärzte und Fachkräfte für Arbeitssicherheit zu bestellen, kann auch dadurch erfüllt werden, daß der Arbeitgeber einen überbetrieblichen Dienst von Betriebsärzten oder Fachkräften für Arbeitssicherheit zur Wahrnehmung der Aufgaben nach § 3 oder § 6 verpflichtet.

§ 20 Ordnungswidrigkeiten

(1) Ordnungswidrig handelt, wer vorsätzlich oder fahrlässig

1. einer vollziehbaren Anordnung nach § 12 Abs.1 zuwiderhandelt,
2. entgegen § 13 Abs.1 Satz 1 eine Auskunft nicht, nicht richtig oder nicht vollständig erteilt oder
3. entgegen § 13 Abs. 2 Satz 1 eine Besichtigung nicht duldet.

(2) Eine Ordnungswidrigkeit nach Absatz 1 Nr.1 kann mit einer Geldbuße bis zu fünfundzwanzigtausend Euro, eine Ordnungswidrigkeit nach Absatz 1 Nr. 2 und 3 mit einer Geldbuße bis zu fünfhundert Euro geahndet werden.

§ 21
–

§ 22 Berlin-Klausel
–

§ 23 Inkrafttreten
(1) Dieses Gesetz, ausgenommen § 14 und § 21, tritt am ersten Tag des auf die Verkündung folgenden zwölften Kalendermonats in Kraft. § 14 und § 21 treten am Tag nach der Verkündung des Gesetzes in Kraft.
(2) § 6 Abs. 3 Satz 2 und § 7 des Berliner Gesetzes über die Durchführung des Arbeitsschutzes vom 9. August 1949 (VOBl. I S. 265), zuletzt geändert durch Artikel LVIII des Gesetzes vom 6. März 1970 (GVBl. S. 474), treten außer Kraft. Im übrigen bleibt das Gesetz unberührt.

Anhang EV
Auszug aus EinigVtr Anlage I Kapitel VIII Sachgebiet B Abschnitt III (BGBl. II 1990, 889, 1029)
– Maßgaben für das beigetretene Gebiet (Art. 3 EinigVtr) –

Abschnitt III Bundesrecht tritt in dem in Artikel 3 des Vertrages genannten Gebiet mit folgenden Maßgaben in Kraft:

...

12. Gesetz über Betriebsärzte, Sicherheitsingenieure und andere Fachkräfte für Arbeitssicherheit vom 12. Dezember 1973 (BGBl. I S. 1885), geändert durch § 70 des Gesetzes vom 12. April 1976 (BGBl. I S. 965),
mit folgenden Maßgaben:

a) Die Verpflichtung der Arbeitgeber nach § 2 gilt als erfüllt, wenn die betriebsärztlichen Aufgaben durch eine Einrichtung des betrieblichen Gesundheitswesens wahrgenommen werden. Die Buchstaben b) und d) sind anzuwenden.
b) Der Arbeitgeber kann die Fachkunde als Betriebsarzt nach § 4 als nachgewiesen ansehen bei Fachärzten für Arbeitsmedizin oder Arbeitshygiene und Fachärzten mit staatlicher Anerkennung als Betriebsarzt.
c) Der Arbeitgeber kann die Fachkunde als Fachkraft für Arbeitssicherheit nach § 7 als nachgewiesen ansehen bei

Fachkräften, die eine Hochschul-, Fachschul- oder Meisterqualifikation besitzen und eine der Ausbildung entsprechende praktische Tätigkeit mindestens zwei Jahre lang ausgeübt haben und eine Ausbildung als Fachingenieur oder Fachökonom für Arbeitsschutz oder Arbeitsschutzinspektor oder Sicherheitsingenieur oder Fachingenieur für Brandschutz oder den Erwerb der anerkannten Zusatzqualifikation im Gesundheits- und Arbeitsschutz für Sicherheitsinspektoren oder eine entsprechende Ausbildung auf dem Gebiet der Arbeitshygiene nachweisen können. Fachkräfte für Arbeitssicherheit erfüllen die Anforderungen auch, wenn sie vor dem Inkrafttreten dieses Gesetzes mindestens zwei Jahre lang auf dem Gebiet der Arbeitssicherheit tätig waren.

d) Für die Ermittlung der Einsatzzeit der Betriebsärzte sind folgende Mindestwerte zugrunde zu legen:
   aa) 0,25 Stunden/Beschäftigten x Jahr für Betriebe mit geringfügigen Gefährdungen,
   bb) 0,6 Stunden/Beschäftigten x Jahr für Betriebe, in denen eine arbeitsmedizinische Betreuung durchzuführen ist, weil besondere Arbeitserschwernisse vorliegen oder besonderen Berufskrankheiten vorzubeugen ist oder besondere arbeitsbedingte Gefährdungen für die Arbeitnehmer oder Dritte vorliegen,
   cc) 1,2 Stunden/Beschäftigten x Jahr für Betriebe, in denen diese arbeitsmedizinischen Untersuchungen in jährlichen oder kürzeren Zeitabständen durchzuführen sind.

   Die auf der Grundlage der Mindestwerte ermittelte Einsatzzeit ist zu erhöhen, wenn der Umfang der vom Betriebsarzt durchzuführenden arbeitsmedizinischen Untersuchungen überdurchschnittlich hoch ist oder in Durchsetzung von Rechtsvorschriften zusätzliche Aufgaben im Betrieb zu lösen sind.

e) Für die Ermittlung der Einsatzzeit der Fachkräfte für Arbeitssicherheit sind folgende Mindestwerte zugrunde zu legen:
   aa) 0,2 Stunden/Beschäftigten x Jahr für Betriebe mit geringfügigen Gefährdungen,
   bb) 1,5 Stunden/Beschäftigten x Jahr für Betriebe mit mittleren Gefährdungen,
   cc) 3,0 Stunden/Beschäftigten x Jahr für Betriebe mit hohen Gefährdungen,
   dd) 4,0 Stunden/Beschäftigten x Jahr für Betriebe mit sehr hohen Gefährdungen.

Die auf der Grundlage der Mindestwerte ermittelte Einsatzzeit ist zu erhöhen, wenn der Schwierigkeitsgrad der arbeitssicherheitlichen Aufgabe oder der Umfang der Aufgaben der technischen Arbeitshygiene überdurchschnittlich hoch ist oder zusätzliche Aufgaben, z.B. für die Bereiche des Brand- oder Strahlenschutzes, zu lösen sind.

f) Wird der Arbeitgeber Mitglied eines Unfallversicherungsträgers und hat dieser Unfallverhütungsvorschriften gemäß § 14 Abs. 1 erlassen, so treten an die Stelle der Bestimmungen in den Buchstaben b) bis e) die entsprechenden Bestimmungen der Unfallverhütungsvorschriften. Die erforderliche Fachkunde kann auch weiterhin als nachgewiesen angesehen werden, wenn die Voraussetzungen der Buchstaben b) und c) erfüllt sind.

g) Für den öffentlichen Dienst der in Artikel 1 des Vertrages genannten Länder und des Landes Berlin für den Teil, in dem das Grundgesetz bisher nicht galt, ist bis zum Erlaß entsprechender Vorschriften durch die für den öffentlichen Dienst zuständigen Minister der Länder die Richtlinie des Bundesministers des Innern für den betriebsärztlichen und sicherheitstechnischen Dienst in den Verwaltungen und Betrieben des Bundes vom 28. Januar 1978 (GMBl. S. 114 ff.) anzuwenden.

Gesetz über die Durchführung von Maßnahmen des Arbeitsschutzes zur Verbesserung der Sicherheit und des Gesundheitsschutzes der Beschäftigten bei der Arbeit (Arbeitsschutzgesetz – ArbSchG)

vom 7. August 1996 (BGBl. I S. 1246, zuletzt geändert durch Art. 2 des Gesetzes für einen besseren Schutz hinweisgebender Personen sowie zur Umsetzung der Richtlinie zum Schutz von Personen, die Verstöße gegen das Unionsrecht melden vom 31. Mai 2023, BGBl. I, Nr. 140)

Erster Abschnitt Allgemeine Vorschriften

§ 1 Zielsetzung und Anwendungsbereich

(1) Dieses Gesetz dient dazu, Sicherheit und Gesundheitsschutz der Beschäftigten bei der Arbeit durch Maßnahmen des Arbeitsschutzes zu sichern und zu verbessern. Es gilt in allen Tätigkeitsbereichen und findet im Rahmen der Vorgaben des Seerechtsübereinkommens der Vereinten Nationen vom 10. Dezember 1982 (BGBl. 1994 II S. 1799) auch in der ausschließlichen Wirtschaftszone Anwendung.
(2) Dieses Gesetz gilt nicht für den Arbeitsschutz von Hausangestellten in privaten Haushalten. Es gilt nicht für den Arbeitsschutz von Beschäftigten auf Seeschiffen und in Betrieben, die dem Bundesberggesetz unterliegen, soweit dafür entsprechende Rechtsvorschriften bestehen.
(3) Pflichten, die die Arbeitgeber zur Gewährleistung von Sicherheit und Gesundheitsschutz der Beschäftigten bei der Arbeit nach sonstigen Rechtsvorschriften haben, bleiben unberührt. Satz 1 gilt entsprechend für Pflichten und Rechte der Beschäftigten. Unberührt bleiben Gesetze, die andere Personen als Arbeitgeber zu Maßnahmen des Arbeitsschutzes verpflichten.
(4) Bei öffentlich-rechtlichen Religionsgemeinschaften treten an die Stelle der Betriebs- oder Personalräte die Mitarbeitervertretungen entsprechend dem kirchlichen Recht.

§ 2 Begriffsbestimmungen

(1) Maßnahmen des Arbeitsschutzes im Sinne dieses Gesetzes sind Maßnahmen zur Verhütung von Unfällen bei der Arbeit und

arbeitsbedingten Gesundheitsgefahren einschließlich Maßnahmen der menschengerechten Gestaltung der Arbeit.

(2) Beschäftigte im Sinne dieses Gesetzes sind:

1. Arbeitnehmerinnen und Arbeitnehmer,
2. die zu ihrer Berufsbildung Beschäftigten,
3. arbeitnehmerähnliche Personen im Sinne des § 5 Abs. 1 des Arbeitsgerichtsgesetzes, ausgenommen die in Heimarbeit Beschäftigten und die ihnen Gleichgestellten,
4. Beamtinnen und Beamte,
5. Richterinnen und Richter,
6. Soldatinnen und Soldaten,
7. die in Werkstätten für Behinderte Beschäftigten.

(3) Arbeitgeber im Sinne dieses Gesetzes sind natürliche und juristische Personen und rechtsfähige Personengesellschaften, die Personen nach Absatz 2 beschäftigen.

(4) Sonstige Rechtsvorschriften im Sinne dieses Gesetzes sind Regelungen über Maßnahmen des Arbeitsschutzes in anderen Gesetzen, in Rechtsverordnungen und Unfallverhütungsvorschriften.

(5) Als Betriebe im Sinne dieses Gesetzes gelten für den Bereich des öffentlichen Dienstes die Dienststellen. Dienststellen sind die einzelnen Behörden, Verwaltungsstellen und Betriebe der Verwaltungen des Bundes, der Länder, der Gemeinden und der sonstigen Körperschaften, Anstalten und Stiftungen des öffentlichen Rechts, die Gerichte des Bundes und der Länder sowie die entsprechenden Einrichtungen der Streitkräfte.

Zweiter Abschnitt Pflichten des Arbeitgebers

§ 3 Grundpflichten des Arbeitgebers

(1) Der Arbeitgeber ist verpflichtet, die erforderlichen Maßnahmen des Arbeitsschutzes unter Berücksichtigung der Umstände zu treffen, die Sicherheit und Gesundheit der Beschäftigten bei der Arbeit beeinflussen. Er hat die Maßnahmen auf ihre Wirksamkeit zu überprüfen und erforderlichenfalls sich ändernden Gegebenheiten anzupassen. Dabei hat er eine Verbesserung von Sicherheit und Gesundheitsschutz der Beschäftigten anzustreben.

(2) Zur Planung und Durchführung der Maßnahmen nach Absatz 1 hat der Arbeitgeber unter Berücksichtigung der Art der Tätigkeiten und der Zahl der Beschäftigten

1. für eine geeignete Organisation zu sorgen und die erforderlichen Mittel bereitzustellen sowie
2. Vorkehrungen zu treffen, daß die Maßnahmen erforderlichenfalls bei allen Tätigkeiten und eingebunden in die betrieblichen Führungsstrukturen beachtet werden und die Beschäftigten ihren Mitwirkungspflichten nachkommen können.

(3) Kosten für Maßnahmen nach diesem Gesetz darf der Arbeitgeber nicht den Beschäftigten auferlegen.

§ 4 Allgemeine Grundsätze

Der Arbeitgeber hat bei Maßnahmen des Arbeitsschutzes von folgenden allgemeinen Grundsätzen auszugehen:

1. Die Arbeit ist so zu gestalten, daß eine Gefährdung für das Leben sowie die physische und die psychische Gesundheit möglichst vermieden und die verbleibende Gefährdung möglichst gering gehalten wird;
2. Gefahren sind an ihrer Quelle zu bekämpfen;
3. bei den Maßnahmen sind der Stand von Technik, Arbeitsmedizin und Hygiene sowie sonstige gesicherte arbeitswissenschaftliche Erkenntnisse zu berücksichtigen;
4. Maßnahmen sind mit dem Ziel zu planen, Technik, Arbeitsorganisation, sonstige Arbeitsbedingungen, soziale Beziehungen und Einfluß der Umwelt auf den Arbeitsplatz sachgerecht zu verknüpfen;
5. individuelle Schutzmaßnahmen sind nachrangig zu anderen Maßnahmen;
6. spezielle Gefahren für besonders schutzbedürftige Beschäftigtengruppen sind zu berücksichtigen;
7. den Beschäftigten sind geeignete Anweisungen zu erteilen;
8. mittelbar oder unmittelbar geschlechtsspezifisch wirkende Regelungen sind nur zulässig, wenn dies aus biologischen Gründen zwingend geboten ist.

§ 5 Beurteilung der Arbeitsbedingungen

(1) Der Arbeitgeber hat durch eine Beurteilung der für die Beschäftigten mit ihrer Arbeit verbundenen Gefährdung zu ermitteln, welche Maßnahmen des Arbeitsschutzes erforderlich sind.

(2) Der Arbeitgeber hat die Beurteilung je nach Art der Tätigkeiten vorzunehmen. Bei gleichartigen Arbeitsbedingungen ist die Beurteilung eines Arbeitsplatzes oder einer Tätigkeit ausreichend.

(3) Eine Gefährdung kann sich insbesondere ergeben durch
1. die Gestaltung und die Einrichtung der Arbeitsstätte und des Arbeitsplatzes,
2. physikalische, chemische und biologische Einwirkungen,
3. die Gestaltung, die Auswahl und den Einsatz von Arbeitsmitteln, insbesondere von Arbeitsstoffen, Maschinen, Geräten und Anlagen sowie den Umgang damit,
4. die Gestaltung von Arbeits- und Fertigungsverfahren, Arbeitsabläufen und Arbeitszeit und deren Zusammenwirken,
5. unzureichende Qualifikation und Unterweisung der Beschäftigten,
6. psychische Belastungen bei der Arbeit.

§ 6 Dokumentation

(1) Der Arbeitgeber muß über die je nach Art der Tätigkeiten und der Zahl der Beschäftigten erforderlichen Unterlagen verfügen, aus denen das Ergebnis der Gefährdungsbeurteilung, die von ihm festgelegten Maßnahmen des Arbeitsschutzes und das Ergebnis ihrer Überprüfung ersichtlich sind. Bei gleichartiger Gefährdungssituation ist es ausreichend, wenn die Unterlagen zusammengefaßte Angaben enthalten.
(2) Unfälle in seinem Betrieb, bei denen ein Beschäftigter getötet oder so verletzt wird, daß er stirbt oder für mehr als drei Tage völlig oder teilweise arbeits- oder dienstunfähig wird, hat der Arbeitgeber zu erfassen.

§ 7 Übertragung von Aufgaben

Bei der Übertragung von Aufgaben auf Beschäftigte hat der Arbeitgeber je nach Art der Tätigkeiten zu berücksichtigen, ob die Beschäftigten befähigt sind, die für die Sicherheit und den Gesundheitsschutz bei der Aufgabenerfüllung zu beachtenden Bestimmungen und Maßnahmen einzuhalten.

§ 8 Zusammenarbeit mehrerer Arbeitgeber

(1) Werden Beschäftigte mehrerer Arbeitgeber an einem Arbeitsplatz tätig, sind die Arbeitgeber verpflichtet, bei der Durchführung der Sicherheits- und Gesundheitsschutzbestimmungen zusammenzuarbeiten. Soweit dies für die Sicherheit und den Gesundheitsschutz der Beschäftigten bei der Arbeit erforderlich ist, haben die Arbeitgeber je nach Art der Tätigkeiten insbesondere sich gegenseitig und

ihre Beschäftigten über die mit den Arbeiten verbundenen Gefahren für Sicherheit und Gesundheit der Beschäftigten zu unterrichten und Maßnahmen zur Verhütung dieser Gefahren abzustimmen.

(2) Der Arbeitgeber muß sich je nach Art der Tätigkeit vergewissern, daß die Beschäftigten anderer Arbeitgeber, die in seinem Betrieb tätig werden, hinsichtlich der Gefahren für ihre Sicherheit und Gesundheit während ihrer Tätigkeit in seinem Betrieb angemessene Anweisungen erhalten haben.

§ 9 Besondere Gefahren

(1) Der Arbeitgeber hat Maßnahmen zu treffen, damit nur Beschäftigte Zugang zu besonders gefährlichen Arbeitsbereichen haben, die zuvor geeignete Anweisungen erhalten haben.

(2) Der Arbeitgeber hat Vorkehrungen zu treffen, daß alle Beschäftigten, die einer unmittelbaren erheblichen Gefahr ausgesetzt sind oder sein können, möglichst frühzeitig über diese Gefahr und die getroffenen oder zu treffenden Schutzmaßnahmen unterrichtet sind. Bei unmittelbarer erheblicher Gefahr für die eigene Sicherheit oder die Sicherheit anderer Personen müssen die Beschäftigten die geeigneten Maßnahmen zur Gefahrenabwehr und Schadensbegrenzung selbst treffen können, wenn der zuständige Vorgesetzte nicht erreichbar ist; dabei sind die Kenntnisse der Beschäftigten und die vorhandenen technischen Mittel zu berücksichtigen. Den Beschäftigten dürfen aus ihrem Handeln keine Nachteile entstehen, es sei denn, sie haben vorsätzlich oder grob fahrlässig ungeeignete Maßnahmen getroffen.

(3) Der Arbeitgeber hat Maßnahmen zu treffen, die es den Beschäftigten bei unmittelbarer erheblicher Gefahr ermöglichen, sich durch sofortiges Verlassen der Arbeitsplätze in Sicherheit zu bringen. Den Beschäftigten dürfen hierdurch keine Nachteile entstehen. Hält die unmittelbare erhebliche Gefahr an, darf der Arbeitgeber die Beschäftigten nur in besonders begründeten Ausnahmefällen auffordern, ihre Tätigkeit wieder aufzunehmen. Gesetzliche Pflichten der Beschäftigten zur Abwehr von Gefahren für die öffentliche Sicherheit sowie die §§ 7 und 11 des Soldatengesetzes bleiben unberührt.

§ 10 Erste Hilfe und sonstige Notfallmaßnahmen

(1) Der Arbeitgeber hat entsprechend der Art der Arbeitsstätte und der Tätigkeiten sowie der Zahl der Beschäftigten die

Maßnahmen zu treffen, die zur Ersten Hilfe, Brandbekämpfung und Evakuierung der Beschäftigten erforderlich sind. Dabei hat er der Anwesenheit anderer Personen Rechnung zu tragen. Er hat auch dafür zu sorgen, daß im Notfall die erforderlichen Verbindungen zu außerbetrieblichen Stellen, insbesondere in den Bereichen der Ersten Hilfe, der medizinischen Notversorgung, der Bergung und der Brandbekämpfung eingerichtet sind.
(2) Der Arbeitgeber hat diejenigen Beschäftigten zu benennen, die Aufgaben der Ersten Hilfe, Brandbekämpfung und Evakuierung der Beschäftigten übernehmen. Anzahl, Ausbildung und Ausrüstung der nach Satz 1 benannten Beschäftigten müssen in einem angemessenen Verhältnis zur Zahl der Beschäftigten und zu den bestehenden besonderen Gefahren stehen. Vor der Benennung hat der Arbeitgeber den Betriebs- oder Personalrat zu hören. Weitergehende Beteiligungsrechte bleiben unberührt. Der Arbeitgeber kann die in Satz 1 genannten Aufgaben auch selbst wahrnehmen, wenn er über die nach Satz 2 erforderliche Ausbildung und Ausrüstung verfügt.

§ 11 Arbeitsmedizinische Vorsorge

Der Arbeitgeber hat den Beschäftigten auf ihren Wunsch unbeschadet der Pflichten aus anderen Rechtsvorschriften zu ermöglichen, sich je nach den Gefahren für ihre Sicherheit und Gesundheit bei der Arbeit regelmäßig arbeitsmedizinisch untersuchen zu lassen, es sei denn, auf Grund der Beurteilung der Arbeitsbedingungen und der getroffenen Schutzmaßnahmen ist nicht mit einem Gesundheitsschaden zu rechnen.

§ 12 Unterweisung

(1) Der Arbeitgeber hat die Beschäftigten über Sicherheit und Gesundheitsschutz bei der Arbeit während ihrer Arbeitszeit ausreichend und angemessen zu unterweisen. Die Unterweisung umfaßt Anweisungen und Erläuterungen, die eigens auf den Arbeitsplatz oder den Aufgabenbereich der Beschäftigten ausgerichtet sind. Die Unterweisung muß bei der Einstellung, bei Veränderungen im Aufgabenbereich, der Einführung neuer Arbeitsmittel oder einer neuen Technologie vor Aufnahme der Tätigkeit der Beschäftigten erfolgen. Die Unterweisung muß an die Gefährdungsentwicklung angepaßt sein und erforderlichenfalls regelmäßig wiederholt werden.

(2) Bei einer Arbeitnehmerüberlassung trifft die Pflicht zur Unterweisung nach Absatz 1 den Entleiher. Er hat die Unterweisung unter Berücksichtigung der Qualifikation und der Erfahrung der Personen, die ihm zur Arbeitsleistung überlassen werden, vorzunehmen. Die sonstigen Arbeitsschutzpflichten des Verleihers bleiben unberührt.

§ 13 Verantwortliche Personen

(1) Verantwortlich für die Erfüllung der sich aus diesem Abschnitt ergebenden Pflichten sind neben dem Arbeitgeber

1. sein gesetzlicher Vertreter,
2. das vertretungsberechtigte Organ einer juristischen Person,
3. der vertretungsberechtigte Gesellschafter einer Personenhandelsgesellschaft,
4. Personen, die mit der Leitung eines Unternehmens oder eines Betriebes beauftragt sind, im Rahmen der ihnen übertragenen Aufgaben und Befugnisse,
5. sonstige nach Absatz 2 oder nach einer auf Grund dieses Gesetzes erlassenen Rechtsverordnung oder nach einer Unfallverhütungsvorschrift verpflichtete Personen im Rahmen ihrer Aufgaben und Befugnisse.

(2) Der Arbeitgeber kann zuverlässige und fachkundige Personen schriftlich damit beauftragen, ihm obliegende Aufgaben nach diesem Gesetz in eigener Verantwortung wahrzunehmen.

§ 14 Unterrichtung und Anhörung der Beschäftigten des öffentlichen Dienstes

(1) Die Beschäftigten des öffentlichen Dienstes sind vor Beginn der Beschäftigung und bei Veränderungen in ihren Arbeitsbereichen über Gefahren für Sicherheit und Gesundheit, denen sie bei der Arbeit ausgesetzt sein können, sowie über die Maßnahmen und Einrichtungen zur Verhütung dieser Gefahren und die nach § 10 Abs. 2 getroffenen Maßnahmen zu unterrichten.

(2) Soweit in Betrieben des öffentlichen Dienstes keine Vertretung der Beschäftigten besteht, hat der Arbeitgeber die Beschäftigten zu allen Maßnahmen zu hören, die Auswirkungen auf Sicherheit und Gesundheit der Beschäftigten haben können.

Dritter Abschnitt Pflichten und Rechte der Beschäftigten

§ 15 Pflichten der Beschäftigten

(1) Die Beschäftigten sind verpflichtet, nach ihren Möglichkeiten sowie gemäß der Unterweisung und Weisung des Arbeitgebers für ihre Sicherheit und Gesundheit bei der Arbeit Sorge zu tragen. Entsprechend Satz 1 haben die Beschäftigten auch für die Sicherheit und Gesundheit der Personen zu sorgen, die von ihren Handlungen oder Unterlassungen bei der Arbeit betroffen sind.

(2) Im Rahmen des Absatzes 1 haben die Beschäftigten insbesondere Maschinen, Geräte, Werkzeuge, Arbeitsstoffe, Transportmittel und sonstige Arbeitsmittel sowie Schutzvorrichtungen und die ihnen zur Verfügung gestellte persönliche Schutzausrüstung bestimmungsgemäß zu verwenden.

§ 16 Besondere Unterstützungspflichten

(1) Die Beschäftigten haben dem Arbeitgeber oder dem zuständigen Vorgesetzten jede von ihnen festgestellte unmittelbare erhebliche Gefahr für die Sicherheit und Gesundheit sowie jeden an den Schutzsystemen festgestellten Defekt unverzüglich zu melden.

(2) Die Beschäftigten haben gemeinsam mit dem Betriebsarzt und der Fachkraft für Arbeitssicherheit den Arbeitgeber darin zu unterstützen, die Sicherheit und den Gesundheitsschutz der Beschäftigten bei der Arbeit zu gewährleisten und seine Pflichten entsprechend den behördlichen Auflagen zu erfüllen. Unbeschadet ihrer Pflicht nach Absatz 1 sollen die Beschäftigten von ihnen festgestellte Gefahren für Sicherheit und Gesundheit und Mängel an den Schutzsystemen auch der Fachkraft für Arbeitssicherheit, dem Betriebsarzt oder dem Sicherheitsbeauftragten nach § 22 des Siebten Buches Sozialgesetzbuch mitteilen.

§ 17 Rechte der Beschäftigten

(1) Die Beschäftigten sind berechtigt, dem Arbeitgeber Vorschläge zu allen Fragen der Sicherheit und des Gesundheitsschutzes bei der Arbeit zu machen. Für Beamtinnen und Beamte des Bundes ist § 125 des Bundesbeamtengesetzes anzuwenden. Entsprechendes Landesrecht bleibt unberührt.

(2) Sind Beschäftigte auf Grund konkreter Anhaltspunkte der Auffassung, daß die vom Arbeitgeber getroffenen Maßnahmen und bereitgestellten Mittel nicht ausreichen, um die Sicherheit und den

Gesundheitsschutz bei der Arbeit zu gewährleisten, und hilft der Arbeitgeber darauf gerichteten Beschwerden von Beschäftigten nicht ab, können sich diese an die zuständige Behörde wenden. Hierdurch dürfen den Beschäftigten keine Nachteile entstehen. Die in Absatz 1 Satz 2 und 3 genannten Vorschriften sowie die Vorschriften des Hinweisgeberschutzes, der Wehrbeschwerdeordnung und des Gesetzes über den Wehrbeauftragten des Deutschen Bundestages bleiben unberührt.

Vierter Abschnitt Verordnungsermächtigungen

§ 18 Verordnungsermächtigungen

(1) Die Bundesregierung wird ermächtigt, durch Rechtsverordnung mit Zustimmung des Bundesrates vorzuschreiben, welche Maßnahmen der Arbeitgeber und die sonstigen verantwortlichen Personen zu treffen haben und wie sich die Beschäftigten zu verhalten haben, um ihre jeweiligen Pflichten, die sich aus diesem Gesetz ergeben, zu erfüllen. In diesen Rechtsverordnungen kann auch bestimmt werden, daß bestimmte Vorschriften des Gesetzes zum Schutz anderer als in § 2 Abs. 2 genannter Personen anzuwenden sind.

(2) Durch Rechtsverordnungen nach Absatz 1 kann insbesondere bestimmt werden,

1. daß und wie zur Abwehr bestimmter Gefahren Dauer oder Lage der Beschäftigung oder die Zahl der Beschäftigten begrenzt werden muß,
2. daß der Einsatz bestimmter Arbeitsmittel oder -verfahren mit besonderen Gefahren für die Beschäftigten verboten ist oder der zuständigen Behörde angezeigt oder von ihr erlaubt sein mußoder besonders gefährdete Personen dabei nicht beschäftigt werden dürfen,
3. daß bestimmte, besonders gefährliche Betriebsanlagen einschließlich der Arbeits- und Fertigungsverfahren vor Inbetriebnahme, in regelmäßigen Abständen oder auf behördliche Anordnung fachkundig geprüft werden müssen,

3a. dass für bestimmte Beschäftigte angemessene Unterkünfte bereitzustellen sind, wenn dies aus Gründen der Sicherheit, zum Schutz der Gesundheit oder aus Gründen der menschengerechten Gestaltung der Arbeit erforderlich ist und welche Anforderungen dabei zu erfüllen sind,

4. daß Beschäftigte, bevor sie eine bestimmte gefährdende Tätigkeit aufnehmen oder fortsetzen oder nachdem sie sie beendet haben, arbeitsmedizinisch zu untersuchen sind und welche besonderen Pflichten der Arzt dabei zu beachten hat,
5. dass Ausschüsse zu bilden sind, denen die Aufgabe übertragen wird, die Bundesregierung oder das zuständige Bundesministerium zur Anwendung der Rechtsverordnungen zu beraten, dem Stand der Technik, Arbeitsmedizin und Hygiene entsprechende Regeln und sonstige gesicherte arbeitswissenschaftliche Erkenntnisse zu ermitteln sowie Regeln zu ermitteln, wie die in den Rechtsverordnungen gestellten Anforderungen erfüllt werden können. Das Bundesministerium für Arbeit und Soziales kann die Regeln und Erkenntnisse amtlich bekannt machen.

(3) In epidemischen Lagen von nationaler Tragweite nach § 5 Absatz 1 des Infektionsschutzgesetzes kann das Bundesministerium für Arbeit und Soziales ohne Zustimmung des Bundesrates spezielle Rechtsverordnungen nach Absatz 1 für einen befristeten Zeitraum erlassen. Das Bundesministerium für Arbeit und Soziales kann ohne Zustimmung des Bundesrates durch Rechtsverordnung für einen befristet Zeitraum, der spätestens mit Ablauf des 7. April 2023 endet,

1. bestimmen, dass spezielle Rechtsverordnungen nach Satz 1 nach Aufhebung der Feststellung der epidemischen Lage von nationaler Tragweite nach § 5 Absatz 1 des Infektionsschutzgesetzes fortgelten, und diese ändern sowie
2. spezielle Rechtsverordnungen nach Absatz 1 erlassen.

§ 19 Rechtsakte der Europäischen Gemeinschaften und zwischenstaatliche Vereinbarungen

Rechtsverordnungen nach § 18 können auch erlassen werden, soweit dies zur Durchführung von Rechtsakten des Rates oder der Kommission der Europäischen Gemeinschaften oder von Beschlüssen internationaler Organisationen oder von zwischenstaatlichen Vereinbarungen, die Sachbereiche dieses Gesetzes betreffen, erforderlich ist, insbesondere um Arbeitsschutzpflichten für andere als in § 2 Abs. 3 genannte Personen zu regeln.

§ 20 Regelungen für den öffentlichen Dienst

(1) Für die Beamten der Länder, Gemeinden und sonstigen Körperschaften, Anstalten und Stiftungen des öffentlichen Rechts regelt das Landesrecht, ob und inwieweit die nach § 18 erlassenen Rechtsverordnungen gelten.

(2) Für bestimmte Tätigkeiten im öffentlichen Dienst des Bundes, insbesondere bei der Bundeswehr, der Polizei, den Zivil- und Katastrophenschutzdiensten, dem Zoll oder den Nachrichtendiensten, können das Bundeskanzleramt, das Bundesministerium des Innern, für Bau und Heimat, das Bundesministerium für Verkehr und digitale Infrastruktur, das Bundesministerium der Verteidigung oder das Bundesministerium der Finanzen, soweit sie hierfür jeweils zuständig sind, durch Rechtsverordnung ohne Zustimmung des Bundesrates bestimmen, daß Vorschriften dieses Gesetzes ganz oder zum Teil nicht anzuwenden sind, soweit öffentliche Belange dies zwingend erfordern, insbesondere zur Aufrechterhaltung oder Wiederherstellung der öffentlichen Sicherheit. Rechtsverordnungen nach Satz 1 werden im Einvernehmen mit dem Bundesministerium für Arbeit und Soziales und, soweit nicht das Bundesministerium des Innern, für Bau und Heimat selbst ermächtigt ist, im Einvernehmen mit diesem Ministerium erlassen. In den Rechtsverordnungen ist gleichzeitig festzulegen, wie die Sicherheit und der Gesundheitsschutz bei der Arbeit unter Berücksichtigung der Ziele dieses Gesetzes auf andere Weise gewährleistet werden. Für Tätigkeiten im öffentlichen Dienst der Länder, Gemeinden und sonstigen landesunmittelbaren Körperschaften, Anstalten und Stiftungen des öffentlichen Rechts können den Sätzen 1 und 3 entsprechende Regelungen durch Landesrecht getroffen werden.

Fünfter Abschnitt Gemeinsame deutsche Arbeitsschutzstrategie

§ 20a Gemeinsame deutsche Arbeitsschutzstrategie

(1) Nach den Bestimmungen dieses Abschnitts entwickeln Bund, Länder und Unfallversicherungsträger im Interesse eines wirksamen Arbeitsschutzes eine gemeinsame deutsche Arbeitsschutzstrategie und gewährleisten ihre Umsetzung und Fortschreibung. Mit der Wahrnehmung der ihnen gesetzlich zugewiesenen Aufgaben zur Verhütung von Arbeitsunfällen, Berufskrankheiten und arbeitsbedingten Gesundheitsgefahren sowie zur menschengerechten Gestaltung

der Arbeit tragen Bund, Länder und Unfallversicherungsträger dazu bei, die Ziele der gemeinsamen deutschen Arbeitsschutzstrategie zu erreichen.

(2) Die gemeinsame deutsche Arbeitsschutzstrategie umfasst

1. die Entwicklung gemeinsamer Arbeitsschutzziele,
2. die Festlegung vorrangiger Handlungsfelder und von Eckpunkten für Arbeitsprogramme sowie deren Ausführung nach einheitlichen Grundsätzen,
3. die Evaluierung der Arbeitsschutzziele, Handlungsfelder und Arbeitsprogramme mit geeigneten Kennziffern,
4. die Festlegung eines abgestimmten Vorgehens der für den Arbeitsschutz zuständigen Landesbehörden und der Unfallversicherungsträger bei der Beratung und Überwachung der Betriebe,
5. die Herstellung eines verständlichen, überschaubaren und abgestimmten Vorschriften- und Regelwerks.

§ 20b Nationale Arbeitsschutzkonferenz

(1) Die Aufgabe der Entwicklung, Steuerung und Fortschreibung der gemeinsamen deutschen Arbeitsschutzstrategie nach § 20a Abs. 1 Satz 1 wird von der Nationalen Arbeitsschutzkonferenz wahrgenommen. Sie setzt sich aus jeweils drei stimmberechtigten Vertretern von Bund, Ländern und den Unfallversicherungsträgern zusammen und bestimmt für jede Gruppe drei Stellvertreter. Außerdem entsenden die Spitzenorganisationen der Arbeitgeber und Arbeitnehmer für die Behandlung von Angelegenheiten nach § 20a Abs. 2 Nr. 1 bis 3 und 5 jeweils bis zu drei Vertreter in die Nationale Arbeitsschutzkonferenz; sie nehmen mit beratender Stimme an den Sitzungen teil. Die Nationale Arbeitsschutzkonferenz gibt sich eine Geschäftsordnung; darin werden insbesondere die Arbeitsweise und das Beschlussverfahren festgelegt. Die Geschäftsordnung muss einstimmig angenommen werden.

(2) Alle Einrichtungen, die mit Sicherheit und Gesundheit bei der Arbeit befasst sind, können der Nationalen Arbeitsschutzkonferenz Vorschläge für Arbeitsschutzziele, Handlungsfelder und Arbeitsprogramme unterbreiten.

(3) Die Nationale Arbeitsschutzkonferenz wird durch ein Arbeitsschutzforum unterstützt, das in der Regel einmal jährlich stattfindet. Am Arbeitsschutzforum sollen sachverständige Vertreter der Spitzenorganisationen der Arbeitgeber und Arbeitnehmer, der

Berufs- und Wirtschaftsverbände, der Wissenschaft, der Kranken- und Rentenversicherungsträger, von Einrichtungen im Bereich Sicherheit und Gesundheit bei der Arbeit sowie von Einrichtungen, die der Förderung der Beschäftigungsfähigkeit dienen, teilnehmen. Das Arbeitsschutzforum hat die Aufgabe, eine frühzeitige und aktive Teilhabe der sachverständigen Fachöffentlichkeit an der Entwicklung und Fortschreibung der gemeinsamen deutschen Arbeitsschutzstrategie sicherzustellen und die Nationale Arbeitsschutzkonferenz entsprechend zu beraten.

(4) Einzelheiten zum Verfahren der Einreichung von Vorschlägen nach Absatz 2 und zur Durchführung des Arbeitsschutzforums nach Absatz 3 werden in der Geschäftsordnung der Nationalen Arbeitsschutzkonferenz geregelt.

(5) Die Geschäfte der Nationalen Arbeitsschutzkonferenz und des Arbeitsschutzforums führt die Bundesanstalt für Arbeitsschutz und Arbeitsmedizin. Einzelheiten zu Arbeitsweise und Verfahren werden in der Geschäftsordnung der Nationalen Arbeitsschutzkonferenz festgelegt.

Sechster Abschnitt Schlußvorschriften

§ 21 Zuständige Behörden, Zusammenwirken mit den Trägern der gesetzlichen Unfallversicherung

(1) Die Überwachung des Arbeitsschutzes nach diesem Gesetz ist staatliche Aufgabe. Die zuständigen Behörden haben die Einhaltung dieses Gesetzes und der auf Grund dieses Gesetzes erlassenen Rechtsverordnungen zu überwachen und die Arbeitgeber bei der Erfüllung ihrer Pflichten zu beraten. Bei der Überwachung haben die zuständigen Behörden bei der Auswahl von Betrieben Art und Umfang des betrieblichen Gefährdungspotenzials zu berücksichtigen.

(1a) Die zuständigen Landesbehörden haben bei der Überwachung nach Absatz 1 sicherzustellen, dass im Laufe eines Kalenderjahres eine Mindestanzahl an Betrieben besichtigt wird. Beginnend mit dem Kalenderjahr 2026 sind im Laufe eines Kalenderjahres mindestens 5 Prozent der im Land vorhandenen Betriebe zu besichtigen (Mindestbesichtigungsquote). Von der Mindestbesichtigungsquote kann durch Landesrecht nicht abgewichen werden. Erreicht eine Landesbehörde die Mindestbesichtigungsquote nicht, so hat sie die Zahl der besichtigten Betriebe bis zum Kalenderjahr 2026 schrittweise mindestens so weit zu erhöhen, dass sie die Mindestbesichtigungsquote erreicht. Maßgeblich für die Anzahl der im Land vorhandenen Betriebe ist die amtliche Statistik der Bundesagentur für Arbeit des Vorjahres.

(2) Die Aufgaben und Befugnisse der Träger der gesetzlichen Unfallversicherung richten sich, soweit nichts anderes bestimmt ist, nach den Vorschriften des Sozialgesetzbuchs. Soweit die Träger der gesetzlichen Unfallversicherung nach dem Sozialgesetzbuch im Rahmen ihres Präventionsauftrags auch Aufgaben zur Gewährleistung von Sicherheit und Gesundheitsschutz der Beschäftigten wahrnehmen, werden sie ausschließlich im Rahmen ihrer autonomen Befugnisse tätig.

(3) Die zuständigen Landesbehörden und die Unfallversicherungsträger wirken auf der Grundlage einer gemeinsamen Beratungs- und Überwachungsstrategie nach § 20a Abs. 2 Nr. 4 eng zusammen und stellen den Erfahrungsaustausch sicher. Diese Strategie umfasst die Abstimmung allgemeiner Grundsätze zur methodischen Vorgehensweise bei

1. der Beratung und Überwachung der Betriebe,
2. der Festlegung inhaltlicher Beratungs- und Überwachungsschwerpunkte, aufeinander abgestimmter oder gemeinsamer Schwerpunktaktionen und Arbeitsprogramme und
3. der Förderung eines Daten- und sonstigen Informationsaustausches, insbesondere über Betriebsbesichtigungen und deren wesentliche Ergebnisse.

Die zuständigen Landesbehörden vereinbaren mit den Unfallversicherungsträgern nach § 20 Abs. 2 Satz 3 des Siebten Buches Sozialgesetzbuch die Maßnahmen, die zur Umsetzung der gemeinsamen Arbeitsprogramme nach § 20a Abs. 2 Nr. 2 und der gemeinsamen Beratungs- und Überwachungsstrategie notwendig sind; sie evaluieren deren Zielerreichung mit den von der Nationalen Arbeitsschutzkonferenz nach § 20a Abs. 2 Nr. 3 bestimmten Kennziffern.

(3a) Zu nach dem 1. Januar 2023 durchgeführten Betriebsbesichtigungen und deren Ergebnissen übermitteln die für den Arbeitsschutz zuständigen Landesbehörden an den für die besichtigte Betriebsstätte zuständigen Unfallversicherungsträger im Wege elektronischer Datenübertragung folgende Informationen:

1. Name und Anschrift des Betriebs,
2. Anschrift der besichtigten Betriebsstätte, soweit nicht mit Nummer 1 identisch,

3. Kennnummer zur Identifizierung,
4. Wirtschaftszweig des Betriebs,
5. Datum der Besichtigung,
6. Anzahl der Beschäftigten zum Zeitpunkt der Besichtigung,
7. Vorhandensein einer betrieblichen Interessenvertretung,
8. Art der sicherheitstechnischen Betreuung,
9. Art der betriebsärztlichen Betreuung,
10. Bewertung der Arbeitsschutzorganisation einschließlich
    a) der Unterweisung,
    b) der arbeitsmedizinischen Vorsorge und
    c) der Ersten Hilfe und sonstiger Notfallmaßnahmen,
11. Bewertung der Gefährdungsbeurteilung einschließlich
    a) der Ermittlung von Gefährdungen und Festlegung von Maßnahmen,
    b) der Prüfung der Umsetzung der Maßnahmen und ihrer Wirksamkeit und
    c) der Dokumentation der Gefährdungen und Maßnahmen,
12. Verwaltungshandeln in Form von Feststellungen, Anordnungen oder Bußgeldern.

Die übertragenen Daten dürfen von den Unfallversicherungsträgern nur zur Erfüllung der in ihrer Zuständigkeit nach § 17 Absatz 1 des Siebten Buches Sozialgesetzbuch liegenden Aufgaben verarbeitet werden.

(4) Die für den Arbeitsschutz zuständige oberste Landesbehörde kann mit Trägern der gesetzlichen Unfallversicherung vereinbaren, daß diese in näher zu bestimmenden Tätigkeitsbereichen die Einhaltung dieses Gesetzes, bestimmter Vorschriften dieses Gesetzes oder der auf Grund dieses Gesetzes erlassenen Rechtsverordnungen überwachen. In der Vereinbarung sind Art und Umfang der Überwachung sowie die Zusammenarbeit mit den staatlichen Arbeitsschutzbehörden festzulegen.

(5) Soweit nachfolgend nichts anderes bestimmt ist, ist zuständige Behörde für die Durchführung dieses Gesetzes und der auf dieses Gesetz gestützten Rechtsverordnungen in den Betrieben und Verwaltungen des Bundes die Zentralstelle für Arbeitsschutz beim Bundesministerium des Innern, für Bau und Heimat. Im Auftrag der Zentralstelle handelt, soweit nichts anderes bestimmt ist, die Unfallversicherung Bund und Bahn, die insoweit der Aufsicht des Bundesministeriums des Innern, für Bau und Heimat unterliegt; Aufwendungen werden nicht erstattet. Im öffentlichen Dienst im

Geschäftsbereich des Bundesministeriums für Verkehr, Bau und Stadtentwicklung führt die Unfallversicherung Bund und Bahn, soweit die Eisenbahn-Unfallkasse bis zum 31. Dezember 2014 Träger der Unfallversicherung war, dieses Gesetz durch. Für Betriebe und Verwaltungen in den Geschäftsbereichen des Bundesministeriums der Verteidigung und des Auswärtigen Amtes hinsichtlich seiner Auslandsvertretungen führt das jeweilige Bundesministerium, soweit es jeweils zuständig ist, oder die von ihm jeweils bestimmte Stelle dieses Gesetz durch. Im Geschäftsbereich des Bundesministeriums der Finanzen führt die Unfallkasse Post und Telekom dieses Gesetz durch, soweit der Geschäftsbereich des ehemaligen Bundesministeriums für Post und Telekommunikation betroffen ist. Die Sätze 1 bis 4 gelten auch für Betriebe und Verwaltungen, die zur Bundesverwaltung gehören, für die aber eine Berufsgenossenschaft Träger der Unfallversicherung ist. Die zuständigen Bundesministerien können mit den Berufsgenossenschaften für diese Betriebe und Verwaltungen vereinbaren, daß das Gesetz von den Berufsgenossenschaften durchgeführt wird; Aufwendungen werden nicht erstattet.

§ 22 Befugnisse der zuständigen Behörden

(1) Die zuständige Behörde kann vom Arbeitgeber oder von den verantwortlichen Personen die zur Durchführung ihrer Überwachungsaufgabe erforderlichen Auskünfte und die Überlassung von entsprechenden Unterlagen verlangen. Werden Beschäftigte mehrerer Arbeitgeber an einem Arbeitsplatz tätig, kann die zuständige Behörde von den Arbeitgebern oder von den verantwortlichen Personen verlangen, dass das Ergebnis der Abstimmung über die zu treffenden Maßnahmen nach § 8 Absatz 1 schriftlich vorgelegt wird. Die auskunftspflichtige Person kann die Auskunft auf solche Fragen oder die Vorlage derjenigen Unterlagen verweigern, deren Beantwortung oder Vorlage sie selbst oder einen ihrer in § 383 Abs. 1 Nr. 1 bis 3 der Zivilprozeßordnung bezeichneten Angehörigen der Gefahr der Verfolgung wegen einer Straftat oder Ordnungswidrigkeit aussetzen würde. Die auskunftspflichtige Person ist darauf hinzuweisen.

(2) Die mit der Überwachung beauftragten Personen sind befugt, zu den Betriebs- und Arbeitszeiten Betriebsstätten, Geschäfts- und Betriebsräume zu betreten, zu besichtigen und zu prüfen sowie in die geschäftlichen Unterlagen der auskunftspflichtigen Person

Einsicht zu nehmen, soweit dies zur Erfüllung ihrer Aufgaben erforderlich ist. Außerdem sind sie befugt, Betriebsanlagen, Arbeitsmittel und persönliche Schutzausrüstungen zu prüfen, Arbeitsverfahren und Arbeitsabläufe zu untersuchen, Messungen vorzunehmen und insbesondere arbeitsbedingte Gesundheitsgefahren festzustellen und zu untersuchen, auf welche Ursachen ein Arbeitsunfall, eine arbeitsbedingte Erkrankung oder ein Schadensfall zurückzuführen ist. Sie sind berechtigt, die Begleitung durch den Arbeitgeber oder eine von ihm beauftragte Person zu verlangen. Der Arbeitgeber oder die verantwortlichen Personen haben die mit der Überwachung beauftragten Personen bei der Wahrnehmung ihrer Befugnisse nach den Sätzen 1 und 2 zu unterstützen. Außerhalb der in Satz 1 genannten Zeiten dürfen die mit der Überwachung beauftragten Personen ohne Einverständnis des Arbeitgebers die Maßnahmen nach den Sätzen 1 und 2 nur treffen, soweit sie zur Verhütung dringender Gefahren für die öffentliche Sicherheit und Ordnung erforderlich sind. Wenn sich die Arbeitsstätte in einer Wohnung befindet, dürfen die mit der Überwachung beauftragten Personen die Maßnahmen nach den Sätzen 1 und 2 ohne Einverständnis der Bewohner oder Nutzungsberechtigten nur treffen, soweit sie zur Verhütung dringender Gefahren für die öffentliche Sicherheit und Ordnung erforderlich sind. Die auskunftspflichtige Person hat die Maßnahmen nach den Sätzen 1, 2, 5 und 6 zu dulden. Die Sätze 1 und 5 gelten entsprechend, wenn nicht feststeht, ob in der Arbeitsstätte Personen beschäftigt werden, jedoch Tatsachen gegeben sind, die diese Annahme rechtfertigen. Das Grundrecht der Unverletzlichkeit der Wohnung (Artikel 13 des Grundgesetzes) wird insoweit eingeschränkt.

(3) Die zuständige Behörde kann im Einzelfall anordnen,

1. welche Maßnahmen der Arbeitgeber und die verantwortlichen Personen oder die Beschäftigten zur Erfüllung der Pflichten zu treffen haben, die sich aus diesem Gesetz und den auf Grund dieses Gesetzes erlassenen Rechtsverordnungen ergeben,
2. welche Maßnahmen der Arbeitgeber und die verantwortlichen Personen zur Abwendung einer besonderen Gefahr für Leben und Gesundheit der Beschäftigten zu treffen haben.

Die zuständige Behörde hat, wenn nicht Gefahr im Verzug ist, zur Ausführung der Anordnung eine angemessene Frist zu setzen. Wird eine Anordnung nach Satz 1 nicht innerhalb einer gesetzten Frist oder eine für sofort vollziehbar erklärte Anordnung nicht sofort ausgeführt, kann die zuständige Behörde die von der Anordnung betroffene Arbeit oder die Verwendung oder den Betrieb der von der Anordnung betroffenen Arbeitsmittel untersagen. Maßnahmen der zuständigen Behörde im Bereich des öffentlichen Dienstes, die den Dienstbetrieb wesentlich beeinträchtigen, sollen im Einvernehmen mit der obersten Bundes- oder Landesbehörde oder dem Hauptverwaltungsbeamten der Gemeinde getroffen werden.

§ 23 Betriebliche Daten, Zusammenarbeit mit anderen Behörden, Jahresbericht, Bundesfachstelle

(1) Der Arbeitgeber hat der zuständigen Behörde zu einem von ihr bestimmten Zeitpunkt Mitteilungen über

1. die Zahl der Beschäftigten und derer, an die er Heimarbeit vergibt, aufgegliedert nach Geschlecht, Alter und Staatsangehörigkeit,
2. den Namen oder die Bezeichnung und Anschrift des Betriebs, in dem er sie beschäftigt,
3. seinen Namen, seine Firma und seine Anschrift sowie
4. den Wirtschaftszweig, dem sein Betrieb angehört,

zu machen. Das Bundesministerium für Arbeit und Soziales wird ermächtigt, durch Rechtsverordnung mit Zustimmung des Bundesrates zu bestimmen, daß die Stellen der Bundesverwaltung, denen der Arbeitgeber die in Satz 1 genannten Mitteilungen bereits auf Grund einer Rechtsvorschrift mitgeteilt hat, diese Angaben an die für die Behörden nach Satz 1 zuständigen obersten Landesbehörden als Schreiben oder auf maschinell verwertbaren Datenträgern oder durch Datenübertragung weiterzuleiten haben. In der Rechtsverordnung können das Nähere über die Form der weiterzuleitenden Angaben sowie die Frist für die Weiterleitung bestimmt werden. Die weitergeleiteten Angaben dürfen nur zur Erfüllung der in der Zuständigkeit der Behörden nach § 21 Abs. 1 liegenden Arbeitsschutzaufgaben verarbeitet werden.

(2) Die mit der Überwachung beauftragten Personen dürfen die ihnen bei ihrer Überwachungstätigkeit zur Kenntnis gelangenden Geschäfts- und Betriebsgeheimnisse nur in den gesetzlich geregelten Fällen oder zur Verfolgung von Gesetzwidrigkeiten oder zur Erfüllung von gesetzlich geregelten Aufgaben zum Schutz der Versicherten dem Träger der gesetzlichen Unfallversicherung oder zum Schutz der Umwelt den dafür zuständigen Behörden offenbaren. Soweit es sich bei Geschäfts- und Betriebsgeheimnissen

um Informationen über die Umwelt im Sinne des Umweltinformationsgesetzes handelt, richtet sich die Befugnis zu ihrer Offenbarung nach dem Umweltinformationsgesetz.

(3) Ergeben sich im Einzelfall für die zuständigen Behörden konkrete Anhaltspunkte für

1. eine Beschäftigung oder Tätigkeit von Ausländern ohne den erforderlichen Aufenthaltstitel nach § 4 Abs. 3 des Aufenthaltsgesetzes, eine Aufenthaltsgestattung oder eine Duldung, die zur Ausübung der Beschäftigung berechtigen, oder eine Genehmigung nach § 284 Abs. 1 des Dritten Buches Sozialgesetzbuch,
2. Verstöße gegen die Mitwirkungspflicht nach § 60 Abs. 1 Satz 1 Nr. 2 des Ersten Buches Sozialgesetzbuch gegenüber einer Dienststelle der Bundesagentur für Arbeit, einem Träger der gesetzlichen Kranken-, Pflege-, Unfall- oder Rentenversicherung oder einem Träger der Sozialhilfe oder gegen die Meldepflicht nach § 8a des Asylbewerberleistungsgesetzes,
3. Verstöße gegen das Gesetz zur Bekämpfung der Schwarzarbeit,
4. Verstöße gegen das Arbeitnehmerüberlassungsgesetz,
5. Verstöße gegen die Vorschriften des Vierten und Siebten Buches Sozialgesetzbuch über die Verpflichtung zur Zahlung von Sozialversicherungsbeiträgen,
6. Verstöße gegen das Aufenthaltsgesetz,
7. Verstöße gegen die Steuergesetze,
8. Verstöße gegen das Gesetz zur Sicherung von Arbeitnehmerrechten in der Fleischwirtschaft,

unterrichten sie die für die Verfolgung und Ahndung der Verstöße nach den Nummern 1 bis 8 zuständigen Behörden, die Träger der Sozialhilfe sowie die Behörden nach § 71 des Aufenthaltsgesetzes. In den Fällen des Satzes 1 arbeiten die zuständigen Behörden insbesondere mit den Agenturen für Arbeit, den Hauptzollämtern, den Rentenversicherungsträgern, den Krankenkassen als Einzugsstellen für die Sozialversicherungsbeiträge, den Trägern der gesetzlichen Unfallversicherung, den nach Landesrecht für die Verfolgung und Ahndung von Verstößen gegen das Gesetz zur Bekämpfung der Schwarzarbeit zuständigen Behörden, den Trägern der Sozialhilfe, den in § 71 des Aufenthaltsgesetzes genannten Behörden und den Finanzbehörden zusammen.

(4) Die zuständigen obersten Landesbehörden haben über die Überwachungstätigkeit der ihnen unterstellten Behörden einen

Jahresbericht zu veröffentlichen. Der Jahresbericht umfaßt auch Angaben zur Erfüllung von Unterrichtungspflichten aus internationalen Übereinkommen oder Rechtsakten der Europäischen Gemeinschaften, soweit sie den Arbeitsschutz betreffen.

(5) Bei der Bundesanstalt für Arbeitsschutz und Arbeitsmedizin wird eine Bundesfachstelle für Sicherheit und Gesundheit bei der Arbeit eingerichtet. Sie hat die Aufgabe, die Jahresberichte der Länder einschließlich der Besichtigungsquote nach § 21 Absatz 1a auszuwerten und die Ergebnisse für den statistischen Bericht über den Stand von Sicherheit und Gesundheit bei der Arbeit und über das Unfall- und Berufskrankheitengeschehen in der Bundesrepublik Deutschland nach § 25 Absatz 1 des Siebten Buches Sozialgesetzbuch zusammenzufassen. Das Bundesministerium für Arbeit und Soziales kann die Arbeitsweise und das Verfahren der Bundesfachstelle für Sicherheit und Gesundheit bei der Arbeit im Errichtungserlass der Bundesanstalt für Arbeitsschutz und Arbeitsmedizin festlegen.

§ 24 Ermächtigung zum Erlaß von allgemeinen Verwaltungsvorschriften

Die Bundesregierung kann mit Zustimmung des Bundesrates allgemeine Verwaltungsvorschriften erlassen, insbesondere

1. zur Durchführung dieses Gesetzes und der auf Grund dieses Gesetzes erlassenen Rechtsverordnungen, insbesondere dazu, welche Kriterien zur Auswahl von Betrieben bei der Überwachung anzuwenden, welche Sachverhalte im Rahmen einer Betriebsbesichtigung mindestens zu prüfen und welche Ergebnisse aus der Überwachung für die Berichterstattung zu erfassen sind,
2. über die Gestaltung der Jahresberichte nach § 23 Abs. 4 und
3. über die Angaben, die die zuständigen obersten Landesbehörden dem Bundesministerium für Arbeit und Soziales für den Unfallverhütungsbericht nach § 25 Abs. 2 des Siebten Buches Sozialgesetzbuch bis zu einem bestimmten Zeitpunkt mitzuteilen haben.

§ 24a Ausschuss für Sicherheit und Gesundheit bei der Arbeit

(1) Beim Bundesministerium für Arbeit und Soziales wird ein Ausschuss für Sicherheit und Gesundheit bei der Arbeit gebildet, in dem geeignete Personen vonseiten der öffentlichen und

privaten Arbeitgeber, der Gewerkschaften, der Landesbehörden, der gesetzlichen Unfallversicherung und weitere geeignete Personen, insbesondere aus der Wissenschaft, vertreten sein sollen. Dem Ausschuss sollen nicht mehr als 15 Mitglieder angehören. Für jedes Mitglied ist ein stellvertretendes Mitglied zu benennen. Die Mitgliedschaft im Ausschuss ist ehrenamtlich. Ein Mitglied oder ein stellvertretendes Mitglied aus den anderen Ausschüssen beim Bundesministerium für Arbeit und Soziales nach § 18 Absatz 2 Nummer 5 soll dauerhaft als Gast im Ausschuss für Sicherheit und Gesundheit bei der Arbeit vertreten sein.

(2) Das Bundesministerium für Arbeit und Soziales beruft die Mitglieder des Ausschusses für Sicherheit und Gesundheit bei der Arbeit und die stellvertretenden Mitglieder. Der Ausschuss gibt sich eine Geschäftsordnung und wählt die Vorsitzende oder den Vorsitzenden aus seiner Mitte. Die Geschäftsordnung und die Wahl der oder des Vorsitzenden bedürfen der Zustimmung des Bundesministeriums für Arbeit und Soziales.

(3) Zu den Aufgaben des Ausschusses für Sicherheit und Gesundheit bei der Arbeit gehört es, soweit hierfür kein anderer Ausschuss beim Bundesministerium für Arbeit und Soziales nach § 18 Absatz 2 Nummer 5 zuständig ist,

1. den Stand von Technik, Arbeitsmedizin und Hygiene sowie sonstige gesicherte arbeitswissenschaftliche Erkenntnisse für die Sicherheit und Gesundheit der Beschäftigten zu ermitteln,
2. Regeln und Erkenntnisse zu ermitteln, wie die in diesem Gesetz gestellten Anforderungen erfüllt werden können,
3. Empfehlungen zu Sicherheit und Gesundheit bei der Arbeit aufzustellen,
4. das Bundesministerium für Arbeit und Soziales in allen Fragen des Arbeitsschutzes zu beraten.

Das Arbeitsprogramm des Ausschusses für Sicherheit und Gesundheit bei der Arbeit wird mit dem Bundesministerium für Arbeit und Soziales abgestimmt. Der Ausschuss arbeitet eng mit den anderen Ausschüssen beim Bundesministerium für Arbeit und Soziales nach § 18 Absatz 2 Nummer 5 zusammen.

(4) Das Bundesministerium für Arbeit und Soziales kann die vom Ausschuss für Sicherheit und Gesundheit bei der Arbeit ermittelten Regeln und Erkenntnisse im Gemeinsamen Ministerialblatt bekannt geben und die Empfehlungen veröffentlichen. Der

Arbeitgeber hat die bekannt gegebenen Regeln und Erkenntnisse zu berücksichtigen. Bei Einhaltung dieser Regeln und bei Beachtung dieser Erkenntnisse ist davon auszugehen, dass die in diesem Gesetz gestellten Anforderungen erfüllt sind, soweit diese von der betreffenden Regel abgedeckt sind. Die Anforderungen aus Rechtsverordnungen nach § 18 und dazu bekannt gegebene Regeln und Erkenntnisse bleiben unberührt.

(5) Die Bundesministerien sowie die obersten Landesbehörden können zu den Sitzungen des Ausschusses für Sicherheit und Gesundheit bei der Arbeit Vertreterinnen oder Vertreter entsenden. Auf Verlangen ist ihnen in der Sitzung das Wort zu erteilen.

(6) Die Geschäfte des Ausschusses für Sicherheit und Gesundheit bei der Arbeit führt die Bundesanstalt für Arbeitsschutz und Arbeitsmedizin.

§ 25 Bußgeldvorschriften

(1) Ordnungswidrig handelt, wer vorsätzlich oder fahrlässig

1. einer Rechtsverordnung nach § 18 Abs. 1 oder § 19 zuwiderhandelt, soweit sie für einen bestimmten Tatbestand auf diese Bußgeldvorschrift verweist, oder
2. a) als Arbeitgeber oder als verantwortliche Person einer vollziehbaren Anordnung nach § 22 Abs. 3 oder
   b) als Beschäftigter einer vollziehbaren Anordnung nach § 22 Abs. 3 Satz 1 Nr. 1

zuwiderhandelt.

(2) Die Ordnungswidrigkeit kann in den Fällen des Absatzes 1 Nr. 1 und 2 Buchstabe b mit einer Geldbuße bis zu fünftausend Euro, in den Fällen des Absatzes 1 Nr. 2 Buchstabe a mit einer Geldbuße bis zu dreißigtausend Euro geahndet werden.

§ 26 Strafvorschriften

Mit Freiheitsstrafe bis zu einem Jahr oder mit Geldstrafe wird bestraft, wer

1. eine in § 25 Abs. 1 Nr. 2 Buchstabe a bezeichnete Handlung beharrlich wiederholt oder
2. durch eine in § 25 Abs. 1 Nr. 1 oder Nr. 2 Buchstabe a bezeichnete vorsätzliche Handlung Leben oder Gesundheit eines Beschäftigten gefährdet.

Gesetz zur Regelung eines allgemeinen Mindestlohns (Mindestlohngesetz – MiLoG)

vom 11. August 2014 (BGBl. I S. 1348, zuletzt geändert durch Art. 2 des Gesetzes zur Regelung der Entsendung von Kraftfahrern und Kraftfahrerinnen im Straßenverkehrssektor und zur grenzüberschreitenden Durchsetzung des Entsenderechts vom 28. Juni 2023, BGBl. I Nr. 172)

Abschnitt 1 Festsetzung des allgemeinen Mindestlohns

Unterabschnitt 1 Inhalt des Mindestlohns

§ 1 Mindestlohn

(1) Jede Arbeitnehmerin und jeder Arbeitnehmer hat Anspruch auf Zahlung eines Arbeitsentgelts mindestens in Höhe des Mindestlohns durch den Arbeitgeber.

(2) Die Höhe des Mindestlohns beträgt ab dem 1. Oktober 2022 brutto 12 Euro je Zeitstunde. Die Höhe des Mindestlohns kann auf Vorschlag einer ständigen Kommission der Tarifpartner (Mindestlohnkommission) durch Rechtsverordnung der Bundesregierung geändert werden.

(3) Die Regelungen des Arbeitnehmer-Entsendegesetzes, des Arbeitnehmerüberlassungsgesetzes und der auf ihrer Grundlage erlassenen Rechtsverordnungen gehen den Regelungen dieses Gesetzes vor, soweit die Höhe der auf ihrer Grundlage festgesetzten Branchenmindestlöhne die Höhe des Mindestlohns nicht unterschreitet.

§ 2 Fälligkeit des Mindestlohns

(1) Der Arbeitgeber ist verpflichtet, der Arbeitnehmerin oder dem Arbeitnehmer den Mindestlohn

1. zum Zeitpunkt der vereinbarten Fälligkeit,
2. spätestens am letzten Bankarbeitstag (Frankfurt am Main) des Monats, der auf den Monat folgt, in dem die Arbeitsleistung erbracht wurde,

zu zahlen. Für den Fall, dass keine Vereinbarung über die Fälligkeit getroffen worden ist, bleibt § 614 des Bürgerlichen Gesetzbuchs unberührt.

(2) Abweichend von Absatz 1 Satz 1 sind bei Arbeitnehmerinnen und Arbeitnehmern die über die vertraglich vereinbarte Arbeitszeit hinausgehenden und auf einem schriftlich vereinbarten Arbeitszeitkonto eingestellten Arbeitsstunden spätestens innerhalb von zwölf Kalendermonaten nach ihrer monatlichen Erfassung durch bezahlte Freizeitgewährung oder Zahlung des Mindestlohns auszugleichen, soweit der Anspruch auf den Mindestlohn für die geleisteten Arbeitsstunden nach § 1 Absatz 1 nicht bereits durch Zahlung des verstetigten Arbeitsentgelts erfüllt ist. Im Falle der Beendigung des Arbeitsverhältnisses hat der Arbeitgeber nicht ausgeglichene Arbeitsstunden spätestens in dem auf die Beendigung des Arbeitsverhältnisses folgenden Kalendermonat auszugleichen. Die auf das Arbeitszeitkonto eingestellten Arbeitsstunden dürfen monatlich jeweils 50 Prozent der vertraglich vereinbarten Arbeitszeit nicht übersteigen.
(3) Die Absätze 1 und 2 gelten nicht für Wertguthabenvereinbarungen im Sinne des Vierten Buches Sozialgesetzbuch. Satz 1 gilt entsprechend für eine im Hinblick auf den Schutz der Arbeitnehmerinnen und Arbeitnehmer vergleichbare ausländische Regelung.

§ 3 Unabdingbarkeit des Mindestlohns

Vereinbarungen, die den Anspruch auf Mindestlohn unterschreiten oder seine Geltendmachung beschränken oder ausschließen, sind insoweit unwirksam. Die Arbeitnehmerin oder der Arbeitnehmer kann auf den entstandenen Anspruch nach § 1 Absatz 1 nur durch gerichtlichen Vergleich verzichten; im Übrigen ist ein Verzicht ausgeschlossen. Die Verwirkung des Anspruchs ist ausgeschlossen.

Unterabschnitt 2 Mindestlohnkommission

§ 4 Aufgabe und Zusammensetzung

(1) Die Bundesregierung errichtet eine ständige Mindestlohnkommission, die über die Anpassung der Höhe des Mindestlohns befindet.
(2) Die Mindestlohnkommission wird alle fünf Jahre neu berufen. Sie besteht aus einer oder einem Vorsitzenden, sechs weiteren stimmberechtigten ständigen Mitgliedern und zwei Mitgliedern aus Kreisen der Wissenschaft ohne Stimmrecht (beratende Mitglieder).

§ 5 Stimmberechtigte Mitglieder

(1) Die Bundesregierung beruft je drei stimmberechtigte Mitglieder auf Vorschlag der Spitzenorganisationen der Arbeitgeber und der Arbeitnehmer aus Kreisen der Vereinigungen von Arbeitgebern und Gewerkschaften. Die Spitzenorganisationen der Arbeitgeber und Arbeitnehmer sollen jeweils mindestens eine Frau und einen Mann als stimmberechtigte Mitglieder vorschlagen. Werden auf Arbeitgeber- oder auf Arbeitnehmerseite von den Spitzenorganisationen mehr als drei Personen vorgeschlagen, erfolgt die Auswahl zwischen den Vorschlägen im Verhältnis zur Bedeutung der jeweiligen Spitzenorganisationen für die Vertretung der Arbeitgeber- oder Arbeitnehmerinteressen im Arbeitsleben des Bundesgebietes. Übt eine Seite ihr Vorschlagsrecht nicht aus, werden die Mitglieder dieser Seite durch die Bundesregierung aus Kreisen der Vereinigungen von Arbeitgebern oder Gewerkschaften berufen.

(2) Scheidet ein Mitglied aus, wird nach Maßgabe des Absatzes 1 Satz 1 und 4 ein neues Mitglied berufen.

§ 6 Vorsitz

(1) Die Bundesregierung beruft die Vorsitzende oder den Vorsitzenden auf gemeinsamen Vorschlag der Spitzenorganisationen der Arbeitgeber und der Arbeitnehmer.

(2) Wird von den Spitzenorganisationen kein gemeinsamer Vorschlag unterbreitet, beruft die Bundesregierung jeweils eine Vorsitzende oder einen Vorsitzenden auf Vorschlag der Spitzenorganisationen der Arbeitgeber und der Arbeitnehmer. Der Vorsitz wechselt zwischen den Vorsitzenden nach jeder Beschlussfassung nach § 9. Über den erstmaligen Vorsitz entscheidet das Los. § 5 Absatz 1 Satz 3 und 4 gilt entsprechend.

(3) Scheidet die Vorsitzende oder der Vorsitzende aus, wird nach Maßgabe der Absätze 1 und 2 eine neue Vorsitzende oder ein neuer Vorsitzender berufen.

§ 7 Beratende Mitglieder

(1) Die Bundesregierung beruft auf Vorschlag der Spitzenorganisationen der Arbeitgeber und Arbeitnehmer zusätzlich je ein beratendes Mitglied aus Kreisen der Wissenschaft. Die Bundesregierung soll darauf hinwirken, dass die Spitzenorganisationen der Arbeitgeber und Arbeitnehmer eine Frau und einen Mann als

beratendes Mitglied vorschlagen. Das beratende Mitglied soll in keinem Beschäftigungsverhältnis stehen zu

1. einer Spitzenorganisation der Arbeitgeber oder Arbeitnehmer,
2. einer Vereinigung der Arbeitgeber oder einer Gewerkschaft oder
3. einer Einrichtung, die von den in der Nummer 1 oder Nummer 2 genannten Vereinigungen getragen wird.

§ 5 Absatz 1 Satz 3 und 4 und Absatz 2 gilt entsprechend.

(2) Die beratenden Mitglieder unterstützen die Mindestlohnkommission insbesondere bei der Prüfung nach § 9 Absatz 2 durch die Einbringung wissenschaftlichen Sachverstands. Sie haben das Recht, an den Beratungen der Mindestlohnkommission teilzunehmen.

§ 8 Rechtsstellung der Mitglieder

(1) Die Mitglieder der Mindestlohnkommission unterliegen bei der Wahrnehmung ihrer Tätigkeit keinen Weisungen.

(2) Die Tätigkeit der Mitglieder der Mindestlohnkommission ist ehrenamtlich.

(3) Die Mitglieder der Mindestlohnkommission erhalten eine angemessene Entschädigung für den ihnen bei der Wahrnehmung ihrer Tätigkeit erwachsenden Verdienstausfall und Aufwand sowie Ersatz der Fahrtkosten entsprechend den für ehrenamtliche Richterinnen und Richter der Arbeitsgerichte geltenden Vorschriften. Die Entschädigung und die erstattungsfähigen Fahrtkosten setzt im Einzelfall die oder der Vorsitzende der Mindestlohnkommission fest.

§ 9 Beschluss der Mindestlohnkommission

(1) Die Mindestlohnkommission hat über eine Anpassung der Höhe des Mindestlohns bis zum 30. Juni 2023 mit Wirkung zum 1. Januar 2024 zu beschließen. Danach hat die Mindestlohnkommission alle zwei Jahre über Anpassungen der Höhe des Mindestlohns zu beschließen.

(2) Die Mindestlohnkommission prüft im Rahmen einer Gesamtabwägung, welche Höhe des Mindestlohns geeignet ist, zu einem angemessenen Mindestschutz der Arbeitnehmerinnen und Arbeitnehmer beizutragen, faire und funktionierende Wettbewerbsbedingungen zu ermöglichen sowie Beschäftigung nicht zu gefährden. Die Mindestlohnkommission orientiert sich bei der Festsetzung des Mindestlohns nachlaufend an der Tarifentwicklung.

(3) Die Mindestlohnkommission hat ihren Beschluss schriftlich zu begründen.

(4) Die Mindestlohnkommission evaluiert laufend die Auswirkungen des Mindestlohns auf den Schutz der Arbeitnehmerinnen und Arbeitnehmer, die Wettbewerbsbedingungen und die Beschäftigung in Bezug auf bestimmte Branchen und Regionen sowie die Produktivität und stellt ihre Erkenntnisse der Bundesregierung in einem Bericht alle zwei Jahre gemeinsam mit ihrem Beschluss zur Verfügung.

§ 10 Verfahren der Mindestlohnkommission

(1) Die Mindestlohnkommission ist beschlussfähig, wenn mindestens die Hälfte ihrer stimmberechtigten Mitglieder anwesend ist.

(2) Die Beschlüsse der Mindestlohnkommission werden mit einfacher Mehrheit der Stimmen der anwesenden Mitglieder gefasst. Bei der Beschlussfassung hat sich die oder der Vorsitzende zunächst der Stimme zu enthalten. Kommt eine Stimmenmehrheit nicht zustande, macht die oder der Vorsitzende einen Vermittlungsvorschlag. Kommt nach Beratung über den Vermittlungsvorschlag keine Stimmenmehrheit zustande, übt die oder der Vorsitzende ihr oder sein Stimmrecht aus.

(3) Die Mindestlohnkommission kann Spitzenorganisationen der Arbeitgeber und Arbeitnehmer, Vereinigungen von Arbeitgebern und Gewerkschaften, öffentlich-rechtliche Religionsgesellschaften, Wohlfahrtsverbände, Verbände, die wirtschaftliche und soziale Interessen organisieren, sowie sonstige von der Anpassung des Mindestlohns Betroffene vor Beschlussfassung anhören. Sie kann Informationen und fachliche Einschätzungen von externen Stellen einholen.

(4) Die Sitzungen der Mindestlohnkommission sind nicht öffentlich; der Inhalt ihrer Beratungen ist vertraulich. Die Teilnahme an Sitzungen der Mindestlohnkommission sowie die Beschlussfassung können in begründeten Ausnahmefällen auf Vorschlag der oder des Vorsitzenden mittels einer Videokonferenz erfolgen, wenn

1. kein Mitglied diesem Verfahren unverzüglich widerspricht und
2. sichergestellt ist, dass Dritte vom Inhalt der Sitzung keine Kenntnis nehmen können.

Die übrigen Verfahrensregelungen trifft die Mindestlohnkommission in einer Geschäftsordnung.

§ 11 Rechtsverordnung

(1) Die Bundesregierung kann die von der Mindestlohnkommission vorgeschlagene Anpassung des Mindestlohns durch Rechtsverordnung ohne Zustimmung des Bundesrates für alle Arbeitgeber sowie Arbeitnehmerinnen und Arbeitnehmer verbindlich machen. Die Rechtsverordnung tritt am im Beschluss der Mindestlohnkommission bezeichneten Tag, frühestens aber am Tag nach Verkündung in Kraft. Die Rechtsverordnung gilt, bis sie durch eine neue Rechtsverordnung abgelöst wird.

(2) Vor Erlass der Rechtsverordnung erhalten die Spitzenorganisationen der Arbeitgeber und Arbeitnehmer, die Vereinigungen von Arbeitgebern und Gewerkschaften, die öffentlich-rechtlichen Religionsgesellschaften, die Wohlfahrtsverbände sowie die Verbände, die wirtschaftliche und soziale Interessen organisieren, Gelegenheit zur schriftlichen Stellungnahme. Die Frist zur Stellungnahme beträgt drei Wochen; sie beginnt mit der Bekanntmachung des Verordnungsentwurfs.

§ 12 Geschäfts- und Informationsstelle für den Mindestlohn; Kostenträgerschaft

(1) Die Mindestlohnkommission wird bei der Durchführung ihrer Aufgaben von einer Geschäftsstelle unterstützt. Die Geschäftsstelle untersteht insoweit fachlich der oder dem Vorsitzenden der Mindestlohnkommission.

(2) Die Geschäftsstelle wird bei der Bundesanstalt für Arbeitsschutz und Arbeitsmedizin als selbständige Organisationeinheit eingerichtet.

(3) Die Geschäftsstelle informiert und berät als Informationsstelle für den Mindestlohn Arbeitnehmerinnen und Arbeitnehmer sowie Unternehmen zum Thema Mindestlohn.

(4) Die durch die Tätigkeit der Mindestlohnkommission und der Geschäftsstelle anfallenden Kosten trägt der Bund.

Abschnitt 2 Zivilrechtliche Durchsetzung

§ 13 Haftung des Auftraggebers

§ 14 des Arbeitnehmer-Entsendegesetzes findet entsprechende Anwendung.

Abschnitt 3 Kontrolle und Durchsetzung durch staatliche Behörden

§ 14 Zuständigkeit

Für die Prüfung der Einhaltung der Pflichten eines Arbeitgebers nach § 20 sind die Behörden der Zollverwaltung zuständig.

§ 15 Befugnisse der Behörden der Zollverwaltung und anderer Behörden; Mitwirkungspflichten des Arbeitgebers

Die §§ 2 bis 6, 14, 15, 20, 22 und 23 des Schwarzarbeitsbekämpfungsgesetzes sind entsprechend anzuwenden mit der Maßgabe, dass

1. die dort genannten Behörden auch Einsicht in Arbeitsverträge, Niederschriften nach § 2 des Nachweisgesetzes und andere Geschäftsunterlagen nehmen können, die mittelbar oder unmittelbar Auskunft über die Einhaltung des Mindestlohns nach § 20 geben, und
2. die nach § 5 Absatz 1 des Schwarzarbeitsbekämpfungsgesetzes zur Mitwirkung Verpflichteten diese Unterlagen vorzulegen haben.

§ 6 Absatz 3 sowie die §§ 16 bis 19 des Schwarzarbeitsbekämpfungsgesetzes finden entsprechende Anwendung.

§ 16 Meldepflicht

(1) Ein Arbeitgeber mit Sitz im Ausland, der eine Arbeitnehmerin oder einen Arbeitnehmer oder mehrere Arbeitnehmerinnen oder Arbeitnehmer in den in § 2a des Schwarzarbeitsbekämpfungsgesetzes genannten Wirtschaftsbereichen oder Wirtschaftszweigen im Anwendungsbereich dieses Gesetzes beschäftigt, ist verpflichtet, vor Beginn jeder Werk- oder Dienstleistung eine schriftliche Anmeldung in deutscher Sprache bei der zuständigen Behörde der Zollverwaltung nach Absatz 6 vorzulegen, die die für die Prüfung wesentlichen Angaben enthält. Wesentlich sind die Angaben über

1. den Familiennamen, den Vornamen und das Geburtsdatum der von ihm im Geltungsbereich dieses Gesetzes beschäftigten Arbeitnehmerinnen und Arbeitnehmer,
2. den Beginn und die voraussichtliche Dauer der Beschäftigung,
3. den Ort der Beschäftigung,
4. den Ort im Inland, an dem die nach § 17 erforderlichen Unterlagen bereitgehalten werden,

5. den Familiennamen, den Vornamen, das Geburtsdatum und die Anschrift in Deutschland der oder des verantwortlich Handelnden,
6. die Branche, in die die Arbeitnehmerinnen und Arbeitnehmer entsandt werden sollen, und
7. den Familiennamen, den Vornamen und die Anschrift in Deutschland einer oder eines Zustellungsbevollmächtigten, soweit diese oder dieser nicht mit der oder dem in Nummer 5 genannten verantwortlich Handelnden identisch ist.

Änderungen bezüglich dieser Angaben hat der Arbeitgeber im Sinne des Satzes 1 unverzüglich zu melden.

(2) Abweichend von Absatz 1 ist ein Arbeitgeber mit Sitz in einem anderen Mitgliedstaat der Europäischen Union oder des Europäischen Wirtschaftsraums verpflichtet, der zuständigen Behörde der Zollverwaltung vor Beginn der Beschäftigung einer Kraftfahrerin oder eines Kraftfahrers für die Durchführung von Güter- oder Personenbeförderungen im Inland nach § 36 Absatz 1 des Arbeitnehmer-Entsendegesetzes eine Anmeldung mit folgenden Angaben elektronisch zuzuleiten:

1. die Identität des Unternehmens, sofern diese verfügbar ist in Form der Nummer der Gemeinschaftslizenz,
2. den Familiennamen und den Vornamen sowie die Anschrift im Niederlassungsstaat eines oder einer Zustellungsbevollmächtigten,
3. den Familiennamen, den Vornamen, das Geburtsdatum, die Anschrift und die Führerscheinnummer der Kraftfahrerin oder des Kraftfahrers,
4. den Beginn des Arbeitsvertrags der Kraftfahrerin oder des Kraftfahrers und das auf diesen Vertrag anwendbare Recht,
5. den voraussichtlichen Beginn und das voraussichtliche Ende der Beschäftigung der Kraftfahrerin oder des Kraftfahrers im Inland,
6. die amtlichen Kennzeichen der für die Beschäftigung im Inland einzusetzenden Kraftfahrzeuge,
7. ob es sich bei den von der Kraftfahrerin oder dem Kraftfahrer zu erbringenden Verkehrsdienstleistungen um Güterbeförderung oder Personenbeförderung und grenzüberschreitende Beförderung oder Kabotage handelt;

die Anmeldung ist mittels der elektronischen Schnittstelle des Binnenmarkt-Informationssystems nach Artikel 1 in Verbindung mit Artikel 5 Buchstabe a der Verordnung (EU) Nr. 1024/2012 des Europäischen Parlaments und des Rates vom 25. Oktober 2012 über die Verwaltungszusammenarbeit mit Hilfe des Binnenmarkt-Informationssystems und zur Aufhebung der Entscheidung 2008/49/EG der Kommission („IMI-Verordnung“) (ABl. L 316 vom 14.11.2012, S. 1), die zuletzt durch die Verordnung (EU) 2020/1055 (ABl. L 249 vom 31.7.2020, S. 17) geändert worden ist, zuzuleiten. Absatz 1 Satz 3 gilt entsprechend.

(3) Überlässt ein Verleiher mit Sitz im Ausland eine Arbeitnehmerin oder einen Arbeitnehmer oder mehrere Arbeitnehmerinnen oder Arbeitnehmer zur Arbeitsleistung einem Entleiher, hat der Verleiher in den in § 2a des Schwarzarbeitsbekämpfungsgesetzes genannten Wirtschaftsbereichen oder Wirtschaftszweigen unter den Voraussetzungen des Absatzes 1 Satz 1 vor Beginn jeder Werk- oder Dienstleistung der zuständigen Behörde der Zollverwaltung eine schriftliche Anmeldung in deutscher Sprache mit folgenden Angaben zuzuleiten:

1. den Familiennamen, den Vornamen und das Geburtsdatum der überlassenen Arbeitnehmerinnen und Arbeitnehmer,
2. den Beginn und die Dauer der Überlassung,
3. den Ort der Beschäftigung,
4. den Ort im Inland, an dem die nach § 17 erforderlichen Unterlagen bereitgehalten werden,
5. den Familiennamen, den Vornamen und die Anschrift in Deutschland einer oder eines Zustellungsbevollmächtigten des Verleihers,
6. die Branche, in die die Arbeitnehmerinnen und Arbeitnehmer entsandt werden sollen,
7. den Familiennamen, den Vornamen oder die Firma sowie die Anschrift des Entleihers.

Absatz 1 Satz 3 gilt entsprechend.

(4) Das Bundesministerium der Finanzen kann durch Rechtsverordnung im Einvernehmen mit dem Bundesministerium für Arbeit und Soziales ohne Zustimmung des Bundesrates bestimmen,

1. dass, auf welche Weise und unter welchen technischen und organisatorischen Voraussetzungen eine Anmeldung, eine Änderungsmeldung und die Versicherung abweichend von Absatz 1 Satz 1 und 3, Absatz 2 und 3 Satz 1 und 2 und Absatz 4 elektronisch übermittelt werden kann,

2. unter welchen Voraussetzungen eine Änderungsmeldung ausnahmsweise entfallen kann, und
3. wie das Meldeverfahren vereinfacht oder abgewandelt werden kann, sofern die entsandten Arbeitnehmerinnen und Arbeitnehmer im Rahmen einer regelmäßig wiederkehrenden Werk- oder Dienstleistung eingesetzt werden oder sonstige Besonderheiten der zu erbringenden Werk- oder Dienstleistungen dies erfordern.

(5) Das Bundesministerium der Finanzen kann durch Rechtsverordnung ohne Zustimmung des Bundesrates die zuständige Behörde nach Absatz 1 Satz 1 und Absatz 3 Satz 1 bestimmen.

§ 17 Erstellen und Bereithalten von Dokumenten

(1) Ein Arbeitgeber, der Arbeitnehmerinnen und Arbeitnehmer nach § 8 Absatz 1 des Vierten Buches Sozialgesetzbuch oder in den in § 2a des Schwarzarbeitsbekämpfungsgesetzes genannten Wirtschaftsbereichen oder Wirtschaftszweigen beschäftigt, ist verpflichtet, Beginn, Ende und Dauer der täglichen Arbeitszeit dieser Arbeitnehmerinnen und Arbeitnehmer spätestens bis zum Ablauf des siebten auf den Tag der Arbeitsleistung folgenden Kalendertages aufzuzeichnen und diese Aufzeichnungen mindestens zwei Jahre beginnend ab dem für die Aufzeichnung maßgeblichen Zeitpunkt aufzubewahren. Satz 1 gilt entsprechend für einen Entleiher, dem ein Verleiher eine Arbeitnehmerin oder einen Arbeitnehmer oder mehrere Arbeitnehmerinnen oder Arbeitnehmer zur Arbeitsleistung in einem der in § 2a des Schwarzarbeitsbekämpfungsgesetzes genannten Wirtschaftszweige überlässt. Satz 1 gilt nicht für Beschäftigungsverhältnisse nach § 8a des Vierten Buches Sozialgesetzbuch.

(2) Arbeitgeber im Sinne des Absatzes 1 haben die für die Kontrolle der Einhaltung der Verpflichtungen nach § 20 in Verbindung mit § 2 erforderlichen Unterlagen im Inland in deutscher Sprache für die gesamte Dauer der tatsächlichen Beschäftigung der Arbeitnehmerinnen und Arbeitnehmer im Geltungsbereich dieses Gesetzes, mindestens für die Dauer der gesamten Werk- oder Dienstleistung, insgesamt jedoch nicht länger als zwei Jahre, bereitzuhalten. Auf Verlangen der Prüfbehörde sind die Unterlagen auch am Ort der Beschäftigung bereitzuhalten.

(2a) Abweichend von Absatz 2 hat der Arbeitgeber mit Sitz in einem anderen Mitgliedstaat der Europäischen Union oder des

Europäischen Wirtschaftsraums sicherzustellen, dass der Kraftfahrerin oder dem Kraftfahrer, die oder der von ihm für die Durchführung von Güter- oder Personenbeförderungen im Inland nach § 36 Absatz 1 des Arbeitnehmer-Entsendegesetzes beschäftigt wird, die folgenden Unterlagen als Schriftstück oder in einem elektronischen Format zur Verfügung stehen:

1. eine Kopie der nach § 16 Absatz 2 zugeleiteten Anmeldung,
2. die Nachweise über die Beförderungen, insbesondere elektronische Frachtbriefe oder die in Artikel 8 Absatz 3 der Verordnung (EG) Nr. 1072/2009 des Europäischen Parlaments und des Rates vom 21. Oktober 2009 über gemeinsame Regeln für den Zugang zum Markt des grenzüberschreitenden Güterkraftverkehrs (ABl. L 300 vom 14.11.2009, S. 72), die zuletzt durch die Verordnung (EU) 2020/1055 (ABI. L 249 vom 31.7.2020, S. 17) geändert worden ist, genannten Belege und
3. alle Aufzeichnungen des Fahrtenschreibers, insbesondere die in Artikel 34 Absatz 6 Buchstabe f und Absatz 7 der Verordnung (EU) Nr. 165/2014 des Europäischen Parlaments und des Rates vom 4. Februar 2014 über Fahrtenschreiber im Straßenverkehr, zur Aufhebung der Verordnung (EWG) Nr. 3821/85 des Rates über das Kontrollgerät im Straßenverkehr und zur Änderung der Verordnung (EG) Nr. 561/2006 des Europäischen Parlaments und des Rates zur Harmonisierung bestimmter Sozialvorschriften im Straßenverkehr (ABl. L 60 vom 28.2.2014, S. 1; L 93 vom 9.4.2015, S. 103; L 246 vom 23.9.2015, S. 11), die zuletzt durch die Verordnung (EU) 2020/1054 (ABI. L 249 vom 31.7.2020, S. 1) geändert worden ist, genannten Ländersymbole der Mitgliedstaaten, in denen sich der Kraftfahrer oder die Kraftfahrerin bei grenzüberschreitenden Beförderungen und Kabotagebeförderungen aufgehalten hat, oder die Aufzeichnungen nach § 1 Absatz 6 Satz 1 und 2 der Fahrpersonalverordnung vom 27. Juni 2005 (BGBl. I S. 1882), die zuletzt durch Artikel 1 der Verordnung vom 8. August 2017 (BGBl. I S. 3158) geändert worden ist.

Die Kraftfahrerin oder der Kraftfahrer hat im Falle einer Beschäftigung im Inland nach § 36 Absatz 1 des Arbeitnehmer-Entsendegesetzes die ihm oder ihr nach Satz 1 zur Verfügung gestellten Unterlagen mit sich zu führen und den Behörden der Zollverwaltung auf Verlangen als Schriftstück oder in einem elektronischen Format vorzulegen; liegt keine Beschäftigung im Inland nach § 36

Absatz 1 des Arbeitnehmer-Entsendegesetzes vor, gilt die Pflicht nach dem ersten Halbsatz nur im Rahmen einer auf der Straße vorgenommenen Kontrolle für die Unterlagen nach Satz 1 Nummer 2 und 3.

(2b) Nach Beendigung der Beschäftigung der Kraftfahrerin oder des Kraftfahrers im Inland nach § 36 Absatz 1 des Arbeitnehmer-Entsendegesetzes hat der Arbeitgeber mit Sitz in einem anderen Mitgliedstaat der Europäischen Union oder des Europäischen Wirtschaftsraums den Behörden der Zollverwaltung auf Verlangen über die mit dem Binnenmarkt-Informationssystem verbundene elektronische Schnittstelle folgende Unterlagen innerhalb von acht Wochen ab dem Tag des Verlangens zu übermitteln:

1. Kopien der Unterlagen nach Absatz 2a Satz 1 Nummer 2 und 3,
2. Unterlagen über die Entlohnung der Kraftfahrerin oder des Kraftfahrers einschließlich der Zahlungsbelege,
3. den Arbeitsvertrag oder gleichwertige Unterlagen im Sinne des Artikels 3 Absatz 1 der Richtlinie 91/533/EWG des Rates vom 14. Oktober 1991 über die Pflicht des Arbeitgebers zur Unterrichtung des Arbeitnehmers über die für seinen Arbeitsvertrag oder sein Arbeitsverhältnis geltenden Bedingungen (ABl. L 288 vom 18.10.1991, S. 32) und
4. Unterlagen über die Zeiterfassung, die sich auf die Arbeit der Kraftfahrerin oder des Kraftfahrers beziehen, insbesondere die Aufzeichnungen des Fahrtenschreibers.

Die Behörden der Zollverwaltung dürfen die Unterlagen nach Satz 1 nur für den Zeitraum der Beschäftigung nach § 36 Absatz 1 des Arbeitnehmer-Entsendegesetzes verlangen, der zum Zeitpunkt des Verlangens beendet ist.

Soweit eine Anmeldung nach § 16 Absatz 2 nicht zugeleitet wurde, obwohl eine Beschäftigung im Inland nach § 36 Absatz 1 des Arbeitnehmer-Entsendegesetzes vorliegt, hat der Arbeitgeber mit Sitz in einem anderen Mitgliedstaat der Europäischen Union oder des Europäischen Wirtschaftsraums den Behörden der Zollverwaltung auf Verlangen die Unterlagen nach Satz 1 außerhalb der mit dem Binnenmarkt-Informationssystem verbundenen elektronischen Schnittstelle als Schriftstück oder in einem elektronischen Format zu übermitteln.

(3) Das Bundesministerium für Arbeit und Soziales kann durch Rechtsverordnung ohne Zustimmung des Bundesrates die

Verpflichtungen des Arbeitgebers, des Verleihers oder eines Entleihers nach § 16 und den Absätzen 1 und 2 hinsichtlich bestimmter Gruppen von Arbeitnehmerinnen und Arbeitnehmern oder der Wirtschaftsbereiche oder den Wirtschaftszweigen einschränken oder erweitern.

(4) Das Bundesministerium der Finanzen kann durch Rechtsverordnung im Einvernehmen mit dem Bundesministerium für Arbeit und Soziales ohne Zustimmung des Bundesrates bestimmen, wie die Verpflichtung des Arbeitgebers, die tägliche Arbeitszeit bei ihm beschäftigter Arbeitnehmerinnen und Arbeitnehmer aufzuzeichnen und diese Aufzeichnungen aufzubewahren, vereinfacht oder abgewandelt werden kann, sofern Besonderheiten der zu erbringenden Werk- oder Dienstleistungen oder Besonderheiten des jeweiligen Wirtschaftsbereiches oder Wirtschaftszweiges dies erfordern.

§ 18 Zusammenarbeit der in- und ausländischen Behörden

(1) Die Behörden der Zollverwaltung unterrichten die zuständigen örtlichen Landesfinanzbehörden über Meldungen nach § 16 Absatz 1 und 3. Auf die Informationen zu den Meldungen nach § 16 Absatz 2 können die Landesfinanzbehörden über das Binnenmarkt-Informationssystem zugreifen.

(2) Die Behörden der Zollverwaltung und die übrigen in § 2 des Schwarzarbeitsbekämpfungsgesetzes genannten Behörden dürfen nach Maßgabe der datenschutzrechtlichen Vorschriften auch mit Behörden anderer Vertragsstaaten des Abkommens über den Europäischen Wirtschaftsraum zusammenarbeiten, die diesem Gesetz entsprechende Aufgaben durchführen oder für die Bekämpfung illegaler Beschäftigung zuständig sind oder Auskünfte geben können, ob ein Arbeitgeber seine Verpflichtungen nach § 20 erfüllt. Die Regelungen über die internationale Rechtshilfe in Strafsachen bleiben hiervon unberührt.

(3) Die Behörden der Zollverwaltung unterrichten das Gewerbezentralregister über rechtskräftige Bußgeldentscheidungen nach § 21 Absatz 1 bis 3, sofern die Geldbuße mehr als zweihundert Euro beträgt.

§ 19 Ausschluss von der Vergabe öffentlicher Aufträge

(1) Von der Teilnahme an einem Wettbewerb um einen Liefer-, Bau- oder Dienstleistungsauftrag der in den §§ 99 und 100 des Gesetzes gegen Wettbewerbsbeschränkungen genannten Auftraggeber sollen Bewerberinnen oder Bewerber für eine angemessene Zeit bis zur nachgewiesenen Wiederherstellung ihrer Zuverlässigkeit ausgeschlossen werden, die wegen eines Verstoßes nach § 21 Absatz 1 Nummer 1 bis 8, 10 und 11 oder Absatz 2 mit einer Geldbuße von wenigstens zweitausendfünfhundert Euro belegt worden sind.

(2) Die für die Verfolgung oder Ahndung der Ordnungswidrigkeiten nach § 21 Absatz 1 Nummer 1 bis 8, 10 und 11 oder Absatz 2 zuständigen Behörden dürfen öffentlichen Auftraggebern nach § 99 des Gesetzes gegen Wettbewerbsbeschränkungen und solchen Stellen, die von öffentlichen Auftraggebern zugelassene Präqualifikationsverzeichnisse oder Unternehmer- und Lieferantenverzeichnisse führen, auf Verlangen die erforderlichen Auskünfte geben.

(3) Öffentliche Auftraggeber nach Absatz 2 fordern im Rahmen ihrer Tätigkeit beim Wettbewerbsregister Auskünfte über rechtskräftige Bußgeldentscheidungen wegen einer Ordnungswidrigkeit nach § 21 Absatz 1 Nummer 1 bis 8, 10 und 11 oder Absatz 2 an oder verlangen von Bewerberinnen oder Bewerbern eine Erklärung, dass die Voraussetzungen für einen Ausschluss nach Absatz 1 nicht vorliegen. Im Falle einer Erklärung der Bewerberin oder des Bewerbers können öffentliche Auftraggeber nach Absatz 2 jederzeit zusätzlich Auskünfte des Wettbewerbsregisters anfordern.

(4) Bei Aufträgen ab einer Höhe von 30 000 Euro fordert der öffentliche Auftraggeber nach Absatz 2 für die Bewerberin oder den Bewerber, die oder der den Zuschlag erhalten soll, vor der Zuschlagserteilung eine Auskunft aus dem Wettbewerbsregister an.

(5) Vor der Entscheidung über den Ausschluss ist die Bewerberin oder der Bewerber zu hören.

§ 20 Pflichten des Arbeitgebers zur Zahlung des Mindestlohns

Arbeitgeber mit Sitz im In- oder Ausland sind verpflichtet, ihren im Inland beschäftigten Arbeitnehmerinnen und Arbeitnehmern ein Arbeitsentgelt mindestens in Höhe des Mindestlohns nach

§ 1 Absatz 2 spätestens zu dem in § 2 Absatz 1 Satz 1 Nummer 2 genannten Zeitpunkt zu zahlen.

§ 21 Bußgeldvorschriften

(1) Ordnungswidrig handelt, wer vorsätzlich oder fahrlässig

1. entgegen § 15 Satz 1 in Verbindung mit § 5 Absatz 1 Satz 1 Nummer 1 oder 3 des Schwarzarbeitsbekämpfungsgesetzes eine Prüfung nicht duldet oder bei einer Prüfung nicht mitwirkt,
2. entgegen § 15 Satz 1 in Verbindung mit § 5 Absatz 1 Satz 1 Nummer 2 des Schwarzarbeitsbekämpfungsgesetzes das Betreten eines Grundstücks oder Geschäftsraums nicht duldet,
3. entgegen § 15 Satz 1 in Verbindung mit § 5 Absatz 5 Satz 1 des Schwarzarbeitsbekämpfungsgesetzes Daten nicht, nicht richtig, nicht vollständig, nicht in der vorgeschriebenen Weise oder nicht rechtzeitig übermittelt,
4. entgegen § 16 Absatz 1 Satz 1, Absatz 2 Satz 1 oder Absatz 3 Satz 1 eine Anmeldung nicht, nicht richtig, nicht vollständig, nicht in der vorgeschriebenen Weise oder nicht rechtzeitig vorlegt oder nicht, nicht richtig, nicht vollständig, nicht in der vorgeschriebenen Weise oder nicht rechtzeitig zuleitet,
5. entgegen § 16 Absatz 1 Satz 3, auch in Verbindung mit Absatz 2 Satz 2 oder Absatz 3 Satz 2, eine Änderungsmeldung nicht, nicht richtig, nicht vollständig, nicht in der vorgeschriebenen Weise oder nicht rechtzeitig macht,
6. entgegen § 17 Absatz 1 Satz 1, auch in Verbindung mit Satz 2, eine Aufzeichnung nicht, nicht richtig, nicht vollständig oder nicht rechtzeitig erstellt oder nicht oder nicht mindestens zwei Jahre aufbewahrt,
7. entgegen § 17 Absatz 2 eine Unterlage nicht, nicht richtig, nicht vollständig oder nicht in der vorgeschriebenen Weise bereithält,
8. entgegen § 17 Absatz 2a Satz 1 nicht sicherstellt, dass die dort genannten Unterlagen zur Verfügung stehen,
9. entgegen § 17 Absatz 2a Satz 2 eine Unterlage nicht, nicht richtig, nicht vollständig, nicht in der vorgeschriebenen Weise oder nicht rechtzeitig vorlegt,
10. entgegen § 17 Absatz 2b Satz 1 oder 3 eine Unterlage nicht, nicht richtig, nicht vollständig, nicht in der vorgeschriebenen Weise oder nicht rechtzeitig übermittelt oder

11. entgegen § 20 das dort genannte Arbeitsentgelt nicht oder nicht rechtzeitig zahlt.

(2) Ordnungswidrig handelt, wer Werk- oder Dienstleistungen in erheblichem Umfang ausführen lässt, indem er als Unternehmer einen anderen Unternehmer beauftragt, von dem er weiß oder fahrlässig nicht weiß, dass dieser bei der Erfüllung dieses Auftrags

1. entgegen § 20 das dort genannte Arbeitsentgelt nicht oder nicht rechtzeitig zahlt oder
2. einen Nachunternehmer einsetzt oder zulässt, dass ein Nachunternehmer tätig wird, der entgegen § 20 das dort genannte Arbeitsentgelt nicht oder nicht rechtzeitig zahlt.

(3) Die Ordnungswidrigkeit kann in den Fällen des Absatzes 1 Nummer 11 und des Absatzes 2 mit einer Geldbuße bis zu fünfhunderttausend Euro, in den übrigen Fällen mit einer Geldbuße bis zu dreißigtausend Euro geahndet werden.

(4) Verwaltungsbehörden im Sinne des § 36 Absatz 1 Nummer 1 des Gesetzes über Ordnungswidrigkeiten sind die in § 14 genannten Behörden jeweils für ihren Geschäftsbereich.

(5) Für die Vollstreckung zugunsten der Behörden des Bundes und der bundesunmittelbaren juristischen Personen des öffentlichen Rechts sowie für die Vollziehung des Vermögensarrestes nach § 111e der Strafprozessordnung in Verbindung mit § 46 des Gesetzes über Ordnungswidrigkeiten durch die in § 14 genannten Behörden gilt das Verwaltungs-Vollstreckungsgesetz des Bundes.

Abschnitt 4 Schlussvorschriften

§ 22 Persönlicher Anwendungsbereich

(1) Dieses Gesetz gilt für Arbeitnehmerinnen und Arbeitnehmer. Praktikantinnen und Praktikanten im Sinne des § 26 des Berufsbildungsgesetzes gelten als Arbeitnehmerinnen und Arbeitnehmer im Sinne dieses Gesetzes, es sei denn, dass sie

1. ein Praktikum verpflichtend auf Grund einer schulrechtlichen Bestimmung, einer Ausbildungsordnung, einer hochschulrechtlichen Bestimmung oder im Rahmen einer Ausbildung an einer gesetzlich geregelten Berufsakademie leisten,
2. ein Praktikum von bis zu drei Monaten zur Orientierung für eine Berufsausbildung oder für die Aufnahme eines Studiums leisten,

3. ein Praktikum von bis zu drei Monaten begleitend zu einer Berufs- oder Hochschulausbildung leisten, wenn nicht zuvor ein solches Praktikumsverhältnis mit demselben Ausbildenden bestanden hat, oder
4. an einer Einstiegsqualifizierung nach § 54a des Dritten Buches Sozialgesetzbuch oder an einer Berufsausbildungsvorbereitung nach §§ 68 bis 70 des Berufsbildungsgesetzes teilnehmen.

Praktikantin oder Praktikant ist unabhängig von der Bezeichnung des Rechtsverhältnisses, wer sich nach der tatsächlichen Ausgestaltung und Durchführung des Vertragsverhältnisses für eine begrenzte Dauer zum Erwerb praktischer Kenntnisse und Erfahrungen einer bestimmten betrieblichen Tätigkeit zur Vorbereitung auf eine berufliche Tätigkeit unterzieht, ohne dass es sich dabei um eine Berufsausbildung im Sinne des Berufsbildungsgesetzes oder um eine damit vergleichbare praktische Ausbildung handelt.

(2) Personen im Sinne von § 2 Absatz 1 und 2 des Jugendarbeitsschutzgesetzes ohne abgeschlossene Berufsausbildung gelten nicht als Arbeitnehmerinnen und Arbeitnehmer im Sinne dieses Gesetzes.

(3) Von diesem Gesetz nicht geregelt wird die Vergütung von zu ihrer Berufsausbildung Beschäftigten sowie ehrenamtlich Tätigen.

(4) Für Arbeitsverhältnisse von Arbeitnehmerinnen und Arbeitnehmern, die unmittelbar vor Beginn der Beschäftigung langzeitarbeitslos im Sinne des § 18 Absatz 1 des Dritten Buches Sozialgesetzbuch waren, gilt der Mindestlohn in den ersten sechs Monaten der Beschäftigung nicht. Die Bundesregierung hat den gesetzgebenden Körperschaften zum 1. Juni 2016 darüber zu berichten, inwieweit die Regelung nach Satz 1 die Wiedereingliederung von Langzeitarbeitslosen in den Arbeitsmarkt gefördert hat, und eine Einschätzung darüber abzugeben, ob diese Regelung fortbestehen soll.

§ 23 Evaluation

Dieses Gesetz ist im Jahr 2020 zu evaluieren.

§ 24 (weggefallen)[2]

---

2 § 24 ist gem. Art. 15 Abs. 2 des Gesetzes zur Stärkung der Tarifautonomie (Tarifautonomiestärkungsgesetz) vom 11. August 2014 (BGBl. I S. 1348) mit Ablauf des 31. Dezember 2017 außer Kraft getreten.

Gesetz für einen besseren Schutz hinweisgebender Personen (Hinweisgeberschutzgesetz – HinSchG)

vom 31. Mai 2023 (BGBl. 2023 I Nr. 140)

Abschnitt 1 Allgemeine Vorschriften

§ 1 Zielsetzung und persönlicher Anwendungsbereich

(1) Dieses Gesetz regelt den Schutz von natürlichen Personen, die im Zusammenhang mit ihrer beruflichen Tätigkeit oder im Vorfeld einer beruflichen Tätigkeit Informationen über Verstöße erlangt haben und diese an die nach diesem Gesetz vorgesehenen Meldestellen melden oder offenlegen (hinweisgebende Personen).

(2) Darüber hinaus werden Personen geschützt, die Gegenstand einer Meldung oder Offenlegung sind, sowie sonstige Personen, die von einer Meldung oder Offenlegung betroffen sind.

§ 2 Sachlicher Anwendungsbereich

(1) Dieses Gesetz gilt für die Meldung (§ 3 Absatz 4) und die Offenlegung (§ 3 Absatz 5) von Informationen über

1. Verstöße, die strafbewehrt sind,
2. Verstöße, die bußgeldbewehrt sind, soweit die verletzte Vorschrift dem Schutz von Leben, Leib oder Gesundheit oder dem Schutz der Rechte von Beschäftigten oder ihrer Vertretungsorgane dient,
3. sonstige Verstöße gegen Rechtsvorschriften des Bundes und der Länder sowie unmittelbar geltende Rechtsakte der Europäischen Union und der Europäischen Atomgemeinschaft
   a) zur Bekämpfung von Geldwäsche und Terrorismusfinanzierung, unter Einschluss insbesondere des Geldwäschegesetzes und der Verordnung (EU) 2015/847 des Europäischen Parlaments und des Rates vom 20. Mai 2015 über die Übermittlung von Angaben bei Geldtransfers und zur Aufhebung der Verordnung (EU) Nr. 1781/2006 (ABl. L 141 vom 5.6.2015, S. 1), die durch die Verordnung (EU) 2019/ 2175 (ABl. L 334 vom 27.12.2019, S. 1) geändert worden ist, in der jeweils geltenden Fassung,
   b) mit Vorgaben zur Produktsicherheit und -konformität,

c) mit Vorgaben zur Sicherheit im Straßenverkehr, die das Straßeninfrastruktursicherheitsmanagement, die Sicherheitsanforderungen in Straßentunneln sowie die Zulassung zum Beruf des Güterkraftverkehrsunternehmers oder des Personenkraftverkehrsunternehmers (Kraftomnibusunternehmen) betreffen,
d) mit Vorgaben zur Gewährleistung der Eisenbahnbetriebssicherheit,
e) mit Vorgaben zur Sicherheit im Seeverkehr betreffend Vorschriften der Europäischen Union für die Anerkennung von Schiffsüberprüfungs- und -besichtigungsorganisationen, die Haftung und Versicherung des Beförderers bei der Beförderung von Reisenden auf See, die Zulassung von Schiffsausrüstung, die Seesicherheitsuntersuchung, die Seeleute-Ausbildung, die Registrierung von Personen auf Fahrgastschiffen in der Seeschifffahrt sowie Vorschriften und Verfahrensregeln der Europäischen Union für das sichere Be- und Entladen von Massengutschiffen,
f) mit Vorgaben zur zivilen Luftverkehrssicherheit im Sinne der Abwehr von Gefahren für die betriebliche und technische Sicherheit und im Sinne der Flugsicherung,
g) mit Vorgaben zur sicheren Beförderung gefährlicher Güter auf der Straße, per Eisenbahn und per Binnenschiff,
h) mit Vorgaben zum Umweltschutz,
i) mit Vorgaben zum Strahlenschutz und zur kerntechnischen Sicherheit,
j) zur Förderung der Nutzung von Energie aus erneuerbaren Quellen und der Energieeffizienz,
k) zur Lebensmittel- und Futtermittelsicherheit, zur ökologischen Produktion und zur Kennzeichnung von ökologischen Erzeugnissen, zum Schutz geografischer Angaben für Agrarerzeugnisse und Lebensmittel einschließlich Wein, aromatisierter Weinerzeugnisse und Spirituosen sowie garantiert traditioneller Spezialitäten, zum Inverkehrbringen und Verwenden von Pflanzenschutzmitteln sowie zur Tiergesundheit und zum Tierschutz, soweit sie den Schutz von landwirtschaftlichen Nutztieren, den Schutz von Tieren zum Zeitpunkt der Tötung, die Haltung von Wildtieren in Zoos, den Schutz der

für wissenschaftliche Zwecke verwendeten Tiere sowie den Transport von Tieren und die damit zusammenhängenden Vorgänge betreffen,

l) zu Qualitäts- und Sicherheitsstandards für Organe und Substanzen menschlichen Ursprungs, Human- und Tierarzneimittel, Medizinprodukte sowie die grenzüberschreitende Patientenversorgung,

m) zur Herstellung, zur Aufmachung und zum Verkauf von Tabakerzeugnissen und verwandten Erzeugnissen,

n) zur Regelung der Verbraucherrechte und des Verbraucherschutzes im Zusammenhang mit Verträgen zwischen Unternehmern und Verbrauchern sowie zum Schutz von Verbrauchern im Bereich der Zahlungskonten und Finanzdienstleistungen, bei Preisangaben sowie vor unlauteren geschäftlichen Handlungen,

o) zum Schutz der Privatsphäre in der elektronischen Kommunikation, zum Schutz der Vertraulichkeit der Kommunikation, zum Schutz personenbezogener Daten im Bereich der elektronischen Kommunikation, zum Schutz der Privatsphäre der Endeinrichtungen von Nutzern und von in diesen Endeinrichtungen gespeicherten Informationen, zum Schutz vor unzumutbaren Belästigungen durch Werbung mittels Telefonanrufen, automatischen Anrufmaschinen, Faxgeräten oder elektronischer Post sowie über die Rufnummernanzeige und -unterdrückung und zur Aufnahme in Teilnehmerverzeichnisse,

p) zum Schutz personenbezogener Daten im Anwendungsbereich der Verordnung (EU) 2016/679 des Europäischen Parlaments und des Rates vom 27. April 2016 zum Schutz natürlicher Personen bei der Verarbeitung personenbezogener Daten, zum freien Datenverkehr und zur Aufhebung der Richtlinie 95/46/ EG (Datenschutz-Grundverordnung) (ABl. L 119 vom 4.5.2016, S. 1; L 314 vom 22.11.2016, S. 72; L 127 vom 23.5.2018, S. 2; L 74 vom 4.3.2021, S. 35) gemäß deren Artikel 2,

q) zur Sicherheit in der Informationstechnik im Sinne des § 2 Absatz 2 des BSI-Gesetzes von Anbietern digitaler Dienste im Sinne des § 2 Absatz 12 des BSI-Gesetzes,

r) zur Regelung der Rechte von Aktionären von Aktiengesellschaften,

s) zur Abschlussprüfung bei Unternehmen von öffentlichem Interesse nach § 316a Satz 2 des Handelsgesetzbuchs,
t) zur Rechnungslegung einschließlich der Buchführung von Unternehmen, die kapitalmarktorientiert im Sinne des § 264d des Handelsgesetzbuchs sind, von Kreditinstituten im Sinne des § 340 Absatz 1 des Handelsgesetzbuchs, Finanzdienstleistungsinstituten im Sinne des § 340 Absatz 4 Satz 1 des Handelsgesetzbuchs, Wertpapierinstituten im Sinne des § 340 Absatz 4a Satz 1 des Handelsgesetzbuchs, Instituten im Sinne des § 340 Absatz 5 Satz 1 des Handelsgesetzbuchs, Versicherungsunternehmen im Sinne des § 341 Absatz 1 des Handelsgesetzbuchs und Pensionsfonds im Sinne des § 341 Absatz 4 Satz 1 des Handelsgesetzbuchs,

4. Verstöße gegen bundesrechtlich und einheitlich geltende Regelungen für Auftraggeber zum Verfahren der Vergabe von öffentlichen Aufträgen und Konzessionen und zum Rechtsschutz in diesen Verfahren ab Erreichen der jeweils maßgeblichen EU-Schwellenwerte,
5. Verstöße, die von § 4d Absatz 1 Satz 1 des Finanzdienstleistungsaufsichtsgesetzes erfasst sind, soweit sich nicht aus § 4 Absatz 1 Satz 1 etwas anderes ergibt,
6. Verstöße gegen für Körperschaften und Personenhandelsgesellschaften geltende steuerliche Rechtsnormen,
7. Verstöße in Form von Vereinbarungen, die darauf abzielen, sich in missbräuchlicher Weise einen steuerlichen Vorteil zu verschaffen, der dem Ziel oder dem Zweck des für Körperschaften und Personenhandelsgesellschaften geltenden Steuerrechts zuwiderläuft,
8. Verstöße gegen die Artikel 101 und 102 des Vertrags über die Arbeitsweise der Europäischen Union sowie Verstöße gegen die in § 81 Absatz 2 Nummer 1, 2 Buchstabe a und Nummer 5 sowie Absatz 3 des Gesetzes gegen Wettbewerbsbeschränkungen genannten Rechtsvorschriften,
9. Verstöße gegen Vorschriften der Verordnung (EU) 2022/1925 des Europäischen Parlaments und des Rates vom 14. September 2022 über bestreitbare und faire Märkte im digitalen Sektor und zur Änderung der Richtlinien (EU) 2019/1937 und (EU) 2020/1828 (Gesetz über digitale Märkte) (ABl. L 265 vom 12.10.2022, S. 1),

10. Äußerungen von Beamtinnen und Beamten, die einen Verstoß gegen die Pflicht zur Verfassungstreue darstellen.

(2) Dieses Gesetz gilt außerdem für die Meldung und Offenlegung von Informationen über
1. Verstöße gegen den Schutz der finanziellen Interessen der Europäischen Union im Sinne des Artikels 325 des Vertrags über die Arbeitsweise der Europäischen Union und
2. Verstöße gegen Binnenmarktvorschriften im Sinne des Artikels 26 Absatz 2 des Vertrags über die Arbeitsweise der Europäischen Union, einschließlich über Absatz 1 Nummer 8 hinausgehender Vorschriften der Europäischen Union über Wettbewerb und staatliche Beihilfen.

§ 3 Begriffsbestimmungen

(1) Für dieses Gesetz gelten die Begriffsbestimmungen der folgenden Absätze.

(2) Verstöße sind Handlungen oder Unterlassungen im Rahmen einer beruflichen, unternehmerischen oder dienstlichen Tätigkeit, die rechtswidrig sind und Vorschriften oder Rechtsgebiete betreffen, die in den sachlichen Anwendungsbereich nach § 2 fallen. Hierzu können auch missbräuchliche Handlungen oder Unterlassungen gehören, die dem Ziel oder dem Zweck der Regelungen in den Vorschriften oder Rechtsgebieten zuwiderlaufen, die in den sachlichen Anwendungsbereich nach § 2 fallen.

(3) Informationen über Verstöße sind begründete Verdachtsmomente oder Wissen über tatsächliche oder mögliche Verstöße, die bei dem Beschäftigungsgeber, bei dem die hinweisgebende Person tätig ist oder war, oder bei einer anderen Stelle, mit der die hinweisgebende Person aufgrund ihrer beruflichen Tätigkeit im Kontakt steht oder stand, bereits begangen wurden oder sehr wahrscheinlich erfolgen werden, sowie über Versuche der Verschleierung solcher Verstöße.

(4) Meldungen sind Mitteilungen von Informationen über Verstöße an interne Meldestellen (§ 12) oder externe Meldestellen (§§ 19 bis 24).

(5) Offenlegung bezeichnet das Zugänglichmachen von Informationen über Verstöße gegenüber der Öffentlichkeit.

(6) Repressalien sind Handlungen oder Unterlassungen im Zusammenhang mit der beruflichen Tätigkeit, die eine Reaktion auf eine Meldung oder eine Offenlegung sind und durch die der

hinweisgebenden Person ein ungerechtfertigter Nachteil entsteht oder entstehen kann.

(7) Folgemaßnahmen sind die von einer internen Meldestelle nach § 18 oder von einer externen Meldestelle nach § 29 ergriffenen Maßnahmen zur Prüfung der Stichhaltigkeit einer Meldung, zum weiteren Vorgehen gegen den gemeldeten Verstoß oder zum Abschluss des Verfahrens.

(8) Beschäftigte sind

1. Arbeitnehmerinnen und Arbeitnehmer,
2. die zu ihrer Berufsbildung Beschäftigten,
3. Beamtinnen und Beamte,
4. Richterinnen und Richter mit Ausnahme der ehrenamtlichen Richterinnen und Richter,
5. Soldatinnen und Soldaten,
6. Personen, die wegen ihrer wirtschaftlichen Unselbständigkeit als arbeitnehmerähnliche Personen anzusehen sind; zu diesen gehören auch die in Heimarbeit Beschäftigten und die ihnen Gleichgestellten,
7. Menschen mit Behinderung, die in einer Werkstatt für behinderte Menschen oder bei einem anderen Leistungsanbieter nach § 60 des Neunten Buches Sozialgesetzbuch beschäftigt sind.

(9) Beschäftigungsgeber sind, sofern mindestens eine Person bei ihnen beschäftigt ist,

1. natürliche Personen sowie juristische Personen des öffentlichen und des privaten Rechts,
2. rechtsfähige Personengesellschaften und
3. sonstige, nicht in den Nummern 1 und 2 genannte rechtsfähige Personenvereinigungen.

(10) Private Beschäftigungsgeber sind Beschäftigungsgeber mit Ausnahme juristischer Personen des öffentlichen Rechts und solcher Beschäftigungsgeber, die im Eigentum oder unter der Kontrolle einer juristischen Person des öffentlichen Rechts stehen.

§ 4 Verhältnis zu sonstigen Bestimmungen

(1) Diesem Gesetz gehen spezifische Regelungen über die Mitteilung von Informationen über Verstöße in den folgenden Vorschriften vor:

1. § 6 Absatz 5 und § 53 des Geldwäschegesetzes,

2. § 25a Absatz 1 Satz 6 Nummer 3 des Kreditwesengesetzes und § 13 Absatz 1 des Wertpapierinstitutsgesetzes,
3. § 58 des Wertpapierhandelsgesetzes,
4. § 23 Absatz 6 des Versicherungsaufsichtsgesetzes,
5. § 28 Absatz 1 Satz 2 Nummer 9 und § 68 Absatz 4 Satz 3 des Kapitalanlagegesetzbuchs,
6. §§ 3b und 5 Absatz 8 des Börsengesetzes,
7. § 55b Absatz 2 Nummer 7 der Wirtschaftsprüferordnung,
8. Artikel 32 der Verordnung (EU) Nr. 596/2014 des Europäischen Parlaments und des Rates vom 16. April 2014 über Marktmissbrauch (Marktmissbrauchsverordnung) und zur Aufhebung der Richtlinie 2003/6/EG des Europäischen Parlaments und des Rates und der Richtlinien 2003/124/EG, 2003/125/EG und 2004/72/EG der Kommission (ABl. L 173 vom 12.6.2014, S. 1; L 287 vom 21.10.2016, S. 320; L 348 vom 21.12.2016, S. 83), die zuletzt durch die Delegierte Verordnung (EU) 2021/1783 (ABl. L 359 vom 11.10.2021, S. 1) geändert worden ist, in der jeweils geltenden Fassung,
9. Artikel 4 und 5 der Verordnung (EU) Nr. 376/2014 des Europäischen Parlaments und des Rates vom 3. April 2014 über die Meldung, Analyse und Weiterverfolgung von Ereignissen in der Zivilluftfahrt, zur Änderung der Verordnung (EU) Nr. 996/2010 des Europäischen Parlaments und des Rates und zur Aufhebung der Richtlinie 2003/42/EG des Europäischen Parlaments und des Rates und der Verordnungen (EG) Nr. 1321/2007 und (EG) Nr. 1330/2007 der Kommission (ABl. L 122 vom 24.4.2014, S. 18), die zuletzt durch die Delegierte Verordnung (EU) 2020/2034 (ABl. L 416 vom 11.12.2020, S. 1) geändert worden ist, in der jeweils geltenden Fassung, und der aufgrund des § 32 Absatz 1 Nummer 1 des Luftverkehrsgesetzes erlassenen Rechtsverordnungen,
10. §§ 127 und 128 des Seearbeitsgesetzes,
11. § 14 Absatz 1 des Schiffssicherheitsgesetzes in Verbindung mit Abschnitt D Nummer 8 der Anlage zum Schiffssicherheitsgesetz und den aufgrund der §§ 9, 9a und 9c des Seeaufgabengesetzes erlassenen Rechtsverordnungen für Beschwerden, die die Sicherheit eines Schiffes unter ausländischer Flagge einschließlich der Sicherheit und Gesundheit seiner Besatzung, der Lebens- und Arbeitsbedingungen an

Bord und der Verhütung von Verschmutzung durch Schiffe unter ausländischer Flagge betreffen, und

12. aufgrund des § 57c Satz 1 Nummer 1 und des § 68 Absatz 2 in Verbindung mit Absatz 3 und mit den §§ 65, 66 und 67 Nummer 1 und 8 und den §§ 126, 128 und 129 des Bundesberggesetzes erlassenen Rechtsverordnungen.

Soweit die spezifischen Regelungen in Satz 1 keine Vorgaben machen, gelten die Bestimmungen dieses Gesetzes.

(2) Das Verbraucherinformationsgesetz, das Informationsfreiheitsgesetz sowie Regelungen der Länder über den Zugang zu amtlichen Informationen finden keine Anwendung auf die Vorgänge nach diesem Gesetz. Satz 1 gilt nicht für die Regelungen des Bundes und der Länder über den Zugang zu Umweltinformationen.

(3) Die §§ 81h bis 81n des Gesetzes gegen Wettbewerbsbeschränkungen bleiben unberührt.

(4) Die Regelungen des Strafprozessrechts werden von den Vorgaben dieses Gesetzes nicht berührt.

§ 5 Vorrang von Sicherheitsinteressen sowie Verschwiegenheits- und Geheimhaltungspflichten

(1) Eine Meldung oder Offenlegung fällt nicht in den Anwendungsbereich dieses Gesetzes, wenn sie folgende Informationen beinhaltet:

1. Informationen, die die nationale Sicherheit oder wesentliche Sicherheitsinteressen des Staates, insbesondere militärische oder sonstige sicherheitsempfindliche Belange des Geschäftsbereiches des Bundesministeriums der Verteidigung oder Kritische Infrastrukturen im Sinne der BSI-Kritisverordnung, betreffen,
2. Informationen von Nachrichtendiensten des Bundes oder der Länder oder von Behörden oder sonstigen öffentlichen Stellen des Bundes oder der Länder, soweit sie Aufgaben im Sinne des § 10 Nummer 3 des Sicherheitsüberprüfungsgesetzes oder im Sinne entsprechender Rechtsvorschriften der Länder wahrnehmen, oder
3. Informationen, die die Vergabe öffentlicher Aufträge und Konzessionen, die in den Anwendungsbereich des Artikels 346 des Vertrags über die Arbeitsweise der Europäischen Union fallen, betreffen.

(2) Eine Meldung oder Offenlegung fällt auch nicht in den Anwendungsbereich dieses Gesetzes, wenn ihr entgegenstehen:

1. eine Geheimhaltungs- oder Vertraulichkeitspflicht zum materiellen oder organisatorischen Schutz von Verschlusssachen, es sei denn, es handelt sich um die Meldung eines Verstoßes nach § 2 Absatz 1 Nummer 1 an eine interne Meldestelle (§ 12), mit den Aufgaben der internen Meldestelle wurde kein Dritter nach § 14 Absatz 1 betraut und die betreffende Geheimhaltungs- oder Vertraulichkeitspflicht bezieht sich auf eine Verschlusssache des Bundes nach § 4 Absatz 2 Nummer 4 des Sicherheitsüberprüfungsgesetzes oder auf eine entsprechende Verschlusssache nach den Rechtsvorschriften der Länder,
2. das richterliche Beratungsgeheimnis,
3. die Pflichten zur Wahrung der Verschwiegenheit durch Rechtsanwälte, Verteidiger in einem gesetzlich geordneten Verfahren, Kammerrechtsbeistände, Patentanwälte und Notare,
4. die Pflichten zur Wahrung der Verschwiegenheit durch Ärzte, Zahnärzte, Apotheker und Angehörige eines anderen Heilberufs, der für die Berufsausübung oder die Führung der Berufsbezeichnung eine staatlich geregelte Ausbildung erfordert, mit Ausnahme von Tierärzten, soweit es um Verstöße gegen von § 2 Absatz 1 Nummer 3 Buchstabe k erfasste Rechtsvorschriften zum Schutz von gewerblich gehaltenen landwirtschaftlichen Nutztieren geht, oder
5. die Pflichten zur Wahrung der Verschwiegenheit durch Personen, die aufgrund eines Vertragsverhältnisses einschließlich der gemeinschaftlichen Berufsausübung, einer berufsvorbereitenden Tätigkeit oder einer sonstigen Hilfstätigkeit an der beruflichen Tätigkeit der in den Nummern 2, 3 und 4 genannten Berufsgeheimnisträger mitwirken.

§ 6 Verhältnis zu sonstigen Verschwiegenheits- und Geheimhaltungspflichten

(1) Beinhaltet eine interne oder eine externe Meldung oder eine Offenlegung ein Geschäftsgeheimnis im Sinne des § 2 Nummer 1 des Gesetzes zum Schutz von Geschäftsgeheimnissen, so ist die Weitergabe des Geschäftsgeheimnisses an eine zuständige Meldestelle oder dessen Offenlegung erlaubt, sofern

1. die hinweisgebende Person hinreichenden Grund zu der Annahme hatte, dass die Weitergabe oder die Offenlegung des Inhalts dieser Informationen notwendig ist, um einen Verstoß aufzudecken, und
2. die Voraussetzungen des § 33 Absatz 1 Nummer 2 und 3 erfüllt sind.

(2) Vorbehaltlich der Vorgaben des § 5 dürfen Informationen, die einer vertraglichen Verschwiegenheitspflicht, einer Rechtsvorschrift des Bundes, eines Landes oder einem unmittelbar geltenden Rechtsakt der Europäischen Union über die Geheimhaltung oder über Verschwiegenheitspflichten, dem Steuergeheimnis nach § 30 der Abgabenordnung oder dem Sozialgeheimnis nach § 35 des Ersten Buches Sozialgesetzbuch unterliegen, an eine zuständige Meldestelle weitergegeben oder unter den Voraussetzungen des § 32 offengelegt werden, sofern

1. die hinweisgebende Person hinreichenden Grund zu der Annahme hatte, dass die Weitergabe oder die Offenlegung des Inhalts dieser Informationen notwendig ist, um einen Verstoß aufzudecken, und
2. die Voraussetzungen des § 33 Absatz 1 Nummer 2 und 3 erfüllt sind.

(3) Personen, die im Rahmen ihrer Tätigkeit für eine Meldestelle Informationen erlangen, die einer vertraglichen Verschwiegenheitspflicht, einer Rechtsvorschrift des Bundes über die Geheimhaltung oder über Verschwiegenheitspflichten, dem Steuergeheimnis nach § 30 der Abgabenordnung oder dem Sozialgeheimnis nach § 35 des Ersten Buches Sozialgesetzbuch unterliegen, haben ab dem Zeitpunkt des Eingangs der Informationen

1. diese Verschwiegenheits- oder Geheimhaltungsvorschriften vorbehaltlich des Absatzes 4 anzuwenden und
2. die schutzwürdigen Belange Betroffener in gleicher Weise zu beachten wie sie die hinweisgebende Person zu beachten hat, die die Informationen der Meldestelle mitgeteilt hat.

(4) Meldestellen dürfen Geheimnisse im Sinne der Absätze 1 und 2 nur insoweit verwenden oder weitergeben, wie dies für das Ergreifen von Folgemaßnahmen erforderlich ist.

(5) In Bezug auf Informationen, die einer vertraglichen Verschwiegenheitspflicht unterliegen, gelten die Absätze 3 und 4 ab dem Zeitpunkt, zu dem Kenntnis von der Verschwiegenheitspflicht besteht.

Abschnitt 2 Meldungen

Unterabschnitt 1 Grundsätze

§ 7 Wahlrecht zwischen interner und externer Meldung

(1) Personen, die beabsichtigen, Informationen über einen Verstoß zu melden, können wählen, ob sie sich an eine interne Meldestelle (§ 12) oder eine externe Meldestelle (§§ 19 bis 24) wenden. Diese Personen sollten in den Fällen, in denen intern wirksam gegen den Verstoß vorgegangen werden kann und sie keine Repressalien befürchten, die Meldung an eine interne Meldestelle bevorzugen. Wenn einem intern gemeldeten Verstoß nicht abgeholfen wurde, bleibt es der hinweisgebenden Person unbenommen, sich an eine externe Meldestelle zu wenden.

(2) Es ist verboten, Meldungen oder die auf eine Meldung folgende Kommunikation zwischen hinweisgebender Person und Meldestelle zu behindern oder dies zu versuchen.

(3) Beschäftigungsgeber, die nach § 12 Absatz 1 und 3 zur Einrichtung interner Meldestellen verpflichtet sind, sollen Anreize dafür schaffen, dass sich hinweisgebende Personen vor einer Meldung an eine externe Meldestelle zunächst an die jeweilige interne Meldestelle wenden. Diese Beschäftigungsgeber stellen für Beschäftigte klare und leicht zugängliche Informationen über die Nutzung des internen Meldeverfahrens bereit. Die Möglichkeit einer externen Meldung darf hierdurch nicht beschränkt oder erschwert werden.

§ 8 Vertraulichkeitsgebot

(1) Die Meldestellen haben die Vertraulichkeit der Identität der folgenden Personen zu wahren:

1. der hinweisgebenden Person, sofern die gemeldeten Informationen Verstöße betreffen, die in den Anwendungsbereich dieses Gesetzes fallen, oder die hinweisgebende Person zum Zeitpunkt der Meldung hinreichenden Grund zu der Annahme hatte, dass dies der Fall sei,
2. der Personen, die Gegenstand einer Meldung sind, und
3. der sonstigen in der Meldung genannten Personen.

Die Identität der in Satz 1 genannten Personen darf ausschließlich den Personen, die für die Entgegennahme von Meldungen oder für das Ergreifen von Folgemaßnahmen zuständig sind, sowie den sie bei der Erfüllung dieser Aufgaben unterstützenden Personen bekannt werden.

(2) Das Gebot der Vertraulichkeit der Identität gilt unabhängig davon, ob die Meldestelle für die eingehende Meldung zuständig ist.

§ 9 Ausnahmen vom Vertraulichkeitsgebot

(1) Die Identität einer hinweisgebenden Person, die vorsätzlich oder grob fahrlässig unrichtige Informationen über Verstöße meldet, wird nicht nach diesem Gesetz geschützt.

(2) Informationen über die Identität einer hinweisgebenden Person oder über sonstige Umstände, die Rückschlüsse auf die Identität dieser Person erlauben, dürfen abweichend von § 8 Absatz 1 an die zuständige Stelle weitergegeben werden

1. in Strafverfahren auf Verlangen der Strafverfolgungsbehörden,
2. aufgrund einer Anordnung in einem einer Meldung nachfolgenden Verwaltungsverfahren, einschließlich verwaltungsbehördlicher Bußgeldverfahren,
3. aufgrund einer gerichtlichen Entscheidung,
4. von der Bundesanstalt für Finanzdienstleistungsaufsicht als externe Meldestelle nach § 21 an die zuständigen Fachabteilungen innerhalb der Bundesanstalt für Finanzdienstleistungsaufsicht sowie bei in § 109a des Wertpapierhandelsgesetzes genannten Vorgängen an die in § 109a des Wertpapierhandelsgesetzes genannten Stellen oder
5. von dem Bundeskartellamt als externe Meldestelle nach § 22 an die zuständigen Fachabteilungen innerhalb des Bundeskartellamtes sowie in den Fällen des § 49 Absatz 2 Satz 2 und Absatz 4 und § 50d des Gesetzes gegen Wettbewerbsbeschränkungen an die jeweils zuständige Wettbewerbsbehörde.

Die Meldestelle hat die hinweisgebende Person vorab über die Weitergabe zu informieren. Hiervon ist abzusehen, wenn die Strafverfolgungsbehörde, die zuständige Behörde oder das Gericht der Meldestelle mitgeteilt hat, dass durch die Information die entsprechenden Ermittlungen, Untersuchungen oder Gerichtsverfahren gefährdet würden. Der hinweisgebenden Person sind mit der Information zugleich die Gründe für die Weitergabe schriftlich oder elektronisch darzulegen.

(3) Über die Fälle des Absatzes 2 hinaus dürfen Informationen über die Identität der hinweisgebenden Person oder über sonstige

Umstände, die Rückschlüsse auf die Identität dieser Person erlauben, weitergegeben werden, wenn

1. die Weitergabe für Folgemaßnahmen erforderlich ist und
2. die hinweisgebende Person zuvor in die Weitergabe eingewilligt hat.

Die Einwilligung nach Satz 1 Nummer 2 muss für jede einzelne Weitergabe von Informationen über die Identität gesondert und in Textform vorliegen. Die Regelung des § 26 Absatz 2 des Bundesdatenschutzgesetzes bleibt unberührt.

(4) Informationen über die Identität von Personen, die Gegenstand einer Meldung sind, und von sonstigen in der Meldung genannten Personen dürfen abweichend von § 8 Absatz 1 an die jeweils zuständige Stelle weitergegeben werden

1. bei Vorliegen einer diesbezüglichen Einwilligung,
2. von internen Meldestellen, sofern dies im Rahmen interner Untersuchungen bei dem jeweiligen Beschäftigungsgeber oder in der jeweiligen Organisationseinheit erforderlich ist,
3. sofern dies für das Ergreifen von Folgemaßnahmen erforderlich ist,
4. in Strafverfahren auf Verlangen der Strafverfolgungsbehörde,
5. aufgrund einer Anordnung in einem einer Meldung nachfolgenden Verwaltungsverfahren, einschließlich verwaltungsbehördlicher Bußgeldverfahren,
6. aufgrund einer gerichtlichen Entscheidung,
7. von der Bundesanstalt für Finanzdienstleistungsaufsicht als externe Meldestelle nach § 21 an die zuständigen Fachabteilungen innerhalb der Bundesanstalt für Finanzdienstleistungsaufsicht sowie bei in § 109a des Wertpapierhandelsgesetzes genannten Vorgängen an die in § 109a des Wertpapierhandelsgesetzes genannten Stellen oder
8. von dem Bundeskartellamt als externe Meldestelle nach § 22 an die zuständigen Fachabteilungen innerhalb des Bundeskartellamtes sowie in den Fällen des § 49 Absatz 2 Satz 2 und Absatz 4 und § 50d des Gesetzes gegen Wettbewerbsbeschränkungen an die jeweils zuständige Wettbewerbsbehörde.

§ 10 Verarbeitung personenbezogener Daten

Die Meldestellen sind befugt, personenbezogene Daten zu verarbeiten, soweit dies zur Erfüllung ihrer in den §§ 13 und 24 bezeichneten Aufgaben erforderlich ist. Abweichend von Artikel 9 Absatz 1 der Verordnung (EU) 2016/679 ist die Verarbeitung besonderer Kategorien personenbezogener Daten durch eine Meldestelle zulässig, wenn dies zur Erfüllung ihrer Aufgaben erforderlich ist. In diesem Fall hat die Meldestelle spezifische und angemessene Maßnahmen zur Wahrung der Interessen der betroffenen Person vorzusehen; § 22 Absatz 2 Satz 2 des Bundesdatenschutzgesetzes ist entsprechend anzuwenden.

§ 11 Dokumentation der Meldungen

(1) Die Personen, die in einer Meldestelle für die Entgegennahme von Meldungen zuständig sind, dokumentieren alle eingehenden Meldungen in dauerhaft abrufbarer Weise unter Beachtung des Vertraulichkeitsgebots (§ 8).

(2) Bei telefonischen Meldungen oder Meldungen mittels einer anderen Art der Sprachübermittlung darf eine dauerhaft abrufbare Tonaufzeichnung des Gesprächs oder dessen vollständige und genaue Niederschrift (Wortprotokoll) nur mit Einwilligung der hinweisgebenden Person erfolgen. Liegt eine solche Einwilligung nicht vor, ist die Meldung durch eine von der für die Bearbeitung der Meldung verantwortlichen Person zu erstellende Zusammenfassung ihres Inhalts (Inhaltsprotokoll) zu dokumentieren.

(3) Erfolgt die Meldung im Rahmen einer Zusammenkunft gemäß § 16 Absatz 3 oder § 27 Absatz 3, darf mit Zustimmung der hinweisgebenden Person eine vollständige und genaue Aufzeichnung der Zusammenkunft erstellt und aufbewahrt werden. Die Aufzeichnung kann durch Erstellung einer Tonaufzeichnung des Gesprächs in dauerhaft abrufbarer Form oder durch ein von der für die Bearbeitung der Meldung verantwortlichen Person erstelltes Wortprotokoll der Zusammenkunft erfolgen.

(4) Der hinweisgebenden Person ist Gelegenheit zu geben, das Protokoll zu überprüfen, gegebenenfalls zu korrigieren und es durch ihre Unterschrift oder in elektronischer Form zu bestätigen. Wird eine Tonaufzeichnung zur Anfertigung eines Protokolls verwendet, so ist sie zu löschen, sobald das Protokoll fertiggestellt ist.

(5) Die Dokumentation wird drei Jahre nach Abschluss des Verfahrens gelöscht. Die Dokumentation kann länger aufbewahrt werden, um die Anforderungen nach diesem Gesetz oder nach anderen Rechtsvorschriften zu erfüllen, solange dies erforderlich und verhältnismäßig ist.

Unterabschnitt 2 Interne Meldungen

§ 12 Pflicht zur Einrichtung interner Meldestellen

(1) Beschäftigungsgeber haben dafür zu sorgen, dass bei ihnen mindestens eine Stelle für interne Meldungen eingerichtet ist und betrieben wird, an die sich Beschäftigte wenden können (interne Meldestelle). Ist der Bund oder ein Land Beschäftigungsgeber, bestimmen die obersten Bundes- oder Landesbehörden Organisationseinheiten in Form von einzelnen oder mehreren Behörden, Verwaltungsstellen, Betrieben oder Gerichten. Die Pflicht nach Satz 1 gilt sodann für die Einrichtung und den Betrieb der internen Meldestelle bei den jeweiligen Organisationseinheiten. Für Gemeinden und Gemeindeverbände und solche Beschäftigungsgeber, die im Eigentum oder unter der Kontrolle von Gemeinden und Gemeindeverbänden stehen, gilt die Pflicht zur Einrichtung und zum Betrieb interner Meldestellen nach Maßgabe des jeweiligen Landesrechts.

(2) Die Pflicht nach Absatz 1 Satz 1 gilt nur für Beschäftigungsgeber mit jeweils in der Regel mindestens 50 Beschäftigten.

(3) Abweichend von Absatz 2 gilt die Pflicht nach Absatz 1 Satz 1 unabhängig von der Zahl der Beschäftigten für

1. Wertpapierdienstleistungsunternehmen im Sinne des § 2 Absatz 10 des Wertpapierhandelsgesetzes,
2. Datenbereitstellungsdienste im Sinne des § 2 Absatz 40 des Wertpapierhandelsgesetzes,
3. Börsenträger im Sinne des Börsengesetzes,
4. Institute im Sinne des § 1 Absatz 1b des Kreditwesengesetzes und Institute im Sinne des § 2 Absatz 1 des Wertpapierinstitutsgesetzes,
5. Gegenparteien im Sinne des Artikels 3 Nummer 2 der Verordnung (EU) 2015/2365 des Europäischen Parlaments und des Rates vom 25. November 2015 über die Transparenz von Wertpapierfinanzierungsgeschäften und der Weiterverwendung sowie zur Änderung der Verordnung (EU) Nr. 648/2012 (ABl. L 337 vom 23.12.2015, S. 1), die zuletzt durch die Verordnung (EU) 2021/23 (ABl. L 22 vom 22.1.2021, S. 1) geändert worden ist, in der jeweils geltenden Fassung,
6. Kapitalverwaltungsgesellschaften gemäß § 17 Absatz 1 des Kapitalanlagegesetzbuchs sowie

7. Unternehmen gemäß § 1 Absatz 1 des Versicherungsaufsichtsgesetzes mit Ausnahme der nach den §§ 61 bis 66a des Versicherungsaufsichtsgesetzes tätigen Unternehmen mit Sitz in einem anderen Mitgliedstaat der Europäischen Union oder einem anderen Vertragsstaat des Abkommens über den Europäischen Wirtschaftsraum.

(4) Die nach Absatz 1 Satz 1 verpflichteten Beschäftigungsgeber erteilen der internen Meldestelle die notwendigen Befugnisse, um ihre Aufgaben wahrzunehmen, insbesondere, um Meldungen zu prüfen und Folgemaßnahmen zu ergreifen. Ist der Beschäftigungsgeber der Bund oder ein Land, gilt Satz 1 für die jeweiligen Organisationseinheiten entsprechend.

§ 13 Aufgaben der internen Meldestellen

(1) Die internen Meldestellen betreiben Meldekanäle nach § 16, führen das Verfahren nach § 17 und ergreifen Folgemaßnahmen nach § 18.

(2) Die internen Meldestellen halten für Beschäftigte klare und leicht zugängliche Informationen über externe Meldeverfahren gemäß Unterabschnitt 3 und einschlägige Meldeverfahren von Organen, Einrichtungen oder sonstigen Stellen der Europäischen Union bereit.

§ 14 Organisationsformen interner Meldestellen

(1) Eine interne Meldestelle kann eingerichtet werden, indem eine bei dem jeweiligen Beschäftigungsgeber oder bei der jeweiligen Organisationseinheit beschäftigte Person, eine aus mehreren beschäftigten Personen bestehende Arbeitseinheit oder ein Dritter mit den Aufgaben einer internen Meldestelle betraut wird. Die Betrauung eines Dritten mit den Aufgaben einer internen Meldestelle entbindet den betrauenden Beschäftigungsgeber nicht von der Pflicht, selbst geeignete Maßnahmen zu ergreifen, um einen etwaigen Verstoß abzustellen. Ist der Beschäftigungsgeber der Bund oder ein Land, gilt Satz 2 für die jeweiligen Organisationseinheiten entsprechend.

(2) Mehrere private Beschäftigungsgeber mit in der Regel 50 bis 249 Beschäftigten können für die Entgegennahme von Meldungen und für die weiteren nach diesem Gesetz vorgesehenen Maßnahmen eine gemeinsame Stelle einrichten und betreiben. Die Pflicht, Maßnahmen zu ergreifen, um den Verstoß abzustellen, und die

Pflicht zur Rückmeldung an die hinweisgebende Person verbleiben bei dem einzelnen Beschäftigungsgeber.

§ 15 Unabhängige Tätigkeit; notwendige Fachkunde

(1) Die mit den Aufgaben einer internen Meldestelle beauftragten Personen sind bei der Ausübung ihrer Tätigkeit unabhängig. Sie dürfen neben ihrer Tätigkeit für die interne Meldestelle andere Aufgaben und Pflichten wahrnehmen. Es ist dabei sicherzustellen, dass derartige Aufgaben und Pflichten nicht zu Interessenkonflikten führen.

(2) Beschäftigungsgeber tragen dafür Sorge, dass die mit den Aufgaben einer internen Meldestelle beauftragten Personen über die notwendige Fachkunde verfügen. Ist der Beschäftigungsgeber der Bund oder ein Land, gilt Satz 1 für die jeweiligen Organisationseinheiten entsprechend.

§ 16 Meldekanäle für interne Meldestellen

(1) Nach § 12 zur Einrichtung interner Meldestellen verpflichtete Beschäftigungsgeber richten für diese Meldekanäle ein, über die sich Beschäftigte und dem Beschäftigungsgeber überlassene Leiharbeitnehmerinnen und Leiharbeitnehmer an die internen Meldestellen wenden können, um Informationen über Verstöße zu melden. Ist der Beschäftigungsgeber der Bund oder ein Land, gilt Satz 1 für die jeweiligen Organisationseinheiten entsprechend. Der interne Meldekanal kann so gestaltet werden, dass er darüber hinaus auch natürlichen Personen offensteht, die im Rahmen ihrer beruflichen Tätigkeiten mit dem jeweiligen zur Einrichtung der internen Meldestelle verpflichteten Beschäftigungsgeber oder mit der jeweiligen Organisationseinheit in Kontakt stehen. Die interne Meldestelle sollte auch anonym eingehende Meldungen bearbeiten. Es besteht allerdings keine Verpflichtung, die Meldekanäle so zu gestalten, dass sie die Abgabe anonymer Meldungen ermöglichen.

(2) Die Meldekanäle sind so zu gestalten, dass nur die für die Entgegennahme und Bearbeitung der Meldungen zuständigen sowie die sie bei der Erfüllung dieser Aufgaben unterstützenden Personen Zugriff auf die eingehenden Meldungen haben.

(3) Interne Meldekanäle müssen Meldungen in mündlicher oder in Textform ermöglichen. Mündliche Meldungen müssen per Telefon oder mittels einer anderen Art der Sprachübermittlung möglich sein. Auf Ersuchen der hinweisgebenden Person ist für eine

Meldung innerhalb einer angemessenen Zeit eine persönliche Zusammenkunft mit einer für die Entgegennahme einer Meldung zuständigen Person der internen Meldestelle zu ermöglichen. Mit Einwilligung der hinweisgebenden Person kann die Zusammenkunft auch im Wege der Bild- und Tonübertragung erfolgen.

§ 17 Verfahren bei internen Meldungen

(1) Die interne Meldestelle

1. bestätigt der hinweisgebenden Person den Eingang einer Meldung spätestens nach sieben Tagen,
2. prüft, ob der gemeldete Verstoß in den sachlichen Anwendungsbereich nach § 2 fällt,
3. hält mit der hinweisgebenden Person Kontakt,
4. prüft die Stichhaltigkeit der eingegangenen Meldung,
5. ersucht die hinweisgebende Person erforderlichenfalls um weitere Informationen und
6. ergreift angemessene Folgemaßnahmen nach § 18.

(2) Die interne Meldestelle gibt der hinweisgebenden Person innerhalb von drei Monaten nach der Bestätigung des Eingangs der Meldung oder, wenn der Eingang nicht bestätigt wurde, spätestens drei Monate und sieben Tage nach Eingang der Meldung eine Rückmeldung. Die Rückmeldung umfasst die Mitteilung geplanter sowie bereits ergriffener Folgemaßnahmen sowie die Gründe für diese. Eine Rückmeldung an die hinweisgebende Person darf nur insoweit erfolgen, als dadurch interne Nachforschungen oder Ermittlungen nicht berührt und die Rechte der Personen, die Gegenstand einer Meldung sind oder die in der Meldung genannt werden, nicht beeinträchtigt werden.

§ 18 Folgemaßnahmen der internen Meldestelle

Als Folgemaßnahmen kann die interne Meldestelle insbesondere

1. interne Untersuchungen bei dem Beschäftigungsgeber oder bei der jeweiligen Organisationseinheit durchführen und betroffene Personen und Arbeitseinheiten kontaktieren,
2. die hinweisgebende Person an andere zuständige Stellen verweisen,
3. das Verfahren aus Mangel an Beweisen oder aus anderen Gründen abschließen oder
4. das Verfahren zwecks weiterer Untersuchungen abgeben an
   a) eine bei dem Beschäftigungsgeber oder bei der

jeweiligen Organisationseinheit für interne Ermittlungen zuständige Arbeitseinheit oder
b) eine zuständige Behörde.

Unterabschnitt 3 Externe Meldestellen

§ 19 Errichtung und Zuständigkeit einer externen Meldestelle des Bundes

(1) Der Bund errichtet beim Bundesamt für Justiz eine Stelle für externe Meldungen (externe Meldestelle des Bundes). Die externe Meldestelle des Bundes ist organisatorisch vom übrigen Zuständigkeitsbereich des Bundesamts für Justiz getrennt.
(2) Die Aufgaben der externen Meldestelle des Bundes werden unabhängig von den sonstigen Aufgaben des Bundesamts für Justiz wahrgenommen. Die Dienstaufsicht über die externe Meldestelle des Bundes führt die Präsidentin oder der Präsident des Bundesamts für Justiz. Die externe Meldestelle des Bundes untersteht einer Dienstaufsicht nur, soweit nicht ihre Unabhängigkeit beeinträchtigt wird.
(3) Der externen Meldestelle des Bundes ist die für die Erfüllung ihrer Aufgaben notwendige Personal- und Sachausstattung zur Verfügung zu stellen.
(4) Die externe Meldestelle des Bundes ist zuständig, soweit nicht eine externe Meldestelle nach den §§ 20 bis 23 zuständig ist.

§ 20 Errichtung und Zuständigkeit externer Meldestellen der Länder

Jedes Land kann eine eigene externe Meldestelle einrichten für Meldungen, die die jeweilige Landesverwaltung und die jeweiligen Kommunalverwaltungen betreffen.

§ 21 Bundesanstalt für Finanzdienstleistungsaufsicht als externe Meldestelle

Die Bundesanstalt für Finanzdienstleistungsaufsicht ist zuständige externe Meldestelle für
1. Meldungen, die von § 4d des Finanzdienstleistungsaufsichtsgesetzes erfasst werden, einschließlich Meldungen, die Vorschriften des Wertpapiererwerbs- und Übernahmegesetzes betreffen,

2. Meldungen von Informationen über Verstöße
   a) nach § 2 Absatz 1 Nummer 3 Buchstabe a, soweit die Bundesanstalt für Finanzdienstleistungsaufsicht zuständige Behörde im Sinne des § 50 Absatz 1 Nummer 1 oder Nummer 2 des Geldwäschegesetzes ist, sowie
   b) nach § 2 Absatz 1 Nummer 3 Buchstabe r bis t.

Für die über dieses Gesetz hinausgehende nähere Ausgestaltung der Organisation und des Verfahrens der Bundesanstalt für Finanzdienstleistungsaufsicht als externe Meldestelle gilt § 4d des Finanzdienstleistungsaufsichtsgesetzes.

§ 22 Bundeskartellamt als externe Meldestelle

(1) Das Bundeskartellamt ist zuständige externe Meldestelle für Meldungen von Informationen über Verstöße nach § 2 Absatz 1 Nummer 8 und 9. § 7 Absatz 1 Satz 3 findet mit der Maßgabe Anwendung, dass sich die hinweisgebende Person jederzeit und unabhängig vom Ausgang des Verfahrens über die interne Meldung an das Bundeskartellamt wenden kann.

(2) Die Befugnisse des Bundeskartellamts nach anderen Vorschriften bleiben unberührt.

§ 23 Weitere externe Meldestellen

(1) Der Bund richtet eine weitere externe Meldestelle ein für externe Meldungen, die die externe Meldestelle des Bundes nach § 19 betreffen.

(2) Für Meldungen, die eine externe Meldestelle nach den §§ 20 bis 22 betreffen, ist weitere externe Meldestelle die externe Meldestelle des Bundes nach § 19.

§ 24 Aufgaben der externen Meldestellen

(1) Die externen Meldestellen errichten und betreiben Meldekanäle nach § 27, prüfen die Stichhaltigkeit einer Meldung und führen das Verfahren nach § 28.

(2) Die externen Meldestellen bieten natürlichen Personen, die in Erwägung ziehen, eine Meldung zu erstatten, umfassende und unabhängige Informationen und Beratung über bestehende Abhilfemöglichkeiten und Verfahren für den Schutz vor Repressalien. Dabei informieren die externen Meldestellen insbesondere auch über die Möglichkeit einer internen Meldung.

(3) Die externen Meldestellen veröffentlichen in einem gesonderten, leicht erkennbaren und leicht zugänglichen Abschnitt ihres Internetauftritts

1. die Voraussetzungen für den Schutz nach Maßgabe dieses Gesetzes,
2. Erläuterungen zum Meldeverfahren sowie die Art der möglichen Folgemaßnahmen nach § 29,
3. die geltende Vertraulichkeitsregelung für Meldungen und Informationen über die Verarbeitung personenbezogener Daten,
4. Informationen über die verfügbaren Abhilfemöglichkeiten und Verfahren zum Schutz vor Repressalien sowie die Verfügbarkeit einer vertraulichen Beratung von Personen, die in Erwägung ziehen, eine Meldung zu erstatten,
5. eine leicht verständliche Erläuterung dazu, unter welchen Voraussetzungen Personen, die eine Meldung an die externe Meldestelle richten, nicht wegen Verletzung der Verschwiegenheits- und Geheimhaltungspflichten haftbar gemacht werden können,
6. ihre Erreichbarkeiten, insbesondere E-Mail-Adresse, Postanschrift und Telefonnummer, sowie die Angabe, ob Telefongespräche aufgezeichnet werden.

(4) Die externen Meldestellen halten klare und leicht zugängliche Informationen über ihre jeweiligen Meldeverfahren bereit, auf die interne Meldestellen zugreifen oder verweisen können, um ihrer Pflicht nach § 13 Absatz 2 nachzukommen. Die externe Meldestelle des Bundes hält zudem klare und leicht zugängliche Informationen über die in § 13 Absatz 2 genannten Meldeverfahren bereit, auf die interne Meldestellen zugreifen oder verweisen können, um ihrer Pflicht nach § 13 Absatz 2 nachzukommen.

§ 25 Unabhängige Tätigkeit; Schulung

(1) Die externen Meldestellen arbeiten im Rahmen ihrer Aufgaben und Befugnisse fachlich unabhängig und von den internen Meldestellen getrennt. Die Aufsicht über sie erstreckt sich auf die Beachtung von Gesetz und sonstigem Recht.

(2) Die für die Bearbeitung von Meldungen zuständigen Personen werden regelmäßig für diese Aufgabe geschult. Sie dürfen neben ihrer Tätigkeit für eine externe Meldestelle andere Aufgaben und

Pflichten wahrnehmen. Es ist dabei sicherzustellen, dass derartige Aufgaben und Pflichten nicht zu einem Interessenkonflikt führen.

§ 26 Berichtspflichten der externen Meldestellen

(1) Die externen Meldestellen berichten jährlich in zusammengefasster Form über die eingegangenen Meldungen. Der Bericht darf keine Rückschlüsse auf die beteiligten Personen oder Unternehmen zulassen. Er ist der Öffentlichkeit zugänglich zu machen.
(2) Für den Bericht erfassen die externen Meldestellen die folgenden Daten und weisen sie im Bericht aus:
1. die Anzahl der eingegangenen Meldungen,
2. die Anzahl der Fälle, in denen interne Untersuchungen bei den betroffenen Unternehmen oder Behörden eingeleitet wurden,
3. die Anzahl der Fälle, die Ermittlungen einer Staatsanwaltschaft oder ein gerichtliches Verfahren zur Folge hatten, und
4. die Anzahl der Fälle, die eine Abgabe an eine sonstige zuständige Stelle zur Folge hatten.

(3) Die externe Meldestelle des Bundes nach § 19 übermittelt ihren Jahresbericht darüber hinaus dem Deutschen Bundestag, dem Bundesrat und der Bundesregierung und übermittelt eine Zusammenstellung der Berichte nach den Absätzen 1 und 2 der Europäischen Kommission.

Unterabschnitt 4 Externe Meldungen

§ 27 Meldekanäle für externe Meldestellen

(1) Für externe Meldestellen werden Meldekanäle eingerichtet, über die sich hinweisgebende Personen an die externen Meldestellen wenden können, um Informationen über Verstöße zu melden. § 16 Absatz 2 gilt entsprechend. Die externe Meldestelle sollte auch anonym eingehende Meldungen bearbeiten. Vorbehaltlich spezialgesetzlicher Regelungen besteht allerdings keine Verpflichtung, die Meldekanäle so zu gestalten, dass sie die Abgabe anonymer Meldungen ermöglichen.
(2) Wird eine Meldung bei einer externen Meldestelle von anderen als den für die Bearbeitung zuständigen Personen entgegengenommen, so ist sie unverzüglich, unverändert und unmittelbar an die für die Bearbeitung zuständigen Personen weiterzuleiten.

(3) Externe Meldekanäle müssen Meldungen in mündlicher und in Textform ermöglichen. Mündliche Meldungen müssen per Telefon oder mittels einer anderen Art der Sprachübermittlung möglich sein. Auf Ersuchen der hinweisgebenden Person ist für eine Meldung innerhalb einer angemessenen Zeit eine persönliche Zusammenkunft mit den für die Entgegennahme einer Meldung zuständigen Personen der externen Meldestelle zu ermöglichen. Mit Einwilligung der hinweisgebenden Person kann die Zusammenkunft auch im Wege der Bild- und Tonübertragung erfolgen.

§ 28 Verfahren bei externen Meldungen

(1) Die externen Meldestellen bestätigen den Eingang einer Meldung umgehend, spätestens jedoch sieben Tage nach Eingang der Meldung. Eine Eingangsbestätigung erfolgt nicht, wenn die hinweisgebende Person darauf ausdrücklich verzichtet oder wenn hinreichender Grund zu der Annahme besteht, dass die Eingangsbestätigung den Schutz der Identität der hinweisgebenden Person beeinträchtigen würde. In für ein internes Meldeverfahren geeigneten Fällen weisen die externen Meldestellen zusammen mit der Eingangsbestätigung die hinweisgebende Person auf die Möglichkeit einer internen Meldung hin.

(2) Die externen Meldestellen prüfen, ob der gemeldete Verstoß in den sachlichen Anwendungsbereich nach § 2 fällt und keine Ausnahmen vom Anwendungsbereich dieses Gesetzes nach § 5 greifen. Ist dies der Fall, prüfen sie die Stichhaltigkeit der Meldung und ergreifen angemessene Folgemaßnahmen nach § 29.

(3) Für die Akteneinsicht durch Beteiligte im Sinne dieses Gesetzes gilt § 29 des Verwaltungsverfahrensgesetzes. Bestehende Verschwiegenheits- und Geheimhaltungspflichten im Sinne des § 6 Absatz 3 sind zu beachten. Für die hinweisgebende Person gelten die Sätze 1 und 2 entsprechend; hierbei ist sicherzustellen, dass die Rechte der Personen, die Gegenstand einer Meldung sind oder die in der Meldung genannt werden, nicht beeinträchtigt werden.

(4) Die hinweisgebende Person erhält auf ihre Meldung hin innerhalb einer angemessenen Zeit eine Rückmeldung. Diese erfolgt spätestens nach drei Monaten. In Fällen, in denen die Bearbeitung umfangreich ist, beträgt diese Frist sechs Monate. Die Gründe für die Verlängerung der Frist sind der hinweisgebenden Person mitzuteilen. § 17 Absatz 2 Satz 2 und 3 gilt entsprechend.

(5) Meldungen über Verstöße von besonderer Schwere können vorrangig behandelt werden. Die Fristen des Absatzes 4 für eine Rückmeldung bleiben davon unberührt.

§ 29 Folgemaßnahmen der externen Meldestellen

(1) Die externen Meldestellen können nach pflichtgemäßem Ermessen Auskünfte von den betroffenen natürlichen Personen, von dem betroffenen Beschäftigungsgeber, von Dritten sowie von Behörden verlangen, soweit dies zur Überprüfung der Stichhaltigkeit der Meldung erforderlich ist. Für die Beantwortung des Auskunftsverlangens ist eine angemessene Frist zu gewähren. Für Auskunftsverlangen nach Satz 1 gelten das Zeugnisverweigerungsrecht nach den §§ 53 und 53a und das Auskunftsverweigerungsrecht nach § 55 der Strafprozessordnung entsprechend. Für die Beantwortung von Auskunftsverlangen wird auf Antrag eine Entschädigung entsprechend den Vorschriften des Justizvergütungs- und -entschädigungsgesetzes über die Entschädigung von Zeugen gewährt. § 23 Absatz 2 Satz 2 des Justizvergütungs- und -entschädigungsgesetzes gilt entsprechend.

(2) Als weitere Folgemaßnahmen können die externen Meldestellen nach pflichtgemäßem Ermessen

1. betroffene Beschäftigungsgeber kontaktieren,
2. die hinweisgebende Person an andere zuständige Stellen verweisen,
3. das Verfahren aus Mangel an Beweisen oder aus anderen Gründen abschließen oder
4. das Verfahren an eine zuständige Behörde zwecks weiterer Untersuchungen abgeben.

§ 30 Zusammenarbeit mit anderen öffentlichen Stellen

Die externen Meldestellen sowie die sonstigen öffentlichen Stellen, die für die Aufklärung, Verhütung und Verfolgung von Verstößen im Anwendungsbereich dieses Gesetzes zuständig sind, arbeiten zur Durchführung dieses Gesetzes zusammen und unterstützen sich gegenseitig. Spezielle gesetzliche Regelungen zur Zusammenarbeit öffentlicher Stellen bleiben hiervon unberührt.

§ 31 Abschluss des Verfahrens

(1) Hat eine externe Meldestelle die Stichhaltigkeit einer Meldung geprüft und das Verfahren nach § 28 geführt, schließt sie das Verfahren ab.

(2) Ist eine externe Meldestelle nicht zuständig für eine Meldung oder ist es ihr nicht möglich, dem gemeldeten Verstoß innerhalb einer angemessenen Zeit weiter nachzugehen, so leitet sie die Meldung unverzüglich unter Wahrung der Vertraulichkeit der Identität der hinweisgebenden Person an die jeweilige für die Aufklärung, Verhütung und Verfolgung des Verstoßes zuständige Stelle weiter. Dies gilt auch für Meldungen, für deren Weiterverfolgung nach § 4 Absatz 1 die externe Meldestelle nicht zuständig ist. Über die Weiterleitung setzt die externe Meldestelle die hinweisgebende Person unverzüglich in Kenntnis. Ist die Weiterleitung unter Wahrung der Vertraulichkeit der Identität nicht möglich, ist § 9 Absatz 3 zu beachten.

(3) Kommt eine externe Meldestelle zu dem Ergebnis, dass ein gemeldeter Verstoß als geringfügig anzusehen ist, so kann sie nach pflichtgemäßem Ermessen das Verfahren abschließen.

(4) Betrifft eine Meldung einen Sachverhalt, zu dem bereits ein Verfahren nach diesem Gesetz abgeschlossen wurde, so kann eine externe Meldestelle nach pflichtgemäßem Ermessen das Verfahren abschließen, wenn die Meldung keine neuen Tatsachen enthält. Dies gilt nicht, wenn neue rechtliche oder sachliche Umstände ein anderes Vorgehen rechtfertigen.

(5) Schließt eine externe Meldestelle das Verfahren nach Absatz 3 oder Absatz 4 ab, teilt sie der hinweisgebenden Person die Entscheidung und die Gründe für die Entscheidung unverzüglich mit. Die externe Meldestelle soll die Entscheidung nach Satz 1 unter Wahrung der Vertraulichkeit der Identität der in § 8 Absatz 1 genannten Personen dem betroffenen Beschäftigungsgeber mitteilen, wenn dieser zuvor gemäß § 29 Absatz 2 Nummer 1 von der externen Meldestelle kontaktiert wurde.

(6) Eine externe Meldestelle teilt der hinweisgebenden Person das Ergebnis der durch die Meldung ausgelösten Untersuchungen nach deren Abschluss mit, soweit dies mit gesetzlichen Verschwiegenheitspflichten vereinbar ist. Absatz 5 Satz 2 ist anzuwenden.

(7) Für Streitigkeiten wegen der Entscheidungen einer externen Meldestelle nach den Absätzen 1 bis 6 ist der Verwaltungsrechtsweg

gegeben. Vor Erhebung einer Klage bedarf es keiner Nachprüfung in einem Vorverfahren.

Abschnitt 3 Offenlegung

§ 32 Offenlegen von Informationen

(1) Personen, die Informationen über Verstöße offenlegen, fallen unter die Schutzmaßnahmen dieses Gesetzes, wenn sie

1. zunächst gemäß Abschnitt 2 Unterabschnitt 4 eine externe Meldung erstattet haben und
   a) hierauf innerhalb der Fristen für eine Rückmeldung nach § 28 Absatz 4 keine geeigneten Folgemaßnahmen nach § 29 ergriffen wurden oder
   b) sie keine Rückmeldung über das Ergreifen solcher Folgemaßnahmen erhalten haben oder
2. hinreichenden Grund zu der Annahme hatten, dass
   a) der Verstoß wegen eines Notfalls, der Gefahr irreversibler Schäden oder vergleichbarer Umstände eine unmittelbare oder offenkundige Gefährdung des öffentlichen Interesses darstellen kann,
   b) im Fall einer externen Meldung Repressalien zu befürchten sind oder
   c) Beweismittel unterdrückt oder vernichtet werden könnten, Absprachen zwischen der zuständigen externen Meldestelle und dem Urheber des Verstoßes bestehen könnten oder aufgrund sonstiger besonderer Umstände die Aussichten gering sind, dass die externe Meldestelle wirksame Folgemaßnahmen nach § 29 einleiten wird.

(2) Das Offenlegen unrichtiger Informationen über Verstöße ist verboten.

Abschnitt 4 Schutzmaßnahmen

§ 33 Voraussetzungen für den Schutz hinweisgebender Personen

(1) Die §§ 35 bis 37 sind auf hinweisgebende Personen anwendbar, sofern

1. diese intern gemäß § 17 oder extern gemäß § 28 Meldung erstattet haben oder eine Offenlegung gemäß § 32 vorgenommen haben,

2. die hinweisgebende Person zum Zeitpunkt der Meldung oder Offenlegung hinreichenden Grund zu der Annahme hatte, dass die von ihr gemeldeten oder offengelegten Informationen der Wahrheit entsprechen, und
3. die Informationen Verstöße betreffen, die in den Anwendungsbereich dieses Gesetzes fallen, oder die hinweisgebende Person zum Zeitpunkt der Meldung oder Offenlegung hinreichenden Grund zu der Annahme hatte, dass dies der Fall sei.

(2) Die §§ 35 bis 37 sind unter den Voraussetzungen des Absatzes 1 auch anwendbar auf Personen, die zuständigen Organen, Einrichtungen oder sonstigen Stellen der Europäischen Union in den Anwendungsbereich dieses Gesetzes fallende Verstöße gegen das Unionsrecht melden.

§ 34 Weitere geschützte Personen

(1) Die §§ 35 bis 37 gelten entsprechend für natürliche Personen, die die hinweisgebende Person bei einer internen oder externen Meldung oder einer Offenlegung im beruflichen Zusammenhang vertraulich unterstützen, sofern die gemeldeten oder offengelegten Informationen

1. zutreffend sind oder die unterstützende Person zum Zeitpunkt der Unterstützung hinreichenden Grund zu der Annahme hatte, dass die von der hinweisgebenden Person gemeldeten oder offengelegten Informationen der Wahrheit entsprachen, und
2. Verstöße betreffen, die in den Anwendungsbereich dieses Gesetzes fallen, oder die unterstützende Person zum Zeitpunkt der Unterstützung hinreichenden Grund zu der Annahme hatte, dass dies der Fall sei.

(2) Sofern die Voraussetzungen des § 33 erfüllt sind, gelten die §§ 35 bis 37 entsprechend für

1. Dritte, die mit der hinweisgebenden Person in Verbindung stehen und in einem beruflichen Zusammenhang Repressalien erlitten haben, es sei denn, diese beruhen nicht auf der Meldung oder Offenlegung durch die hinweisgebende Person, und
2. juristische Personen, rechtsfähige Personengesellschaften und sonstige rechtsfähige Personenvereinigungen, die mit der hinweisgebenden Person infolge einer Beteiligung

rechtlich verbunden sind oder für die die hinweisgebende Person tätig ist oder mit denen sie in einem beruflichen Kontext anderweitig in Verbindung steht.

§ 35 Ausschluss der Verantwortlichkeit

(1) Eine hinweisgebende Person kann nicht für die Beschaffung von oder den Zugriff auf Informationen, die sie gemeldet oder offengelegt hat, rechtlich verantwortlich gemacht werden, sofern die Beschaffung nicht als solche oder der Zugriff nicht als solcher eine eigenständige Straftat darstellt.

(2) Eine hinweisgebende Person verletzt keine Offenlegungsbeschränkungen und kann nicht für die bei einer Meldung oder Offenlegung erfolgte Weitergabe von Informationen rechtlich verantwortlich gemacht werden, sofern sie hinreichenden Grund zu der Annahme hatte, dass die Weitergabe der Informationen erforderlich war, um einen Verstoß aufzudecken.

§ 36 Verbot von Repressalien; Beweislastumkehr

(1) Gegen hinweisgebende Personen gerichtete Repressalien sind verboten. Das gilt auch für die Androhung und den Versuch, Repressalien auszuüben.

(2) Erleidet eine hinweisgebende Person eine Benachteiligung im Zusammenhang mit ihrer beruflichen Tätigkeit und macht sie geltend, diese Benachteiligung infolge einer Meldung oder Offenlegung nach diesem Gesetz erlitten zu haben, so wird vermutet, dass diese Benachteiligung eine Repressalie für diese Meldung oder Offenlegung ist. In diesem Fall hat die Person, die die hinweisgebende Person benachteiligt hat, zu beweisen, dass die Benachteiligung auf hinreichend gerechtfertigten Gründen basierte oder dass sie nicht auf der Meldung oder Offenlegung beruhte.

§ 37 Schadensersatz nach Repressalien

(1) Bei einem Verstoß gegen das Verbot von Repressalien ist der Verursacher verpflichtet, der hinweisgebenden Person den daraus entstehenden Schaden zu ersetzen.

(2) Ein Verstoß gegen das Verbot von Repressalien begründet keinen Anspruch auf Begründung eines Beschäftigungsverhältnisses, eines Berufsausbildungsverhältnisses oder eines anderen Vertragsverhältnisses oder auf einen beruflichen Aufstieg.

§ 38 Schadensersatz nach einer Falschmeldung

Die hinweisgebende Person ist zum Ersatz des Schadens verpflichtet, der aus einer vorsätzlichen oder grob fahrlässigen Meldung oder Offenlegung unrichtiger Informationen entstanden ist.

§ 39 Verbot abweichender Vereinbarungen

Vereinbarungen, die die nach diesem Gesetz bestehenden Rechte hinweisgebender Personen oder sonst nach diesem Gesetz geschützter Personen einschränken, sind unwirksam.

Abschnitt 5 Sanktionen

§ 40 Bußgeldvorschriften

(1) Ordnungswidrig handelt, wer wissentlich entgegen § 32 Absatz 2 eine unrichtige Information offenlegt.

(2) Ordnungswidrig handelt, wer

1. entgegen § 7 Absatz 2 eine Meldung oder dort genannte Kommunikation behindert,
2. entgegen § 12 Absatz 1 Satz 1 nicht dafür sorgt, dass eine interne Meldestelle eingerichtet ist und betrieben wird, oder
3. entgegen § 36 Absatz 1 Satz 1, auch in Verbindung mit § 34, eine Repressalie ergreift.

(3) Ordnungswidrig handelt, wer vorsätzlich oder leichtfertig entgegen § 8 Absatz 1 Satz 1 die Vertraulichkeit nicht wahrt.

(4) Ordnungswidrig handelt, wer eine in Absatz 3 bezeichnete Handlung fahrlässig begeht.

(5) Der Versuch einer Ordnungswidrigkeit kann in den Fällen des Absatzes 2 Nummer 1 und 3 geahndet werden.

(6) Die Ordnungswidrigkeit kann in den Fällen des Absatzes 2 Nummer 1 und 3, der Absätze 3 und 5 mit einer Geldbuße bis zu fünfzigtausend Euro, in den Fällen der Absätze 1 und 2 Nummer 2 mit einer Geldbuße bis zu zwanzigtausend Euro und in den übrigen Fällen mit einer Geldbuße bis zu zehntausend Euro geahndet werden. § 30 Absatz 2 Satz 3 des Gesetzes über Ordnungswidrigkeiten ist in den Fällen des Absatzes 2 Nummer 1 und 3 und der Absätze 3 und 4 anzuwenden.

Abschnitt 6 Schlussvorschriften

§ 41 Verordnungsermächtigung

Das Bundesministerium der Justiz wird ermächtigt, durch Rechtsverordnung, die nicht der Zustimmung des Bundesrates bedarf, im Einvernehmen mit dem Bundesministerium für Wirtschaft und Klimaschutz, dem Bundesministerium der Finanzen, dem Bundesministerium des Innern und für Heimat, dem Bundesministerium für Arbeit und Soziales, dem Bundesministerium der Verteidigung, dem Bundesministerium für Gesundheit und dem Bundesministerium für Umwelt, Naturschutz, nukleare Sicherheit und Verbraucherschutz

1. die nähere Ausgestaltung der Organisation und des Verfahrens der externen Meldestelle des Bundes zu regeln und
2. eine weitere externe Meldestelle nach § 23 Absatz 1 zu bestimmen.

§ 42 Übergangsregelung

(1) Abweichend von § 12 Absatz 1 müssen private Beschäftigungsgeber mit in der Regel 50 bis 249 Beschäftigten ihre internen Meldestellen erst ab dem 17. Dezember 2023 einrichten. Satz 1 gilt nicht für die in § 12 Absatz 3 genannten Beschäftigungsgeber.

(2) § 40 Absatz 2 Nummer 2 ist erst ab dem 1. Dezember 2023 anzuwenden

DGUV Vorschrift 1 – Grundsätze der Prävention (Unfallverhütungsvorschrift)[3]

Erstes Kapitel Allgemeine Vorschriften

§ 1 Geltungsbereich von Unfallverhütungsvorschriften

(1) Unfallverhütungsvorschriften gelten für Unternehmer und Versicherte; sie gelten auch

1. für Unternehmer und Beschäftigte von ausländischen Unternehmen, die eine Tätigkeit im Inland ausüben, ohne einem Unfallversicherungsträger anzugehören;
2. soweit in dem oder für das Unternehmen Versicherte tätig werden, für die ein anderer Unfallversicherungsträger zuständig ist.

(2) Für Unternehmer mit Versicherten nach § 2 Absatz 1 Nummer 8 Buchstabe b Sozialgesetzbuch Siebtes Buch (SGB VII) gilt diese Unfallverhütungsvorschrift nur, soweit nicht der innere Schulbereich betroffen ist.

Zweites Kapitel Pflichten des Unternehmers

§ 2 Grundpflichten des Unternehmers

(1) Der Unternehmer hat die erforderlichen Maßnahmen zur Verhütung von Arbeitsunfällen, Berufskrankheiten und arbeitsbedingten Gesundheitsgefahren sowie für eine wirksame Erste Hilfe zu treffen. Die zu treffenden Maßnahmen sind insbesondere in staatlichen Arbeitsschutzvorschriften (Anlage 1), dieser Unfallverhütungsvorschrift und in weiteren Unfallverhütungsvorschriften näher bestimmt. Die in staatlichem Recht bestimmten Maß nahmen gelten auch zum Schutz von Versicherten, die keine Beschäftigten sind.

(2) Der Unternehmer hat bei den Maßnahmen nach Absatz 1 von den allgemeinen Grundsätzen nach § 4 Arbeitsschutzgesetz

3 Der jeweilige Unfallversicherungsträger, d.h. Unfallkasse oder Berufsgenossenschaft hat die DGUV Vorschrift 1 für seinen Regelungsbereich individuell in Kraft gesetzt, bei den meisten Unfallversicherungsträgern im Laufe des Jahres 2014. Bitte beachten Sie insofern die Regelungen des im Einzelfall zuständigen Unfallversicherungsträgers.

auszugehen und dabei vorrangig das staatliche Regelwerk sowie das Regelwerk der Unfallversicherungsträger heranzuziehen.

(3) Der Unternehmer hat die Maßnahmen nach Absatz 1 entsprechend den Bestimmungen des § 3 Absatz 1 Sätze 2 und 3 und Absatz 2 Arbeitsschutzgesetz zu planen, zu organisieren, durchzuführen und erforderlichenfalls an veränderte Gegebenheiten anzupassen.

(4) Der Unternehmer darf keine sicherheitswidrigen Weisungen erteilen.

(5) Kosten für Maßnahmen nach dieser Unfallverhütungsvorschrift und den für ihn sonst geltenden Unfallverhütungsvorschriften darf der Unternehmer nicht den Versicherten auferlegen.

§ 3 Beurteilung der Arbeitsbedingungen, Dokumentation, Auskunftspflichten

(1) Der Unternehmer hat durch eine Beurteilung der für die Versicherten mit ihrer Arbeit verbundenen Gefährdungen entsprechend § 5 Absatz 2 und 3 Arbeitsschutzgesetz zu ermitteln, welche Maßnahmen nach § 2 Absatz 1 erforderlich sind.

(2) Der Unternehmer hat Gefährdungsbeurteilungen insbesondere dann zu überprüfen, wenn sich die betrieblichen Gegebenheiten hinsichtlich Sicherheit und Gesundheitsschutz verändert haben.

(3) Der Unternehmer hat entsprechend § 6 Absatz 1 Arbeitsschutzgesetz das Ergebnis der Gefährdungsbeurteilung nach Absatz 1, die von ihm festgelegten Maßnahmen und das Ergebnis ihrer Überprüfung zu dokumentieren.

(4) Der Unternehmer hat dem Unfallversicherungsträger alle Informationen über die im Betrieb getroffenen Maßnahmen des Arbeitsschutzes auf Wunsch zur Kenntnis zu geben.

(5) Für Personen, die in Unternehmen zur Hilfe bei Unglücksfällen oder im Zivilschutz unentgeltlich tätig werden, hat der Unternehmer, der für die vorgenannten Personen zuständig ist, Maßnahmen zu ergreifen, die denen nach Absatz 1 bis 4 gleichwertig sind.

§ 4 Unterweisung der Versicherten

(1) Der Unternehmer hat die Versicherten über Sicherheit und Gesundheitsschutz bei der Arbeit, insbesondere über die mit ihrer Arbeit verbundenen Gefährdungen und die Maßnahmen zu ihrer Verhütung, entsprechend § 12 Absatz 1 Arbeitsschutzgesetz sowie bei einer Arbeitnehmerüberlassung entsprechend § 12 Absatz 2

Arbeitsschutzgesetz zu unterweisen; die Unterweisung muss erforderlichenfalls wiederholt werden, mindestens aber einmal jährlich erfolgen; sie muss dokumentiert werden.

(2) Der Unternehmer hat den Versicherten die für ihren Arbeitsbereich oder für ihre Tätigkeit relevanten Inhalte der geltenden Unfallverhütungsvorschriften und Regeln der Unfallversicherungsträger sowie des einschlägigen staatlichen Vorschriften- und Regelwerks in verständlicher Weise zu vermitteln.

(3) Der Unternehmer nach § 136 Absatz 3 Nummer 3 Alternative 2 Sozialgesetzbuch Siebtes Buch (SGB VII) hat den Schulhoheitsträger hinsichtlich Unterweisungen für Versicherte nach § 2 Absatz 1 Nummer 8 Buchstabe b SGB VII zu unterstützen.

§ 5 Vergabe von Aufträgen

(1) Erteilt der Unternehmer den Auftrag,

1. Einrichtungen zu planen, herzustellen, zu ändern oder in Stand zu setzen,
2. Arbeitsverfahren zu planen oder zu gestalten,

so hat er dem Auftragnehmer schriftlich aufzugeben, die in § 2 Absatz 1 und 2 genannten für die Durchführung des Auftrags maßgeblichen Vorgaben zu beachten.

(2) Erteilt der Unternehmer den Auftrag, Arbeitsmittel, Ausrüstungen oder Arbeitsstoffe zu liefern, so hat er dem Auftragnehmer schriftlich aufzugeben, im Rahmen seines Auftrags die für Sicherheit und Gesundheitsschutz einschlägigen Anforderungen einzuhalten.

(3) Bei der Erteilung von Aufträgen an ein Fremdunternehmen hat der den Auftrag erteilende Unternehmer den Fremdunternehmer bei der Gefährdungsbeurteilung bezüglich der betriebsspezifischen Gefahren zu unterstützen. Der Unternehmer hat ferner sicherzustellen, dass Tätigkeiten mit besonderen Gefahren durch Aufsichtführende überwacht werden, die die Durchführung der festgelegten Schutzmaßnahmen sicherstellen. Der Unternehmer hat ferner mit dem Fremdunternehmen Einvernehmen herzustellen, wer den Aufsichtführenden zu stellen hat.

§ 6 Zusammenarbeit mehrerer Unternehmer

(1) Werden Beschäftigte mehrerer Unternehmer oder selbständige Einzelunternehmer an einem Arbeitsplatz tätig, haben die Unternehmer hinsichtlich der Sicherheit und des Gesundheitsschutzes

der Beschäftigten, insbesondere hinsichtlich der Maßnahmen nach § 2 Absatz 1, entsprechend § 8 Absatz 1 Arbeitsschutzgesetz zusammenzuarbeiten. Insbesondere haben sie, soweit es zur Vermeidung einer möglichen gegenseitigen Gefährdung erforderlich ist, eine Person zu bestimmen, die die Arbeiten aufeinander abstimmt; zur Abwehr besonderer Gefahren ist sie mit entsprechender Weisungsbefugnis auszustatten.

(2) Der Unternehmer hat sich je nach Art der Tätigkeit zu vergewissern, dass Personen, die in seinem Betrieb tätig werden, hinsichtlich der Gefahren für ihre Sicherheit und Gesundheit während ihrer Tätigkeit in seinem Betrieb angemessene Anweisungen erhalten haben.

§ 7 Befähigung für Tätigkeiten

(1) Bei der Übertragung von Aufgaben auf Versicherte hat der Unternehmer je nach Art der Tätigkeiten zu berücksichtigen, ob die Versicherten befähigt sind, die für die Sicherheit und den Gesundheitsschutz bei der Aufgabenerfüllung zu beachtenden Bestimmungen und Maßnahmen einzuhalten. Der Unternehmer hat die für bestimmte Tätigkeiten festgelegten Qualifizierungsanforderungen zu berücksichtigen.

(2) Der Unternehmer darf Versicherte, die erkennbar nicht in der Lage sind, eine Arbeit ohne Gefahr für sich oder andere auszuführen, mit dieser Arbeit nicht beschäftigen.

§ 8 Gefährliche Arbeiten

(1) Wenn eine gefährliche Arbeit von mehreren Personen gemeinschaftlich ausgeführt wird und sie zur Vermeidung von Gefahren eine gegenseitige Verständigung erfordert, hat der Unternehmer dafür zu sorgen, dass eine zuverlässige, mit der Arbeit vertraute Person die Aufsicht führt.

(2) Wird eine gefährliche Arbeit von einer Person allein ausgeführt, so hat der Unternehmer über die allgemeinen Schutzmaßnahmen hinaus für geeignete technische oder organisatorische Personenschutzmaßnahmen zu sorgen.

§ 9 Zutritts- und Aufenthaltsverbote

Der Unternehmer hat dafür zu sorgen, dass Unbefugte Betriebsteile nicht betreten, wenn dadurch eine Gefahr für Sicherheit und Gesundheit entsteht.

§ 10 Besichtigung des Unternehmens, Erlass einer Anordnung, Auskunftspflicht

(1) Der Unternehmer hat den Aufsichtspersonen des Unfallversicherungsträgers die Besichtigung seines Unternehmens zu ermöglichen und sie auf ihr Verlangen zu begleiten oder durch einen geeigneten Vertreter begleiten zu lassen.

(2) Erlässt die Aufsichtsperson des Unfallversicherungsträgers eine Anordnung und setzt sie hierbei eine Frist, innerhalb der die verlangten Maßnahmen zu treffen sind, so hat der Unternehmer nach Ablauf der Frist unverzüglich mitzuteilen, ob er die verlangten Maßnahmen getroffen hat.

(3) Der Unternehmer hat den Aufsichtspersonen des Unfallversicherungsträgers auf Verlangen die zur Durchführung ihrer Überwachungsaufgabe erforderlichen Auskünfte zu erteilen. Er hat die Aufsichtspersonen zu unterstützen, soweit dies zur Erfüllung ihrer Aufgaben erforderlich ist.

§ 11 Maßnahmen bei Mängeln

Tritt bei einem Arbeitsmittel, einer Einrichtung, einem Arbeitsverfahren bzw. Arbeitsablauf ein Mangel auf, durch den für die Versicherten sonst nicht abzuwendende Gefahren entstehen, hat der Unternehmer das Arbeitsmittel oder die Einrichtung der weiteren Benutzung zu entziehen oder stillzulegen bzw. das Arbeitsverfahren oder den Arbeitsablauf abzubrechen, bis der Mangel behoben ist.

§ 12 Zugang zu Vorschriften und Regeln

(1) Der Unternehmer hat den Versicherten die für sein Unternehmen geltenden Unfallverhütungsvorschriften und Regeln der Unfallversicherungsträger sowie die einschlägigen staatlichen Vorschriften und Regeln an geeigneter Stelle zugänglich zu machen.

(2) Der Unternehmer hat den mit der Durchführung und Unterstützung von Maßnahmen nach § 2 Absatz 1 betrauten Personen die nach dem Ergebnis der Gefährdungsbeurteilung (§ 3 Absatz 1 und 2) für ihren Zuständigkeitsbereich geltenden Vorschriften und Regeln zur Verfügung zu stellen.

§ 13 Pflichtenübertragung

Der Unternehmer kann zuverlässige und fachkundige Personen schriftlich damit beauftragen, ihm nach Unfallverhütungsvorschriften obliegende Aufgaben in eigener Verantwortung wahrzunehmen.

Die Beauftragung muss den Verantwortungsbereich und Befugnisse festlegen und ist vom Beauftragten zu unterzeichnen. Eine Ausfertigung der Beauftragung ist ihm auszuhändigen.

§ 14 Ausnahmen

(1) Der Unternehmer kann bei dem Unfallversicherungsträger im Einzelfall Ausnahmen von Unfallverhütungsvorschriften schriftlich beantragen. Dem Antrag ist eine Stellungnahme der betrieblichen Arbeitnehmervertretung beizufügen; im Falle eines Antrages durch eine Kindertageseinrichtung, eine allgemein bildende oder berufsbildende Schule oder eine Hochschule ist zusätzlich der Leitung der Einrichtung Gelegenheit zur Stellungnahme zu geben.

(2) Der Unfallversicherungsträger kann dem Antrag nach Absatz 1 entsprechen, wenn

1. der Unternehmer eine andere, ebenso wirksame Maßnahme trifft oder
2. die Durchführung der Vorschriften im Einzelfall zu einer unverhältnismäßigen Härte führen würde und die Abweichung mit dem Schutz der Versicherten vereinbar ist.

(3) Betrifft der Antrag nach Absatz 1 Regelungen in Unfallverhütungsvorschriften, die zugleich Gegenstand staatlicher Arbeitsschutzvorschriften sind, hat der Unfallversicherungsträger eine Stellungnahme der für die Durchführung der staatlichen Arbeitsschutzvorschriften zuständigen staatlichen Arbeitsschutzbehörde einzuholen und zu berücksichtigen.

(4) In staatlichen Arbeitsschutzvorschriften enthaltene Verfahrensvorschriften, insbesondere über Genehmigungen, Erlaubnisse, Ausnahmen, Anzeigen und Vorlagepflichten, bleiben von dieser Unfallverhütungsvorschrift unberührt; die nach diesen Bestimmungen zu treffenden behördlichen Maßnahmen obliegen den zuständigen Arbeitsschutzbehörden.

Drittes Kapitel Pflichten der Versicherten

§ 15 Allgemeine Unterstützungspflichten und Verhalten

(1) Die Versicherten sind verpflichtet, nach ihren Möglichkeiten sowie gemäß der Unterweisung und Weisung des Unternehmers für ihre Sicherheit und Gesundheit bei der Arbeit sowie für Sicherheit und Gesundheitsschutz derjenigen zu sorgen, die von ihren

Handlungen oder Unterlassungen betroffen sind. Die Versicherten haben die Maßnahmen zur Verhütung von Arbeitsunfällen, Berufskrankheiten und arbeitsbedingten Gesundheitsgefahren sowie für eine wirksame Erste Hilfe zu unterstützen. Versicherte haben die entsprechenden Anweisungen des Unternehmers zu befolgen. Die Versicherten dürfen erkennbar gegen Sicherheit und Gesundheit gerichtete Weisungen nicht befolgen.
(2) Versicherte dürfen sich durch den Konsum von Alkohol, Drogen oder anderen berauschenden Mitteln nicht in einen Zustand versetzen, durch den sie sich selbst oder andere gefährden können.
(3) Absatz 2 gilt auch für die Einnahme von Medikamenten.

§ 16 Besondere Unterstützungspflichten

(1) Die Versicherten haben dem Unternehmer oder dem zuständigen Vorgesetzten jede von ihnen festgestellte unmittelbare erhebliche Gefahr für die Sicherheit und Gesundheit sowie jeden an den Schutzvorrichtungen und Schutzsystemen festgestellten Defekt unverzüglich zu melden. Unbeschadet dieser Pflicht sollen die Versicherten von ihnen festgestellte Gefahren für Sicherheit und Gesundheit und Mängel an den Schutzvorrichtungen und Schutzsystemen auch der Fachkraft für Arbeitssicherheit, dem Betriebsarzt oder dem Sicherheitsbeauftragten mitteilen.
(2) Stellt ein Versicherter fest, dass im Hinblick auf die Verhütung von Arbeitsunfällen, Berufskrankheiten und arbeitsbedingten Gesundheitsgefahren

- ein Arbeitsmittel oder eine sonstige Einrichtung einen Mangel aufweist,
- Arbeitsstoffe nicht einwandfrei verpackt, gekennzeichnet oder beschaffen sind oder
- ein Arbeitsverfahren oder Arbeitsabläufe Mängel aufweisen,

hat er, soweit dies zu seiner Arbeitsaufgabe gehört und er über die notwendige Befähigung verfügt, den festgestellten Mangel unverzüglich zu beseitigen. Andernfalls hat er den Mangel dem Vorgesetzten unverzüglich zu melden.

§ 17 Benutzung von Einrichtungen, Arbeitsmitteln und Arbeitsstoffen

Versicherte haben Einrichtungen, Arbeitsmittel und Arbeitsstoffe sowie Schutzvorrichtungen bestimmungsgemäß und im Rahmen der ihnen übertragenen Arbeitsaufgaben zu benutzen.

§ 18 Zutritts- und Aufenthaltsverbote

Versicherte dürfen sich an gefährlichen Stellen nur im Rahmen der ihnen übertragenen Aufgaben aufhalten.

Viertes Kapitel Organisation des betrieblichen Arbeitsschutzes

Erster Abschnitt Sicherheitstechnische und betriebsärztliche Betreuung, Sicherheitsbeauftragte

§ 19 Bestellung von Fachkräften für Arbeitssicherheit und Betriebsärzten

(1) Der Unternehmer hat nach Maßgabe des Gesetzes über Betriebsärzte, Sicherheitsingenieure und andere Fachkräfte für Arbeitssicherheit (Arbeitssicherheitsgesetz) und der hierzu erlassenen Unfallverhütungsvorschriften Fachkräfte für Arbeitssicherheit und Betriebsärzte zu bestellen.

(2) Der Unternehmer hat die Zusammenarbeit der Fachkräfte für Arbeitssicherheit und der Betriebsärzte zu fördern.

§ 20 Bestellung und Aufgaben von Sicherheitsbeauftragten

(1) In Unternehmen mit regelmäßig mehr als 20 Beschäftigten hat der Unternehmer unter Berücksichtigung der im Unternehmen bestehenden Verhältnisse hinsichtlich der Arbeitsbedingungen, der Arbeitsumgebung sowie der Arbeitsorganisation Sicherheitsbeauftragte in der erforderlichen Anzahl zu bestellen. Kriterien für die Anzahl der Sicherheitsbeauftragten sind:

- Im Unternehmen bestehende Unfall-und Gesundheitsgefahren,
- Räumliche Nähe der zuständigen Sicherheitsbeauftragten zu den Beschäftigten,
- Zeitliche Nähe der zuständigen Sicherheitsbeauftragten zu den Beschäftigten,
- Fachliche Nähe der zuständigen Sicherheitsbeauftragten zu den Beschäftigten,
- Anzahl der Beschäftigten.

(2) Die Sicherheitsbeauftragten haben den Unternehmer bei der Durchführung der Maßnahmen zur Verhütung von Arbeitsunfällen und Berufskrankheiten zu unterstützen, insbesondere sich von dem Vorhandensein und der ordnungsgemäßen Benutzung der vorgeschriebenen Schutzeinrichtungen und persönlichen

Schutzausrüstungen zu überzeugen und auf Unfall- und Gesundheitsgefahren für die Versicherten aufmerksam zu machen.
(3) Der Unternehmer hat den Sicherheitsbeauftragten Gelegenheit zu geben, ihre Aufgaben zu erfüllen, insbesondere in ihrem Bereich an den Betriebsbesichtigungen sowie den Untersuchungen von Unfällen und Berufskrankheiten durch die Aufsichtspersonen der Unfallversicherungsträger teilzunehmen; den Sicherheitsbeauftragten sind die hierbei erzielten Ergebnisse zur Kenntnis zu geben.
(4) Der Unternehmer hat sicherzustellen, dass die Fachkräfte für Arbeitssicherheit und Betriebsärzte mit den Sicherheitsbeauftragten eng zusammenwirken.
(5) Die Sicherheitsbeauftragten dürfen wegen der Erfüllung der ihnen übertragenen Aufgaben nicht benachteiligt werden.
(6) Der Unternehmer hat den Sicherheitsbeauftragten Gelegenheit zu geben, an Aus- und Fortbildungsmaßnahmen des Unfallversicherungsträgers teilzunehmen, soweit dies im Hinblick auf die Betriebsart und die damit für die Versicherten verbundenen Unfall- und Gesundheitsgefahren sowie unter Berücksichtigung betrieblicher Belange erforderlich ist.

Zweiter Abschnitt Maßnahmen bei besonderen Gefahren

§ 21 Allgemeine Pflichten des Unternehmers

(1) Der Unternehmer hat Vorkehrungen zu treffen, dass alle Versicherten, die einer unmittelbaren erheblichen Gefahr ausgesetzt sind oder sein können, möglichst frühzeitig über diese Gefahr und die getroffenen oder zu treffenden Schutzmaßnahmen unterrichtet sind. Bei unmittelbarer erheblicher Gefahr für die eigene Sicherheit oder die Sicherheit anderer Personen müssen die Versicherten die geeigneten Maßnahmen zur Gefahrenabwehr und Schadensbegrenzung selbst treffen können, wenn der zuständige Vorgesetzte nicht erreichbar ist; dabei sind die Kenntnisse der Versicherten und die vorhandenen technischen Mittel zu berücksichtigen.
(2) Der Unternehmer hat Maßnahmen zu treffen, die es den Versicherten bei unmittelbarer erheblicher Gefahr ermöglichen, sich durch sofortiges Verlassen der Arbeitsplätze in Sicherheit zu bringen.

§ 22 Notfallmaßnahmen

(1) Der Unternehmer hat entsprechend § 10 Arbeitsschutzgesetz die Maßnahmen zu planen, zu treffen und zu überwachen, die

insbesondere für den Fall des Entstehens von Bränden, von Explosionen, des unkontrollierten Austretens von Stoffen und von sonstigen gefährlichen Störungen des Betriebsablaufs geboten sind.
(2) Der Unternehmer hat eine ausreichende Anzahl von Versicherten durch Unterweisung und Übung im Umgang mit Feuerlöscheinrichtungen zur Bekämpfung von Entstehungsbränden vertraut zu machen.

§ 23 Maßnahmen gegen Einflüsse des Wettergeschehens
Beschäftigt der Unternehmer Versicherte im Freien und bestehen infolge des Wettergeschehens Unfall- und Gesundheitsgefahren, so hat er geeignete Maßnahmen am Arbeitsplatz vorzusehen, geeignete organisatorische Schutzmaßnahmen zu treffen oder erforderlichenfalls persönliche Schutzausrüstungen zur Verfügung zu stellen.

Dritter Abschnitt Erste Hilfe

§ 24 Allgemeine Pflichten des Unternehmers
(1) Der Unternehmer hat dafür zu sorgen, dass zur Ersten Hilfe und zur Rettung aus Gefahr die erforderlichen Einrichtungen und Sachmittel sowie das erforderliche Personal zur Verfügung stehen.
(2) Der Unternehmer hat dafür zu sorgen, dass nach einem Unfall unverzüglich Erste Hilfe geleistet und eine erforderliche ärztliche Versorgung veranlasst wird.
(3) Der Unternehmer hat dafür zu sorgen, dass Verletzte sachkundig transportiert werden.
(4) Der Unternehmer hat im Rahmen seiner Möglichkeiten darauf hinzuwirken, dass Versicherte

1. einem Durchgangsarzt vorgestellt werden, es sei denn, dass der erstbehandelnde Arzt festgestellt hat, dass die Verletzung nicht über den Unfalltag hinaus zur Arbeitsunfähigkeit führt oder die Behandlungsbedürftigkeit voraussichtlich nicht mehr als eine Woche beträgt,
2. bei einer schweren Verletzung einem der von den Unfallversicherungsträgern bezeichneten Krankenhäuser zugeführt werden,
3. bei Vorliegen einer Augen- oder Hals-, Nasen-, Ohrenverletzung dem nächsterreichbaren Arzt des entsprechenden Fachgebiets zugeführt werden, es sei denn, dass sich die Vorstellung durch eine ärztliche Erstversorgung erübrigt hat.

(5) Der Unternehmer hat dafür zu sorgen, dass den Versicherten durch Aushänge der Unfallversicherungsträger oder in anderer geeigneter schriftlicher Form Hinweise über die Erste Hilfe und Angaben über Notruf, Erste-Hilfe- und Rettungs-Einrichtungen, über das Erste-Hilfe-Personal sowie über herbeizuziehende Ärzte und anzufahrende Krankenhäuser gemacht werden. Die Hinweise und die Angaben sind aktuell zu halten.
(6) Der Unternehmer hat dafür zu sorgen, dass jede Erste-Hilfe-Leistung dokumentiert und diese Dokumentation fünf Jahre lang verfügbar gehalten wird. Die Dokumente sind vertraulich zu behandeln.
(7) Der Schulsachkostenträger als Unternehmer nach § 136 Absatz 3 Nummer 3 Alternative 2 Sozialgesetzbuch Siebtes Buch (SGB VII) hat den Schulhoheitsträger bei der Durchführung von Maßnahmen zur Sicherstellung einer wirksamen Ersten Hilfe für Versicherte nach § 2 Absatz 1 Nummer 8 Buchstabe b SGB VII zu unterstützen.

§ 25 Erforderliche Einrichtungen und Sachmittel

(1) Der Unternehmer hat unter Berücksichtigung der betrieblichen Verhältnisse durch Meldeeinrichtungen und organisatorische Maßnahmen dafür zu sorgen, dass unverzüglich die notwendige Hilfe herbeigerufen und an den Einsatzort geleitet werden kann.
(2) Der Unternehmer hat dafür zu sorgen, dass Mittel zur Ersten Hilfe jederzeit schnell erreichbar und leicht zugänglich in geeigneten Behältnissen, gegen schädigende Einflüsse geschützt, in ausreichender Menge bereitgehalten sowie rechtzeitig ergänzt und erneuert werden.
(3) Der Unternehmer hat dafür zu sorgen, dass unter Berücksichtigung der betrieblichen Verhältnisse Rettungsgeräte und Rettungstransportmittel bereitgehalten werden.
(4) Der Unternehmer hat dafür zu sorgen, dass mindestens ein mit Rettungstransportmitteln leicht erreichbarer Erste-Hilfe-Raum oder eine vergleichbare Einrichtung

1. in einer Betriebsstätte mit mehr als 1000 dort beschäftigten Versicherten,
2. in einer Betriebsstätte mit 1000 oder weniger, aber mehr als 100 dort beschäftigten Versicherten, wenn ihre Art und das Unfallgeschehen nach Art, Schwere und Zahl der Unfälle einen gesonderten Raum für die Erste Hilfe erfordern,

3. auf einer Baustelle mit mehr als 50 dort beschäftigten Versicherten

vorhanden ist. Nummer 3 gilt auch, wenn der Unternehmer zur Erbringung einer Bauleistung aus einem von ihm übernommenen Auftrag Arbeiten an andere Unternehmer vergeben hat und insgesamt mehr als 50 Versicherte gleichzeitig tätig werden.

(5) In Kindertageseinrichtungen, allgemein bildenden und berufsbildenden Schulen sowie Hochschulen hat der Unternehmer geeignete Liegemöglichkeiten oder geeignete Räume mit Liegemöglichkeit zur Erstversorgung von Verletzten in der erforderlichen Anzahl vorzuhalten.

§ 26 Zahl und Ausbildung der Ersthelfer

(1) Der Unternehmer hat dafür zu sorgen, dass für die Erste-Hilfe-Leistung Ersthelfer mindestens in folgender Zahl zur Verfügung stehen:

1. Bei 2 bis zu 20 anwesenden Versicherten ein Ersthelfer,
2. bei mehr als 20 anwesenden Versicherten
   a) in Verwaltungs- und Handelsbetrieben 5 %,
   b) in sonstigen Betrieben 10 %,
   c) in Kindertageseinrichtungen ein Ersthelfer je Kindergruppe,
   d) in Hochschulen 10 % der Versicherten nach § 2 Absatz 1 Nummer 1 Sozialgesetzbuch Siebtes Buch (SGB VII).

Von der Zahl der Ersthelfer nach Nummer 2 kann im Einvernehmen mit dem Unfallversicherungsträger unter Berücksichtigung der Organisation des betrieblichen Rettungswesens und der Gefährdung abgewichen werden.

(2) Der Unternehmer darf als Ersthelfer nur Personen einsetzen, die bei einer von dem Unfallversicherungsträger für die Ausbildung zur Ersten Hilfe ermächtigten Stelle ausgebildet worden sind oder über eine sanitätsdienstliche/rettungsdienstliche Ausbildung oder eine abgeschlossene Ausbildung in einem Beruf des Gesundheitswesens verfügen. Die Voraussetzungen für die Ermächtigung sind in der Anlage 2 zu dieser Unfallverhütungsvorschrift geregelt.

(3) Der Unternehmer hat dafür zu sorgen, dass die Ersthelfer in der Regel in Zeitabständen von zwei Jahren fortgebildet werden. Für die Fortbildung gilt Absatz 2 entsprechend. Personen mit einer sanitätsdienstlichen/rettungsdienstlichen Ausbildung oder einer entsprechenden Qualifikation in einem Beruf des

Gesundheitswesens gelten als fortgebildet, wenn sie an vergleichbaren Fortbildungsveranstaltungen regelmäßig teilnehmen oder bei ihrer beruflichen oder ehrenamtlich sanitätsdienstlichen/rettungsdienstlichen Tätigkeit regelmäßig Erste-Hilfe-Maßnahmen durchführen. Der Unternehmer hat sich Nachweise über die Fortbildung vorlegen zu lassen.

(4) Ist nach Art des Betriebes, insbesondere auf Grund des Umganges mit Gefahrstoffen, damit zu rechnen, dass bei Unfällen Maßnahmen erforderlich werden, die nicht Gegenstand der allgemeinen Ausbildung zum Ersthelfer gemäß Absatz 2 sind, hat der Unternehmer für die erforderliche zusätzliche Aus- und Fortbildung zu sorgen.

(5) Die Absätze 1 bis 4 gelten nicht für Unternehmer hinsichtlich der nach § 2 Absatz 1 Nummer 8 Buchstabe b Sozialgesetzbuch Siebtes Buch (SGB VII) Versicherten.

§ 27 Zahl und Ausbildung der Betriebssanitäter

(1) Der Unternehmer hat dafür zu sorgen, dass mindestens ein Betriebssanitäter zur Verfügung steht, wenn

1. in einer Betriebsstätte mehr als 1500 Versicherte nach § 2 Absatz 1 Nummer 1 Sozialgesetzbuch Siebtes Buch (SGB VII) anwesend sind,
2. in einer Betriebsstätte 1500 oder weniger, aber mehr als 250 Versicherte nach § 2 Absatz 1 Nummer 1 SGB VII anwesend sind und Art, Schwere und Zahl der Unfälle den Einsatz von Sanitätspersonal erfordern,
3. auf einer Baustelle mehr als 100 Versicherte nach § 2 Absatz 1 Nummer 1 SGB VII anwesend

sind.

Nummer 3 gilt auch, wenn der Unternehmer zur Erbringung einer Bauleistung aus einem von ihm übernommenen Auftrag Arbeiten an andere Unternehmer vergibt und insgesamt mehr als 100 Versicherte gleichzeitig tätig werden.

(2) In Betrieben nach Absatz 1 Satz 1 Nummer 1 kann im Einvernehmen mit dem Unfallversicherungsträger von Betriebssanitätern abgesehen werden, sofern nicht nach Art, Schwere und Zahl der Unfälle ihr Einsatz erforderlich ist. Auf Baustellen nach Absatz 1 Satz 1 Nummer 3 kann im Einvernehmen mit dem Unfallversicherungsträger unter Berücksichtigung der Erreichbarkeit des Unfallortes und der Anbindung an den öffentlichen Rettungsdienst von Betriebssanitätern abgesehen werden.

(3) Der Unternehmer darf als Betriebssanitäter nur Personen einsetzen, die von Stellen ausgebildet worden sind, welche von dem Unfallversicherungsträger in personeller, sachlicher und organisatorischer Hinsicht als geeignet beurteilt werden.
(4) Der Unternehmer darf als Betriebssanitäter nur Personen einsetzen, die
1. an einer Grundausbildung
und
2. an einem Aufbaulehrgang
für den betrieblichen Sanitätsdienst teilgenommen haben.
Als Grundausbildung gilt auch eine mindestens gleichwertige Ausbildung oder eine die Sanitätsaufgaben einschließende Berufsausbildung.
(5) Für die Teilnahme an dem Aufbaulehrgang nach Absatz 4 Satz 1 Nummer 2 darf die Teilnahme an der Ausbildung nach Absatz 4 Satz 1 Nummer 1 nicht mehr als zwei Jahre zurückliegen; soweit auf Grund der Ausbildung eine entsprechende berufliche Tätigkeit ausgeübt wurde, ist die Beendigung derselben maßgebend.
(6) Der Unternehmer hat dafür zu sorgen, dass die Betriebssanitäter regelmäßig innerhalb von drei Jahren fortgebildet werden. Für die Fortbildung gilt Absatz 3 entsprechend.

§ 28 Unterstützungspflichten der Versicherten

(1) Im Rahmen ihrer Unterstützungspflichten nach § 15 Absatz 1 haben sich Versicherte zum Ersthelfer ausbilden und in der Regel in Zeitabständen von zwei Jahren fortbilden zu lassen.
Sie haben sich nach der Ausbildung für Erste-Hilfe-Leistungen zur Verfügung zu stellen. Die Versicherten brauchen den Verpflichtungen nach den Sätzen 1 und 2 nicht nachzukommen, soweit persönliche Gründe entgegenstehen.
(2) Versicherte haben unverzüglich jeden Unfall der zuständigen betrieblichen Stelle zu melden; sind sie hierzu nicht im Stande, liegt die Meldepflicht bei dem Betriebsangehörigen, der von dem Unfall zuerst erfährt.

Vierter Abschnitt Persönliche Schutzausrüstungen

§ 29 Bereitstellung

(1) Der Unternehmer hat gemäß § 2 der PSA-Benutzungsverordnung den Versicherten geeignete persönliche Schutzausrüstungen

bereitzustellen; vor der Bereitstellung hat er die Versicherten anzuhören.

(2) Der Unternehmer hat dafür zu sorgen, dass die persönlichen Schutzausrüstungen den Versicherten in ausreichender Anzahl zur persönlichen Verwendung für die Tätigkeit am Arbeitsplatz zur Verfügung gestellt werden. Für die bereitgestellten persönlichen Schutzausrüstungen müssen EG-Konformitätserklärungen vorliegen. Satz 2 gilt nicht für Hautschutzmittel.

§ 30 Benutzung

(1) Der Unternehmer hat dafür zu sorgen, dass persönliche Schutzausrüstungen entsprechend bestehender Tragezeitbegrenzungen und Gebrauchsdauern bestimmungsgemäß benutzt werden.

(2) Die Versicherten haben die persönlichen Schutzausrüstungen bestimmungsgemäß zu benutzen, regelmäßig auf ihren ordnungsgemäßen Zustand zu prüfen und festgestellte Mängel dem Unternehmer unverzüglich zu melden.

§ 31 Besondere Unterweisungen

Für persönliche Schutzausrüstungen, die gegen tödliche Gefahren oder bleibende Gesundheitsschäden schützen sollen, hat der Unternehmer die nach § 3 Absatz 2 der PSA-Benutzungsverordnung bereitzuhaltende Benutzungsinformation den Versicherten im Rahmen von Unterweisungen mit Übungen zu vermitteln.

Fünftes Kapitel Ordnungswidrigkeiten

§ 32 Ordnungswidrigkeiten

Ordnungswidrig im Sinne des § 209 Absatz 1 Nummer 1 Sozialgesetzbuch Siebtes Buch (SGB VII) handelt, wer vorsätzlich oder fahrlässig den Bestimmungen der
§ 2 Abs. 5,
§ 12 Abs. 2,
§ 15 Abs. 2,
§ 20 Abs. 1,
§ 24 Abs. 6,
§ 25 Abs. 1, 4 Nr. 1 oder 3,
§ 26 Abs. 1 Satz 1 oder Abs. 2 Satz 1,
§ 27 Abs. 1 Satz 1 Nr. 1 oder 3, Abs. 3,
§ 29 Abs. 2 Satz 2 oder
§ 30
zuwiderhandelt.

Sechstes Kapitel Aufhebung von Unfallverhütungsvorschriften

§ 33 Aufhebung von Unfallverhütungsvorschriften

Folgende Unfallverhütungsvorschrift wird aufgehoben: „Grundsätze der Prävention" (BGV A1) vom 1. Januar 2004

Siebtes Kapitel Inkrafttreten

§ 34 Inkrafttreten

[...][4]

[4] Der jeweilige Unfallversicherungsträger, d. h. Unfallkasse oder Berufsgenossenschaft hat die DGUV Vorschrift 1 für seinen Regelungsbereich individuell in Kraft gesetzt, bei den meisten Unfallversicherungsträgern im Laufe des Jahres 2014. Bitte beachten Sie insofern die Regelungen des im Einzelfall zuständigen Unfallversicherungsträgers.

Anhang

Anlage 1 (zu § 2 Abs. 1)

Staatliche Arbeitsschutzvorschriften, in denen vom Unternehmer zur Verhütung von Arbeitsunfällen, Berufskrankheiten und arbeitsbedingten Gesundheitsgefahren zu treffende Maßnahmen näher bestimmt sind, sind – in ihrer jeweils gültigen Fassung – insbesondere:

- Arbeitsschutzgesetz (ArbSchG),
- Arbeitsstättenverordnung (ArbStättV),
- Baustellenverordnung,
- Bildschirmarbeitsverordnung (BildscharbV),
- Biostoffverordnung (BioStoffV),
- Betriebssicherheitsverordnung (BetrSichV),
- Gefahrstoffverordnung (GefStoffV),
- Lärm- und Vibrations-Arbeitsschutzverordnung (LärmVibrationsArbSchV),
- Lastenhandhabungsverordnung (LasthandhabV),
- PSA-Benutzungsverordnung (PSA-BV),
- Verordnung zur arbeitsmedizinischen Vorsorge (ArbMedVV),
- Verordnung zum Schutz der Beschäftigten vor Gefährdungen durch künstliche optische Strahlung (OStrV).

Die vorstehende Auflistung ist nicht abschließend.

Der gesetzliche Auftrag der Unfallversicherungsträger zur Verhütung von Arbeitsunfällen, Berufskrankheiten und arbeitsbedingten Gesundheitsgefahren gilt auch für Unternehmer und Versicherte, die nicht unmittelbar durch die Anwendungsbereiche der staatlichen Arbeitsschutzvorschriften erfasst sind.

Anlage 2 (zu § 26 Abs. 2)

Voraussetzungen für die Ermächtigung als Stelle für die Aus- und Fortbildung in der Ersten Hilfe Stellen, die Aus- und Fortbildung in der Ersten Hilfe durchführen, bedürfen einer schriftlichen Vereinbarung, welche Art und Umfang der Aus- und Fortbildungsleistungen und die Höhe der Lehrgangsgebühren regelt.

1 Allgemeine Grundsätze

1.1 Antrag auf Ermächtigung

Der Antrag auf Ermächtigung ist beim zuständigen Unfallversicherungsträger einzureichen.

1.2 Prüfung

Der Unfallversicherungsträger sowie von dem Unfallversicherungsträger beauftragte Personen sind jederzeit berechtigt, die Lehrgangsräume, die Lehrgangseinrichtungen, die Unterrichtsmittel sowie die Durchführung der Lehrgänge zu prüfen.

1.3 Befristung, Widerruf der Ermächtigung

Die Ermächtigung wird befristet und unter dem Vorbehalt des Widerrufes nach Prüfung der personellen, sachlichen und organisatorischen Voraussetzungen erteilt.

1.4 Änderung einer Voraussetzung

Jede Änderung einer Voraussetzung, die der Ermächtigung zu Grunde liegt, ist unverzüglich dem zuständigen Unfallversicherungsträger anzuzeigen.

2 Personelle Voraussetzungen

2.1 Medizinischer Hintergrund

Der Antragsteller muss nachweisen, dass die Aus- und Fortbildung in der Ersten Hilfe unter der Verantwortung eines hierfür geeigneten Arztes steht.

Geeignet sind Ärzte mit dem Fachkundenachweis Rettungsdienst oder der Zusatzbezeichnung Rettungsmedizin oder vergleichbarer Qualifikation. Ferner müssen die Ärzte eingehende Kenntnisse über

Empfehlungen für die Erste Hilfe des Deutschen Beirates für Erste Hilfe und Wiederbelebung bei der Bundesärztekammer besitzen.

2.2 Lehrkräfte

Der Antragsteller muss nachweisen, dass er selbst zur Ausbildung befähigt ist oder über entsprechende Lehrkräfte in ausreichender Zahl verfügt.

Die Befähigung ist gegeben, wenn die Lehrkraft durch Vorlage einer gültigen Bescheinigung nachweist, dass sie an einem speziellen Ausbildungslehrgang für die Erste Hilfe bei einer geeigneten Stelle zur Ausbildung von Lehrkräften teilgenommen hat. Die Lehrkraft muss in angemessenen Zeitabständen fortgebildet werden.

2.3 Erfahrung in Organisation und Durchführung der Ersten Hilfe

Der Antragsteller muss nachweisen, dass er über besondere Erfahrungen in Organisation und Durchführung der Ersten Hilfe verfügt. Das ist der Fall, wenn er oder seine Lehrkräfte in der Regel seit mindestens drei Jahren im öffentlichen oder betrieblichen Rettungsdienst tätig sind und Einsatzerfahrung nachweisen können.

2.4 Versicherungsschutz

Der Antragsteller muss nachweisen, dass er eine Haftpflichtversicherung abgeschlossen hat, die eventuelle Personen- und Sachschäden, die im Zusammenhang mit der Aus- und Fortbildung stehen, abdeckt.

3 Sachliche Voraussetzungen

3.1 Lehrgangsräume, -einrichtungen und Unterrichtsmittel

Für die Lehrgänge müssen geeignete Räume, Einrichtungen und Unterrichtsmittel vorhanden sein. Es muss mindestens ein Raum zur Verfügung stehen, in dem 20 Personen durch theoretischen Unterricht, praktische Demonstrationen und Übungen in der Ersten Hilfe unterwiesen werden können. Der Raum muss über ausreichende Beleuchtung verfügen. Zudem müssen Sitz- und Schreibmöglichkeiten sowie Waschgelegenheiten und Toiletten vorhanden sein.

Es müssen die notwendigen Unterrichtsmittel, insbesondere Demonstrations- und Übungsmaterialien sowie geeignete Medien, wie Tageslichtprojektor und Lehrfolien, vollzählig und funktionstüchtig zur Verfügung stehen.

Die Demonstrations- und Übungsmaterialien, insbesondere die Geräte zum Üben der Atemspende und der Herzdruckmassage, unterliegen besonderen Anforderungen der Hygiene und müssen nachweislich desinfiziert werden.

4 Organisatorische Voraussetzungen

4.1 Anzahl der Teilnehmer

An einem Lehrgang sollen in der Regel mindestens 10 und nicht mehr als 15 Personen teilnehmen. Die Teilnehmerzahl darf jedoch, auch bei Anwesenheit eines Ausbildungshelfers, 20 Personen nicht übersteigen.

4.2 Ausbildungsleistung

Der Antragsteller muss gewährleisten, dass jährlich mindestens 100 Versicherte aus- oder fortgebildet werden.

4.3 Inhalt und Umfang der Lehrgänge

Die Aus- und Fortbildung muss nach Inhalt und Umfang sowie in methodisch-didaktischer Hinsicht mindestens dem Stoff entsprechen, der in sachlicher Übereinstimmung mit den in der Bundesarbeitsgemeinschaft Erste Hilfe vertretenen Hilfsorganisationen und unter Berücksichtigung von Empfehlungen des Deutschen Beirates für Erste Hilfe und Wiederbelebung bei der Bundesärztekammer in den Lehrplänen und Leitfäden zum Erste-Hilfe-Lehrgang festgelegt ist.

4.4 Teilnehmerunterlagen

Jedem Teilnehmer an einer Aus- und Fortbildungsmaßnahme ist eine Informationsschrift über die Lehrinhalte auszuhändigen, die mindestens den Inhalten der Information „Handbuch zur Ersten Hilfe" (BGI/GUV-I 829) entspricht.

4.5 Teilnahmebescheinigung

Jedem Teilnehmer ist eine Teilnahmebescheinigung auszuhändigen. Die Bescheinigung über die Aus- und die Fortbildung in der Ersten Hilfe darf jeweils nur erteilt werden, wenn die Lehrkraft die Überzeugung gewonnen hat, dass der Teilnehmer nach regelmäßigem Besuch die erforderlichen Kenntnisse und Fähigkeiten gemäß Abschnitt 4.3 besitzt.

4.6 Dokumentation

Die ermächtigte Stelle hat über die durchgeführten Lehrgänge folgende Aufzeichnungen zu führen:

- Art der jeweiligen Aus-oder Fortbildungsmaßnahme,
- Ort und Zeit der Maßnahme,
- Name des verantwortlichen Arztes,
- Name der Lehrkraft,
- Name, Geburtsdatum und Unterschrift des Teilnehmers,
- Arbeitgeber des Teilnehmers,
- Kosten tragender Unfallversicherungsträger.

Die Aufzeichnungen sind fünf Jahre aufzubewahren und auf Anforderung des Unfallversicherungsträgers vorzulegen.

5 Besondere Voraussetzungen für die Erste-Hilfe-Aus- und Fortbildung in Bildungs- und Betreuungseinrichtungen für Kinder

Diese Ausbildung enthält Erste-Hilfe-Maßnahmen für Erwachsene und Kinder und bedarf neben den oben genannten Voraussetzungen auf die Ausbildungsform abgestimmte Lehrgangsinhalte, weitere sachliche Ausstattungen, eine Zusatzqualifikation der Lehrkräfte sowie die Aushändigung einer Informationsschrift, die mindestens der Information „Handbuch zur Ersten Hilfe in Bildungs- und Betreuungseinrichtungen für Kinder" (BGI/GUV-I 5146) entspricht.

Verordnung (EU) 2016/679 des Europäischen Parlaments und des Rates zum Schutz natürlicher Personen bei der Verarbeitung personenbezogener Daten, zum freien Datenverkehr und zur Aufhebung der Richtlinie 95/46/EG (Datenschutz-Grundverordnung) – Auszug

vom 27. April 2016, (Abl. L 119 vom 4. Mai 2016; ber. Abl. L 127 vom 23. Mai 2018 und Abl. L 074 vom 4. März 2021)

KAPITEL I Allgemeine Bestimmungen

Art. 1 Gegenstand und Ziele

(1) Diese Verordnung enthält Vorschriften zum Schutz natürlicher Personen bei der Verarbeitung personenbezogener Daten und zum freien Verkehr solcher Daten.

(2) Diese Verordnung schützt die Grundrechte und Grundfreiheiten natürlicher Personen und insbesondere deren Recht auf Schutz personenbezogener Daten.

(3) Der freie Verkehr personenbezogener Daten in der Union darf aus Gründen des Schutzes natürlicher Personen bei der Verarbeitung personenbezogener Daten weder eingeschränkt noch verboten werden.

Art. 2 Sachlicher Anwendungsbereich

(1) Diese Verordnung gilt für die ganz oder teilweise automatisierte Verarbeitung personenbezogener Daten sowie für die nichtautomatisierte Verarbeitung personenbezogener Daten, die in einem Dateisystem gespeichert sind oder gespeichert werden sollen

(2) Diese Verordnung findet keine Anwendung auf die Verarbeitung personenbezogener Daten

a) im Rahmen einer Tätigkeit, die nicht in den Anwendungsbereich des Unionsrechts fällt,
b) durch die Mitgliedstaaten im Rahmen von Tätigkeiten, die in den Anwendungsbereich von Titel V Kapitel 2 EUV fallen,
c) durch natürliche Personen zur Ausübung ausschließlich persönlicher oder familiärer Tätigkeiten,
d) durch die zuständigen Behörden zum Zwecke der Verhütung, Ermittlung, Aufdeckung oder Verfolgung von Straftaten oder

der Strafvollstreckung, einschließlich des Schutzes vor und der Abwehr von Gefahren für die öffentliche Sicherheit.

(3) Für die Verarbeitung personenbezogener Daten durch die Organe, Einrichtungen, Ämter und Agenturen der Union gilt die Verordnung (EG) Nr. 45/2001. Die Verordnung (EG) Nr. 45/2001 und sonstige Rechtsakte der Union, die diese Verarbeitung personenbezogener Daten regeln, werden im Einklang mit Artikel 98 an die Grundsätze und Vorschriften der vorliegenden Verordnung angepasst.

(4) Die vorliegende Verordnung lässt die Anwendung der Richtlinie 2000/31/EG und speziell die Vorschriften der Artikel 12 bis 15 dieser Richtlinie zur Verantwortlichkeit der Vermittler unberührt.

Art. 3 Räumlicher Anwendungsbereich

(1) Diese Verordnung findet Anwendung auf die Verarbeitung personenbezogener Daten, soweit diese im Rahmen der Tätigkeiten einer Niederlassung eines Verantwortlichen oder eines Auftragsverarbeiters in der Union erfolgt, unabhängig davon, ob die Verarbeitung in der Union stattfindet.

(2) Diese Verordnung findet Anwendung auf die Verarbeitung personenbezogener Daten von betroffenen Personen, die sich in der Union befinden, durch einen nicht in der Union niedergelassenen Verantwortlichen oder Auftragsverarbeiter, wenn die Datenverarbeitung im Zusammenhang damit steht

a) betroffenen Personen in der Union Waren oder Dienstleistungen anzubieten, unabhängig davon, ob von diesen betroffenen Personen eine Zahlung zu leisten ist;

b) das Verhalten betroffener Personen zu beobachten, soweit ihr Verhalten in der Union erfolgt.

(3) Diese Verordnung findet Anwendung auf die Verarbeitung personenbezogener Daten durch einen nicht in der Union niedergelassenen Verantwortlichen an einem Ort, der aufgrund Völkerrechts dem Recht eines Mitgliedstaats unterliegt.

Art. 4 Begriffsbestimmungen

Im Sinne dieser Verordnung bezeichnet der Ausdruck:

1. „personenbezogene Daten“ alle Informationen, die sich auf eine identifizierte oder identifizierbare natürliche Person (im Folgenden „betroffene Person“) beziehen; als identifizierbar wird eine natürliche Person angesehen, die direkt oder

indirekt, insbesondere mittels Zuordnung zu einer Kennung wie einem Namen, zu einer Kennnummer, zu Standortdaten, zu einer Online-Kennung oder zu einem oder mehreren besonderen Merkmalen, die Ausdruck der physischen, physiologischen, genetischen, psychischen, wirtschaftlichen, kulturellen oder sozialen Identität dieser natürlichen Person sind, identifiziert werden kann;

2. „Verarbeitung" jeden mit oder ohne Hilfe automatisierter Verfahren ausgeführten Vorgang oder jede solche Vorgangsreihe im Zusammenhang mit personenbezogenen Daten wie das Erheben, das Erfassen, die Organisation, das Ordnen, die Speicherung, die Anpassung oder Veränderung, das Auslesen, das Abfragen, die Verwendung, die Offenlegung durch Übermittlung, Verbreitung oder eine andere Form der Bereitstellung, den Abgleich oder die Verknüpfung, die Einschränkung, das Löschen oder die Vernichtung
3. „Einschränkung der Verarbeitung" die Markierung gespeicherter personenbezogener Daten mit dem Ziel, ihre künftige Verarbeitung einzuschränken;
4. „Profiling" jede Art der automatisierten Verarbeitung personenbezogener Daten, die darin besteht, dass diese personenbezogenen Daten verwendet werden, um bestimmte persönliche Aspekte, die sich auf eine natürliche Person beziehen, zu bewerten, insbesondere um Aspekte bezüglich Arbeitsleistung, wirtschaftliche Lage, Gesundheit, persönliche Vorlieben, Interessen, Zuverlässigkeit, Verhalten, Aufenthaltsort oder Ortswechsel dieser natürlichen Person zu analysieren oder vorherzusagen;
5. „Pseudonymisierung" die Verarbeitung personenbezogener Daten in einer Weise, dass die personenbezogenen Daten ohne Hinzuziehung zusätzlicher Informationen nicht mehr einer spezifischen betroffenen Person zugeordnet werden können, sofern diese zusätzlichen Informationen gesondert aufbewahrt werden und technischen und organisatorischen Maßnahmen unterliegen, die gewährleisten, dass die personenbezogenen Daten nicht einer identifizierten oder identifizierbaren natürlichen Person zugewiesen werden;
6. „Dateisystem" jede strukturierte Sammlung personenbezogener Daten, die nach bestimmten Kriterien zugänglich sind, unabhängig davon, ob diese Sammlung zentral, dezentral

oder nach funktionalen oder geografischen Gesichtspunkten geordnet geführt wird;

7. „Verantwortlicher" die natürliche oder juristische Person, Behörde, Einrichtung oder andere Stelle, die allein oder gemeinsam mit anderen über die Zwecke und Mittel der Verarbeitung von personenbezogenen Daten entscheidet; sind die Zwecke und Mittel dieser Verarbeitung durch das Unionsrecht oder das Recht der Mitgliedstaaten vorgegeben, so kann der Verantwortliche beziehungsweise können die bestimmten Kriterien seiner Benennung nach dem Unionsrecht oder dem Recht der Mitgliedstaaten vorgesehen werden;
8. „Auftragsverarbeiter" eine natürliche oder juristische Person, Behörde, Einrichtung oder andere Stelle, die personenbezogene Daten im Auftrag des Verantwortlichen verarbeitet;
9. „Empfänger" eine natürliche oder juristische Person, Behörde, Einrichtung oder andere Stelle, der personenbezogene Daten offengelegt werden, unabhängig davon, ob es sich bei ihr um einen Dritten handelt oder nicht. Behörden, die im Rahmen eines bestimmten Untersuchungsauftrags nach dem Unionsrecht oder dem Recht der Mitgliedstaaten möglicherweise personenbezogene Daten erhalten, gelten jedoch nicht als Empfänger; die Verarbeitung dieser Daten durch die genannten Behörden erfolgt im Einklang mit den geltenden Datenschutzvorschriften gemäß den Zwecken der Verarbeitung;
10. „Dritter" eine natürliche oder juristische Person, Behörde, Einrichtung oder andere Stelle, außer der betroffenen Person, dem Verantwortlichen, dem Auftragsverarbeiter und den Personen, die unter der unmittelbaren Verantwortung des Verantwortlichen oder des Auftragsverarbeiters befugt sind, die personenbezogenen Daten zu verarbeiten;
11. „Einwilligung" der betroffenen Person jede freiwillig für den bestimmten Fall, in informierter Weise und unmissverständlich abgegebene Willensbekundung in Form einer Erklärung oder einer sonstigen eindeutigen bestätigenden Handlung, mit der die betroffene Person zu verstehen gibt, dass sie mit der Verarbeitung der sie betreffenden personenbezogenen Daten einverstanden ist;
12. „Verletzung des Schutzes personenbezogener Daten" eine Verletzung der Sicherheit, die, ob unbeabsichtigt oder unrechtmäßig, zur Vernichtung, zum Verlust, zur Veränderung, oder zur

unbefugten Offenlegung von beziehungsweise zum unbefugten Zugang zu personenbezogenen Daten führt, die übermittelt, gespeichert oder auf sonstige Weise verarbeitet wurden;

13. „genetische Daten" personenbezogene Daten zu den ererbten oder erworbenen genetischen Eigenschaften einer natürlichen Person, die eindeutige Informationen über die Physiologie oder die Gesundheit dieser natürlichen Person liefern und insbesondere aus der Analyse einer biologischen Probe der betreffenden natürlichen Person gewonnen wurden;
14. „biometrische Daten" mit speziellen technischen Verfahren gewonnene personenbezogene Daten zu den physischen, physiologischen oder verhaltenstypischen Merkmalen einer natürlichen Person, die die eindeutige Identifizierung dieser natürlichen Person ermöglichen oder bestätigen, wie Gesichtsbilder oder daktyloskopische Daten;
15. „Gesundheitsdaten" personenbezogene Daten, die sich auf die körperliche oder geistige Gesundheit einer natürlichen Person, einschließlich der Erbringung von Gesundheitsdienstleistungen, beziehen und aus denen Informationen über deren Gesundheitszustand hervorgehen;
16. „Hauptniederlassung"
    a) im Falle eines Verantwortlichen mit Niederlassungen in mehr als einem Mitgliedstaat den Ort seiner Hauptverwaltung in der Union, es sei denn, die Entscheidungen hinsichtlich der Zwecke und Mittel der Verarbeitung personenbezogener Daten werden in einer anderen Niederlassung des Verantwortlichen in der Union getroffen und diese Niederlassung ist befugt, diese Entscheidungen umsetzen zu lassen; in diesem Fall gilt die Niederlassung, die derartige Entscheidungen trifft, als Hauptniederlassung;
    b) im Falle eines Auftragsverarbeiters mit Niederlassungen in mehr als einem Mitgliedstaat den Ort seiner Hauptverwaltung in der Union oder, sofern der Auftragsverarbeiter keine Hauptverwaltung in der Union hat, die Niederlassung des Auftragsverarbeiters in der Union, in der die Verarbeitungstätigkeiten im Rahmen der Tätigkeiten einer Niederlassung eines Auftragsverarbeiters hauptsächlich stattfinden, soweit der Auftragsverarbeiter spezifischen Pflichten aus dieser Verordnung unterliegt;

17. „Vertreter" eine in der Union niedergelassene natürliche oder juristische Person, die von dem Verantwortlichen oder Auftragsverarbeiter schriftlich gemäß Artikel 27 bestellt wurde und den Verantwortlichen oder Auftragsverarbeiter in Bezug auf die ihnen jeweils nach dieser Verordnung obliegenden Pflichten vertritt.
18. „Unternehmen" eine natürliche und juristische Person, die eine wirtschaftliche Tätigkeit ausübt, unabhängig von ihrer Rechtsform, einschließlich Personengesellschaften oder Vereinigungen, die regelmäßig einer wirtschaftlichen Tätigkeit nachgehen;
19. „Unternehmensgruppe" eine Gruppe, die aus einem herrschenden Unternehmen und den von diesem abhängigen Unternehmen besteht;
20. „verbindliche interne Datenschutzvorschriften" Maßnahmen zum Schutz personenbezogener Daten, zu deren Einhaltung sich ein im Hoheitsgebiet eines Mitgliedstaats niedergelassener Verantwortlicher oder Auftragsverarbeiter verpflichtet im Hinblick auf Datenübermittlungen oder eine Kategorie von Datenübermittlungen personenbezogener Daten an einen Verantwortlichen oder Auftragsverarbeiter derselben Unternehmensgruppe oder derselben Gruppe von Unternehmen, die eine gemeinsame Wirtschaftstätigkeit ausüben, in einem oder mehreren Drittländern;
21. „Aufsichtsbehörde" eine von einem Mitgliedstaat gemäß Artikel 51 eingerichtete unabhängige staatliche Stelle
22. „betroffene Aufsichtsbehörde" eine Aufsichtsbehörde, die von der Verarbeitung personenbezogener Daten betroffen ist, weil
    a) der Verantwortliche oder der Auftragsverarbeiter im Hoheitsgebiet des Mitgliedstaats dieser Aufsichtsbehörde niedergelassen ist,
    b) diese Verarbeitung erhebliche Auswirkungen auf betroffene Personen mit Wohnsitz im Mitgliedstaat dieser Aufsichtsbehörde hat oder haben kann oder
    c) eine Beschwerde bei dieser Aufsichtsbehörde eingereicht wurde;
23. „grenzüberschreitende Verarbeitung" entweder
    a) eine Verarbeitung personenbezogener Daten, die im Rahmen der Tätigkeiten von Niederlassungen eines Verantwortlichen oder eines Auftragsverarbeiters in der Union in mehr als einem Mitgliedstaat erfolgt, wenn der

Verantwortliche oder Auftragsverarbeiter in mehr als einem Mitgliedstaat niedergelassen ist, oder

b) eine Verarbeitung personenbezogener Daten, die im Rahmen der Tätigkeiten einer einzelnen Niederlassung eines Verantwortlichen oder eines Auftragsverarbeiters in der Union erfolgt, die jedoch erhebliche Auswirkungen auf betroffene Personen in mehr als einem Mitgliedstaat hat oder haben kann;

24. „maßgeblicher und begründeter Einspruch" einen Einspruch gegen einen Beschlussentwurf im Hinblick darauf, ob ein Verstoß gegen diese Verordnung vorliegt oder ob beabsichtigte Maßnahmen gegen den Verantwortlichen oder den Auftragsverarbeiter im Einklang mit dieser Verordnung steht, wobei aus diesem Einspruch die Tragweite der Risiken klar hervorgeht, die von dem Beschlussentwurf in Bezug auf die Grundrechte und Grundfreiheiten der betroffenen Personen und gegebenenfalls den freien Verkehr personenbezogener Daten in der Union ausgehen;

25. „Dienst der Informationsgesellschaft" eine Dienstleistung im Sinne des Artikels 1 Nummer 1 Buchstabe b der Richtlinie (EU) 2015/1535 des Europäischen Parlaments und des Rates (19);

26. „internationale Organisation" eine völkerrechtliche Organisation und ihre nachgeordneten Stellen oder jede sonstige Einrichtung, die durch eine zwischen zwei oder mehr Ländern geschlossene Übereinkunft oder auf der Grundlage einer solchen Übereinkunft geschaffen wurde.

KAPITEL II Grundsätze

Art. 5 Grundsätze für die Verarbeitung personenbezogener Daten

(1) Personenbezogene Daten müssen

a) auf rechtmäßige Weise, nach Treu und Glauben und in einer für die betroffene Person nachvollziehbaren Weise verarbeitet werden („Rechtmäßigkeit, Verarbeitung nach Treu und Glauben, Transparenz");

b) für festgelegte, eindeutige und legitime Zwecke erhoben werden und dürfen nicht in einer mit diesen Zwecken nicht zu vereinbarenden Weise weiterverarbeitet werden; eine Weiterverarbeitung für im öffentlichen Interesse liegende Archivzwecke, für wissenschaftliche oder historische Forschungszwecke oder für statistische Zwecke gilt gemäß Artikel 89 Absatz 1 nicht als unvereinbar mit den ursprünglichen Zwecken („Zweckbindung");

c) dem Zweck angemessen und erheblich sowie auf das für die Zwecke der Verarbeitung notwendige Maß beschränkt sein („Datenminimierung");

d) sachlich richtig und erforderlichenfalls auf dem neuesten Stand sein; es sind alle angemessenen Maßnahmen zu treffen, damit personenbezogene Daten, die im Hinblick auf die Zwecke ihrer Verarbeitung unrichtig sind, unverzüglich gelöscht oder berichtigt werden („Richtigkeit");

e) in einer Form gespeichert werden, die die Identifizierung der betroffenen Personen nur so lange ermöglicht, wie es für die Zwecke, für die sie verarbeitet werden, erforderlich ist; personenbezogene Daten dürfen länger gespeichert werden, soweit die personenbezogenen Daten vorbehaltlich der Durchführung geeigneter technischer und organisatorischer Maßnahmen, die von dieser Verordnung zum Schutz der Rechte und Freiheiten der betroffenen Person gefordert werden, ausschließlich für im öffentlichen Interesse liegende Archivzwecke oder für wissenschaftliche und historische Forschungszwecke oder für statistische Zwecke gemäß Artikel 89 Absatz 1 verarbeitet werden („Speicherbegrenzung");

f) in einer Weise verarbeitet werden, die eine angemessene Sicherheit der personenbezogenen Daten gewährleistet, einschließlich Schutz vor unbefugter oder unrechtmäßiger Verarbeitung und vor unbeabsichtigtem Verlust, unbeabsichtigter Zerstörung oder unbeabsichtigter Schädigung durch geeignete technische und organisatorische Maßnahmen („Integrität und Vertraulichkeit");

(2) Der Verantwortliche ist für die Einhaltung des Absatzes 1 verantwortlich und muss dessen Einhaltung nachweisen können („Rechenschaftspflicht").

Art. 6 Rechtmäßigkeit der Verarbeitung

(1) Die Verarbeitung ist nur rechtmäßig, wenn mindestens eine der nachstehenden Bedingungen erfüllt ist:

a) Die betroffene Person hat ihre Einwilligung zu der Verarbeitung der sie betreffenden personenbezogenen Daten für einen oder mehrere bestimmte Zwecke gegeben;

b) die Verarbeitung ist für die Erfüllung eines Vertrags, dessen Vertragspartei die betroffene Person ist, oder zur Durchführung vorvertraglicher Maßnahmen erforderlich, die auf Anfrage der betroffenen Person erfolgen;
c) die Verarbeitung ist zur Erfüllung einer rechtlichen Verpflichtung erforderlich, der der Verantwortliche unterliegt;
d) die Verarbeitung ist erforderlich, um lebenswichtige Interessen der betroffenen Person oder einer anderen natürlichen Person zu schützen;
e) die Verarbeitung ist für die Wahrnehmung einer Aufgabe erforderlich, die im öffentlichen Interesse liegt oder in Ausübung öffentlicher Gewalt erfolgt, die dem Verantwortlichen übertragen wurde;
f) die Verarbeitung ist zur Wahrung der berechtigten Interessen des Verantwortlichen oder eines Dritten erforderlich, sofern nicht die Interessen oder Grundrechte und Grundfreiheiten der betroffenen Person, die den Schutz personenbezogener Daten erfordern, überwiegen, insbesondere dann, wenn es sich bei der betroffenen Person um ein Kind handelt.

Unter Absatz 1 Buchstabe f gilt nicht für die von Behörden in Erfüllung ihrer Aufgaben vorgenommene Verarbeitung.

(2) Die Mitgliedstaaten können spezifischere Bestimmungen zur Anpassung der Anwendung der Vorschriften dieser Verordnung in Bezug auf die Verarbeitung zur Erfüllung von Absatz 1 Buchstaben c und e beibehalten oder einführen, indem sie spezifische Anforderungen für die Verarbeitung sowie sonstige Maßnahmen präziser bestimmen, um eine rechtmäßig und nach Treu und Glauben erfolgende Verarbeitung zu gewährleisten, einschließlich für andere besondere Verarbeitungssituationen gemäß Kapitel IX.

(3) Die Rechtsgrundlage für die Verarbeitungen gemäß Absatz 1 Buchstaben c und e wird festgelegt durch

a) Unionsrecht oder
b) das Recht der Mitgliedstaaten, dem der Verantwortliche unterliegt.

Der Zweck der Verarbeitung muss in dieser Rechtsgrundlage festgelegt oder hinsichtlich der Verarbeitung gemäß Absatz 1 Buchstabe e für die Erfüllung einer Aufgabe erforderlich sein, die im öffentlichen Interesse liegt oder in Ausübung öffentlicher Gewalt erfolgt, die dem Verantwortlichen übertragen wurde. Diese

Rechtsgrundlage kann spezifische Bestimmungen zur Anpassung der Anwendung der Vorschriften dieser Verordnung enthalten, unter anderem Bestimmungen darüber, welche allgemeinen Bedingungen für die Regelung der Rechtmäßigkeit der Verarbeitung durch den Verantwortlichen gelten, welche Arten von Daten verarbeitet werden, welche Personen betroffen sind, an welche Einrichtungen und für welche Zwecke die personenbezogenen Daten offengelegt werden dürfen, welcher Zweckbindung sie unterliegen, wie lange sie gespeichert werden dürfen und welche Verarbeitungsvorgänge und -verfahren angewandt werden dürfen, einschließlich Maßnahmen zur Gewährleistung einer rechtmäßig und nach Treu und Glauben erfolgenden Verarbeitung, wie solche für sonstige besondere Verarbeitungssituationen gemäß Kapitel IX. Das Unionsrecht oder das Recht der Mitgliedstaaten müssen ein im öffentlichen Interesse liegendes Ziel verfolgen und in einem angemessenen Verhältnis zu dem verfolgten legitimen Zweck stehen.

(4) Beruht die Verarbeitung zu einem anderen Zweck als zu demjenigen, zu dem die personenbezogenen Daten erhoben wurden, nicht auf der Einwilligung der betroffenen Person oder auf einer Rechtsvorschrift der Union oder der Mitgliedstaaten, die in einer demokratischen Gesellschaft eine notwendige und verhältnismäßige Maßnahme zum Schutz der in Artikel 23 Absatz 1 genannten Ziele darstellt, so berücksichtigt der Verantwortliche – um festzustellen, ob die Verarbeitung zu einem anderen Zweck mit demjenigen, zu dem die personenbezogenen Daten ursprünglich erhoben wurden, vereinbar ist – unter anderem

a) jede Verbindung zwischen den Zwecken, für die die personenbezogenen Daten erhoben wurden, und den Zwecken der beabsichtigten Weiterverarbeitung,
b) den Zusammenhang, in dem die personenbezogenen Daten erhoben wurden, insbesondere hinsichtlich des Verhältnisses zwischen den betroffenen Personen und dem Verantwortlichen,
c) die Art der personenbezogenen Daten, insbesondere ob besondere Kategorien personenbezogener Daten gemäß Artikel 9 verarbeitet werden oder ob personenbezogene Daten über strafrechtliche Verurteilungen und Straftaten gemäß Artikel 10 verarbeitet werden,
d) die möglichen Folgen der beabsichtigten Weiterverarbeitung für die betroffenen Personen,

e) das Vorhandensein geeigneter Garantien, wozu Verschlüsselung oder Pseudonymisierung gehören kann.

Art. 7 Bedingungen für die Einwilligung

(1) Beruht die Verarbeitung auf einer Einwilligung, muss der Verantwortliche nachweisen können, dass die betroffene Person in die Verarbeitung ihrer personenbezogenen Daten eingewilligt hat.
(2) Erfolgt die Einwilligung der betroffenen Person durch eine schriftliche Erklärung, die noch andere Sachverhalte betrifft, so muss das Ersuchen um Einwilligung in verständlicher und leicht zugänglicher Form in einer klaren und einfachen Sprache so erfolgen, dass es von den anderen Sachverhalten klar zu unterscheiden ist. Teile der Erklärung sind dann nicht verbindlich, wenn sie einen Verstoß gegen diese Verordnung darstellen.
(3) Die betroffene Person hat das Recht, ihre Einwilligung jederzeit zu widerrufen. Durch den Widerruf der Einwilligung wird die Rechtmäßigkeit der aufgrund der Einwilligung bis zum Widerruf erfolgten Verarbeitung nicht berührt. Die betroffene Person wird vor Abgabe der Einwilligung hiervon in Kenntnis gesetzt. Der Widerruf der Einwilligung muss so einfach wie die Erteilung der Einwilligung sein.
(4) Bei der Beurteilung, ob die Einwilligung freiwillig erteilt wurde, muss dem Umstand in größtmöglichem Umfang Rechnung getragen werden, ob unter anderem die Erfüllung eines Vertrags, einschließlich der Erbringung einer Dienstleistung, von der Einwilligung zu einer Verarbeitung von personenbezogenen Daten abhängig ist, die für die Erfüllung des Vertrags nicht erforderlich sind.

Art. 8 Bedingungen für die Einwilligung eines Kindes in Bezug auf Dienste der Informationsgesellschaft

(1) Gilt Artikel 6 Absatz 1 Buchstabe a bei einem Angebot von Diensten der Informationsgesellschaft, das einem Kind direkt gemacht wird, so ist die Verarbeitung der personenbezogenen Daten des Kindes rechtmäßig, wenn das Kind das sechzehnte Lebensjahr vollendet hat. Hat das Kind noch nicht das sechzehnte Lebensjahr vollendet, so ist diese Verarbeitung nur rechtmäßig, sofern und soweit diese Einwilligung durch den Träger der elterlichen Verantwortung für das Kind oder mit dessen Zustimmung erteilt wird.
Die Mitgliedstaaten können durch Rechtsvorschriften zu diesen Zwecken eine niedrigere Altersgrenze vorsehen, die jedoch nicht unter dem vollendeten dreizehnten Lebensjahr liegen darf.

(2) Der Verantwortliche unternimmt unter Berücksichtigung der verfügbaren Technik angemessene Anstrengungen, um sich in solchen Fällen zu vergewissern, dass die Einwilligung durch den Träger der elterlichen Verantwortung für das Kind oder mit dessen Zustimmung erteilt wurde.
(3) Absatz 1 lässt das allgemeine Vertragsrecht der Mitgliedstaaten, wie etwa die Vorschriften zur Gültigkeit, zum Zustandekommen oder zu den Rechtsfolgen eines Vertrags in Bezug auf ein Kind, unberührt.

Art. 9 Verarbeitung besonderer Kategorien personenbezogener Daten

(1) Die Verarbeitung personenbezogener Daten, aus denen die rassische und ethnische Herkunft, politische Meinungen, religiöse oder weltanschauliche Überzeugungen oder die Gewerkschaftszugehörigkeit hervorgehen, sowie die Verarbeitung von genetischen Daten, biometrischen Daten zur eindeutigen Identifizierung einer natürlichen Person, Gesundheitsdaten oder Daten zum Sexualleben oder der sexuellen Orientierung einer natürlichen Person ist untersagt.
(2) Absatz 1 gilt nicht in folgenden Fällen:

a) Die betroffene Person hat in die Verarbeitung der genannten personenbezogenen Daten für einen oder mehrere festgelegte Zwecke ausdrücklich eingewilligt, es sei denn, nach Unionsrecht oder dem Recht der Mitgliedstaaten kann das Verbot nach Absatz 1 durch die Einwilligung der betroffenen Person nicht aufgehoben werden,
b) die Verarbeitung ist erforderlich, damit der Verantwortliche oder die betroffene Person die ihm bzw. ihr aus dem Arbeitsrecht und dem Recht der sozialen Sicherheit und des Sozialschutzes erwachsenden Rechte ausüben und seinen bzw. ihren diesbezüglichen Pflichten nachkommen kann, soweit dies nach Unionsrecht oder dem Recht der Mitgliedstaaten oder einer Kollektivvereinbarung nach dem Recht der Mitgliedstaaten, das geeignete Garantien für die Grundrechte und die Interessen der betroffenen Person vorsieht, zulässig ist,
c) die Verarbeitung ist zum Schutz lebenswichtiger Interessen der betroffenen Person oder einer anderen natürlichen Person erforderlich und die betroffene Person ist aus körperlichen oder rechtlichen Gründen außerstande, ihre Einwilligung zu geben,

d) die Verarbeitung erfolgt auf der Grundlage geeigneter Garantien durch eine politisch, weltanschaulich, religiös oder gewerkschaftlich ausgerichtete Stiftung, Vereinigung oder sonstige Organisation ohne Gewinnerzielungsabsicht im Rahmen ihrer rechtmäßigen Tätigkeiten und unter der Voraussetzung, dass sich die Verarbeitung ausschließlich auf die Mitglieder oder ehemalige Mitglieder der Organisation oder auf Personen, die im Zusammenhang mit deren Tätigkeitszweck regelmäßige Kontakte mit ihr unterhalten, bezieht und die personenbezogenen Daten nicht ohne Einwilligung der betroffenen Personen nach außen offengelegt werden,

e) die Verarbeitung bezieht sich auf personenbezogene Daten, die die betroffene Person offensichtlich öffentlich gemacht hat,

f) die Verarbeitung ist zur Geltendmachung, Ausübung oder Verteidigung von Rechtsansprüchen oder bei Handlungen der Gerichte im Rahmen ihrer justiziellen Tätigkeit erforderlich,

g) die Verarbeitung ist auf der Grundlage des Unionsrechts oder des Rechts eines Mitgliedstaats, das in angemessenem Verhältnis zu dem verfolgten Ziel steht, den Wesensgehalt des Rechts auf Datenschutz wahrt und angemessene und spezifische Maßnahmen zur Wahrung der Grundrechte und Interessen der betroffenen Person vorsieht, aus Gründen eines erheblichen öffentlichen Interesses erforderlich,

h) die Verarbeitung ist für Zwecke der Gesundheitsvorsorge oder der Arbeitsmedizin, für die Beurteilung der Arbeitsfähigkeit des Beschäftigten, für die medizinische Diagnostik, die Versorgung oder Behandlung im Gesundheits- oder Sozialbereich oder für die Verwaltung von Systemen und Diensten im Gesundheits- oder Sozialbereich auf der Grundlage des Unionsrechts oder des Rechts eines Mitgliedstaats oder aufgrund eines Vertrags mit einem Angehörigen eines Gesundheitsberufs und vorbehaltlich der in Absatz 3 genannten Bedingungen und Garantien erforderlich,

i) die Verarbeitung ist aus Gründen des öffentlichen Interesses im Bereich der öffentlichen Gesundheit, wie dem Schutz vor schwerwiegenden grenzüberschreitenden Gesundheitsgefahren oder zur Gewährleistung hoher Qualitäts- und Sicherheitsstandards bei der Gesundheitsversorgung und bei Arzneimitteln und Medizinprodukten, auf der Grundlage des Unionsrechts oder des Rechts eines Mitgliedstaats, das angemessene und spezifische Maßnahmen zur Wahrung der Rechte und Freiheiten der betroffenen Person, insbesondere des Berufsgeheimnisses, vorsieht, erforderlich, oder

j) die Verarbeitung ist auf der Grundlage des Unionsrechts oder des Rechts eines Mitgliedstaats, das in angemessenem Verhältnis zu dem verfolgten Ziel steht, den Wesensgehalt des Rechts auf Datenschutz wahrt und angemessene und spezifische Maßnahmen zur Wahrung der Grundrechte und Interessen der betroffenen Person vorsieht, für im öffentlichen Interesse liegende Archivzwecke, für wissenschaftliche oder historische Forschungszwecke oder für statistische Zwecke gemäß Artikel 89 Absatz 1 erforderlich.

(3) Die in Absatz 1 genannten personenbezogenen Daten dürfen zu den in Absatz 2 Buchstabe h genannten Zwecken verarbeitet werden, wenn diese Daten von Fachpersonal oder unter dessen Verantwortung verarbeitet werden und dieses Fachpersonal nach dem Unionsrecht oder dem Recht eines Mitgliedstaats oder den Vorschriften nationaler zuständiger Stellen dem Berufsgeheimnis unterliegt, oder wenn die Verarbeitung durch eine andere Person erfolgt, die ebenfalls nach dem Unionsrecht oder dem Recht eines Mitgliedstaats oder den Vorschriften nationaler zuständiger Stellen einer Geheimhaltungspflicht unterliegt.

(4) Die Mitgliedstaaten können zusätzliche Bedingungen, einschließlich Beschränkungen, einführen oder aufrechterhalten, soweit die Verarbeitung von genetischen, biometrischen oder Gesundheitsdaten betroffen ist.

Art. 10, 11 nicht abgedruckt.

KAPITEL III Rechte der betroffenen Person

Abschnitt 1 Transparenz und Modalitäten

Art. 12 Transparente Information, Kommunikation und Modalitäten für die Ausübung der Rechte der betroffenen Person

(1) Der Verantwortliche trifft geeignete Maßnahmen, um der betroffenen Person alle Informationen gemäß den Artikeln 13 und 14 und alle Mitteilungen gemäß den Artikeln 15 bis 22 und Artikel 34, die sich auf die Verarbeitung beziehen, in präziser, transparenter, verständlicher und leicht zugänglicher Form in einer klaren und

einfachen Sprache zu übermitteln; dies gilt insbesondere für Informationen, die sich speziell an Kinder richten. Die Übermittlung der Informationen erfolgt schriftlich oder in anderer Form, gegebenenfalls auch elektronisch. Falls von der betroffenen Person verlangt, kann die Information mündlich erteilt werden, sofern die Identität der betroffenen Person in anderer Form nachgewiesen wurde.

(2) Der Verantwortliche erleichtert der betroffenen Person die Ausübung ihrer Rechte gemäß den Artikeln 15 bis 22. In den in Artikel 11 Absatz 2 genannten Fällen darf sich der Verantwortliche nur dann weigern, aufgrund des Antrags der betroffenen Person auf Wahrnehmung ihrer Rechte gemäß den Artikeln 15 bis 22 tätig zu werden, wenn er glaubhaft macht, dass er nicht in der Lage ist, die betroffene Person zu identifizieren.

(3) Der Verantwortliche stellt der betroffenen Person Informationen über die auf Antrag gemäß den Artikeln 15 bis 22 ergriffenen Maßnahmen unverzüglich, in jedem Fall aber innerhalb eines Monats nach Eingang des Antrags zur Verfügung. Diese Frist kann um weitere zwei Monate verlängert werden, wenn dies unter Berücksichtigung der Komplexität und der Anzahl von Anträgen erforderlich ist. Der Verantwortliche unterrichtet die betroffene Person innerhalb eines Monats nach Eingang des Antrags über eine Fristverlängerung, zusammen mit den Gründen für die Verzögerung. Stellt die betroffene Person den Antrag elektronisch, so ist sie nach Möglichkeit auf elektronischem Weg zu unterrichten, sofern sie nichts anderes angibt.

(4) Wird der Verantwortliche auf den Antrag der betroffenen Person hin nicht tätig, so unterrichtet er die betroffene Person ohne Verzögerung, spätestens aber innerhalb eines Monats nach Eingang des Antrags über die Gründe hierfür und über die Möglichkeit, bei einer Aufsichtsbehörde Beschwerde einzulegen oder einen gerichtlichen Rechtsbehelf einzulegen.

(5) Informationen gemäß den Artikeln 13 und 14 sowie alle Mitteilungen und Maßnahmen gemäß den Artikeln 15 bis 22 und Artikel 34 werden unentgeltlich zur Verfügung gestellt. Bei offenkundig unbegründeten oder – insbesondere im Fall von häufiger Wiederholung – exzessiven Anträgen einer betroffenen Person kann der Verantwortliche entweder

a) ein angemessenes Entgelt verlangen, bei dem die Verwaltungskosten für die Unterrichtung oder die Mitteilung oder die Durchführung der beantragten Maßnahme berücksichtigt werden, oder

b) sich weigern, aufgrund des Antrags tätig zu werden.

Der Verantwortliche hat den Nachweis für den offenkundig unbegründeten oder exzessiven Charakter des Antrags zu erbringen.

(6) Hat der Verantwortliche begründete Zweifel an der Identität der natürlichen Person, die den Antrag gemäß den Artikeln 15 bis 21 stellt, so kann er unbeschadet des Artikels 11 zusätzliche Informationen anfordern, die zur Bestätigung der Identität der betroffenen Person erforderlich sind.

(7) Die Informationen, die den betroffenen Personen gemäß den Artikeln 13 und 14 bereitzustellen sind, können in Kombination mit standardisierten Bildsymbolen bereitgestellt werden, um in leicht wahrnehmbarer, verständlicher und klar nachvollziehbarer Form einen aussagekräftigen Überblick über die beabsichtigte Verarbeitung zu vermitteln. Werden die Bildsymbole in elektronischer Form dargestellt, müssen sie maschinenlesbar sein.

(8) Der Kommission wird die Befugnis übertragen, gemäß Artikel 92 delegierte Rechtsakte zur Bestimmung der Informationen, die durch Bildsymbole darzustellen sind, und der Verfahren für die Bereitstellung standardisierter Bildsymbole zu erlassen.

Abschnitt 2 Informationspflicht und Recht auf Auskunft zu personenbezogenen Daten

Art. 13 Informationspflicht bei Erhebung von personenbezogenen Daten bei der betroffenen Person

(1) Werden personenbezogene Daten bei der betroffenen Person erhoben, so teilt der Verantwortliche der betroffenen Person zum Zeitpunkt der Erhebung dieser Daten Folgendes mit:

a) den Namen und die Kontaktdaten des Verantwortlichen sowie gegebenenfalls seines Vertreters;

b) gegebenenfalls die Kontaktdaten des Datenschutzbeauftragten;

c) die Zwecke, für die die personenbezogenen Daten verarbeitet werden sollen, sowie die Rechtsgrundlage für die Verarbeitung;

d) wenn die Verarbeitung auf Artikel 6 Absatz 1 Buchstabe f beruht, die berechtigten Interessen, die von dem Verantwortlichen oder einem Dritten verfolgt werden;

e) gegebenenfalls die Empfänger oder Kategorien von Empfängern der personenbezogenen Daten und

f) gegebenenfalls die Absicht des Verantwortlichen, die

personenbezogenen Daten an ein Drittland oder eine internationale Organisation zu übermitteln, sowie das Vorhandensein oder das Fehlen eines Angemessenheitsbeschlusses der Kommission oder im Falle von Übermittlungen gemäß Artikel 46 oder Artikel 47 oder Artikel 49 Absatz 1 UnterAbsatz 2 einen Verweis auf die geeigneten oder angemessenen Garantien und die Möglichkeit, wie eine Kopie von ihnen zu erhalten ist, oder wo sie verfügbar sind.

(2) Zusätzlich zu den Informationen gemäß Absatz 1 stellt der Verantwortliche der betroffenen Person zum Zeitpunkt der Erhebung dieser Daten folgende weitere Informationen zur Verfügung, die notwendig sind, um eine faire und transparente Verarbeitung zu gewährleisten:

a) die Dauer, für die die personenbezogenen Daten gespeichert werden oder, falls dies nicht möglich ist, die Kriterien für die Festlegung dieser Dauer;

b) das Bestehen eines Rechts auf Auskunft seitens des Verantwortlichen über die betreffenden personenbezogenen Daten sowie auf Berichtigung oder Löschung oder auf Einschränkung der Verarbeitung oder eines Widerspruchsrechts gegen die Verarbeitung sowie des Rechts auf Datenübertragbarkeit;

c) wenn die Verarbeitung auf Artikel 6 Absatz 1 Buchstabe a oder Artikel 9 Absatz 2 Buchstabe a beruht, das Bestehen eines Rechts, die Einwilligung jederzeit zu widerrufen, ohne dass die Rechtmäßigkeit der aufgrund der Einwilligung bis zum Widerruf erfolgten Verarbeitung berührt wird;

d) das Bestehen eines Beschwerderechts bei einer Aufsichtsbehörde;

e) ob die Bereitstellung der personenbezogenen Daten gesetzlich oder vertraglich vorgeschrieben oder für einen Vertragsabschluss erforderlich ist, ob die betroffene Person verpflichtet ist, die personenbezogenen Daten bereitzustellen, und welche mögliche Folgen die Nichtbereitstellung hätte und

f) das Bestehen einer automatisierten Entscheidungsfindung einschließlich Profiling gemäß Artikel 22 Absätze 1 und 4 und – zumindest in diesen Fällen – aussagekräftige Informationen über die involvierte Logik sowie die Tragweite und die angestrebten Auswirkungen einer derartigen Verarbeitung für die betroffene Person.

(3) Beabsichtigt der Verantwortliche, die personenbezogenen Daten für einen anderen Zweck weiterzuverarbeiten als den, für den die personenbezogenen Daten erhoben wurden, so stellt er der betroffenen Person vor dieser Weiterverarbeitung Informationen über diesen anderen Zweck und alle anderen maßgeblichen Informationen gemäß Absatz 2 zur Verfügung.
(4) Die Absätze 1, 2 und 3 finden keine Anwendung, wenn und soweit die betroffene Person bereits über die Informationen verfügt.

Art. 14 Informationspflicht, wenn die personenbezogenen Daten nicht bei der betroffenen Person erhoben wurden

(1) Werden personenbezogene Daten nicht bei der betroffenen Person erhoben, so teilt der Verantwortliche der betroffenen Person Folgendes mit:
a) den Namen und die Kontaktdaten des Verantwortlichen sowie gegebenenfalls seines Vertreters;
b) zusätzlich die Kontaktdaten des Datenschutzbeauftragten;
c) die Zwecke, für die die personenbezogenen Daten verarbeitet werden sollen, sowie die Rechtsgrundlage für die Verarbeitung;
d) die Kategorien personenbezogener Daten, die verarbeitet werden;
e) gegebenenfalls die Empfänger oder Kategorien von Empfängern der personenbezogenen Daten;
f) gegebenenfalls die Absicht des Verantwortlichen, die personenbezogenen Daten an einen Empfänger in einem Drittland oder einer internationalen Organisation zu übermitteln, sowie das Vorhandensein oder das Fehlen eines Angemessenheitsbeschlusses der Kommission oder im Falle von Übermittlungen gemäß Artikel 46 oder Artikel 47 oder Artikel 49 Absatz 1 UnterAbsatz 2 einen Verweis auf die geeigneten oder angemessenen Garantien und die Möglichkeit, eine Kopie von ihnen zu erhalten, oder wo sie verfügbar sind.

(2) Zusätzlich zu den Informationen gemäß Absatz 1 stellt der Verantwortliche der betroffenen Person die folgenden Informationen zur Verfügung, die erforderlich sind, um der betroffenen Person gegenüber eine faire und transparente Verarbeitung zu gewährleisten:
a) die Dauer, für die die personenbezogenen Daten gespeichert werden oder, falls dies nicht möglich ist, die Kriterien für die

Festlegung dieser Dauer;

b) wenn die Verarbeitung auf Artikel 6 Absatz 1 Buchstabe f beruht, die berechtigten Interessen, die von dem Verantwortlichen oder einem Dritten verfolgt werden;
c) das Bestehen eines Rechts auf Auskunft seitens des Verantwortlichen über die betreffenden personenbezogenen Daten sowie auf Berichtigung oder Löschung oder auf Einschränkung der Verarbeitung und eines Widerspruchsrechts gegen die Verarbeitung sowie des Rechts auf Datenübertragbarkeit;
d) wenn die Verarbeitung auf Artikel 6 Absatz 1 Buchstabe a oder Artikel 9 Absatz 2 Buchstabe a beruht, das Bestehen eines Rechts, die Einwilligung jederzeit zu widerrufen, ohne dass die Rechtmäßigkeit der aufgrund der Einwilligung bis zum Widerruf erfolgten Verarbeitung berührt wird;
e) das Bestehen eines Beschwerderechts bei einer Aufsichtsbehörde;
f) aus welcher Quelle die personenbezogenen Daten stammen und gegebenenfalls ob sie aus öffentlich zugänglichen Quellen stammen;
g) das Bestehen einer automatisierten Entscheidungsfindung einschließlich Profiling gemäß Artikel 22 Absätze 1 und 4 und – zumindest in diesen Fällen – aussagekräftige Informationen über die involvierte Logik sowie die Tragweite und die angestrebten Auswirkungen einer derartigen Verarbeitung für die betroffene Person.

(3) Der Verantwortliche erteilt die Informationen gemäß den Absätzen 1 und 2

a) unter Berücksichtigung der spezifischen Umstände der Verarbeitung der personenbezogenen Daten innerhalb einer angemessenen Frist nach Erlangung der personenbezogenen Daten, längstens jedoch innerhalb eines Monats,
b) falls die personenbezogenen Daten zur Kommunikation mit der betroffenen Person verwendet werden sollen, spätestens zum Zeitpunkt der ersten Mitteilung an sie, oder,
c) falls die Offenlegung an einen anderen Empfänger beabsichtigt ist, spätestens zum Zeitpunkt der ersten Offenlegung.

(4) Beabsichtigt der Verantwortliche, die personenbezogenen Daten für einen anderen Zweck weiterzuverarbeiten als den, für den die personenbezogenen Daten erlangt wurden, so stellt er der betroffenen Person vor dieser Weiterverarbeitung Informationen

über diesen anderen Zweck und alle anderen maßgeblichen Informationen gemäß Absatz 2 zur Verfügung.

(5) Die Absätze 1 bis 4 finden keine Anwendung, wenn und soweit

a) die betroffene Person bereits über die Informationen verfügt,
b) die Erteilung dieser Informationen sich als unmöglich erweist oder einen unverhältnismäßigen Aufwand erfordern würde; dies gilt insbesondere für die Verarbeitung für im öffentlichen Interesse liegende Archivzwecke, für wissenschaftliche oder historische Forschungszwecke oder für statistische Zwecke vorbehaltlich der in Artikel 89 Absatz 1 genannten Bedingungen und Garantien oder soweit die in Absatz 1 des vorliegenden Artikels genannte Pflicht voraussichtlich die Verwirklichung der Ziele dieser Verarbeitung unmöglich macht oder ernsthaft beeinträchtigt In diesen Fällen ergreift der Verantwortliche geeignete Maßnahmen zum Schutz der Rechte und Freiheiten sowie der berechtigten Interessen der betroffenen Person, einschließlich der Bereitstellung dieser Informationen für die Öffentlichkeit,
c) die Erlangung oder Offenlegung durch Rechtsvorschriften der Union oder der Mitgliedstaaten, denen der Verantwortliche unterliegt und die geeignete Maßnahmen zum Schutz der berechtigten Interessen der betroffenen Person vorsehen, ausdrücklich geregelt ist oder
d) die personenbezogenen Daten gemäß dem Unionsrecht oder dem Recht der Mitgliedstaaten dem Berufsgeheimnis, einschließlich einer satzungsmäßigen Geheimhaltungspflicht, unterliegen und daher vertraulich behandelt werden müssen.

Art. 15 Auskunftsrecht der betroffenen Person

(1) Die betroffene Person hat das Recht, von dem Verantwortlichen eine Bestätigung darüber zu verlangen, ob sie betreffende personenbezogene Daten verarbeitet werden; ist dies der Fall, so hat sie ein Recht auf Auskunft über diese personenbezogenen Daten und auf folgende Informationen:

a) die Verarbeitungszwecke;
b) die Kategorien personenbezogener Daten, die verarbeitet werden;
c) die Empfänger oder Kategorien von Empfängern, gegenüber denen die personenbezogenen Daten offengelegt worden sind oder noch offengelegt werden, insbesondere bei Empfängern in Drittländern oder bei internationalen Organisationen;

d) falls möglich die geplante Dauer, für die die personenbezogenen Daten gespeichert werden, oder, falls dies nicht möglich ist, die Kriterien für die Festlegung dieser Dauer;
e) das Bestehen eines Rechts auf Berichtigung oder Löschung der sie betreffenden personenbezogenen Daten oder auf Einschränkung der Verarbeitung durch den Verantwortlichen oder eines Widerspruchsrechts gegen diese Verarbeitung;
f) das Bestehen eines Beschwerderechts bei einer Aufsichtsbehörde;
g) wenn die personenbezogenen Daten nicht bei der betroffenen Person erhoben werden, alle verfügbaren Informationen über die Herkunft der Daten;
h) das Bestehen einer automatisierten Entscheidungsfindung einschließlich Profiling gemäß Artikel 22 Absätze 1 und 4 und – zumindest in diesen Fällen – aussagekräftige Informationen über die involvierte Logik sowie die Tragweite und die angestrebten Auswirkungen einer derartigen Verarbeitung für die betroffene Person.

(2) Werden personenbezogene Daten an ein Drittland oder an eine internationale Organisation übermittelt, so hat die betroffene Person das Recht, über die geeigneten Garantien gemäß Artikel 46 im Zusammenhang mit der Übermittlung unterrichtet zu werden.

(3) Der Verantwortliche stellt eine Kopie der personenbezogenen Daten, die Gegenstand der Verarbeitung sind, zur Verfügung. Für alle weiteren Kopien, die die betroffene Person beantragt, kann der Verantwortliche ein angemessenes Entgelt auf der Grundlage der Verwaltungskosten verlangen. Stellt die betroffene Person den Antrag elektronisch, so sind die Informationen in einem gängigen elektronischen Format zur Verfügung zu stellen, sofern sie nichts anderes angibt.

(4) Das Recht auf Erhalt einer Kopie gemäß Absatz 1b darf die Rechte und Freiheiten anderer Personen nicht beeinträchtigen.

Abschnitt 3 Berichtigung und Löschung

Art. 16 Recht auf Berichtigung

Die betroffene Person hat das Recht, von dem Verantwortlichen unverzüglich die Berichtigung sie betreffender unrichtiger personenbezogener Daten zu verlangen. Unter Berücksichtigung der Zwecke der Verarbeitung hat die betroffene Person das Recht, die

Vervollständigung unvollständiger personenbezogener Daten – auch mittels einer ergänzenden Erklärung – zu verlangen.

Art. 17 Recht auf Löschung („Recht auf Vergessenwerden")

(1) Die betroffene Person hat das Recht, von dem Verantwortlichen zu verlangen, dass sie betreffende personenbezogene Daten unverzüglich gelöscht werden, und der Verantwortliche ist verpflichtet, personenbezogene Daten unverzüglich zu löschen, sofern einer der folgenden Gründe zutrifft:

a) Die personenbezogenen Daten sind für die Zwecke, für die sie erhoben oder auf sonstige Weise verarbeitet wurden, nicht mehr notwendig.

b) Die betroffene Person widerruft ihre Einwilligung, auf die sich die Verarbeitung gemäß Artikel 6 Absatz 1 Buchstabe a oder Artikel 9 Absatz 2 Buchstabe a stützte, und es fehlt an einer anderweitigen Rechtsgrundlage für die Verarbeitung.

c) Die betroffene Person legt gemäß Artikel 21 Absatz 1 Widerspruch gegen die Verarbeitung ein und es liegen keine vorrangigen berechtigten Gründe für die Verarbeitung vor, oder die betroffene Person legt gemäß Artikel 21 Absatz 2 Widerspruch gegen die Verarbeitung ein.

d) Die personenbezogenen Daten wurden unrechtmäßig verarbeitet.

e) Die Löschung der personenbezogenen Daten ist zur Erfüllung einer rechtlichen Verpflichtung nach dem Unionsrecht oder dem Recht der Mitgliedstaaten erforderlich, dem der Verantwortliche unterliegt.

f) Die personenbezogenen Daten wurden in Bezug auf angebotene Dienste der Informationsgesellschaft gemäß Artikel 8 Absatz 1 erhoben.

(2) Hat der Verantwortliche die personenbezogenen Daten öffentlich gemacht und ist er gemäß Absatz 1 zu deren Löschung verpflichtet, so trifft er unter Berücksichtigung der verfügbaren Technologie und der Implementierungskosten angemessene Maßnahmen, auch technischer Art, um für die Datenverarbeitung Verantwortliche, die die personenbezogenen Daten verarbeiten, darüber zu informieren, dass eine betroffene Person von ihnen die Löschung aller Links zu diesen personenbezogenen Daten oder von Kopien oder Replikationen dieser personenbezogenen Daten verlangt hat.

(3) Die Absätze 1 und 2 gelten nicht, soweit die Verarbeitung erforderlich ist

a) zur Ausübung des Rechts auf freie Meinungsäußerung und Information;
b) zur Erfüllung einer rechtlichen Verpflichtung, die die Verarbeitung nach dem Recht der Union oder der Mitgliedstaaten, dem der Verantwortliche unterliegt, erfordert, oder zur Wahrnehmung einer Aufgabe, die im öffentlichen Interesse liegt oder in Ausübung öffentlicher Gewalt erfolgt, die dem Verantwortlichen übertragen wurde;
c) aus Gründen des öffentlichen Interesses im Bereich der öffentlichen Gesundheit gemäß Artikel 9 Absatz 2 Buchstaben h und i sowie Artikel 9 Absatz 3;
d) für im öffentlichen Interesse liegende Archivzwecke, wissenschaftliche oder historische Forschungszwecke oder für statistische Zwecke gemäß Artikel 89 Absatz 1, soweit das in Absatz 1 genannte Recht voraussichtlich die Verwirklichung der Ziele dieser Verarbeitung unmöglich macht oder ernsthaft beeinträchtigt, oder
e) zur Geltendmachung, Ausübung oder Verteidigung von Rechtsansprüchen.

Art. 18 Recht auf Einschränkung der Verarbeitung

(1) Die betroffene Person hat das Recht, von dem Verantwortlichen die Einschränkung der Verarbeitung zu verlangen, wenn eine der folgenden Voraussetzungen gegeben ist:

a) die Richtigkeit der personenbezogenen Daten von der betroffenen Person bestritten wird, und zwar für eine Dauer, die es dem Verantwortlichen ermöglicht, die Richtigkeit der personenbezogenen Daten zu überprüfen,
b) die Verarbeitung unrechtmäßig ist und die betroffene Person die Löschung der personenbezogenen Daten ablehnt und stattdessen die Einschränkung der Nutzung der personenbezogenen Daten verlangt;
c) der Verantwortliche die personenbezogenen Daten für die Zwecke der Verarbeitung nicht länger benötigt, die betroffene Person sie jedoch zur Geltendmachung, Ausübung oder Verteidigung von Rechtsansprüchen benötigt, oder
d) die betroffene Person Widerspruch gegen die Verarbeitung gemäß Artikel 21 Absatz 1 eingelegt hat, solange noch nicht

feststeht, ob die berechtigten Gründe des Verantwortlichen gegenüber denen der betroffenen Person überwiegen.

(2) Wurde die Verarbeitung gemäß Absatz 1 eingeschränkt, so dürfen diese personenbezogenen Daten – von ihrer Speicherung abgesehen – nur mit Einwilligung der betroffenen Person oder zur Geltendmachung, Ausübung oder Verteidigung von Rechtsansprüchen oder zum Schutz der Rechte einer anderen natürlichen oder juristischen Person oder aus Gründen eines wichtigen öffentlichen Interesses der Union oder eines Mitgliedstaats verarbeitet werden.

(3) Eine betroffene Person, die eine Einschränkung der Verarbeitung gemäß Absatz 1 erwirkt hat, wird von dem Verantwortlichen unterrichtet, bevor die Einschränkung aufgehoben wird.

Art. 19 Mitteilungspflicht im Zusammenhang mit der Berichtigung oder Löschung personenbezogener Daten oder der Einschränkung der Verarbeitung

Der Verantwortliche teilt allen Empfängern, denen personenbezogenen Daten offengelegt wurden, jede Berichtigung oder Löschung der personenbezogenen Daten oder eine Einschränkung der Verarbeitung nach Artikel 16, Artikel 17 Absatz 1 und Artikel 18 mit, es sei denn, dies erweist sich als unmöglich oder ist mit einem unverhältnismäßigen Aufwand verbunden. Der Verantwortliche unterrichtet die betroffene Person über diese Empfänger, wenn die betroffene Person dies verlangt.

Art. 20 Recht auf Datenübertragbarkeit

(1) Die betroffene Person hat das Recht, die sie betreffenden personenbezogenen Daten, die sie einem Verantwortlichen bereitgestellt hat, in einem strukturierten, gängigen und maschinenlesbaren Format zu erhalten, und sie hat das Recht, diese Daten einem anderen Verantwortlichen ohne Behinderung durch den Verantwortlichen, dem die personenbezogenen Daten bereitgestellt wurden, zu übermitteln, sofern

a) die Verarbeitung auf einer Einwilligung gemäß Artikel 6 Absatz 1 Buchstabe a oder Artikel 9 Absatz 2 Buchstabe a oder auf einem Vertrag gemäß Artikel 6 Absatz 1 Buchstabe b beruht und
b) die Verarbeitung mithilfe automatisierter Verfahren erfolgt.

(2) Bei der Ausübung ihres Rechts auf Datenübertragbarkeit gemäß Absatz 1 hat die betroffene Person das Recht, zu erwirken,

dass die personenbezogenen Daten direkt von einem Verantwortlichen einem anderen Verantwortlichen übermittelt werden, soweit dies technisch machbar ist.
(3) Die Ausübung des Rechts nach Absatz 1 des vorliegenden Artikels lässt Artikel 17 unberührt. Dieses Recht gilt nicht für eine Verarbeitung, die für die Wahrnehmung einer Aufgabe erforderlich ist, die im öffentlichen Interesse liegt oder in Ausübung öffentlicher Gewalt erfolgt, die dem Verantwortlichen übertragen wurde.
(4) Das Recht gemäß Absatz 2 darf die Rechte und Freiheiten anderer Personen nicht beeinträchtigen.

Art. 21–23 nicht abgedruckt.

KAPITEL IV Verantwortlicher und Auftragsverarbeiter

Abschnitt 1 Allgemeine Pflichten

Art. 24 Verantwortung des für die Verarbeitung Verantwortlichen

(1) Der Verantwortliche setzt unter Berücksichtigung der Art, des Umfangs, der Umstände und der Zwecke der Verarbeitung sowie der unterschiedlichen Eintrittswahrscheinlichkeit und Schwere der Risiken für die Rechte und Freiheiten natürlicher Personen geeignete technische und organisatorische Maßnahmen um, um sicherzustellen und den Nachweis dafür erbringen zu können, dass die Verarbeitung gemäß dieser Verordnung erfolgt. Diese Maßnahmen werden erforderlichenfalls überprüft und aktualisiert.
(2) Sofern dies in einem angemessenen Verhältnis zu den Verarbeitungstätigkeiten steht, müssen die Maßnahmen gemäß Absatz 1 die Anwendung geeigneter Datenschutzvorkehrungen durch den Verantwortlichen umfassen.
(3) Die Einhaltung der genehmigten Verhaltensregeln gemäß Artikel 40 oder eines genehmigten Zertifizierungsverfahrens gemäß Artikel 42 kann als Gesichtspunkt herangezogen werden, um die Erfüllung der Pflichten des Verantwortlichen nachzuweisen.

Art. 25 Datenschutz durch Technikgestaltung und durch datenschutzfreundliche Voreinstellungen

(1) Unter Berücksichtigung des Stands der Technik, der Implementierungskosten und der Art, des Umfangs, der Umstände und der Zwecke der Verarbeitung sowie der unterschiedlichen

Eintrittswahrscheinlichkeit und Schwere der mit der Verarbeitung verbundenen Risiken für die Rechte und Freiheiten natürlicher Personen trifft der Verantwortliche sowohl zum Zeitpunkt der Festlegung der Mittel für die Verarbeitung als auch zum Zeitpunkt der eigentlichen Verarbeitung geeignete technische und organisatorische Maßnahmen – wie z. B. Pseudonymisierung – trifft, die dafür ausgelegt sind, die Datenschutzgrundsätze wie etwa Datenminimierung wirksam umzusetzen und die notwendigen Garantien in die Verarbeitung aufzunehmen, um den Anforderungen dieser Verordnung zu genügen und die Rechte der betroffenen Personen zu schützen.

(2) Der Verantwortliche trifft geeignete technische und organisatorische Maßnahmen, die sicherstellen, dass durch Voreinstellung grundsätzlich nur personenbezogene Daten, deren Verarbeitung für den jeweiligen bestimmten Verarbeitungszweck erforderlich ist, verarbeitet werden. Diese Verpflichtung gilt für die Menge der erhobenen personenbezogenen Daten, den Umfang ihrer Verarbeitung, ihre Speicherfrist und ihre Zugänglichkeit. Solche Maßnahmen müssen insbesondere sicherstellen, dass personenbezogene Daten durch Voreinstellungen nicht ohne Eingreifen der Person einer unbestimmten Zahl von natürlichen Personen zugänglich gemacht werden.

(3) Ein genehmigtes Zertifizierungsverfahren gemäß Artikel 42 kann als Faktor herangezogen werden, um die Erfüllung der in den Absätzen 1 und 2 des vorliegenden Artikels genannten Anforderungen nachzuweisen.

Art. 26 Gemeinsam für die Verarbeitung Verantwortliche

(1) Legen zwei oder mehr Verantwortliche gemeinsam die Zwecke der und die Mittel zur Verarbeitung fest, so sind sie gemeinsam Verantwortliche. Sie legen in einer Vereinbarung in transparenter Form fest, wer von ihnen welche Verpflichtung gemäß dieser Verordnung erfüllt, insbesondere was die Wahrnehmung der Rechte der betroffenen Person angeht, und wer welchen Informationspflichten gemäß den Artikeln 13 und 14 nachkommt, sofern und soweit die jeweiligen Aufgaben der Verantwortlichen nicht durch Rechtsvorschriften der Union oder der Mitgliedstaaten, denen die Verantwortlichen unterliegen, festgelegt sind. In der Vereinbarung kann eine Anlaufstelle für die betroffenen Personen angegeben werden.

(2) Die Vereinbarung gemäß Absatz 1 muss die jeweiligen tatsächlichen Funktionen und Beziehungen der gemeinsam Verantwortlichen gegenüber betroffenen Personen gebührend widerspiegeln. Das wesentliche der Vereinbarung wird der betroffenen Person zur Verfügung gestellt.
(3) Ungeachtet der Einzelheiten der Vereinbarung gemäß Absatz 1 kann die betroffene Person ihre Rechte im Rahmen dieser Verordnung bei und gegenüber jedem einzelnen der Verantwortlichen geltend machen.

Art. 27 nicht abgedruckt.

Art. 28 Auftragsverarbeiter

(1) Erfolgt eine Verarbeitung im Auftrag eines Verantwortlichen, so arbeitet dieser nur mit Auftragsverarbeitern, die hinreichend Garantien dafür bieten, dass geeignete technische und organisatorische Maßnahmen so durchgeführt werden, dass die Verarbeitung im Einklang mit den Anforderungen dieser Verordnung erfolgt und den Schutz der Rechte der betroffenen Person gewährleistet.
(2) Der Auftragsverarbeiter nimmt keinen weiteren Auftragsverarbeiter ohne vorherige gesonderte oder allgemeine schriftliche Genehmigung des Verantwortlichen in Anspruch. Im Fall einer allgemeinen schriftlichen Genehmigung informiert der Auftragsverarbeiter den Verantwortlichen immer über jede beabsichtigte Änderung in Bezug auf die Hinzuziehung oder die Ersetzung anderer Auftragsverarbeiter, wodurch der Verantwortliche die Möglichkeit erhält, gegen derartige Änderungen Einspruch zu erheben.
(3) Die Verarbeitung durch einen Auftragsverarbeiter erfolgt auf der Grundlage eines Vertrags oder eines anderen Rechtsinstruments nach dem Unionsrecht oder dem Recht der Mitgliedstaaten, der bzw. das den Auftragsverarbeiter in Bezug auf den Verantwortlichen bindet und in dem Gegenstand und Dauer der Verarbeitung, Art und Zweck der Verarbeitung, die Art der personenbezogenen Daten, die Kategorien betroffener Personen und die Pflichten und Rechte des Verantwortlichen festgelegt sind. Dieser Vertrag bzw. dieses andere Rechtsinstrument sieht insbesondere vor, dass der Auftragsverarbeiter

a) die personenbezogenen Daten nur auf dokumentierte Weisung des Verantwortlichen – auch in Bezug auf die Übermittlung personenbezogener Daten an ein Drittland oder eine internationale Organisation – verarbeitet, sofern er nicht durch das Recht der Union oder der Mitgliedstaaten, dem der Auftragsverarbeiter unterliegt, hierzu verpflichtet ist; in einem solchen Fall teilt der Auftragsverarbeiter dem Verantwortlichen diese rechtlichen Anforderungen vor der Verarbeitung mit, sofern das betreffende Recht eine solche Mitteilung nicht wegen eines wichtigen öffentlichen Interesses verbietet;

b) gewährleistet, dass sich die zur Verarbeitung der personenbezogenen Daten befugten Personen zur Vertraulichkeit verpflichtet haben oder einer angemessenen gesetzlichen Verschwiegenheitspflicht unterliegen;
c) alle gemäß Artikel 32 erforderlichen Maßnahmen ergreift;
d) die in den Absätzen 2 und 4 genannten Bedingungen für die Inanspruchnahme der Dienste eines weiteren Auftragsverarbeiters einhält;
e) angesichts der Art der Verarbeitung den Verantwortlichen nach Möglichkeit mit geeigneten technischen und organisatorischen Maßnahmen dabei unterstützt, seiner Pflicht zur Beantwortung von Anträgen auf Wahrnehmung der in Kapitel III genannten Rechte der betroffenen Person nachzukommen;
f) unter Berücksichtigung der Art der Verarbeitung und der ihm zur Verfügung stehenden Informationen den Verantwortlichen bei der Einhaltung der in den Artikeln 32 bis 36 genannten Pflichten unterstützt;
g) nach Abschluss der Erbringung der Verarbeitungsleistungen alle personenbezogenen Daten nach Wahl des Verantwortlichen entweder löscht oder zurückgibt, sofern nicht nach dem Unionsrecht oder dem Recht der Mitgliedstaaten eine Verpflichtung zur Speicherung der personenbezogenen Daten besteht;
h) dem Verantwortlichen alle erforderlichen Informationen zum Nachweis der Einhaltung der in diesem Artikel niedergelegten Pflichten zur Verfügung stellt und Überprüfungen – einschließlich Inspektionen –, die vom Verantwortlichen oder einem anderen von diesem beauftragten Prüfer durchgeführt werden, ermöglicht und dazu beiträgt.

Mit Blick auf UnterAbsatz 1 Buchstabe h informiert der Auftragsverarbeiter den Verantwortlichen unverzüglich, falls er der Auffassung ist, dass eine Weisung gegen diese Verordnung oder gegen andere Datenschutzbestimmungen der Union oder der Mitgliedstaaten verstößt.

(4) Nimmt der Auftragsverarbeiter die Dienste eines weiteren Auftragsverarbeiters in Anspruch, um bestimmte Verarbeitungstätigkeiten im Namen des Verantwortlichen auszuführen, so werden diesem weiteren Auftragsverarbeiter im Wege eines Vertrags oder eines anderen Rechtsinstruments nach dem Unionsrecht oder dem Recht des betreffenden Mitgliedstaats dieselben Datenschutzpflichten auferlegt, die in dem Vertrag oder anderen Rechtsinstrument zwischen dem Verantwortlichen und dem Auftragsverarbeiter gemäß Absatz 3 festgelegt sind, wobei insbesondere hinreichende Garantien dafür geboten werden muss, dass die geeigneten technischen und organisatorischen Maßnahmen so durchgeführt werden, dass die Verarbeitung entsprechend den Anforderungen dieser Verordnung erfolgt. Kommt der weitere Auftragsverarbeiter seinen Datenschutzpflichten nicht nach, so haftet der erste Auftragsverarbeiter gegenüber dem Verantwortlichen für die Einhaltung der Pflichten jenes anderen Auftragsverarbeiters.

(5) Die Einhaltung genehmigter Verhaltensregeln gemäß Artikel 40 oder eines genehmigten Zertifizierungsverfahrens gemäß Artikel 42 durch einen Auftragsverarbeiter kann als Faktor herangezogen werden, um hinreichende Garantien im Sinne der Absätze 1 und 4 des vorliegenden Artikels nachzuweisen.

(6) Unbeschadet eines individuellen Vertrags zwischen dem Verantwortlichen und dem Auftragsverarbeiter kann der Vertrag oder das andere Rechtsinstrument im Sinne der Absätze 3 und 4 des vorliegenden Artikels ganz oder teilweise auf den in den Absätzen 7 und 8 des vorliegenden Artikels genannten Standardvertragsklauseln beruhen, auch wenn diese Bestandteil einer dem Verantwortlichen oder dem Auftragsverarbeiter gemäß den Artikeln 42 und 43 erteilten Zertifizierung sind.

(7) Die Kommission kann im Einklang mit dem Prüfverfahren gemäß Artikel 87 Absatz 2 Standardvertragsklauseln zur Regelung der in den Absätzen 3 und 4 des vorliegenden Artikels genannten Fragen festlegen.

(8) Eine Aufsichtsbehörde kann im Einklang mit dem Kohärenzverfahren gemäß Artikel 63 Standardvertragsklauseln zur Regelung der in den Absätzen 3 und 4 des vorliegenden Artikels genannten Fragen festlegen.

(9) Der Vertrag oder das andere Rechtsinstrument im Sinne der Absätze 3 und 4 ist schriftlich abzufassen, was auch in einem elektronischen Format erfolgen kann.
(10) Unbeschadet der Artikel 82, 83 und 84 gilt ein Auftragsverarbeiter, der unter Verstoß gegen diese Verordnung die Zwecke und Mittel der Verarbeitung bestimmt, in Bezug auf diese Verarbeitung als Verantwortlicher.

Art. 29 Verarbeitung unter der Aufsicht des Verantwortlichen oder des Auftragsverarbeiters

Der Auftragsverarbeiter und jede dem Verantwortlichen oder dem Auftragsverarbeiter unterstellte Person, die Zugang zu personenbezogenen Daten hat, dürfen diese Daten ausschließlich auf Weisung des Verantwortlichen verarbeiten, es sei denn, dass sie nach dem Unionsrecht oder dem Recht der Mitgliedstaaten zur Verarbeitung verpflichtet sind.

Art. 30 Verzeichnis von Verarbeitungstätigkeiten

(1) Jeder Verantwortliche und gegebenenfalls sein Vertreter führen ein Verzeichnis aller Verarbeitungstätigkeiten, die ihrer Zuständigkeit unterliegen. Dieses Verzeichnis enthält sämtliche folgenden Angaben:

a) den Namen und die Kontaktdaten des Verantwortlichen und gegebenenfalls des gemeinsam mit ihm Verantwortlichen, des Vertreters des Verantwortlichen sowie eines etwaigen Datenschutzbeauftragten;
b) die Zwecke der Verarbeitung;
c) eine Beschreibung der Kategorien betroffener Personen und der Kategorien personenbezogener Daten;
d) die Kategorien von Empfängern, gegenüber denen die personenbezogenen Daten offengelegt worden sind oder noch offengelegt werden, einschließlich Empfänger in Drittländern oder internationalen Organisationen;
e) gegebenenfalls Übermittlungen von personenbezogenen Daten an ein Drittland oder an eine internationale Organisation, einschließlich der Angabe des betreffenden Drittlands oder der betreffenden internationalen Organisation, sowie bei den in Artikel 49 Absatz 1 UnterAbsatz 2 genannten Datenübermittlungen die Dokumentierung geeigneter Garantien;
f) wenn möglich, die vorgesehenen Fristen für die Löschung der

verschiedenen Datenkategorien;

g) wenn möglich, eine allgemeine Beschreibung der technischen und organisatorischen Maßnahmen gemäß Artikel 32 Absatz 1.

(2) Jeder Auftragsverarbeiter und gegebenenfalls sein Vertreter führen ein Verzeichnis zu allen Kategorien von im Auftrag eines Verantwortlichen durchgeführten Tätigkeiten der Verarbeitung, die Folgendes enthält:

a) den Namen und die Kontaktdaten des Auftragsverarbeiters oder der Auftragsverarbeiter und jedes Verantwortlichen, in dessen Auftrag der Auftragsverarbeiter tätig ist, sowie gegebenenfalls des Vertreters des Verantwortlichen oder des Auftragsverarbeiters und eines etwaigen Datenschutzbeauftragten;

b) die Kategorien von Verarbeitungen, die im Auftrag jedes Verantwortlichen durchgeführt werden;

c) gegebenenfalls Übermittlungen von personenbezogenen Daten an ein Drittland oder an eine internationale Organisation, einschließlich der Angabe des betreffenden Drittlands oder der betreffenden internationalen Organisation, sowie bei den in Artikel 49 Absatz 1 UnterAbsatz 2 genannten Datenübermittlungen die Dokumentierung geeigneter Garantien;

d) wenn möglich, eine allgemeine Beschreibung der technischen und organisatorischen Maßnahmen gemäß Artikel 32 Absatz 1.

(3) Das in den Absätzen 1 und 2 genannte Verzeichnis ist schriftlich zu führen, was auch in einem elektronischen Format erfolgen kann.

(4) Der Verantwortliche oder der Auftragsverarbeiter sowie gegebenenfalls der Vertreter des Verantwortlichen oder des Auftragsverarbeiters stellen der Aufsichtsbehörde das Verzeichnis auf Anfrage zur Verfügung.

(5) Die in den Absätzen 1 und 2 genannten Pflichten gelten nicht für Unternehmen oder Einrichtungen, die weniger als 250 Mitarbeiter beschäftigen, sofern die von ihnen vorgenommene Verarbeitung nicht ein Risiko für die Rechte und Freiheiten der betroffenen Personen birgt, die Verarbeitung nicht nur gelegentlich erfolgt oder nicht die Verarbeitung besonderer Datenkategorien gemäß Artikel 9 Absatz 1 bzw. die Verarbeitung von personenbezogenen Daten über strafrechtliche Verurteilungen und Straftaten im Sinne des Artikels 10 einschließt.

Art. 31 Zusammenarbeit mit der Aufsichtsbehörde

Der Verantwortliche und der Auftragsverarbeiter und gegebenenfalls deren Vertreter arbeiten auf Anfrage mit der Aufsichtsbehörde bei der Erfüllung ihrer Aufgaben zusammen.

Abschnitt 2 Sicherheit personenbezogener Daten

Art. 32 Sicherheit der Verarbeitung

(1) Unter Berücksichtigung des Stands der Technik, der Implementierungskosten und der Art, des Umfangs, der Umstände und der Zwecke der Verarbeitung sowie der unterschiedlichen Eintrittswahrscheinlichkeit und Schwere des Risikos für die Rechte und Freiheiten natürlicher Personen treffen der Verantwortliche und der Auftragsverarbeiter geeignete technische und organisatorische Maßnahmen, um ein dem Risiko angemessenes Schutzniveau zu gewährleisten; diese Maßnahmen schließen unter anderem Folgendes ein:

a) die Pseudonymisierung und Verschlüsselung personenbezogener Daten;
b) die Fähigkeit, die Vertraulichkeit, Integrität, Verfügbarkeit und Belastbarkeit der Systeme und Dienste im Zusammenhang mit der Verarbeitung auf Dauer sicherzustellen;
c) die Fähigkeit, die Verfügbarkeit der personenbezogenen Daten und den Zugang zu ihnen bei einem physischen oder technischen Zwischenfall rasch wiederherzustellen;
d) ein Verfahren zur regelmäßigen Überprüfung, Bewertung und Evaluierung der Wirksamkeit der technischen und organisatorischen Maßnahmen zur Gewährleistung der Sicherheit der Verarbeitung.

(2) Bei der Beurteilung des angemessenen Schutzniveaus sind insbesondere die Risiken zu berücksichtigen, die mit der Verarbeitung verbunden sind, insbesondere durch – ob unbeabsichtigt oder unrechtmäßig – Vernichtung, Verlust, Veränderung oder unbefugte Offenlegung von beziehungsweise unbefugten Zugang zu personenbezogenen Daten, die übermittelt, gespeichert oder auf andere Weise verarbeitet wurden.

(3) Die Einhaltung genehmigter Verhaltensregeln gemäß Artikel 40 oder eines genehmigten Zertifizierungsverfahrens gemäß Artikel 42 kann als Faktor herangezogen werden, um die Erfüllung der in Absatz 1 des vorliegenden Artikels genannten Anforderungen nachzuweisen.

(4) Der Verantwortliche und der Auftragsverarbeiter unternehmen Schritte, um sicherzustellen, dass ihnen unterstellte natürliche Personen, die Zugang zu personenbezogenen Daten haben, diese nur auf Anweisung des Verantwortlichen verarbeiten, es sei denn, sie sind nach dem Recht der Union oder der Mitgliedstaaten zur Verarbeitung verpflichtet.

Art. 33 Meldung von Verletzungen des Schutzes personenbezogener Daten an die Aufsichtsbehörde

(1) Im Falle einer Verletzung des Schutzes personenbezogener Daten meldet der Verantwortliche unverzüglich und möglichst binnen 72 Stunden, nachdem ihm die Verletzung bekannt wurde, diese der gemäß Artikel 51 zuständigen Aufsichtsbehörde, es sei denn, dass die Verletzung des Schutzes personenbezogener Daten voraussichtlich nicht zu einem Risiko für die Rechte und Freiheiten natürlicher Personen führt. Erfolgt die Meldung an die Aufsichtsbehörde nicht binnen 72 Stunden, so ist ihr eine Begründung für die Verzögerung beizufügen.

(2) Wenn dem Auftragsverarbeiter eine Verletzung des Schutzes personenbezogener Daten bekannt wird, meldet er diese dem Verantwortlichen unverzüglich.

(3) Die Meldung gemäß Absatz 1 enthält zumindest folgende Informationen:

a) eine Beschreibung der Art der Verletzung des Schutzes personenbezogener Daten, soweit möglich mit Angabe der Kategorien und der ungefähren Zahl der betroffenen Personen, der betroffenen Kategorien und der ungefähren Zahl der betroffenen personenbezogenen Datensätze;

b) den Namen und die Kontaktdaten des Datenschutzbeauftragten oder einer sonstigen Anlaufstelle für weitere Informationen;

c) eine Beschreibung der wahrscheinlichen Folgen der Verletzung des Schutzes personenbezogener Daten;

d) eine Beschreibung der von dem Verantwortlichen ergriffenen oder vorgeschlagenen Maßnahmen zur Behebung der Verletzung des Schutzes personenbezogener Daten und gegebenenfalls Maßnahmen zur Abmilderung ihrer möglichen nachteiligen Auswirkungen.

(4) Wenn und soweit die Informationen nicht zur gleichen Zeit bereitgestellt werden können, kann der Verantwortliche diese

Informationen ohne unangemessene weitere Verzögerung schrittweise zur Verfügung stellen.

(5) Der Verantwortliche dokumentiert Verletzungen des Schutzes personenbezogener Daten einschließlich aller im Zusammenhang mit der Verletzung des Schutzes personenbezogener Daten stehenden Fakten, von deren Auswirkungen und der ergriffenen Abhilfemaßnahmen. Diese Dokumentation muss der Aufsichtsbehörde die Überprüfung der Einhaltung der Bestimmungen dieses Artikels ermöglichen.

Art. 34 Benachrichtigung der von einer Verletzung des Schutzes personenbezogener Daten betroffenen Person

(1) Hat die Verletzung des Schutzes personenbezogener Daten voraussichtlich ein hohes Risiko für die persönlichen Rechte und Freiheiten natürlicher Personen zur Folge, so benachrichtigt der Verantwortliche die betroffene Person unverzüglich von der Verletzung.

(2) Die in Absatz 1 genannte Benachrichtigung der betroffenen Person beschreibt in klarer und einfacher Sprache die Art der Verletzung des Schutzes personenbezogener Daten und enthält zumindest die in Artikel 33 Absatz 3 Buchstaben b, c und d genannten Informationen und Maßnahmen.

(3) Die Benachrichtigung der betroffenen Person gemäß Absatz 1 ist nicht erforderlich, wenn eine der folgenden Bedingungen erfüllt ist:

a) der Verantwortliche geeignete technische und organisatorische Sicherheitsvorkehrungen getroffen hat und diese Vorkehrungen auf die von der Verletzung betroffenen personenbezogenen Daten angewandt wurden, insbesondere solche, durch die die personenbezogenen Daten für alle Personen, die nicht zum Zugang zu den personenbezogenen Daten befugt sind, unzugänglich gemacht werden, etwa durch Verschlüsselung;

b) der Verantwortliche durch nachfolgende Maßnahmen sichergestellt hat, dass das hohe Risiko für die Rechte und Freiheiten der betroffenen Personen gemäß Absatz 1 aller Wahrscheinlichkeit nach nicht mehr besteht;

c) dies mit einem unverhältnismäßigen Aufwand verbunden wäre. In diesem Fall hat stattdessen eine öffentliche Bekanntmachung oder eine ähnliche Maßnahme zu erfolgen, durch die die betroffenen Personen vergleichbar wirksam informiert werden.

(4) Wenn der Verantwortliche die betroffene Person nicht bereits über die Verletzung des Schutzes personenbezogener Daten benachrichtigt hat, kann die Aufsichtsbehörde unter Berücksichtigung der Wahrscheinlichkeit, mit der die Verletzung des Schutzes personenbezogener Daten zu einem hohen Risiko führt, von dem Verantwortlichen verlangen, dies nachzuholen, oder sie kann mit einem Beschluss feststellen, dass bestimmte der in Absatz 3 genannten Voraussetzungen erfüllt sind.

Abschnitt 3

Art. 35, 36 nicht abgedruckt.

Abschnitt 4 Datenschutzbeauftragter

Art. 37 Benennung eines Datenschutzbeauftragten

(1) Der Verantwortliche und der Auftragsverarbeiter benennen auf jeden Fall einen Datenschutzbeauftragten, wenn

a) die Verarbeitung von einer Behörde oder öffentlichen Stelle durchgeführt wird, mit Ausnahme von Gerichten, die im Rahmen ihrer justiziellen Tätigkeit handeln,

b) die Kerntätigkeit des Verantwortlichen oder des Auftragsverarbeiters in der Durchführung von Verarbeitungsvorgängen besteht, welche aufgrund ihrer Art, ihres Umfangs und/oder ihrer Zwecke eine umfangreiche regelmäßige und systematische Überwachung von betroffenen Personen erforderlich machen, oder

c) die Kerntätigkeit des Verantwortlichen oder des Auftragsverarbeiters in der umfangreichen Verarbeitung besonderer Kategorien von Daten gemäß Artikel 9 oder von personenbezogenen Daten über strafrechtliche Verurteilungen und Straftaten gemäß Artikel 10 besteht.

(2) Eine Unternehmensgruppe darf einen gemeinsamen Datenschutzbeauftragten ernennen, sofern von jeder Niederlassung aus der Datenschutzbeauftragte leicht erreicht werden kann.

(3) Falls es sich bei dem Verantwortlichen oder dem Auftragsverarbeiter um eine Behörde oder öffentliche Stelle handelt, kann für mehrere solcher Behörden oder Stellen unter Berücksichtigung ihrer Organisationsstruktur und ihrer Größe ein gemeinsamer Datenschutzbeauftragter benannt werden.

(4) In anderen als den in Absatz 1 genannten Fällen können der Verantwortliche oder der Auftragsverarbeiter oder Verbände und andere Vereinigungen, die Kategorien von Verantwortlichen oder Auftragsverarbeitern vertreten, einen Datenschutzbeauftragten benennen; falls dies nach dem Recht der Union oder der Mitgliedstaaten vorgeschrieben ist, müssen sie einen solchen benennen. Der Datenschutzbeauftragte kann für derartige Verbände und andere Vereinigungen, die Verantwortliche oder Auftragsverarbeiter vertreten, handeln.
(5) Der Datenschutzbeauftragte wird auf der Grundlage seiner beruflichen Qualifikation und insbesondere des Fachwissens benannt, das er auf dem Gebiet des Datenschutzrechts und der Datenschutzpraxis besitzt, sowie auf der Grundlage seiner Fähigkeit zur Erfüllung der in Artikel 39 genannten Aufgaben.
(6) Der Datenschutzbeauftragte kann Beschäftigter des Verantwortlichen oder des Auftragsverarbeiters sein oder seine Aufgaben auf der Grundlage eines Dienstleistungsvertrags erfüllen.
(7) Der Verantwortliche oder der Auftragsverarbeiter veröffentlicht die Kontaktdaten des Datenschutzbeauftragten und teilt diese Daten der Aufsichtsbehörde mit.

Art. 38 Stellung des Datenschutzbeauftragten

(1) Der Verantwortliche und der Auftragsverarbeiter stellen sicher, dass der Datenschutzbeauftragte ordnungsgemäß und frühzeitig in alle mit dem Schutz personenbezogener Daten zusammenhängenden Fragen eingebunden wird.
(2) Der Verantwortliche und der Auftragsverarbeiter unterstützen den Datenschutzbeauftragten bei der Erfüllung seiner Aufgaben gemäß Artikel 39, indem sie die für die Erfüllung dieser Aufgaben erforderlichen Ressourcen und den Zugang zu personenbezogenen Daten und Verarbeitungsvorgängen sowie die zur Erhaltung seines Fachwissens erforderlichen Ressourcen zur Verfügung stellen.
(3) Der Verantwortliche und der Auftragsverarbeiter stellen sicher, dass der Datenschutzbeauftragte bei der Erfüllung seiner Aufgaben keine Anweisungen bezüglich der Ausübung dieser Aufgaben erhält. Der Datenschutzbeauftragte darf von dem Verantwortlichen oder dem Auftragsverarbeiter wegen der Erfüllung seiner Aufgaben nicht abberufen oder benachteiligt werden. Der Datenschutzbeauftragte berichtet unmittelbar der höchsten Managementebene des Verantwortlichen oder des Auftragsverarbeiters.

(4) Betroffene Personen können den Datenschutzbeauftragten zu allen mit der Verarbeitung ihrer personenbezogenen Daten und mit der Wahrnehmung ihrer Rechte gemäß dieser Verordnung im Zusammenhang stehenden Fragen zu Rate ziehen.
(5) Der Datenschutzbeauftragte ist nach dem Recht der Union oder der Mitgliedstaaten bei der Erfüllung seiner Aufgaben an die Wahrung der Geheimhaltung oder der Vertraulichkeit gebunden.
(6) Der Datenschutzbeauftragte kann andere Aufgaben und Pflichten wahrnehmen. Der Verantwortliche oder der Auftragsverarbeiter stellt sicher, dass derartige Aufgaben und Pflichten nicht zu einem Interessenkonflikt führen.

Art. 39 Aufgaben des Datenschutzbeauftragten

(1) Dem Datenschutzbeauftragten obliegen zumindest folgende Aufgaben:
a) Unterrichtung und Beratung des Verantwortlichen oder des Auftragsverarbeiters und der Beschäftigten, die Verarbeitungen durchführen, hinsichtlich ihrer Pflichten nach dieser Verordnung sowie nach sonstigen Datenschutzvorschriften der Union bzw. der Mitgliedstaaten;
b) Überwachung der Einhaltung dieser Verordnung, anderer Datenschutzvorschriften der Union bzw. der Mitgliedstaaten sowie der Strategien des Verantwortlichen oder des Auftragsverarbeiters für den Schutz personenbezogener Daten einschließlich der Zuweisung von Zuständigkeiten, der Sensibilisierung und Schulung der an den Verarbeitungsvorgängen beteiligten Mitarbeiter und der diesbezüglichen Überprüfungen;
c) Beratung – auf Anfrage – im Zusammenhang mit der Datenschutz-Folgenabschätzung und Überwachung ihrer Durchführung gemäß Artikel 35;
d) Zusammenarbeit mit der Aufsichtsbehörde;
e) Tätigkeit als Anlaufstelle für die Aufsichtsbehörde in mit der Verarbeitung zusammenhängenden Fragen, einschließlich der vorherigen Konsultation gemäß Artikel 36, und gegebenenfalls Beratung zu allen sonstigen Fragen.

(2) Der Datenschutzbeauftragte trägt bei der Erfüllung seiner Aufgaben dem mit den Verarbeitungsvorgängen verbundenen Risiko gebührend Rechnung, wobei er die Art, den Umfang, die Umstände und die Zwecke der Verarbeitung berücksichtigt.

Art. 40–87 nicht abgedruckt.

KAPITEL IX Vorschriften für besondere Verarbeitungssituationen

Art. 88 Datenverarbeitung im Beschäftigungskontext

(1) Die Mitgliedstaaten können durch Rechtsvorschriften oder durch Kollektivvereinbarungen spezifischere Vorschriften zur Gewährleistung des Schutzes der Rechte und Freiheiten hinsichtlich der Verarbeitung personenbezogener Beschäftigtendaten im Beschäftigungskontext, insbesondere für Zwecke der Einstellung, der Erfüllung des Arbeitsvertrags einschließlich der Erfüllung von durch Rechtsvorschriften oder durch Kollektivvereinbarung en festgelegten Pflichten, des Managements, der Planung und der Organisation der Arbeit, der Gleichheit und Diversität am Arbeitsplatz, der Gesundheit und Sicherheit am Arbeitsplatz, des Schutzes des Eigentums der Arbeitgeber oder der Kunden sowie für Zwecke der Inanspruchnahme der mit der Beschäftigung zusammenhängenden individuellen oder kollektiven Rechte und Leistungen und für Zwecke der Beendigung des Beschäftigungsverhältnisses vorsehen.

(2) Diese Vorschriften umfassen angemessene und besondere Maßnahmen zur Wahrung der menschlichen Würde, der berechtigten Interessen und der Grundrechte der betroffenen Person, insbesondere im Hinblick auf die Transparenz der Verarbeitung, die Übermittlung personenbezogener Daten innerhalb einer Unternehmensgruppe oder einer Gruppe von Unternehmen, die eine gemeinsame Wirtschaftstätigkeit ausüben, und die Überwachungssysteme am Arbeitsplatz.

(3) Jeder Mitgliedstaat teilt der Kommission bis zum 25. Mai 2018 die Rechtsvorschriften, die er aufgrund von Absatz 1 erlässt, sowie unverzüglich alle späteren Änderungen dieser Vorschriften mit.

Bundesdatenschutzgesetz (BDSG) – Auszug

vom 30. Juni 2017 (BGBl. I S. 2097), zuletzt gändert durch Art. 9 und Art. 10 des Gesetzes zur Anpassung der Bundesbesoldung und -versorgung für die Jahre 2023 und 2024 sowie zur Änderung weiterer dienstrechtlicher Vorschriften" vom 22. Dezember 2023 (BBVAnpÄndG 2023/2024, BGBl. 2023 I Nr. 414)

Teil 1 Gemeinsame Bestimmungen

Kapitel 1 Anwendungsbereich und Begriffsbestimmungen

§ 1 Anwendungsbereich des Gesetzes

(1) Dieses Gesetz gilt für die Verarbeitung personenbezogener Daten durch

1. öffentliche Stellen des Bundes,
2. öffentliche Stellen der Länder, soweit der Datenschutz nicht durch Landesgesetz geregelt ist und soweit sie
   a) Bundesrecht ausführen oder
   b) als Organe der Rechtspflege tätig werden und es sich nicht um Verwaltungsangelegenheiten handelt.

Für nichtöffentliche Stellen gilt dieses Gesetz für die ganz oder teilweise automatisierte Verarbeitung personenbezogener Daten sowie die nicht automatisierte Verarbeitung personenbezogener Daten, die in einem Dateisystem gespeichert sind oder gespeichert werden sollen, es sei denn, die Verarbeitung durch natürliche Personen erfolgt zur Ausübung ausschließlich persönlicher oder familiärer Tätigkeiten.

(2) Andere Rechtsvorschriften des Bundes über den Datenschutz gehen den Vorschriften dieses Gesetzes vor. Regeln sie einen Sachverhalt, für den dieses Gesetz gilt, nicht oder nicht abschließend, finden die Vorschriften dieses Gesetzes Anwendung. Die Verpflichtung zur Wahrung gesetzlicher Geheimhaltungspflichten oder von Berufs- oder besonderen Amtsgeheimnissen, die nicht auf gesetzlichen Vorschriften beruhen, bleibt unberührt.

(3) Die Vorschriften dieses Gesetzes gehen denen des Verwaltungsverfahrensgesetzes vor, soweit bei der Ermittlung des Sachverhalts personenbezogene Daten verarbeitet werden.

(4) Dieses Gesetz findet Anwendung auf öffentliche Stellen. Auf nichtöffentliche Stellen findet es Anwendung, sofern

1. der Verantwortliche oder Auftragsverarbeiter personenbezogene Daten im Inland verarbeitet,
2. die Verarbeitung personenbezogener Daten im Rahmen der Tätigkeiten einer inländischen Niederlassung des Verantwortlichen oder Auftragsverarbeiters erfolgt oder
3. der Verantwortliche oder Auftragsverarbeiter zwar keine Niederlassung in einem Mitgliedstaat der Europäischen Union oder in einem anderen Vertragsstaat des Abkommens über den Europäischen Wirtschaftsraum hat, er aber in den Anwendungsbereich der Verordnung (EU) 2016/679 des Europäischen Parlaments und des Rates vom 27. April 2016 zum Schutz natürlicher Personen bei der Verarbeitung personenbezogener Daten, zum freien Datenverkehr und zur Aufhebung der Richtlinie 95/46/EG (Datenschutz-Grundverordnung) (ABl. L 119 vom 4.5.2016, S. 1; L 314 vom 22.11.2016, S. 72) fällt.

Sofern dieses Gesetz nicht gemäß Satz 2 Anwendung findet, gelten für den Verantwortlichen oder Auftragsverarbeiter nur die §§ 8 bis 21, 39 bis 44.

(5) Die Vorschriften dieses Gesetzes finden keine Anwendung, soweit das Recht der Europäischen Union, im Besonderen die Verordnung (EU) 2016/679 in der jeweils geltenden Fassung, unmittelbar gilt.

(6) Bei Verarbeitungen zu Zwecken gemäß Artikel 2 der Verordnung (EU) 2016/679 stehen die Vertragsstaaten des Abkommens über den Europäischen Wirtschaftsraum und die Schweiz den Mitgliedstaaten der Europäischen Union gleich. Andere Staaten gelten insoweit als Drittstaaten.

(7) Bei Verarbeitungen zu Zwecken gemäß Artikel 1 Absatz 1 der Richtlinie (EU) 2016/680 des Europäischen Parlaments und des Rates vom 27. April 2016 zum Schutz natürlicher Personen bei der Verarbeitung personenbezogener Daten durch die zuständigen Behörden zum Zwecke der Verhütung, Ermittlung, Aufdeckung oder Verfolgung von Straftaten oder der Strafvollstreckung sowie zum freien Datenverkehr und zur Aufhebung des Rahmenbeschlusses 2008/977/JI des Rates (ABl. L 119 vom 4.5.2016, S. 89) stehen die bei der Umsetzung, Anwendung und Entwicklung des Schengen-Besitzstands assoziierten Staaten den Mitgliedstaaten der Europäischen Union gleich. Andere Staaten gelten insoweit als Drittstaaten.

(8) Für Verarbeitungen personenbezogener Daten durch öffentliche Stellen im Rahmen von nicht in die Anwendungsbereiche der

Verordnung (EU) 2016/679 und der Richtlinie (EU) 2016/680 fallenden Tätigkeiten finden die Verordnung (EU) 2016/679 und die Teile 1 und 2 dieses Gesetzes entsprechend Anwendung, soweit nicht in diesem Gesetz oder einem anderen Gesetz Abweichendes geregelt ist.

§ 2 Begriffsbestimmungen

(1) Öffentliche Stellen des Bundes sind die Behörden, die Organe der Rechtspflege und andere öffentlich- rechtlich organisierte Einrichtungen des Bundes, der bundesunmittelbaren Körperschaften, der Anstalten und Stiftungen des öffentlichen Rechts sowie deren Vereinigungen ungeachtet ihrer Rechtsform.

(2) Öffentliche Stellen der Länder sind die Behörden, die Organe der Rechtspflege und andere öffentlich-rechtlich organisierte Einrichtungen eines Landes, einer Gemeinde, eines Gemeindeverbandes oder sonstiger der Aufsicht des Landes unterstehender juristischer Personen des öffentlichen Rechts sowie deren Vereinigungen ungeachtet ihrer Rechtsform.

(3) Vereinigungen des privaten Rechts von öffentlichen Stellen des Bundes und der Länder, die Aufgaben der öffentlichen Verwaltung wahrnehmen, gelten ungeachtet der Beteiligung nichtöffentlicher Stellen als öffentliche Stellen des Bundes, wenn

1. sie über den Bereich eines Landes hinaus tätig werden oder
2. dem Bund die absolute Mehrheit der Anteile gehört oder die absolute Mehrheit der Stimmen zusteht.

Andernfalls gelten sie als öffentliche Stellen der Länder.

(4) Nichtöffentliche Stellen sind natürliche und juristische Personen, Gesellschaften und andere Personenvereinigungen des privaten Rechts, soweit sie nicht unter die Absätze 1 bis 3 fallen. Nimmt eine nichtöffentliche Stelle hoheitliche Aufgaben der öffentlichen Verwaltung wahr, ist sie insoweit öffentliche Stelle im Sinne dieses Gesetzes.

(5) Öffentliche Stellen des Bundes gelten als nichtöffentliche Stellen im Sinne dieses Gesetzes, soweit sie als öffentlich-rechtliche Unternehmen am Wettbewerb teilnehmen. Als nichtöffentliche Stellen im Sinne dieses Gesetzes gelten auch öffentliche Stellen der Länder, soweit sie als öffentlich-rechtliche Unternehmen am Wettbewerb teilnehmen, Bundesrecht ausführen und der Datenschutz nicht durch Landesgesetz geregelt ist.

§§ 3–21 nicht abgedruckt.

Teil 2 Durchführungsbestimmungen für Verarbeitungen zu Zwecken gemäß Artikel 2 der Verordnung (EU) 2016/679

Kapitel 1 Rechtsgrundlagen der Verarbeitung personenbezogener Daten

Abschnitt 1 Verarbeitung besonderer Kategorien personenbezogener Daten und Verarbeitung zu anderen Zwecken

§ 22 Verarbeitung besonderer Kategorien personenbezogener Daten

(1) Abweichend von Artikel 9 Absatz 1 der Verordnung (EU) 2016/679 ist die Verarbeitung besonderer Kategorien personenbezogener Daten im Sinne des Artikels 9 Absatz 1 der Verordnung (EU) 2016/679 zulässig

1. durch öffentliche und nichtöffentliche Stellen, wenn sie
   a) erforderlich ist, um die aus dem Recht der sozialen Sicherheit und des Sozialschutzes erwachsenden Rechte auszuüben und den diesbezüglichen Pflichten nachzukommen,
   b) zum Zweck der Gesundheitsvorsorge, für die Beurteilung der Arbeitsfähigkeit des Beschäftigten, für die medizinische Diagnostik, die Versorgung oder Behandlung im Gesundheits- oder Sozialbereich oder für die Verwaltung von Systemen und Diensten im Gesundheits- und Sozialbereich oder aufgrund eines Vertrags der betroffenen Person mit einem Angehörigen eines Gesundheitsberufs erforderlich ist und diese Daten von ärztlichem Personal oder durch sonstige Personen, die einer entsprechenden Geheimhaltungspflicht unterliegen, oder unter deren Verantwortung verarbeitet werden, oder
   c) aus Gründen des öffentlichen Interesses im Bereich der öffentlichen Gesundheit, wie des Schutzes vor schwerwiegenden grenzüberschreitenden Gesundheitsgefahren oder zur Gewährleistung hoher Qualitäts- und Sicherheitsstandards bei der Gesundheitsversorgung und bei Arzneimitteln und Medizinprodukten erforderlich ist; ergänzend zu den in Absatz 2 genannten Maßnahmen

   sind insbesondere die berufsrechtlichen und strafrechtlichen Vorgaben zur Wahrung des Berufsgeheimnisses einzuhalten,

2. durch öffentliche Stellen, wenn sie
   a) aus Gründen eines erheblichen öffentlichen Interesses zwingend erforderlich ist,
   b) zur Abwehr einer erheblichen Gefahr für die öffentliche Sicherheit erforderlich ist,
   c) zur Abwehr erheblicher Nachteile für das Gemeinwohl oder zur Wahrung erheblicher Belange des Gemeinwohls zwingend erforderlich ist oder
   d) aus zwingenden Gründen der Verteidigung oder der Erfüllung über- oder zwischenstaatlicher Verpflichtungen einer öffentlichen Stelle des Bundes auf dem Gebiet der Krisenbewältigung oder Konfliktverhinderung oder für humanitäre Maßnahmen erforderlich ist
3. und soweit die Interessen des Verantwortlichen an der Datenverarbeitung in den Fällen der Nummer 2 die Interessen der betroffenen Person überwiegen.

(2) In den Fällen des Absatzes 1 sind angemessene und spezifische Maßnahmen zur Wahrung der Interessen der betroffenen Person vorzusehen. Unter Berücksichtigung des Stands der Technik, der Implementierungskosten und der Art, des Umfangs, der Umstände und der Zwecke der Verarbeitung sowie der unterschiedlichen Eintrittswahrscheinlichkeit und Schwere der mit der Verarbeitung verbundenen Risiken für die Rechte und Freiheiten natürlicher Personen können dazu insbesondere gehören:

1. technisch organisatorische Maßnahmen, um sicherzustellen, dass die Verarbeitung gemäß der Verordnung (EU) 2016/679 erfolgt,
2. Maßnahmen, die gewährleisten, dass nachträglich überprüft und festgestellt werden kann, ob und von wem personenbezogene Daten eingegeben, verändert oder entfernt worden sind,
3. Sensibilisierung der an Verarbeitungsvorgängen Beteiligten,
4. Benennung einer oder eines Datenschutzbeauftragten,
5. Beschränkung des Zugangs zu den personenbezogenen Daten innerhalb der verantwortlichen Stelle und von Auftragsverarbeitern,
6. Pseudonymisierung personenbezogener Daten,
7. Verschlüsselung personenbezogener Daten,
8. Sicherstellung der Fähigkeit, Vertraulichkeit, Integrität, Verfügbarkeit und Belastbarkeit der Systeme und Dienste im Zusammenhang mit der Verarbeitung personenbezogener

Daten, einschließlich der Fähigkeit, die Verfügbarkeit und den Zugang bei einem physischen oder technischen Zwischenfall rasch wiederherzustellen,

9. zur Gewährleistung der Sicherheit der Verarbeitung die Einrichtung eines Verfahrens zur regelmäßigen Überprüfung, Bewertung und Evaluierung der Wirksamkeit der technischen und organisatorischen Maßnahmen oder
10. spezifische Verfahrensregelungen, die im Fall einer Übermittlung oder Verarbeitung für andere Zwecke die Einhaltung der Vorgaben dieses Gesetzes sowie der Verordnung (EU) 2016/679 sicherstellen.

§ 23 nicht abgedruckt.

§ 24 Verarbeitung zu anderen Zwecken durch nichtöffentliche Stellen

(1) Die Verarbeitung personenbezogener Daten zu einem anderen Zweck als zu demjenigen, zu dem die Daten erhoben wurden, durch nichtöffentliche Stellen ist zulässig, wenn

1. sie zur Abwehr von Gefahren für die staatliche oder öffentliche Sicherheit oder zur Verfolgung von Straftaten erforderlich ist oder
2. sie zur Geltendmachung, Ausübung oder Verteidigung zivilrechtlicher Ansprüche erforderlich ist, sofern nicht die Interessen der betroffenen Person an dem Ausschluss der Verarbeitung überwiegen.

(2) Die Verarbeitung besonderer Kategorien personenbezogener Daten im Sinne des Artikels 9 Absatz 1 der Verordnung (EU) 2016/679 zu einem anderen Zweck als zu demjenigen, zu dem die Daten erhoben wurden, ist zulässig, wenn die Voraussetzungen des Absatzes 1 und ein Ausnahmetatbestand nach Artikel 9 Absatz 2 der Verordnung (EU) 2016/679 oder nach § 22 vorliegen.

§ 25 nicht abgedruckt.

Abschnitt 2 Besondere Verarbeitungssituationen

§ 26 Datenverarbeitung für Zwecke des Beschäftigungsverhältnisses

(1) Personenbezogene Daten von Beschäftigten dürfen für Zwecke des Beschäftigungsverhältnisses verarbeitet werden, wenn

dies für die Entscheidung über die Begründung eines Beschäftigungsverhältnisses oder nach Begründung des Beschäftigungsverhältnisses für dessen Durchführung oder Beendigung oder zur Ausübung oder Erfüllung der sich aus einem Gesetz oder einem Tarifvertrag, einer Betriebs- oder Dienstvereinbarung (Kollektivvereinbarung) ergebenden Rechte und Pflichten der Interessenvertretung der Beschäftigten erforderlich ist. Zur Aufdeckung von Straftaten dürfen personenbezogene Daten von Beschäftigten nur dann verarbeitet werden, wenn zu dokumentierende tatsächliche Anhaltspunkte den Verdacht begründen, dass die betroffene Person im Beschäftigungsverhältnis eine Straftat begangen hat, die Verarbeitung zur Aufdeckung erforderlich ist und das schutzwürdige Interesse der oder des Beschäftigten an dem Ausschluss der Verarbeitung nicht überwiegt, insbesondere Art und Ausmaß im Hinblick auf den Anlass nicht unverhältnismäßig sind.

(2) Erfolgt die Verarbeitung personenbezogener Daten von Beschäftigten auf der Grundlage einer Einwilligung, so sind für die Beurteilung der Freiwilligkeit der Einwilligung insbesondere die im Beschäftigungsverhältnis bestehende Abhängigkeit der beschäftigten Person sowie die Umstände, unter denen die Einwilligung erteilt worden ist, zu berücksichtigen. Freiwilligkeit kann insbesondere vorliegen, wenn für die beschäftigte Person ein rechtlicher oder wirtschaftlicher Vorteil erreicht wird oder Arbeitgeber und beschäftigte Person gleichgelagerte Interessen verfolgen. Die Einwilligung bedarf der Schriftform, soweit nicht wegen besonderer Umstände eine andere Form angemessen ist. Der Arbeitgeber hat die beschäftigte Person über den Zweck der Datenverarbeitung und über ihr Widerrufsrecht nach Artikel 7 Absatz 3 der Verordnung (EU) 2016/679 in Textform aufzuklären.

(3) Abweichend von Artikel 9 Absatz 1 der Verordnung (EU) 2016/679 ist die Verarbeitung besonderer Kategorien personenbezogener Daten im Sinne des Artikels 9 Absatz 1 der Verordnung (EU) 2016/679 für Zwecke des Beschäftigungsverhältnisses zulässig, wenn sie zur Ausübung von Rechten oder zur Erfüllung rechtlicher Pflichten aus dem Arbeitsrecht, dem Recht der sozialen Sicherheit und des Sozialschutzes erforderlich ist und kein Grund zu der Annahme besteht, dass das schutzwürdige Interesse der betroffenen Person an dem Ausschluss der Verarbeitung überwiegt. Absatz 2 gilt auch für die Einwilligung in die Verarbeitung besonderer Kategorien personenbezogener Daten; die Einwilligung muss

sich dabei ausdrücklich auf diese Daten beziehen. § 22 Absatz 2 gilt entsprechend.

(4) Die Verarbeitung personenbezogener Daten, einschließlich besonderer Kategorien personenbezogener Daten von Beschäftigten für Zwecke des Beschäftigungsverhältnisses, ist auf der Grundlage von Kollektivvereinbarungen zulässig. Dabei haben die Verhandlungspartner Artikel 88 Absatz 2 der Verordnung (EU) 2016/679 zu beachten.

(5) Der Verantwortliche muss geeignete Maßnahmen ergreifen, um sicherzustellen, dass insbesondere die in Artikel 5 der Verordnung (EU) 2016/679 dargelegten Grundsätze für die Verarbeitung personenbezogener Daten eingehalten werden.

(6) Die Beteiligungsrechte der Interessenvertretungen der Beschäftigten bleiben unberührt.

(7) Die Absätze 1 bis 6 sind auch anzuwenden, wenn personenbezogene Daten, einschließlich besonderer Kategorien personenbezogener Daten, von Beschäftigten verarbeitet werden, ohne dass sie in einem Dateisystem gespeichert sind oder gespeichert werden sollen.

(8) Beschäftigte im Sinne dieses Gesetzes sind:

1. Arbeitnehmerinnen und Arbeitnehmer, einschließlich der Leiharbeitnehmerinnen und Leiharbeitnehmer im Verhältnis zum Entleiher,
2. zu ihrer Berufsbildung Beschäftigte,
3. Teilnehmerinnen und Teilnehmer an Leistungen zur Teilhabe am Arbeitsleben sowie an Abklärungen der beruflichen Eignung oder Arbeitserprobung (Rehabilitandinnen und Rehabilitanden),
4. in anerkannten Werkstätten für behinderte Menschen Beschäftigte,
5. Freiwillige, die einen Dienst nach dem Jugendfreiwilligendienstegesetz oder dem Bundesfreiwilligendienstgesetz leisten,
6. Personen, die wegen ihrer wirtschaftlichen Unselbständigkeit als arbeitnehmerähnliche Personen anzusehen sind; zu diesen gehören auch die in Heimarbeit Beschäftigten und die ihnen Gleichgestellten,
7. Beamtinnen und Beamte des Bundes, Richterinnen und Richter des Bundes, Soldatinnen und Soldaten sowie Zivildienstleistende.

Bewerberinnen und Bewerber für ein Beschäftigungsverhältnis sowie Personen, deren Beschäftigungsverhältnis beendet ist, gelten als Beschäftigte.

§§ 27–31 nicht abgedruckt.

Kapitel 2 Rechte der betroffenen Person

§ 32 Informationspflicht bei Erhebung von personenbezogenen Daten bei der betroffenen Person

(1) Die Pflicht zur Information der betroffenen Person gemäß Artikel 13 Absatz 3 der Verordnung (EU) 2016/679 besteht ergänzend zu der in Artikel 13 Absatz 4 der Verordnung (EU) 2016/679 genannten Ausnahme dann nicht, wenn die Erteilung der Information über die beabsichtigte Weiterverarbeitung

1. eine Weiterverarbeitung analog gespeicherter Daten betrifft, bei der sich der Verantwortliche durch die Weiterverarbeitung unmittelbar an die betroffene Person wendet, der Zweck mit dem ursprünglichen Erhebungszweck gemäß der Verordnung (EU) 2016/679 vereinbar ist, die Kommunikation mit der betroffenen Person nicht in digitaler Form erfolgt und das Interesse der betroffenen Person an der Informationserteilung nach den Umständen des Einzelfalls, insbesondere mit Blick auf den Zusammenhang, in dem die Daten erhoben wurden, als gering anzusehen ist,
2. im Fall einer öffentlichen Stelle die ordnungsgemäße Erfüllung der in der Zuständigkeit des Verantwortlichen liegenden Aufgaben im Sinne des Artikels 23 Absatz 1 Buchstabe a bis e der Verordnung (EU) 2016/679 gefährden würde und die Interessen des Verantwortlichen an der Nichterteilung der Information die Interessen der betroffenen Person überwiegen,
3. die öffentliche Sicherheit oder Ordnung gefährden oder sonst dem Wohl des Bundes oder eines Landes Nachteile bereiten würde und die Interessen des Verantwortlichen an der Nichterteilung der Information die Interessen der betroffenen Person überwiegen,
4. die Geltendmachung, Ausübung oder Verteidigung rechtlicher Ansprüche beeinträchtigen würde und die Interessen des Verantwortlichen an der Nichterteilung der Information die Interessen der betroffenen Person überwiegen oder

5. eine vertrauliche Übermittlung von Daten an öffentliche Stellen gefährden würde.

Unterbleibt eine Information der betroffenen Person nach Maßgabe des Absatzes 1, ergreift der Verantwortliche geeignete Maßnahmen zum Schutz der berechtigten Interessen der betroffenen Person, einschließlich der Bereitstellung der in Artikel 13 Absatz 1 und 2 der Verordnung (EU) 2016/679 genannten Informationen für die Öffentlichkeit in präziser, transparenter, verständlicher und leicht zugänglicher Form in einer klaren und einfachen Sprache. Der Verantwortliche hält schriftlich fest, aus welchen Gründen er von einer Information abgesehen hat. Die Sätze 1 und 2 finden in den Fällen des Absatzes 1 Nummer 4 und 5 keine Anwendung.

(2) Unterbleibt die Benachrichtigung in den Fällen des Absatzes 1 wegen eines vorübergehenden Hinderungsgrundes, kommt der Verantwortliche der Informationspflicht unter Berücksichtigung der spezifischen Umstände der Verarbeitung innerhalb einer angemessenen Frist nach Fortfall des Hinderungsgrundes, spätestens jedoch innerhalb von zwei Wochen, nach.

§ 33 Informationspflicht, wenn die personenbezogenen Daten nicht bei der betroffenen Person erhoben wurden

(1) Die Pflicht zur Information der betroffenen Person gemäß Artikel 14 Absatz 1, 2 und 4 der Verordnung (EU) 2016/679 besteht ergänzend zu den in Artikel 14 Absatz 5 der Verordnung (EU) 2016/679 und der in § 29 Absatz 1 Satz 1 genannten Ausnahme nicht, wenn die Erteilung der Information

1. im Fall einer öffentlichen Stelle
   a) die ordnungsgemäße Erfüllung der in der Zuständigkeit des Verantwortlichen liegenden Aufgaben im Sinne des Artikels 23 Absatz 1 Buchstabe a bis e der Verordnung (EU) 2016/679 gefährden würde oder
   b) die öffentliche Sicherheit oder Ordnung gefährden oder sonst dem Wohl des Bundes oder eines Landes Nachteile bereiten würde

   und deswegen das Interesse der betroffenen Person an der Informationserteilung zurücktreten muss,
2. im Fall einer nichtöffentlichen Stelle
   a) die Geltendmachung, Ausübung oder Verteidigung zivilrechtlicher Ansprüche beeinträchtigen würde oder die Verarbeitung Daten aus zivilrechtlichen Verträgen

beinhaltet und der Verhütung von Schäden durch Straftaten dient, sofern nicht das berechtigte Interesse der betroffenen Person an der Informationserteilung überwiegt, oder

b) die zuständige öffentliche Stelle gegenüber dem Verantwortlichen festgestellt hat, dass das Bekanntwerden der Daten die öffentliche Sicherheit oder Ordnung gefährden oder sonst dem Wohl

des Bundes oder eines Landes Nachteile bereiten würde; im Fall der Datenverarbeitung für Zwecke der Strafverfolgung bedarf es keiner Feststellung nach dem ersten Halbsatz.

(2) Unterbleibt eine Information der betroffenen Person nach Maßgabe des Absatzes 1, ergreift der Verantwortliche geeignete Maßnahmen zum Schutz der berechtigten Interessen der betroffenen Person, einschließlich der Bereitstellung der in Artikel 14 Absatz 1 und 2 der Verordnung (EU) 2016/679 genannten Informationen für die Öffentlichkeit in präziser, transparenter, verständlicher und leicht zugänglicher Form in einer klaren und einfachen Sprache. Der Verantwortliche hält schriftlich fest, aus welchen Gründen er von einer Information abgesehen hat.

(3) Bezieht sich die Informationserteilung auf die Übermittlung personenbezogener Daten durch öffentliche Stellen an Verfassungsschutzbehörden, den Bundesnachrichtendienst, den Militärischen Abschirmdienst und, soweit die Sicherheit des Bundes berührt wird, andere Behörden des Bundesministeriums der Verteidigung, ist sie nur mit Zustimmung dieser Stellen zulässig.

§ 34 Auskunftsrecht der betroffenen Person

(1) Das Recht auf Auskunft der betroffenen Person gemäß Artikel 15 der Verordnung (EU) 2016/679 besteht ergänzend zu den in § 27 Absatz 2, § 28 Absatz 2 und § 29 Absatz 1 Satz 2 genannten Ausnahmen nicht, wenn

1. die betroffene Person nach § 33 Absatz 1 Nummer 1, 2 Buchstabe b oder Absatz 3 nicht zu informieren ist, oder
2. die Daten
   a) nur deshalb gespeichert sind, weil sie aufgrund gesetzlicher oder satzungsmäßiger Aufbewahrungsvorschriften nicht gelöscht werden dürfen, oder
   b) ausschließlich Zwecken der Datensicherung oder der Datenschutzkontrolle dienen

und die Auskunftserteilung einen unverhältnismäßigen Aufwand erfordern würde sowie eine Verarbeitung zu anderen Zwecken durch geeignete technische und organisatorische Maßnahmen ausgeschlossen ist.

(2) Die Gründe der Auskunftsverweigerung sind zu dokumentieren. Die Ablehnung der Auskunftserteilung ist gegenüber der betroffenen Person zu begründen, soweit nicht durch die Mitteilung der tatsächlichen und rechtlichen Gründe, auf die die Entscheidung gestützt wird, der mit der Auskunftsverweigerung verfolgte Zweck gefährdet würde. Die zum Zweck der Auskunftserteilung an die betroffene Person und zu deren Vorbereitung gespeicherten Daten dürfen nur für diesen Zweck sowie für Zwecke der Datenschutzkontrolle verarbeitet werden; für andere Zwecke ist die Verarbeitung nach Maßgabe des Artikels 18 der Verordnung (EU) 2016/679 einzuschränken.

(3) Wird der betroffenen Person durch eine öffentliche Stelle des Bundes keine Auskunft erteilt, so ist sie auf ihr Verlangen der oder dem Bundesbeauftragten zu erteilen, soweit nicht die jeweils zuständige oberste Bundesbehörde im Einzelfall feststellt, dass dadurch die Sicherheit des Bundes oder eines Landes gefährdet würde. Die Mitteilung der oder des Bundesbeauftragten an die betroffene Person über das Ergebnis der datenschutzrechtlichen Prüfung darf keine Rückschlüsse auf den Erkenntnisstand des Verantwortlichen zulassen, sofern dieser nicht einer weitergehenden Auskunft zustimmt.

(4) Das Recht der betroffenen Person auf Auskunft über personenbezogene Daten, die durch eine öffentliche Stelle weder automatisiert verarbeitet noch nicht automatisiert verarbeitet und in einem Dateisystem gespeichert werden, besteht nur, soweit die betroffene Person Angaben macht, die das Auffinden der Daten ermöglichen, und der für die Erteilung der Auskunft erforderliche Aufwand nicht außer Verhältnis zu dem von der betroffenen Person geltend gemachten Informationsinteresse steht.

§ 35 Recht auf Löschung

(1) Ist eine Löschung im Fall nicht automatisierter Datenverarbeitung wegen der besonderen Art der Speicherung nicht oder nur mit unverhältnismäßig hohem Aufwand möglich und ist das Interesse der betroffenen Person an der Löschung als gering anzusehen, besteht das Recht der betroffenen Person auf und die Pflicht des Verantwortlichen zur Löschung personenbezogener Daten gemäß Artikel 17 Absatz 1 der Verordnung (EU) 2016/679 ergänzend

zu den in Artikel 17 Absatz 3 der Verordnung (EU) 2016/679 genannten Ausnahmen nicht. In diesem Fall tritt an die Stelle einer Löschung die Einschränkung der Verarbeitung gemäß Artikel 18 der Verordnung (EU) 2016/679. Die Sätze 1 und 2 finden keine Anwendung, wenn die personenbezogenen Daten unrechtmäßig verarbeitet wurden.

(2) Ergänzend zu Artikel 18 Absatz 1 Buchstabe b und c der Verordnung (EU) 2016/679 gilt Absatz 1 Satz 1 und 2 entsprechend im Fall des Artikels 17 Absatz 1 Buchstabe a und d der Verordnung (EU) 2016/679, solange und soweit der Verantwortliche Grund zu der Annahme hat, dass durch eine Löschung schutzwürdige Interessen der betroffenen Person beeinträchtigt würden. Der Verantwortliche unterrichtet die betroffene Person über die Einschränkung der Verarbeitung, sofern sich die Unterrichtung nicht als unmöglich erweist oder einen unverhältnismäßigen Aufwand erfordern würde.

(3) Ergänzend zu Artikel 17 Absatz 3 Buchstabe b der Verordnung (EU) 2016/679 gilt Absatz 1 entsprechend im Fall des Artikels 17 Absatz 1 Buchstabe a der Verordnung (EU) 2016/679, wenn einer Löschung satzungsgemäße oder vertragliche Aufbewahrungsfristen entgegenstehen.

§§ 36, 37 nicht abgedruckt.

Kapitel 3 Pflichten der Verantwortlichen und Auftragsverarbeiter

§ 38 Datenschutzbeauftragte nichtöffentlicher Stellen

(1) Ergänzend zu Artikel 37 Absatz 1 Buchstabe b und c der Verordnung (EU) 2016/679 benennen der Verantwortliche und der Auftragsverarbeiter eine Datenschutzbeauftragte oder einen Datenschutzbeauftragten, soweit sie in der Regel mindestens zehn Personen ständig mit der automatisierten Verarbeitung personenbezogener Daten beschäftigen. Nehmen der Verantwortliche oder der Auftragsverarbeiter Verarbeitungen vor, die einer Datenschutz-Folgenabschätzung nach Artikel 35 der Verordnung (EU) 2016/679 unterliegen, oder verarbeiten sie personenbezogene Daten geschäftsmäßig zum Zweck der Übermittlung, der anonymisierten Übermittlung oder für Zwecke der Markt- oder Meinungsforschung, haben sie unabhängig von der Anzahl der mit der Verarbeitung beschäftigten Personen eine Datenschutzbeauftragte oder einen Datenschutzbeauftragten zu benennen.

(2) § 6 Absatz 4, 5 Satz 2 und Absatz 6 finden Anwendung, § 6 Absatz 4 jedoch nur, wenn die Benennung einer oder eines Datenschutzbeauftragten verpflichtend ist.

§§ 39, 40 nicht abgedruckt.

Kapitel 5 Sanktionen

§ 41 Anwendung der Vorschriften über das Bußgeld- und Strafverfahren

(1) Für Verstöße nach Artikel 83 Absatz 4 bis 6 der Verordnung (EU) 2016/679 gelten, soweit dieses Gesetz nichts anderes bestimmt, die Vorschriften des Gesetzes über Ordnungswidrigkeiten sinngemäß. Die §§ 17, 35 und 36 des Gesetzes über Ordnungswidrigkeiten finden keine Anwendung. § 68 des Gesetzes über Ordnungswidrigkeiten findet mit der Maßgabe Anwendung, dass das Landgericht entscheidet, wenn die festgesetzte Geldbuße den Betrag von einhunderttausend Euro übersteigt.
(2) Für Verfahren wegen eines Verstoßes nach Artikel 83 Absatz 4 bis 6 der Verordnung (EU) 2016/679 gelten, soweit dieses Gesetz nichts anderes bestimmt, die Vorschriften des Gesetzes über Ordnungswidrigkeiten und der allgemeinen Gesetze über das Strafverfahren, namentlich der Strafprozessordnung und des Gerichtsverfassungsgesetzes, entsprechend. Die §§ 56 bis 58, 87, 88, 99 und 100 des Gesetzes über Ordnungswidrigkeiten finden keine Anwendung. § 69 Absatz 4 Satz 2 des Gesetzes über Ordnungswidrigkeiten findet mit der Maßgabe Anwendung, dass die Staatsanwaltschaft das Verfahren nur mit Zustimmung der Aufsichtsbehörde, die den Bußgeldbescheid erlassen hat, einstellen kann.

§ 42 Strafvorschriften

(1) Mit Freiheitsstrafe bis zu drei Jahren oder mit Geldstrafe wird bestraft, wer wissentlich nicht allgemein zugängliche personenbezogene Daten einer großen Zahl von Personen, ohne hierzu berechtigt zu sein,

1. einem Dritten übermittelt oder
2. auf andere Art und Weise zugänglich macht

und hierbei gewerbsmäßig handelt.

(2) Mit Freiheitsstrafe bis zu zwei Jahren oder mit Geldstrafe wird bestraft, wer personenbezogene Daten, die nicht allgemein zugänglich sind,
1. ohne hierzu berechtigt zu sein, verarbeitet oder
2. durch unrichtige Angaben erschleicht

und hierbei gegen Entgelt oder in der Absicht handelt, sich oder einen anderen zu bereichern oder einen anderen zu schädigen.

(3) Die Tat wird nur auf Antrag verfolgt. Antragsberechtigt sind die betroffene Person, der Verantwortliche, die oder der Bundesbeauftragte und die Aufsichtsbehörde.

(4) Eine Meldung nach Artikel 33 der Verordnung (EU) 2016/679 oder eine Benachrichtigung nach Artikel 34 Absatz 1 der Verordnung (EU) 2016/679 darf in einem Strafverfahren gegen den Meldepflichtigen oder Benachrichtigenden oder seine in § 52 Absatz 1 der Strafprozessordnung bezeichneten Angehörigen nur mit Zustimmung des Meldepflichtigen oder Benachrichtigenden verwendet werden.

§ 43 Bußgeldvorschriften

(1) Ordnungswidrig handelt, wer vorsätzlich oder fahrlässig
1. entgegen § 30 Absatz 1 ein Auskunftsverlangen nicht richtig behandelt oder
2. entgegen § 30 Absatz 2 Satz 1 einen Verbraucher nicht, nicht richtig, nicht vollständig oder nicht rechtzeitig unterrichtet.

(2) Die Ordnungswidrigkeit kann mit einer Geldbuße bis zu fünfzigtausend Euro geahndet werden.

(3) Gegen Behörden und sonstige öffentliche Stellen im Sinne des § 2 Absatz 1 werden keine Geldbußen verhängt.

(4) Eine Meldung nach Artikel 33 der Verordnung (EU) 2016/679 oder eine Benachrichtigung nach Artikel 34 Absatz 1 der Verordnung (EU) 2016/679 darf in einem Verfahren nach dem Gesetz über Ordnungswidrigkeiten gegen den Meldepflichtigen oder Benachrichtigenden oder seine in § 52 Absatz 1 der Strafprozessordnung bezeichneten Angehörigen nur mit Zustimmung des Meldepflichtigen oder Benachrichtigenden verwendet werden.

§§ 44–86 nicht abgedruckt.